新课程标准下的体育教师评价体系研究

董建玲　郭士安　刘满娥　著

辽海出版社

图书在版编目（CIP）数据

新课程标准下的体育教师评价体系研究 / 董建玲，
郭士安，刘满娥著. -- 沈阳 ： 辽海出版社， 2017.12
ISBN 978-7-5451-4497-0

Ⅰ．①新… Ⅱ．①董… ②郭… ③刘… Ⅲ．①体育教
师－教师评价－研究－中国 Ⅳ．①G451.1②G807

中国版本图书馆 CIP 数据核字（2017）第 273307 号

责任编辑：丁　凡　高东妮
封面设计：刊　易
责任印制：李　坤
责任校对：贾　霞

北方联合出版传媒（集团）股份有限公司
辽海出版社出版发行
（辽宁省沈阳市和平区 11 纬路 25 号沈阳市辽海出版社　　邮政编码：110003）
廊坊市国彩印刷有限公司　　全国新华书店经销
开本：710mm×1000mm 1/16　　印张：22.5　　字数：300 千字
2019 年 1 月第 1 版　　2022 年 8 月第 2 次印刷
定价：78.00 元

前　言

　　当今的时代是教育改革的时代也是教育评价的时代。以人为本，以健康为核心的现代社会发展理念，深刻地影响到了学校体育的发展。"健康第一"是对整个学校体育体系提出的一个基本要求，也是全体学生全面发展的基础，贯彻落实"健康第一"指导思想是对学校体育任务的一个高度概括。

　　教师教学质量评价就是有目的地对教师教学质量进行评价、监督和推动，使教学质量达到预期目的，是学校各项工作的综合反映。它由两部分构成，即教学过程评价和教学成果评价。教学质量评价的本质是对教学达到教学目标程度的价值判断。它的最终结果是通过学生表现出来的。在主要由教师教、学生学、干部管的共同活动构成的教学活动中，教师起主导作用，保证了教学按照规定的目的、内容来进行。教师的教学水平、治学态度、为人师表和授课方法对教学质量起着根本的作用，教师因素是影响教学质量的核心因素，教师教学质量在整个教育质量中占有重要地位。

　　在素质教育背景下，"健康第一"的指导思想已经渗透到教育评价的各个方面，对教师"教"的评价的改革也日趋重要。不仅要注重教师个人的工作表现，而且更加注重教师的未来发展和学校的未来发展，根据教师的工作表现，确定教师的个人发展需求，制定教师的个人发展目标，向教师提供日后培训或自我发展的机会，提高教师履行工作职责的能力。

　　教师在教育中发挥作用，一方面有赖于教师自身的素质与职业道德水平的提高，另一方面则有赖于合理有效的教师管理制度的建立。目前我国教育评价体系中，有对学校组织管理的评价，对教师教的评价，对学生学的评价，而教师评价处在一个承上启下的重要位置。对教师的管理是学校管理的主要环节，同时教师又是学校体育的组织者和执行者，是学生进行体育学习的引导者。那么在新课程标准的要求下，如何合理有效地评价教师，促进教师发展，使其适应"健康第一"指导思想的要求，进而促进学校的管理和学生的学习，使学生的身心得到全面的发展，这是一个值得我们去思考的问题。

本书共计十二章，合计 30 万字，由董建玲、郭士安、刘满娥共同执笔撰写。具体分工如下：董建玲（青岛平度经济开发区厦门路小学）负责编写第一章、第二章、第七章、第八章、第十二章，共计 8 万字；郭士安（江西师范大学体育学院）负责编写第三章、第四章、第五章、第六章，共计 12 万字；刘满娥（广东机电职业技术学院）负责编写第九章、第十章、第十一章，共计 10 万字。由于时间仓促，加之水平有限，难免存在纰漏之处，恳请读者提出宝贵意见。

目　录

第一章　课程与体育课程定义研究......................................1

　　第一节　课程定义研究..1

　　第二节　体育课程定义研究..6

　　第三节　结构与课程结构..8

第二章　学校体育课程体系研究理论基础................................10

　　第一节　学校体育课程研究的哲学基础...............................10

　　第二节　学校体育课程研究的心理学基础.............................13

　　第三节　学校体育课程研究的社会学基础.............................17

　　第四节　学校体育课程研究的体育科学基础...........................20

　　第五节　学校体育课程研究的课程论基础.............................22

　　第六节　学校体育课程研究的系统论基础.............................28

第三章　学校体育课程的性质特点......................................31

　　第一节　体育运动是身体认知性知识.................................31

　　第二节　学校体育课程的"技能性"...................................32

　　第三节　学校体育课程具有鲜明学科特点.............................37

第四章　学校体育课程目标研究..41

　　第一节　对学校体育课程目标的认知.................................41

　　第二节　学校体育课程目标体系.....................................48

　　第三节　新中国成立后学校体育课程目标体系的演进与发展.............53

　　第四节　对学校体育课程目标体系的构想.............................65

第五章　学校体育课程内容研究..69

　　第一节　对学校体育课程内容的阐释.................................69

　　第二节　学校体育课程内容的演变与发展.............................79

　　第三节　学校体育课程教学内容现状与需求分析.......................82

　　第四节　学校体育课程内容存在问题.................................91

　　　　第五节　多元文化背景下的学校体育课程内容体系构成....................93

　　　　第六节　学校体育课程内容组织分析..98

第六章　学校体育课程实施与评价...103

　　　　第一节　学校体育课程的实施...103

　　　　第二节　学校体育课程评价是体育课程的监督保障........................150

第七章　新课改下中学体育教学存在的误区...174

　　　　第一节　对新体育课程性质认识的误区...174

　　　　第二节　对教师主导与学生主体认识的误区..................................176

　　　　第三节　对运动技能教学认识的误区...182

　　　　第四节　对体育教学目标的制定上存在的认识的误区....................184

　　　　第五节　对学生体育学习兴趣的激发、引导与尊重认识的误区......186

　　　　第六节　场地器材的使用建议...191

第八章　新课程标准下体育有效教学研究...193

　　　　第一节　有效教学概念的界定...193

　　　　第二节　对体育新课标的理性理解..195

　　　　第三节　新课标的实施困惑与体育教学有效性的问题分析.............199

　　　　第四节　新课标下有效体育教学理论的构建..................................202

　　　　第五节　新课标下体育有效教学策略...215

第九章　新课程下中学体育教师素质建构研究...218

　　　　第一节　新课程条件下对中学体育教师的挑战.............................218

　　　　第二节　中学体育教师的现状分析..227

　　　　第三节　新型中学体育教师培养方向、素质建构探讨....................232

第十章　我国学校体育教学评价体系构建...246

　　　　第一节　体育教学评价体系构建的理论基础..................................246

　　　　第二节　体育教学评价体系的构建..256

　　　　第三节　建立体育教学评价指标体系...263

第十一章　我国学校体育教学评价的可操作性研究......................................306

　　　　第一节　可操作性体育教学评价方案设计的基本思想....................306

　　　　第二节　学生体育学习可操作性评价方案的设计...........................313

第三节　体育教师可操作性评价方案的设计..............................323

第四节　可操作性教学评价体系的实施条件..............................329

第十二章　新课程标准下发展性体育教师评价指标体系研究.........333

第一节　发展性教师评价理论的内涵..............................333

第二节　建立新课程标准下高中发展性体育教师

评价指标体系的必要性..............................338

第三节　制定高中发展性体育教师评价指标体系的原则、

内容、方法..............................340

第四节　评价指标体系科学性、有效性和可行性的检验与分析......346

参考文献..............................349

第一章 课程与体育课程定义研究

第一节 课程定义研究

一、"课程"的词源

在西方，与汉语"课程"相对应的是"curriculum"。据考证，"curriculum"一词首次出现在英国教育思想家斯宾塞（H. Spencer）于 1859 年发表的《什么知识最有价值》一文中，含义为教学内容的系统组织，被收录于《教育论》（*Education：Intellectual，Moral and Physical*）一书中。1880 年日本学者翻译该书时，将书中的"curriculum"翻译为"教育课程"。"curriculum"一词源于拉丁语"currere"（currere to run），其动词形式意为"奔跑"，而名词形式意为"跑道"，即 the course to be run。"curriculum"指提供给学生跑并对学生有益的教育性跑道，它将激励、引起和促进发展。简单来说，"curriculum"可以理解为"学习的进程"（course of study），或"学习者学习的路线"。

在我国，"课程"作为一个词汇最早出现在什么年代无法考证，学术界一般认为，早在我国唐代的文献中"课程"一词已经出现，据考证是唐代著名经学家孔颖达所使用。课指课业，就是现在所说的教育内容之意；程有程度、程序、进程的意思。课程就是课业的进程。唐代孔颖达在《五经正义·毛诗正义》中为《诗经·小雅·小弁》的"奕奕寝庙，君子作之"句注疏："教护课程，必君子监之，乃依法制也"。但是，这里的"课程"与今天的"课程"在含义上相差比较大。据已有的考证，与当今课程论中的"课程"术语意义相近的使用方式，是南宋的朱熹。朱熹在《朱子全书·论学》中有"宽著期限，紧著课程"，"小立课程，大作功夫"等论述。这里的课程含有分担工作的程度，学习的范围、时限、进程，或是教学与研究的专门领域的意思。

课程在词源上的演变在很大程度上显示出唐宋以来科举制度的形成和学校

体制的完善，促进了课程概念的发展，在随后的明、清直至近代，课程的使用范围越来越集中于学校教育这一特定的范畴。

二、课程定义多样性

到目前为止，对课程的定义非常混乱，已有的课程定义繁杂多样，不同的人往往根据自己的学术背景、理论框架、看问题的角度和分析方法，对课程作出不同的定义。

（一）国外关于课程的定义

据美国学者鲁尔统计，课程至少有 119 种定义。因此，美国学者斯考特（R. D. V. Scotter）说："课程是一个用得最为普遍却是定义最差的教育术语。"各种课程定义都有助于我们对课程的理解。联合国教科文组织《教育技术用语词汇》中指出："课程即指在某一特定学科或层次的学习的组织。"世界经合组织对课程下的定义为："囊括儿童在校学习期间应具备的全部经验，并包含教育目标、教育目的、课程、教学活动、师生关系、人力物力资源以及所有影响学校师生关系的调查。"

1991 年出版的《国际课程百科全书》是课程研究的一个重要的、有较大代表性的文献，列举了九种有代表性的课程概念：1.课程是在学校建立起来的一系列潜在经验，目的是训练群体中的儿童和青年以群体方式思考和行动方式。（史密斯等 Smith et al，1957）2.课程是学校指导下的学习者的全部经验。（福谢伊 Foshay，1969）3.课程是为使学生取得毕业资格、获得证书或进入职业领域，由学校提供给学生的教育内容的总体计划和具体教材。（古德 Good，1959）4.课程是一种方法的探究，其范围包括作为学科构成要素的教师、学生、科目和社会环境等。（韦斯特伯里和斯泰默 Westbury and Steimer，1971）5.课程是学校的生活和计划……，是指导生活的一种事业，是形成一代又一代人生活的活动流。（鲁格 Rugg，1947）6.课程是一种学习计划。（塔巴 Taba，1962）7.课程是在学校的帮助下，为了使学生在个人和社会能力上获得不断的、有意义的发展，通过知识和经验的系统组织而形成的有计划、有指导的学习经验和预期的学习结果。（坦纳和坦纳 Tanner and Tanner，1975）8.课程至少必须包括五大领域学科的系统学习，即：母语、数学、科学、历史和外语。（贝斯特 Bestor，1955）9.课程是关于人类经验的日益广阔的思维模式，是被称为真理的结论借

之作为背景而得以成立并发挥效用的模式。（贝尔斯 Belth，1965）

弗雷斯特•W•帕克（Forrest W. Parkay）等对课程的定义如下：课程是学习者在教育方案中获得的全部经验，教育方案的目的在于实现广义的目的和相关的特定目标，这些目的和目标是按照理论和研究的框架，或者是过去和现在的专业实践而设计的。

以上都是一些较完整的课程定义。除此之外，一些学者还以简要界定的方式来解释"课程"。美国课程论专家奥利瓦（Peter F. Oliva）在 2001 年列举了13 种较具有代表性的课程概念。美国的蔡斯列举了 6 种有代表性的课程概念。

（二）国内关于课程的定义

课程定义的多样性在我国也是存在的。具有代表性的文献《中国大百科全书•教育》关于课程是这样解释的："课程是课业及进程"，"广义指所有学科（教学科目）的总和，或指学生在教师指导下各种活动的总和。狭义则是指一门学科"。而另一个有代表性的文献是顾明远的《教育大辞典》：课程是"为实现学校教育目标而选择的教育内容的称谓。"我国 1979 年版《辞海》对课程的解释有两种：1.课程是"功课的进程"；2.课程广义指为实现各级各类学校的培养目标而确定的教育内容的范围、结构和进程安排；狭义指教学计划中设置的一门学科。

随着课程研究在我国的发展，我国学者编著的一些教科书和课程论专著中对课程也作了相应的定义。例如："课程是在一定学校的培养目标引导下，由具体的育人目标、学习内容以及学习活动方式组成的，具有多层组织结构和育人计划性能、育人信息载体性能的，用以指导学校教育、教学活动的育人方案，是学校教育活动的一个组成部分。""课程作为学校教育系统的重要组成部分，作为实现教育目标的主要手段和媒介，其本质内涵应是指在学校教育环境中，学生获得促进其身心全面发展的教育性经验体系。""课程可以理解为为了实现各级各类学校的教育目标而规定的教学科目及其目的、内容、范围、分量和进程的总和。"

我国学者施良方归纳并分析了 6 种典型的课程定义：课程即教学科目；课程即有计划的教学活动；课程即预期的学习结果；课程即学习经验；课程即社会文化的再生产；课程即社会改造。

除此之外，王策三在《教学论稿》中对课程定义："第一，课程是教学内容和进程的总和。第二，'课程'和'教学计划''教学大纲''教科书'几种称谓，可以并行不悖，互相补充，结合起来。具体说，可以用'课程'一词来概括，同时要分别对它的总规划、具体计划进行研究，并贯彻实行的意思。"吴也显的《教学论新编》从教育学、教学计划的角度界定课程为"有组织的教育内容，是教与学相互作用的中介"。而李秉德《教学论》中认为："课程是有计划的系统的教学内容，是一系列教学科目的集合。具体讲，就是指'教学计划''教学大纲''教科书'所规定和表述的那些教学内容。"

吕达对课程概念的解释：从内涵看，广义的课程是指学校为实现一定的教育目标而选择和组织的全部教育内容及其进程；狭义的课程是指某一门课程，也即教学科目，简称学科或科目。从层面看，广义的课程有3层含义：一是总体的课程计划，或者说课程设计、课程设置；二是分学科的课程标准，或者说教学大纲；三是课程内容，也就是各学科的教材。狭义的课程仅指第一项含义，或指第一、第二项含义。

通过对上述国内外学者的"课程"概念的描述和分析不难发现，虽然"课程"的概念纷繁复杂，种类繁多，但是，依然可以将其区分为如下类别：

第一，科目说，即课程是学校中的教学科目。把课程作为学校的教学科目由来已久。最早使用"课程"一词的斯宾塞也是从指导人类活动的各门学科的角度来看待课程的。如前所述《国际课程百科全书》列举的九种课程定义的第八种定义；《中国大百科全书·教育》中"广义指所有学科（教学科目）的总和，或指学生在教师指导下各种活动的总和。狭义则是指一门学科。"以及1980年版的《辞海》（教育、心理分册）：课程"即教学的科目。可以指一个教学科目，也可以指学校的一个专业的全部教学科目，或指一组教学科目"。这种课程定义是不全面、不完整的，它只看到构成课程的学科，而没有看到比学科更宏观和更微观的层次，也不能将现代的活动课程包含在内。

第二，计划说与预期结果说。首先，计划说认为课程是学习计划。如前面所说的《国际课程百科全书》列举的九种课程定义的第三、第五、第六种定义，以及我国学者廖哲勋的课程定义。这类课程定义从课程设计的视角解释课程，把课程看作通过设计而得出的东西。这类定义需要进一步说明作为课程的学习计划是属于宏观、中观、微观三个层次中的哪一个层次的计划，亦或是同时指三个层次。其次，认为课程是学习者的学习结果。《国际课程百科全书》列举的九种课程定义的第七种就是这一类定义；另外，美国早期的课程论专家博比特等人就认为：课程是教育者试图达到的一组教学目标或希望学生达到的学习结果。这种定义优势在于强调学校教育是一个有计划的过程，需要周密安排和组合，这样设计的课程能够有效地达到既定的目标，且重视目标的引导作用，有利于课程的实施和推进。不足之处在于忽视了学习过程的复杂性、学生的经验与学习兴趣对学习结果的影响、教与学的内容，因此不能很好地说明课程的本质。

第三，经验或活动说，即课程是学习经验或学习活动。上述《国际课程百科全书》列举的九种课程定义的第一、第二种就属于这一类型。安德森等人认为的课程是学生在学校或教室中与教师、环境、教材等人、事、物交互作用的所有经验。以及课程是"学生通过学校教育环境获得旨在促进其身心全面发展的教育性经验"。把课程定义为学习经验，其积极的意义是试图让教育者去把握学习者实际学习到什么，课程是学习者体验到的意义，由此将学习者和学习内容联系起来，强调了人的经验在学校教育中的重要性。不足在于这种界定太宽泛，在实际教育教学情境中，要求教师把握每一个学生的学习经验和需求是很困难的，而且过于强调学习者的经验和体验，会忽视知识的系统传授。

第四，教育内容说，即课程是教育内容。如前所述顾明远关于课程的定义"为实现学校教育目标而选择的教育内容的称谓"。这种定义着重抓住课程中一直最显著、占份量最大的一个组成部分。认为教学是大概念，而课程是小概念，课程只是其中的教育或教学内容。

综上所述可以看出，无论哪种类别的课程定义，都是从不同视角、不同程度上探索到课程的某些本质，却又存在着明显的不足。每一种课程定义都有其特定的社会背景、历史时期、认识论基础和方法论依据，且每一个课程定义所指的课程处在不同层次上。根据本书研究的目的，认为《中国大百科全书·教育》中关于课程的定义和吕达对课程概念的解释更符合本书中"课程"的含义：广义的课程是指为实现各级各类学校的培养目标而确定的教育内容的范围、结构和进程安排；狭义指教学计划中设置的一门学科，如数学课程、物理课程、体育课程。

第二节 体育课程定义研究

关于体育课程的定义，国内学者的理解主要有以下方面：

一、体育课程是一门学科课程

把体育课程定位在学科层面主要是从学科角度出发来定义体育课程的，主要有：

体育课程"是指为实现学校的教育目标，配合德、智、体、美全面教育，并以发展学生体能，增进学生身心健康为主的特殊课程"。

顾渊彦（2002）和何元春（2002）认为，体育课程的学科性质可以界定为科学性、人文性兼备，以"技艺""情意"为主要特征的一门以实践为主的综合学科。

体育课程是"为实现教育目标而选择的体育教育内容的总和，即包括体育课堂教学的学科和术科内容，也包括有目的、有计划、有组织的课外体育活动，以及班级间的、锻炼组间、学生个体间的运动竞赛"。

耿培新（1999）从课程分类、体育的科学属性、体育学科特性和学校教育等角度分析了体育课程的性质，指出体育课程"是全面发展素质教育中必不可少的一门学科，体育课程是具有综合性的文化科学基础课程"。

在新颁布的体育（与健康）课程标准中，"体育与健康课程是一门以身体练习为主要手段、以增进中小学生健康为主要目的的必修课程，是学校课程体系的组成部分，是实现素质教育和培养德智体美全面发展人才不可缺少的重要途径。它是对原有的体育课程进行深化改革，突出健康目标的一门课程"。

二、体育课程既是一门学科，也是全面发展教育的组成部分

把体育课程定位在全面发展教育的一个方面的课程，是指学校的一切工作都要考虑学生的身心健康，是从体育在学校总体工作的地位出发而言的，主要有：

吴志超等（1993）认为："体育课程是以发展学生体能、增进学生身心健康为主的一种特殊的教育性课程，它与德育课程、智育课程、美育课程、劳动教育课程相配合，共同促进学生身心全面发展，是整个学校教育的一个

方面的课程。"

体育课程"是指为实现学校体育目标而规定的体育内容及其结构、程度和进程。它包括体育课程目标、体育课程内容、体育课时分配、课外体育锻炼等。体育课程不是一门学科的课程，而是全面发展教育的一个方面的课程"。

体育课程"是纳入学校教学计划的体育方面的有目的、有计划、有组织的活动。体育课程不是一门学科的课程，而是全面发展教育的一个方面的课程"。

三、将体育课程定义为"活动"

毛振明等在分析了国内关于体育课程的概念后提出："体育课程是在学校指导下，为了使学生能在身体、运动认知、运动技能、情感与社会方面和谐发展的，有计划、有组织的活动。"

四、将体育课程定义为"方案"或"计划"

"体育课程是学校根据一定社会的教育目的的要求，为学生提供的、并且在一定程度上给学生规定或学生自己选择的、被规范了的体育学科课程和活动课程内容、学习操作方式，不同的学段学生所要达到的体育基本素质、能力和体质健康标准的总体设计。"

上述各种定义都不否认体育课程首先是作为一门学科而存在的。从对课程的基本理解来看，课程的最基本含义是指学校课业内容及其进程。"课"是指课业，即教育内容，或者课程方案，"程"是指程序、过程、进程。因而，从课程方案和实施过程的角度理解体育课程更符合本研究的要求，在此意义上，将体育课程理解为"学校根据一定社会的教育目的要求，结合学生身心发展特点和体育学科发展的需要，制定的课程方案及其实施过程。它包括了体育课程目标、课程内容、课程实施以及课程评价。"

第三节　结构与课程结构

结构：构成整体的各个部分及其结合方式。

结构作为系统科学的一个术语，是指组成一个系统的各要素之间的稳定的相互联系，是系统内要素间的排列组合方式。

结构的三层含义：系统内部各组成要素；要素间的联系方式和相互作用形式；诸要素的比例关系及其发展变化的条件和规律。

课程结构：在一定课程价值观指导下，课程体系中的各个构成要素、要素间的组织、排列形式及各要素间的配比关系。

课程结构是人们思想中占主导地位的价值观念在课程实践中的具体体现，是课程体系的主体部分。狭义的课程结构是指一门课程中各组成部分的组织、排列、配合的形式；广义的课程结构是指根据专业培养目标实现的需要，某一专业课程系统中各组成部分的组织、排列、配合的形式。

第四节　体系与课程体系

体系：若干有关事物相互联系、相互制约而构成的一个整体。如理论体系、语法体系、工业体系等。

体系的三个含义：由若干事物构成，单个事物不能构成一个体系；这些事物是相互联系、相互制约的，联系和制约存在一定的方式；所有这些事物构成一个整体，整体性是体系的基本特征。

广义的课程体系是指在一定的教育价值理念指导下，将课程的各个构成要素加以排列组合，是各个课程要素在动态过程中统一指向专业培养目标实现的系统。

课程体系是一个具有特定功能、特定结构、开放性的知识、能力和经验的组合系统。一个系统通常有目标、内容和过程。因此课程体系包括：课程体系目标要素、课程体系内容要素和课程体系过程要素。

目标要素：是一个以课程体系总目标或人才培养目标为总纲的目标系统，

包括：课程体系总目标（培养目标）、课程体系结构目标（培养方案目标）、课程目标（具体某门课程目标）。

内容要素：即课程要素，也称结构要素。主要是指课程体系的组成部分、课程的联系方式、组织形式以及各类课程之间的比例关系等。

过程要素：课程体系的实施和课程体系评价两个部分。

对课程体系内涵的三种理解：指宏观的专业设置，涉及教育的学科及专业；指中观的课程体系，涉及专业内部的课程结构问题，即研究专业层面的课程体系状况，具体包括课程体系的目标、结构、实施以及评价等；指微观的教材体系，即专业内某一具体课程的教学内容。

第二章　学校体育课程体系研究理论基础

任何研究都是建立在一定的理论基础之上的，课程研究的理论基础是指课程在产生和发展过程中赖以存在的基础性学科。这些基础性学科为课程研究提供了方法论指导，同时提供了许多重要的概念和基本原理。目前，学界较为公认的课程研究的理论基础主要包括哲学、心理学和社会学这三大学科。体育课程研究属于课程研究的一部分，体育课程研究同样离不开哲学、心理学和社会学理论的支撑。同时，体育课程的研究还依赖于体育的学科基础以及不同社会背景下的相关理论体系。

第一节　学校体育课程研究的哲学基础

哲学是任何学科研究的根本理论基础，阐明了人们关于整个世界的各个基本问题的认识，指明了人类社会生活的前途和方向，为人们思考和探索各种问题提供了基本的思想前提和方法论，为人们分析和解决各种问题提供了基本的价值、信念和态度。

一、哲学在课程研究中的作用

（一）哲学是课程研究的知识母体

课程研究根植于人类的知识体系之中，哲学是人类知识的母体，人类知识来源于哲学，存在于哲学，并在哲学范畴中得以发展。

首先，哲学是课程研究最早的知识来源。人类知识的发展过程是一个不断丰富和扩展的过程。在古代，人类知识没有产生分科时，几乎都包揽在哲学当中。例如，孔子关于课程的许多论述，尤其是关于教育目标、学习内容、学习方式的论述，都散见于他的哲学思想之中。柏拉图的关于教育目标、学习内容、课程等的论述，大都存在于他的哲学论著《理想国》中。近代，人类知识进入分化阶段，各个知识领域逐渐独立于哲学之外，形成独立的学科，教育学也在此种情况下形成，捷克教育家夸美纽斯的《大教学论》，德国教育家赫尔巴特的《普通教育学》代表着教育学独立的开端与确立，其中都有关于课程问题的阐述。而20世纪早期，杜威的《儿童与课程》、博比特的《课程》，则标志着课程作为独立的专门领域的诞生。因此，课程研究是以哲学为最早知识来源的。其次，当今的课程研究仍然处于哲学之中，受到哲学的指导。哲学是关于整个世界最具概括性、最一般、最抽象的知识，为其他各门学科的研究提供思想框架和指导。课程研究中的许多思想、价值观念、信念、方法论等，都来源于哲学。

（二）哲学是课程实践的基础

课程研究以课程实践为现实基础，课程实践的三个基本方面——开发课程、理解课程和实施课程都是以哲学为基础的。课程开发要符合社会对人的需求，要选择最有价值的知识，要指导和评价学生的学习；人们要理解课程的价值观念、思想基础、形成原因等，都建立在哲学基础之上。课程理解最有效的途径是哲学，教师要积极有效地实施课程，就必须深刻、全面地理解课程的各个方面，并理解课程实施与课程决策、课程设计的关系，理解课程实施者的角色和地位，理解课程的文化属性，这些都必须建立在一定的哲学思想基础之上。

（三）哲学为课程研究提供方法论

课程研究要借助于一定的方法论才能进行，哲学作为一种方法论指导人们如何看待课程中的种种问题，如何去对各种问题采取适当的具体的研究方法，选择恰当的研究取向和研究范式，如何选择恰当的思维方法等等。18世纪到19世纪早期的德国流行思辨哲学，赫尔巴特的课程研究受此影响而带有思辨性；19世纪末20世纪初博比特、查特斯、泰勒等人的课程理论受西方哲学界科学主义思潮影响，强调客观性、普遍性、价值中立性和程序化等；后来的人文主义思潮突破了科学主义的观念，强调自然性、具体性、情境性和整体性，因而课程研究的许多领域产生了人文主义倾向。

哲学中的思维方式也深刻影响着课程研究的思维方式。近代西方占重要地位的二元对立思维方式深刻地影响着课程的研究，课程的主体与客体的划分、教师与学生的主客体地位之争、知识与能力之争等，都是这种思维方式的具体反映。这种思维方式在当前的体育课程研究中也具有广泛的影响。另外，系统论从思维方式上看属于一种整体的思维方式，在当前的体育课程研究中也得到了较广泛的渗透。

（四）哲学为课程研究提供思想基础

任何学科领域的研究都有其思想基础，其中最主要的是哲学。以一定的哲学观为基础，往往会形成一定的课程理论体系。哲学中人性观、社会观等是确定教育目标的最根本依据；哲学中关于知识的性质、知识的价值、知识的分类观点等是学习内容的重要理论基础；哲学中关于认识的来源等观点问题，是确定学习内容与学习方式的重要理论依据。一种重要的哲学流派诞生，往往都会导致一种相应的课程理论体系产生。

二、哲学基础在课程研究中的运用

首先，课程研究要融合多种哲学思想。哲学思想对课程研究具有重要的支撑作用，课程研究一般都以一定的哲学思想为基础，根据一种哲学思想建立一种课程体系，这种情况持续了漫长的岁月。然而，坚持一种哲学思想会带有一定的理论偏见和信念偏见，会导致理论与实践上的偏颇。例如，20 世纪初期到中期的美国，人们分别以进步主义教育哲学、改造主义教育哲学、要素主义教育哲学、永恒主义教育哲学和存在主义教育哲学为基础，建立了彼此不同甚至彼此孤立或对立的课程研究体系，造成了课程理论与实践的混乱。由此可以看出，一种哲学思想仅仅是反映事物的某一侧面并加以强调，具有片面性，只有将多种哲学思想融合在一起，才能完整地反映事实和文化的价值，给人以完整的指导。

其次，要将哲学思想融入课程的各个组成部分。课程研究接受哲学的指导，哲学思想也必将融会在课程的各个构成要素中。课程各构成要素的研究都要以哲学为基础，无论是课程目标、课程内容、课程实施以及课程管理和课程评价都要以哲学思想为指导，才能充分发挥哲学在课程研究中的作用。

第三，要理性地看待哲学本身的问题。课程研究以哲学为基础，但是并不是对哲学毫无判断的照搬，毫无加工的利用，在坚持课程研究的哲学基础的同时，要认识到哲学的局限性，要历史地、发展地看待哲学思想，做到在继承的基础上进行哲学上的改进和创造。

三、哲学基础在体育课程研究中的运用

哲学是课程研究的起点，为课程研究提供方法论和思想基础，学校体育课程研究同样建立在哲学基础之上，学校体育课程研究要整合各种哲学思想，以马克思主义哲学思想为基本指导，整合中西方历代各流派哲学思想之精华，把握各流派哲学思想之间的共同点和差异性，结合我国体育课程改革背景与实践，充分发挥哲学理论基础的重要作用。体育哲学是体育课程研究的起点，是体育课程构建的基础，为体育课程思想的确定、体育价值观形成、课程的理念和目标的制定、课程的价值判断、课程决策和实施指导等提供重要的理论支撑。进入 21 世纪，体育课程应当增加更多的人文关怀，体育课程的理念和目标更要增加人文关怀，科学人文主义成为体育课程理论的重要哲学根据。

第二节　学校体育课程研究的心理学基础

古希腊时期的亚里士多德的课程研究的一个具体表现就是教育理想建立在他的灵魂学说基础之上，其灵魂学说将灵魂划分为营养的灵魂、感觉的灵魂和理性的灵魂，以此为基础，提出了德、智、体和谐发展，重视理性能力发展的教育思想。可见，心理学是教育学研究的基础，同样也是课程研究的基础。

一、心理学在课程研究中的作用

（一）心理学为研究课程主体（学生）的心理提供了依据

课程最终要作用于学生的学习，因此，课程一定要适应学生的心理水平。首先，课程要符合学生学习活动的一般心理学规律。只有掌握了学生心理学的规律，如记忆规律、思维规律等，才能科学地、合理地理解和编制课程，确定课程的难度、抽象的难度等。其次，课程要符合人的心理发展的年龄特征。一种课程是提供给一定年龄阶段的个体学习的，课程研究必须把握个体心理发展的年龄特征，以提供适合于该年龄阶段的课程。第三，课程要符合特定学生的个性特征。美国弗雷斯特·W·帕克（F. W. Parkay）等人在其《课程规划——当代之取向》提出，从人的发展角度规划课程要考虑如下问题：课程是否反映了个体内在的差异以及每个学习者的独特性？课程能否使不同的学习者得到不

同的发展？课程是否反映了学习中的连续性？课程规划者在规划课程时是否考虑了学生的发展任务，是否考虑到走向成熟的个性发展以及道德发展阶段？课程能否提供那些早期没有很好完成的任务？当这些任务顺利完成时是否还要继续努力？在人的发展的每一阶段，课程能否及时反映出社会和文化的最新变化？该书还就不同的年龄特征作了具体的课程规划。

（二）心理学是课程组成及课程运作各环节研究的基础

首先，无论是教育目标研究，还是课程目标研究，都是建立在心理学基础上的。无论是布卢姆的教育目标分类学，还是美国心理学家加涅的学习结果分类，都以心理学为依据。泰勒在 1949 年出版的《课程与教学的基本原理》一书中明确指出：教育目标的来源之一是学习者本身的研究，对学习者的研究最主要的是心理学研究。加德纳（Howard Gardner）提出的多元智力理论也属于心理学研究范畴。其次，课程内容的研究要以心理学为基础。如何组织学习内容、选择哪些知识和技能、进行什么样的智力训练可以完成对学习者的教育与培养等等，这些既需要进行逻辑组织，也需要进行心理组织。第三，课程学习方式研究的最主要基础也是心理学。加涅的累积学习方式、英国的探究学习方式的诸多成果都是在心理学领域获得的。第四，课程实施、决策以及课程评价等方面也涉及诸多心理学问题。

（三）心理学流派为课程研究提供了直接的思想和理论基础

课程研究需要具备多方面的思想和理论基础，心理学是必不可少的方面。历史上很多的心理学流派都导致了不同课程论思想流派的产生。近代西方形势教育论的一些教育者以官能心理学为基础，认为选择学习内容的基本原则就是看学习内容对官能训练的价值大小；现代西方的行为主义心理学、认知主义心理学和人本主义心理学都被作为课程研究的理论基础，从而形成了与之对应的课程理论。

二、心理学基础在课程研究中的运用

首先，不同心理学流派之间存在着互补关系，课程研究的心理学基础应注重多种心理学思想的融合。事实上，很多学者已经注意到了这样的问题，例如加涅就是在吸收了行为主义、格式塔心理学、人本主义以及控制论等观点基础上，提出了自己的理论。今天，随着课程研究与心理学研究的多样化、复杂化，更应该融合各种不同的心理学思想作为课程研究的基础。这种融合可以体现在不同的方面：不同的心理学思想可以用于不同的具体领域，如课程行为目标的表述更多采用行为主义心理学思想，而学习风格的研究则多采用认知心理学思想；在同一领域、同一问题上也可以运用多种心理学思想，如关于学习者心理特征的研究；分别依据不同的心理学思想构建不同的课程领域或课程类型，并将其整合在一个和谐的体系中，如以动作技能和简单知识为主要内容的课程构建，可以以行为主义心理学为依据；以理论知识、智慧技能、认知策略思维训练为主要内容的课程构建，则依据认知心理学；以情感体验、人生意义、独创性发挥等为主要内容的课程构建则依据人本主义心理学思想，学校体育课程的研究则是融合了这三种情况的课程构建方式。

其次，注意心理学在不同课程研究领域的运用。当前，课程研究已经发展成一种涉及面广、极端复杂的活动，课程各个基本组成部分和具体问题的研究、课程运作的各个环节、课程研究活动的各个环节等都具有各自的特点和需求，需要不同的心理学理论、心理学知识、心理学方法作为研究的基础和依据。

第三，辩证地看待心理学自身的问题。心理学不是万能的，它的作用不是无限的，要看到心理学的局限性，要历史地、发展地、深入地看待各种心理学思想。心理学在方法上注重实证、经验方法而忽视思辨方法，在内容上注重具体细节而缺乏哲学的广阔视野，许多心理学思想都是历史的产物，其科学性和真理性会随时间变化发生变迁，课程研究对心理学的运用要深入地看到其作为基础的哲学和文化根源，才能更合理地发挥其学科基础的作用。

三、心理学基础在体育课程研究中的运用

体育课程是知、情、意、行高度统一的综合性"技艺类"课程，体育课程和一般文化课程之间存在显著的区别。一个是认知方面，它主要是通过身体认知，掌握运动技能；一个是在非智力因素的发展方面，它又显示了其他学科所不具备的特征。

（一）体育课程的研究必须符合心理学规律

在课程目标的设置、课程内容的选择、课程实施与评价的各环节要素中，都要严格遵循人的心理发展规律。在体育课程内容的选择过程中，要关注不同年龄阶段学生的心理特征，在充分了解学生的心理需求和个性发展，以及学生

兴趣的前提下，选择与学生认知水平相吻合的课程内容。随着身体的发展，年龄的增长，认知水平的提高，学生的心理需求、个性需求会发生不同变化，课程研究要针对这种变化选择相应的内容、方法、手段，以达到课程目标的要求。

（二）体育课程属于特殊的认知领域——身体认知

在人类的认识活动中，认识的主体与客体之间存在着反映和被反映、改造和被改造的关系。客体是指主体的指向，它可以是主体之外的客观事物，也可以是主体自身，即人实现对自身的认识。体育运动中学生通过运动技术或技能的练习产生丰富的身体体验，获得对自身的认识。可见，运动技能是人在从事以运动项目为中心的身体练习过程中，在自身内部之间和主体与客体之间的相互关系中通过综合体验所获得的身体认知。运动技能的形成规律必须引进心理学学科的知识与理论，并把它作为人类认知心理学发展的重要组成部分。运动技能是复杂的肌肉本体感受对运动产生的条件反射，它是条件信号和非条件信号在人的大脑皮层形成暂时性联系的结果。运动性条件的获得有赖于信号的有效强化，这种有效强化即为反复练习，从而为身体练习的必要性提出生理学的依据。运动性条件反射的形成分为三个阶段，即泛化阶段、分化阶段、动作技能形成阶段。动作技能进一步地提高，可以达到动力定型阶段（也可称之为动作自动化阶段）。动作技能的发展阶段为技能学习的教学原则和方法提供了理论依据。

（三）体育课程对非智力因素的发展具有特殊作用

学校体育的主要职能之一就是促进学生个体的发展，因此，体育教师必须对个体的身心发展及学习过程的本质有所了解。行为主义心理学派关注的是怎样教及学生对刺激做出的反应，把简单行为复合成复杂行为，通过学习强化达到教学目标；认知心理学派关注学生头脑中认知结构的重组或重建，认为知识学习就等同于学校教育。在此基础上人本主义心理学指出：体育课程关键在于引导学生从中获取个人自由发展的经验，并强调学生思维、情感和行为整合的必要性。

人本主义心理学对当前的体育课程改革具有重大的指导意义。体育运动不仅产生丰富的情绪体验，使主体实现身体认知，而且能促进个体非智力因素的发展。体育运动内容十分广泛，产生各种各样的刺激，学生在多样的刺激中感受到的情感体验往往与身体认知结伴而行；体育运动中各种角色的变换与社会实践中角色的个性化要求相一致，因此，体验过程中学生的情感、意志、态度和价值观等非智力因素得到潜移默化的发展。智力因素与非智力因素的发展结合起来，促进学生个体与能力得以充分发展是人本主义体育课程改革的目的。

第三节　学校体育课程研究的社会学基础

课程是一种社会现象，有着重要的社会职能和社会基础，同时，课程与社会以及社会现象之间存在着密切的联系，课程的产生与发展与社会自身发展存在着相互促进、相互制约的关系。

一、社会学在课程研究中的作用

（一）社会学是课程产生与发展的基础

"人们在现代社会中所创造的历史、社会差异和各种对抗的利益与价值体系，如同它们在现代社会的政府系统或职业结构中被表示出来的一样，也非常充分地反映在学校课程中。同样，课程的争论，无论是暗示的还是明晰的，总是关于社会及其未来社会各种各样可供选择观点的争论。"

由此可以体现出社会对课程的重要影响。可以说，一部课程史就是一个社会的发展史，要解读课程、理解课程、发展课程就必须以社会学为基础。

首先，社会学是研究课程的产生的基础。课程是随着学校的产生与规范化、制度化而产生的，它是整个社会文明发展的产物，也是整个社会文明发展的一个主要方面，课程的产生以整个社会的发展为背景和基础，包括生产力的发展、社会结构的发展与制度化、社会分工的发展与制度化、文字和精神文化的丰富等诸多方面。

其次，社会学是课程历史发展研究的基础。课程的根源与动力在于整个人类社会，影响课程发展变迁的社会因素是多方面的，主要有社会经济基础的发展、社会结构的变迁、社会生活方式的变化、文化及文化精神的变迁等，其中每一个要素都包含着极其丰富的具体内涵。要研究不同时期的课程，就必须研究相应时期的整个社会甚至社会在不同历史时期的延续性和继承性。

第三，社会学是当前课程改革的基础。课程改革的自觉而有序进行是建立在课程研究基础上的，其重要的基础之一就是社会学。课程改革是以当前中国社会的发展和整个人类社会为基础和前提的，并要满足当代中国社会发展和国际社会发展的需要。因此，课程改革的研究必须结合中国的社会背景和国际背景，同时还要结合中国传统，既考虑全球化的环境问题、人口问题、道德问题等的影响，也考虑中国传统的优劣势特点。

（二）社会学是课程构成要素和课程运作研究的基础

课程系统内部诸要素包括课程类型、课程知识、课程实施、课程评价等，都打上了社会学的烙印。就课程类型看，潜课程的社会功能在于社会控制；社会如何选择、分配、分类、传递、评价公共教育知识，既反映了社会权利的分配状况，也反映了社会控制的一些原则。课程实施过程中的知识传授进行着社会控制，维系着社会结构；而课程评价是维系社会现状，强化社会制度、准则、价值体系的强有力的机制。

（三）现代教育社会学流派为课程研究提供直接的思想与理论

在西方，教育社会学自 20 世纪初发展为一门独立学科，并在 20 世纪 50 年代后得到迅猛发展，形成了各种流派，最主要的有功能理论、冲突理论和解释理论。

二、社会学基础在课程研究中的运用

首先，课程研究的社会学基础是多种社会学理论的融合。与哲学和心理学基础一样，多种多样的社会学理论的产生（其中包括多种教育社会学理论）在不同方面影响着课程研究的进展，不同流派的教育学社会理论是基于不同的教育和社会现象、或者是同一教育和社会现象在不同时代背景或不同情境中的表现的角度的观点，但其总体上是互相补充和渗透的。比较公认的三大教育社会学流派中，功能理论强调个人对社会适应，是以社会本身的稳定性与合理性为前提的；冲突理论注重社会本身存在的问题和社会变迁；解释理论有助于深刻、全面地连接社会现象及其背后的本质,提供了解释和研究社会现象的有效方法，并提出了深层的社会理念。由此看来，三种理论是从不同的角度来阐释社会的本质与问题，立足点不同，但并不矛盾。

其次，完整课程体系研究的诸要素和课程运作环节离不开社会学的知识与方法。课程目标的制定依赖于社会学中关于社会结构、社会理想、价值观念等方面的知识，课程内容研究需要社会学中文化及文化学、社会生活知识等，学习方式的研究需要社会生活方式、行为模式、科技文化等支撑，评价则需要社会理想、价值观念、社会生活方式等方面提供依据。除此之外，社会结构、社会运行机制、社会秩序、社会权利等都对课程研究的各个领域产生影响。

第三，要以整体社会的视野来进行课程研究。课程的产生与发展演变不能脱离社会而独立存在，课程是社会的一部分，它源于社会，并以社会为基础。进行课程研究时，要始终以整体社会的视野思考课程的社会基础是什么、课程的社会来源是什么、课程体现了什么样的社会条件、课程研究需要什么样的社会背景、课程的形成会对社会产生什么样的效果等问题。

第四，与哲学、心理学一样，社会学不是万能的，它具有基础理论支撑作用，但也具有局限性。社会学的研究受研究者社会立场和价值倾向影响较大，因而社会学的理论知识往往缺乏普遍性，各流派也存在着偏执；社会学的方法存在一定的局限性，它注重调查研究法，但缺乏较高的可靠性，即通过调查的数据有时候是不真实的；一定的社会学知识是对特定社会现实的反映，随着社会不断变迁，容易变得过时、陈旧。

三、社会学基础在体育课程研究的运用

体育课程作为社会文化的重要组成部分，既受到社会政治、经济等方面的影响，同时对社会发展产生一定的影响，即保存、传递和重建体育文化。

自 20 世纪初，随着教育社会学的功能理论、冲突理论从不同的视角对学校课程进行了透析。强调在社会稳定的前提下，学校通过课程设置使得学生社会化、理解并接受自己在社会中的位置，而社会就是通过学校课程来筛选学生，完成学生的社会角色定位，最终实现学校课程和宏观社会在结构与功能上的一致；冲突理论把价值体系、思想观念和道德标准都看作是为权力集团服务的，学校活动是为了传递特殊的文化。在冲突理论观点下，体育课程也只不过是一种手段和工具，达到服务权力集团的目的。

体育运动能促进人们健康地生活、身心愉悦地工作；通过体育的法规和规则，体育又约束人们的行为，促使个体产生遵守社会规章制度、道德规范的意识。体育运动本身就是一个团体性很强的社会角色演练场所，个体在运动中感

受到角色的各种变化，为以后更加顺利地投入到社会提供了平台。因此，体育通过各种运动项目促进了个体的社会化。

第四节　学校体育课程研究的体育科学基础

一、体育课程的生物学基础

与其他学科相比，体育具有"人体直接参与运动、知识与技能融为一体"的身体运动性特性，使得体育学科成为具有"技艺性"属性的综合性学科，技能的形成直接来源于身体活动。人体首先是一个生物体，是一种具有独立思维能力和创造能力的生物体，因此，人类的活动（包括体育活动）都是建立在以生命系统固有规律为研究对象的生物科学之上，人类的活动要符合生物的特性和发展规律。所以，生物学就成为了体育学科天然的理论基础。生物学基础对体育课程研究的作用主要表现在：体育课程研究者必须从生物系统的固有规律角度出发对课程进行研究和设计，彰显体育课程的技艺性属性，突出体育课程的学科特性。例如：人体适应性规律、人体生理机能活动能力变化规律、人的身体发展规律等等。

人体的发展具有规律性，在人体发展的不同阶段，人体的各器官、组织、系统均表现为不同的特征；在人体发展的不同阶段，人体的各组织、器官功能的发展水平和发育速度也是不同的。这种不同主要通过不同年龄阶段的人体的身体形态、机能、素质等方面表现出来，使之具有普遍的规律性。体育运动通过人体参与体育活动来完善人的机体，达到健身锻炼的目的，人的身体发展规律无疑为人们为什么参与体育活动、选择何种体育活动、如何进行体育活动、如何应对活动中的变化等等提供了有力的支持，同时，为体育课程目标设置、体育课程内容选择、体育课程实施与评价等提供理论依据。

人体适应性规律是根据生理学的新陈代谢规律提出的。人体在参与体育运动过程中承受一定的运动负荷，导致体内异化作用加强，能量储备下降；经过适当的休息和调整后，体内的同化作用加强，能量储备上升；再进一步合理的调整和休息之后，人体内的能量超过原来水平。这三个阶段可称为"工作阶段""相对恢复阶段""超量恢复阶段"，是人体对运动适应的表现之一，也叫作

"超量恢复"，这种适应特征为体育课程如何安排练习，有效地提高身体机能水平提供了理论依据。人体适应性规律是一般性的原理，在不同的领域有不同的含义。"超量恢复"的原理，用于运动训练领域，超量是指极限负荷的量；用于普通学生，超量是指已经适应了的量，是指学生的身体机能对某一运动负荷达到适应状态，可以适当地提高运动负荷，从而逐步地提高身体运动能力，提高学生身体机能的适应性。

人体生理机能活动能力变化规律是体育课程实施环节合理安排体育课程结构的重要依据。运动过程中，人体的机能活动能力的变化是逐步进入工作状态的，由逐步上升，达到一定的高度，最后逐步下降。表现在体育课上，学生在上课初始阶段，必须逐步克服从安静至运动的惰性，包括物理惰性和生理惰性两个方面。物理惰性是指身体特别是肌肉系统需要预热，称为热身运动；肌肉在参与运动过程中要克服自身的黏稠度和阻力，适当的热身运动可以促进血液流通，运动促使全身血液流量进行重新分配，更多的血液加入到运动系统，有利于肌肉克服黏稠性和阻力，进一步从事运动。生理惰性的克服则是指通过改善人体内部的新陈代谢水平，逐步提高机体内部的能量供应，以适应运动负荷的逐步提高；课程结束，要使学生由运动状态向安静状态过渡，进行放松肌肉活动，以消除局部疲劳、逐步降低运动负荷，使学生获得适当的恢复。

二、体育课程的教育学基础

体育是全面发展教育的重要组成部分之一。马克思曾科学地预见："未来教育对所有已满一定年龄的儿童来说，就是生产劳动同智育和体育相结合，它不仅是提高社会生产力的一种方法，而且是造就全面发展的人的唯一方法。"明确指出了体育在全面发展教育中的重要地位。毛泽东早年在《体育之研究》一文中曾指出："体育一道，配德育与智育，而德智皆寄于体，无体是无德智也。""体者，载知识之车而寓道德之舍也。"由此说明体育是学校教育的重要组成部分，也是国民教育的构成要素，它与德育、智育紧密结合，肩负着为社会培养全面发展人才的历史使命，对促进社会的精神文明具有积极作用。通过体育既可以使学生接受身体的教育，同时也使学生在德育、美育等方面得到发展，为智育和劳动教育提供健康、强壮的载体。体育的功能及社会对体育的要求决定了体育在国民教育中的地位。体育运动在人的社会化过程中起着极其重要的作用：体育运动中的角色变化帮助学生适应生活，同时承载着体育文化传递和重建的作用。通过体育的规范、规则等来约束人们的行为，强化人们遵守社会公德、遵守生活行为；引导人们形成合理的健康生活方式。从宏观上看，体育对整个社会都具有重要的教育功能，体育运动是一种富于感染、易于传播的精神力量。体育赛场上运动员与国歌、国旗一起代表着国家的形象，体育能激发人民的爱国热忱，振奋民族精神，凝聚民族力量，教育人们与国家和社会保持一致性，总之，体育在国民教育中占有十分重要的地位。体育教育的过程是教育者根据教育目的，向学生传授体育运动知识、技能，促进身体正常生长发育，全面发展身体素质和基本活动能力，不断增强学生体质的过程。首先，体育教育过程是体育与德育、智育相结合的过程。促进学生体质的增强，使学生掌握相应的体育运动知识技能是学校体育教育必须完成的特殊任务，同时，体育作为教育的组成部分，必须服从教育的总目的。体育与德育、智育的结合建立在体育的内容和学生的实际的基础上，体育既是对学生进行德育、智育教育的手段之一，也是对学生进行身体运动教育的必备方式。其次，体育教育的过程是使学生掌握体育理论与参加体育实践活动相结合的过程。学生对体育运动技能、技巧的掌握，体育行为习惯的形成等都必须建立在体育知识传授的基础上，而体育知识的传授则必须通过体育实践活动来实现。第三，体育教育的过程是促进身体生长发育与指导运动锻炼相结合的过程，也是加强身体锻炼与利用、创造外部环境相结合的过程。由此可以看出，学校体育教育包括身体与精神、理论与实践、身体发育与运动锻炼、运动锻炼与外部环境等多方面的联系，而这种联系都要通过体育课程的实施成为现实，只有全面理解体育教育的过程，充分认识体育课程的功能与价值，才能使学校的体育课程达到预期的结果，并最终实现教育的目标。

第五节 学校体育课程研究的课程论基础

一、古希腊"三杰"的课程理论中的体育课程

早在古希腊时期，课程理论还未形成独立的学科，关于课程的研究多与教育研究融合在一起，但是依旧不乏有建树、有影响的课程研究观点，在这些先

哲的课程研究中，也出现了体育课程的缩影。比较有代表性的当属被誉为古希腊"三杰"的苏格拉底、柏拉图和亚里士多德的课程思想。

（一）苏格拉底课程思想中的体育课程

苏格拉底课程思想主要以哲学为基础。众所周知，早期希腊哲学家大多探讨宇宙本源，而苏格拉底"第一个把哲学从天上拉回到人间"，并提出了三个光辉命题。第一，"认识你自己"，主张不要把研究集中于推断宇宙是怎样产生的这一问题，而是把研究对象转向人，研究人本身。第二，"自知自己无知"。苏格拉底认为知识是普遍的、绝对的、永恒不变的，人们一般所谓的知识其实并不是真正的知识，但他们还自以为有知识，而苏格拉底本人则意识到自己还没有达到那种绝对的、永恒的、真正的知识，故此他认为自己是无知的。第三，美德就是知识。认为道德行为必须奠基于知识，产生于知识，美德就是关于善的概念认知。

在苏格拉底的课程思想中，可以看到体育课程的缩影。首先，苏格拉底课程思想所展示的教育目标是培养有理性的人，有智慧的人，热爱知识、追求知识以及具有学习知识能力的人；并特别强调道德品质的培养，包括正义、勇敢、虔诚、自制、孝、友谊等。其次，学习内容主要包括体育、军事训练、舞蹈、音乐、诗歌、天文学、几何学、数学、心理学、道德哲学等。

由此可见，体现在教育目标中的正义、勇敢、自制、友谊正是体育功能与精神的体现，也是体育课程的目标之一；而课程内容除了明确提出体育之外，其军事训练、舞蹈等也与体育有着密切的联系。

（二）柏拉图课程思想中的体育课程

柏拉图的课程思想以其理念论、知识论、伦理观和社会政治观为基础。他的理念论认为真实的存在是绝对永恒不变的概念，即理念。理念构成了一个客观独立存在的世界，即理念世界，这是唯一真实的世界；他的知识论认为真正的知识必须是确实可靠的，是真实的。同时还认为认识就是回忆，相信人的灵魂和理念先于肉体而存在，灵魂进入肉体之前处于理念世界中，故知识是在人尚未出生之前的灵魂早就有的，只是在把它放入身体时忘记了自己的真实身份，失去了对理念世界的记忆。认识就是把已被遗忘的理念世界回忆起来，由此形成了"回忆说"；他的伦理观和社会政治观认为人的灵魂除了理性之外还有意志和情感，这三部分表现为三种美德：智慧、勇敢和节制。

柏拉图的教育目标是培养勇敢的军人和有哲学头脑的执政者；并按照不同教育阶段安排学习内容：3 至 6 岁的男女儿童集中在寺庙里，在经过挑选的妇女监督下做游戏、听故事；6 岁后，男女分开生活，但接受大体相同的普通教育，即学习音乐，从事体育活动；17 至 20 岁进行 2～3 年的专门的军事训练……

通过上述内容发现，柏拉图时期的教育目标的实现所依赖的一个主要手段就是体育活动和军事训练，并对教育阶段进行划分，设置不同的课程内容，是课程研究的进步。

（三）亚里士多德的课程思想中的体育课程

亚里士多德是古代西方最伟大的哲学家，他在人类知识的许多领域做出了杰出的贡献，灵魂论是他的主要课程思想，他认为人同时具有三种灵魂，即为植物所有的具有消化和吸收营养以及生殖功能的营养灵魂、为动物所有具有知觉功能的感觉灵魂和为人所特有的理性灵魂。不同的灵魂在人的发展历程中的次序不同，按照人的生长进程先是躯体，然后是非理性灵魂，最后才是理性灵魂，以此为基础，亚里士多德提出了关于教育目标、教育阶段和教育内容的主张。

亚里士多德的教育目标在于发展三种灵魂，即发展人的身体、情感和理性，是人在这三个方面和谐发展。与之相应的学习内容是按照人的生长发展顺序提出三个教育阶段，并配置相应的内容：第一阶段，家庭教育（0～7 岁）。发展儿童的身体，5 岁之前注意引导其做适于肢体发育的各种活动，5 岁之后主要是游戏和听故事。第二阶段，初级学校教育（7～14 岁）。以情感道德教育为主，主要内容包括阅读和书写、体育锻炼、音乐和道德养成。第三阶段，高年级教育（14～21 岁）。发展学生理性灵魂，以理性教育为主。

二、人文主义者的课程理论中的体育课程

人文主义是以城邦国家的出现为背景，作为新的思想潮流表现出来的，并在 14、15 世纪达到顶点。它基于"人的尊严"，追求人的价值，探究人的本性。因而，人文主义把儿童作为人这一整体进行全面培养为中心课题。

人文主义的首个教育宣言是由韦杰里奥（P. P. Vergerio，1370—1445）做出的。为实现人类历史上获得的认识与知识的总体的统一性与发挥人类自身的潜

力，他倡导"自由教育"，并且据此创立了他的关于自由主体的全面的人的形成论。他认为教育需要两根支柱——心智训练和身体训练。心智训练基本科目是历史与道德、诗歌与音乐、数学、天文学和自然学；而身体训练的科目是游戏、体育、军事训练。

首次对体育课程设置进行描述的是维多里诺，他提倡身心兼顾、德智并重、发展儿童个性与培养社会责任感相结合的教育，设置了以古典语文为中心的多门学科。维多里诺认为健康的身体是智力良好发展的前提，设置的体育课程包括了骑马、射箭、击剑、角力、游泳、音乐、舞蹈和唱赞美诗等活动。

三、卢梭和裴斯泰洛齐课程理论中的体育课程

（一）卢梭课程论思想中的体育课程

卢梭是 18 世纪法国的启蒙思想家，开拓新的教育道路的教育思想家。他倡导"自然教育论"，主张采用摆脱封建统治影响的"适应自然"的教育方法，培养"自然人"。他在《爱弥尔》一书中叙述了适应自然的新的教育模式，他认为，"在万物中，人类有人类的地位；在人生中，儿童有儿童的地位。必须把人当人看待，把儿童当儿童看待。"卢梭课程论思想的核心就在于创造性地发展儿童内部的"自然性"。认为教育不能无视儿童的本性与现实生活，必须遵循儿童的"自我活动"，采取适应儿童的"年龄发展阶段"的方法。《爱弥尔》就是以一名孤儿为原型，叙述从出生到 20 岁的各阶段的体育、智育、德育的著作。卢梭把受教育者的身心成长划分为四个阶段。认为教育既要适应受教育者身心成熟阶段，也要适应众多受教育者的个性差异与两性差异。

卢梭对不同阶段受教育者的教育策略：

幼儿期（0～5 岁）的教育：强调遵循自然法则，必须采取锻炼主义，使之饥饿、涸渴、疲劳，锻炼儿童的身体。重视经验，摒弃空洞的语言，立足于现实主义的教育理论。

儿童期（5～12 岁）的教育：卢梭将这一时期称为"理智睡眠期"。认为这一时期的儿童还不能思考，应主要发展儿童的外部感觉。要培养儿童真正的勇气，使之体会自由的喜悦。主张教育要依靠实物，遵从自然秩序进行。儿童只是凭借自己的经验，接受真正的教育。儿童期的教育以体育为基础，以情感性、劳作性的学习和情谊教育为中心。

少年期（12～15 岁）的教育：以智育为中心的教育。应广泛发展智力，满足儿童智力方面的需求，使之将确凿的知识与生活的需要相结合。通过儿童的经验培养儿童的能力，注重思维方法的训练，使儿童体会到方法和开辟到达真理的道路。确信能够自力更生的人，才是最强悍、最自由的人。

青年期（15～20 岁）的教育：卢梭将这一时期称为"激动和热情时期"，是学习自己与他人关系的时期。主要实施道德教育，使之从自爱到他爱，逐渐培养起权利与义务的观念。

卢梭非常重视"直接经验"，认为观察和经验所得的知识最正确，印象最深刻，是构成系统的概念、知识、思想和价值体系的基础。他的自然主义课程论具有独创性，对于而后的教育理论和教学理论有巨大的影响。

（二）裴斯泰洛齐的课程论思想中的体育课程

瑞士教育家裴斯泰洛齐提出了基础教养论和直观教学论，把教育与生产劳动结合起来，认为人格的统一形成是以头、心、手的和谐发展为基础的，即智力、情操和技术的统一和谐发展。他认为人生来就具有精神的、技术的能力和素质，能力和素质的发展要遵循一定的法则。这种智力的、情操的和身体的三种能力和素质，不仅有赖于自然的发展，而且要同自然发展构成一定的关系，进行人为的、方法上的援助指导。这就是基础校验的理念——智育、德育、体育，并使三者达到统一和均衡，以培养和谐的人性。裴斯泰洛齐的教育目的是发展人的天性和形成完善的人，他在《天鹅之歌》中写道："依照自然的法则，发展儿童道德、智慧和身体各方面的能力，而这些能力的发展，又必须顾及它们的完全平衡。"这里所说的"平衡"就是指各种能力的协调发展，使之成为有智慧、有德行、身体强健、能劳动并具有一定劳动技能的人。

在裴斯泰洛齐的教育内容中把体育作为人的和谐发展的一项重要内容与手段。他认为体育的任务就是要把所有潜藏在人身上的天赋的生理的力量全部发展出来。他主张体育教育应该是全面的教育，是完整的体育教育，认为体育教育者传授运动技能的同时要注重人的全面发展的目标，不能只传授单项技术而忽视了人的全面陶冶。并进一步声明，体操的目的就是"使儿童的身体和心灵存在于相互统一、和谐的整体之中"，"如果体操对身体发展有其独特优势是不容质疑的，那么我认为体操对道德的发展也是功不可没的。"

此外，他把体育看成是劳动教育的初步的阶段，重视体育对劳动的作用，认为如果没有强健的体魄，就没有劳动的习惯、技能的培养和训练。

四、杜威的课程论思想中隐含着体育课程的元素

约翰·杜威（John Dewey，1859—1952），是美国著名的哲学家、心理学家、社会学家，20世纪最伟大的教育哲学家，"杜威对教育及课程思想的贡献是不可估量的"。他于1902年出版的《儿童与课程》（*The Child and the Curriculum*）一书被认为是对课程问题最早、最系统的论著之一，而1916年出版的《民主与教育》（*Democracy and Education*）则被认为是自1906年以来对学校课程领域影响最大的两本著作之一。美国真正的进步主义教育运动就是由杜威开创的。杜威以其卓越的智慧和非凡的气魄总结了西方自古希腊、古罗马以来的教育遗产，创造性地确立了四个教育哲学命题："教育即经验的不断改造""教育是一个社会的过程""教育即生活""教育即生长"。"教育即经验的不断改造"是最基本的课程哲学命题，经验有个人经验和社会经验，但在本质上是社会情境的产物。人在本质上也是社会情境的产物。以经验为基础的教育自然应以社会生活形式组织起来，因此，"教育是一个社会的过程"既是社会的要求，也是经验相互作用的体现。经验的连续性既表现在儿童生活与成人生活之间的连续性，也表现在人的学校生活、社会生活、家庭生活、自然生活之间的统一性和完整性。只有在生活中人的个性才能得到自由而真实的表现，才能谈得上经验的不断改造。因此，"教育即生活"。生活的本质是生长，既有社会的生长——社会民主进程的不断推进，也有个体的生长——人的心智、才能的不断增长和完善，所以，教育是一种自然的过程，"教育即生长"。

杜威和进步主义的课程思想在教育目标上强调将社会发展目标与个体发展目标统一起来。在社会发展目标方面，强调发展社会民主和自由；在个体发展目标上，强调良好的教育目标一要考虑受教育者特定的个人固有活动和需要，二要能转化为受教育者的活动进行合作的方法，三必须不是一种抽象的和终极的目标。在学习内容方面，主张以儿童的活动为中心选择学习内容；学习内容的组织要心理学化，强调学习内容组织综合化；以"主动作业"为主要课程形态。在学习方式上提出"从做中学"的主张，提出了"五步思维"和"五步教学法"。

通过对上述课程论思想的探讨不难看出，无论是古希腊时期还是近现代时期的课程研究，在其教育目标和学习内容的设置上，都体现了一种整体教育和系统教育的思想。无论是德育教育、智育教育还是体育教育，其课程内容基本贯彻了按照儿童的身体生长、发育规律划分教育阶段，并安排相应的课程内容，同时在这些课程理论中，都对体育教育进行了适当的描述，在教育目标和学习内容上都体现出体育课程的缩影，以及与体育相关的课程的反映。这些为学校体育课程的研究提供了理论思想、思考方式和研究依据。

第六节　学校体育课程研究的系统论基础

系统科学是马克思主义的唯物辩证法普遍联系原理的具体化和深化，系统科学是研究事物整体联系和运动发展规律的科学，将系统科学的思想原则作为学校体育课程研究的方法论基础，具有一定的理论意义与实践价值。在本研究中，"体系"和"系统"是两个含义互通的名词，系统多用于系统科学理论本体及应用研究，体系多用于体育课程的构成要素；系统是体系的科学依据，体系是系统性的研究成果。

一、系统科学的基本理论原则

系统科学的思想原则和方法主要体现在整体性、有序性、动态性、开放性和最优化等几个方面。

整体性是指认识主体始终把研究对象视作一个整体，认为世界上的各种事物、过程都不是彼此孤立的杂乱无章的偶然堆积，而是一个合乎规律的、由各要素组成的有机整体。系统整体的性质和规律只存在于各要素的有机联系和相互作用中，各要素的孤立活动的特征不能反映系统整体的功能和特征，即整体大于组成它的部分之和。

有序性是指系统内部要素的相互联系及组织结构的层次性和等级性。所有的系统都由要素构成，系统和要素的区别是相对的，一个系统只有相对于构成它的要素而言才是系统，而相对于由其他事物构成的较大系统而言，它又是一个要素，也可称为一个子系统或分系统，因此，系统具有层次性和等级性，系统中要素的组织结构方式，即要素活动的秩序决定着系统的功能。

系统的动态性和开放性是相互联系的，任何系统都不是凝固不变、孤立存在的，系统总是在同外部环境的相互作用中调整着自己的要素和结构，系统是在从无序到有序、低序向高序和从有序又向无序的反复过程中，以整体性的运动方式得以形成、演化和发展的。最优化是用系统科学方法研究问题的最终目标。

总的来说，系统科学研究方法始终立足于从要素、结构、功能与所处环境的相互联系和制约的关系中，分析系统中各要素的结构功能，有意识、有目的地使系统内各要素达到最佳构建和配置，以求系统形成结构最优化和功能最优化的整体效应。

二、学校体育课程体系的层级结构

系统的根本特性是整体性。系统具有整体性是由于组成系统的各要素之间存在着有机联系，并呈现一定的层级等级，整体性来源于有序性。因而，研究学校体育课程体系主要从两个方面着手：一是学校体育课程体系的各种要素是以何种层级结构形成整体联系的；二是学校体育课程体系的整体性是如何形成的。

（一）学校体育课程体系的子系统和分系统

现实世界的一切事物、过程都是由相互联系的要素构成的整体，系统是物质和社会的普遍存在和发展形式。系统的种类根据要素的性质可以分为物质系统与精神系统、自然系统与社会系统、天然系统与人工系统等等；根据系统的规模可以划分为超系统（巨系统）、大系统、中系统和小系统等。研究系统的整体性，则要从系统的性质和要素的层级结构着手。

根据体育课程体系的性质和特点，参照系统科学关于系统分类的研究方法，按照"子系统"和"分系统"这样两种方式来划分学校体育课程体系的层级结构。

子系统主要反映系统的等级性，即系统的每一等级包含有相对独立的多个子系统，系统可以视为在这些子系统的相互联系中产生的整体。系统与子系统的联系方式是下级子系统的集合形成上一级系统，由此关系形成由上而下或者由下而上的系统等级。根据这样的结构形式，可以把大、中、小学四个学段的体育课程作为四个相对独立的子系统，四者的集合构成学校体育课程体系。四个学段的子系统相对独立，各自具有教育者、受教育者、教育内容及载体等基本要素的相互联系，且要素之间的联系方式丰富多样。

29

所谓分系统,是指系统的各级子系统在某些方面具有意义关系或实体联系,由这些意义联系的方面或有贯通性质的要素以一定的秩序组织起来的系统构成所属系统的分系统。分系统的研究方法具有十分重要的意义,对任意系统的研究不仅包括各子系统（或要素）的研究,还包含对其相互关系的研究,以及分系统与分系统之间关系的研究。大中小学的体育课程体系均是由课程目标体系、课程内容体系、课程实施体系和课程评价体系等要素构成,每一个要素就构成一个分系统。

（二）学校体育课程体系构成

研究学校体育课程体系就是在哲学、社会学、心理学、体育学基础上,融合系统论、课程论等相关理论,以体育课程的目标、内容、实施和评价四个分系统为纬,以大、中、小学体育课程四个子系统为经,纵横贯通、依序连接、内外联系,构建成一个整体的学校体育课程体系。

从纵向看,是小学、初中、高中、大学四个子系统的纵向衔接。要求每一个子系统的目标、内容、实施、评价都应遵循不同学段学生的年龄特点和运动技能形成发展的规律,建立分层递进、螺旋上升、和谐衔接的有机联系。

从横向看,是体育课程目标、内容、实施、评价的横向贯通。要求每一个分系统都要落实到小学、初中、高中、大学四个子系统之中去,遵循体育的规律,使体育课程目标、内容、实施、评价环环相扣、相互依存、和谐贯通。由此做到分系统自身构建的整体性。

学校体育课程体系研究就是运用系统科学的思想方法,对大、中、小学四个子系统和目标、内容、实施、评价分系统进行分析,合理配置一个在时间上具有全程性,空间上具有全面性的,能够产生更大整体效应的体育课程体系。

第三章 学校体育课程的性质特点

第一节 体育运动是身体认知性知识

在探讨学校体育课程的性质与特点之前，首先要确定一个问题，即"体育运动是不是知识"的问题。因为，课程是知识的载体，也是知识传播与继承的基本途径，课程内容来源于人类知识的体系。没有知识，就失去了课程内容的来源，也就没有课程的存在。体育课程是体育文化知识的载体，是以体育运动为主体的课程，没有了体育运动，体育课程也就失去了意义。

在众多情况下，从来没有人怀疑数学、物理、语文是不是知识，但很多人对体育运动是否是知识的问题存在着大量的质疑，甚至偏激地认为体育运动就是简单的身体活动，与知识有什么关系？只要会活动，就会参与体育运动。体育课程就是活动的课程、"游戏的课程"、"玩"的课程，殊不知"玩"也是需要特定的知识来支撑的。于光远先生有句名言："玩是人的根本需要之一，要有玩的文化，要研究玩的学术，要掌握玩的技术，要发展玩的艺术。""玩"都是如此的复杂，何况体育运动？体育运动是规范化的身体活动，是有技术结构要求的身体活动，是具有基本理论支撑的身体活动，而能够出现在体育课程当中的体育运动，更是经过慎重选择之后的内容，绝不是简单的活动、简单的游戏、简单的"玩"，在这个意义上来说，体育运动具有科学性，符合知识的要求。

人的认知可分为三种。一是概念认知，是通过对概念的理解而获得知识的途径。语文、数学、历史、地理、物理、化学等学科是以概念认知为主的学科；二是感官认知，即必须通过感官获得知识的途径（我们无法向盲人解释什么是红色，无法向聋人解释什么是交响乐），音乐、美术是以感官认知为主的学科；三是运动认知，是通过各种身体运动体验来形成知识的途径，也是不能由其他的认知途径来取代的。对体育运动的认知就属于人类认知的第三种类型。由此，可以肯定地说，体育运动是与语文、数学、音乐、美术一样，处于同一平台的身体认知性知识。

第二节　学校体育课程的"技能性"

体育作为教育的重要组成部分，对推动我国教育事业的发展，促进教育改革的顺利进行，并最终完成培养具有个性的全面发展的人的教育目标具有极其重要的作用。体育课程体系是学校体育教育中极其重要的一个环节，对体育课程体系进行全面而深入的研究是当前体育教学改革的关键环节，也是体育教学改革的最终落脚点。正是体育教育的重要地位以及学校体育课程体系的重要作用决定了体育课程的性质和特点。

学校体育课程的性质是学校体育课程理论建设和实践研究最核心的问题，究其原因在于它体现了课程的基本取向，指导着课程建设的方向，主导着课程的实践活动，决定了学校体育课程的理念、目标、内容以及教学过程与方法。学校体育课程的性质是由课程的内涵与外延决定的。

当前，体育课程存在着两种形态，一种是体育专业院校的体育课程，一种是普通学校教育的体育课程，这两种课程有着本质的区别。体育专业院校的体育课程是为了培养符合体育教育目标、具有体育专业素质的专门人才而选定的完整的学科体系，具有专业性；普通学校教育的体育课程则是为了完成教育目标，促进学生全面发展而设立的课程，具有普及性。笔者所讨论的学校体育课程性质指的是普通学校教育体育课程的性质。关于普通学校教育的体育课程的性质，有以下观点：第一，体育课程属于活动课程，它是以身体实践活动为基本特征，具有活动课程基本属性的学科；第二，体育课程是学科课程，认为体育课程虽然具有较强的实践性，但它又是需要经过严格、系统学习的学科课程；第三，体育课程是综合性课程，因为体育课程既具有实践性强等特点，又符合理论与实践相结合的综合型课程形态。第四，体育课程属于学校课程体系中的文化科学基础课程，也称"学术性课程"。

一、学校体育课程符合活动课程的特点

　　活动课程又称经验课程，是以儿童从事某种活动的经验为中心而组织的课程。这种课程以发展学习者自身经验为目标，旨在培养具有丰富个性的主体。活动课程具有如下的特点：以学习者的兴趣为出发点，强调课程内容对学习者的吸引力，致力于满足学习者的求知欲望、发展其多样化的兴趣；突破"知识中心"和学科逻辑，从学习者的生活经验和心理发展逻辑出发选择课程内容，打破了以系统化的知识为主体编写教材的方式；在课程实施中主张"从做中学"，让学习者通过活动获得直接经验并积累知识。活动课程有其内在的价值，在我国学校课程体系中，有些课程属于这一范畴，例如烹调、缝纫、木工等。这种课程将生活、经验、社会课题以及其他丰富的内容吸收到学校教育中，对于丰富、创造学校教学内容有巨大的作用；但是这种课程不利于文化知识的系统传授，组织和实施的难度比较大、耗费时间比较多，片面强调主体的自发性。从表面上看，它注重发挥主体性，但事实上却限制了主体的发展。

　　体育课程的外在特征表现为身体运动实践活动，学生作为实践的主体，主要通过身体运动这种外在形式直接参与到体育课程学习中，与此同时还伴随着丰富的认识活动。学生在练中学、学中练，既有身体实践活动，又有心理活动，是身体运动实践与认识活动相统一的课程。同时，体育活动带有竞争性和一定的冒险性，是学生认识自我与改造自我相统一的活动。体育活动是人类挑战自然界、挑战自我进而战胜自然、完善自我的重要手段，参与体育活动就要承受一定的运动负荷，而适宜的运动负荷，可以使人的身体各器官、系统的机能得到提高，加速新陈代谢，从而促进身体发展。因此，体育活动既可以使学生的身体得到全面、积极的锻炼，也可以使思想、道德、意志、情感、人际关系等方面受到教育。从这些特点上来看，体育课程的某些特点与活动课程的实践性强、开放性大，以及自主性和多样性等特点有密切联系。

　　但是，不能因为这些相似之处就简单地认为体育学科就属于活动课程的性质。因为从以上分析来看，体育学科还有自身的特点。从活动课程的编排和教学实践来看，体育学科课程与活动课程的性质还不完全一样。特别是活动课程目标的社会性，以及教学组织、对教师和学校条件的要求等方面，有其不好克服的弱点，因此完全按照活动课程模式设计体育课程是不理想的。

二、学校体育课程符合学科课程的特点

这种观点是从课程分类的角度来探讨体育课程的性质。学科课程是以文化遗产和科学为基础组织起来的各门学科最传统的课程形态的总称。各门学科都有其固有的逻辑性和系统性，是独立地、并列地编成的。这种课程从易到难排列教材，符合儿童发展的阶段特征，并且注重科学的体系。根据这种课程开展的教学，一般称之为"系统学习"，是受广大教师支持的具有悠久传统的科学主义课程的一种。其优点在于：按照学科组织起来的教材，可以系统地授受文化遗产；通过学习逻辑地组织起来的教材，可以最大限度地发展智力；以传授知识为基础，容易组织教学，也容易进行评价。不足之处在于：由于所提供的教材注重逻辑系统，因此在展开教学时，容易重记忆而轻理解；在教学方法上偏重知识传授，而忽视儿童社会性的发展和身心健康；教学方法划一，无法充分实施适应能力、个别化教育。

把学校体育课程确定为学科课程，是把体育作为科学看待，认为体育是一门科学，既涵盖体育的科学理论，也包括运动科学实践活动。在课程设计过程中，以体育的科学理论和实践为依据，根据教育的需求和不同年龄阶段学生身心发展规律与特点，选择和排列适当的教学内容，形成体育学科体系，以达到学校教育的目标。这种课程设计通过长期教学实践，在课程目标、教材分类、内容排列、考核评价等方面不断改进和完善，形成了较为系统的课程体系。

学校体育课程作为学科课程，其优点是：第一，课程计划给予学科课程以重要的保证。新中国成立以来，体育学科的授课时数一直居于重要的地位（小学排语文、数学之后居第三位，中学排语文、数学、外语之后居第四位）；第二，承认体育是一门科学，并按照学科课程模式加以设计，有利于确立体育在学校教育中的地位；第三，学科课程模式对于科学、系统地安排教学内容，保证全体学生掌握基本的和系统的体育知识、技术、技能有重要的作用；第四，多年来形成的体育学科教学论体系，使体育教师已习惯于按学科教学模式组织、实施体育教学。

而不足之处在于：过分强调体育知识、技术的系统性和完整性，造成教学内容偏多，课程设计考虑学生的实际需要与兴趣不够，特别是如何培养学生能力，并与终身体育目标相联系，在教材中也难以体现。

三、学校体育课程符合综合性课程的特点

将学校体育课程确定为综合性课程，是从体育的科学属性角度来探讨体育课程的性质。

首先，体育具有社会科学的性质。体育是一种社会文化现象，是构成社会文明的重要组成部分，从社会文化角度研究体育，涉及哲学、社会学、文化学、历史学、人才学等社会科学。因此，体育具有社会科学的性质。

其次，体育具有自然科学的性质。体育运动作用于人，要科学地促进人的身体发展，因此要运用自然科学的知识，如人体生理学、人体解剖学、保健学、营养学、卫生学以及运动生物化学、生物力学、体育统计学等等。故而，体育又具有自然科学的性质。

体育作为社会文化现象最终作用于人，要运用自然科学、社会科学的理论与方法完成教育任务，因此体育是一门综合科学。

科学与学科既有区别又有联系。学科是为了教学的需要，而把一门科学的内容加以适当的选择和排列，使其适应学生身心发展的阶段和某一级学校教育应达到的水平。这样依据教学理论组织起来的科学知识的完整体系，就称为学科。体育学科是由多门科学综合而成，它本身既包含体育科学理论还包含体育运动实践，因此要根据教育的需要和学生的年龄特点来设计体育课程就十分复杂，从这一意义上说，体育学科又具有综合课程的性质。

四、学校体育课程属于"技能类"课程

从学校教育的角度来认识体育课程，首先要对学校课程进行合理的划分，然后再确定体育课程的归属。

1986年，日本信州大学学科教育研究会的专著《学科教育的构想》中，明确地把所有学科分为知识课程和情意课程两类，将大、中、小学的体育课程归于情意类课程之列。

根据德国教育家费尼对基础教育的各种课程分类：启智类课程：数学、科学社会、自然；沟通类课程：国语、外语、阅读，文学、写作；情意类课程：艺术、音乐；技能类课程：体育、生活、劳动、保健；活动类课程：课外活动与社会实践。世界上更多的教育专家则把基础教育阶段的体育课程归纳到技能

类课程。

我国基础教育的课程总体，包括：工具类学科，如数学、语文；自然类学科，如物理、化学；人文类学科，如政治、历史；技艺类学科，如体育、音乐、美术。

五、学校体育课程具有"学术性课程"的特点

有的课程专家从学校教育的目标、内容和功能角度来划分，将学校课程分为两大部类。第一部类是作为文化科学基础的课程，也称为"学术性课程"，包括语文、数学、外语、历史、地理、自然、物理、化学、体育、音乐、美术等传统的学科课程。第二部类是与社会生活实际有密切联系的实用性课程，包括劳动教育、技术教育、职业教育、经济教育等方面的课程。其中体育作为基础教育（包括普通高中）的重要组成部分，同样是学校教育中的文化科学基础课程。

将体育作为"学术性课程"的原因如下：

（一）有利于体育学科在学校教育中准确地定位

根据《中华人民共和国义务教育法》第三条规定："义务教育必须贯彻国家的教育方针，努力提高教育质量，使儿童、少年在品德、智力、体质等方面全面发展，为提高全民族素质，培养有理想、有道德、有文化、有纪律的社会主义建设人才奠定基础。"《九年义务教育全日制小学、初级中学课程计划》培养目标，即"按照国家对义务教育的要求，小学和初中对儿童、少年实施全面的基础教育，使他们在德、智、体诸方面生动活泼地主动地得到发展，为提高全民族素质，培养社会主义现代化建设的各级各类人才奠定基础"，以及《全日普通高级中学课程计划（试验）》对高中性质规定为"义务教育基础上的高层次基础教育"等一系列规定，基础教育阶段中的体育学科，是基础教育的组成部分，在学校教育中具有不可替代的作用。

（二）有利于向学生传授体育文化

体育是人类文化的重要组成部分，是人类积累起来的宝贵的精神财富之一，文化科学基础课程的内容也包括体育文化。这样认识，有利于加强体育课程的文化含量，改变以往只偏重于技术（只把技术理解为为了提高运动能力，没有重视技术也是一种文化）的编排倾向。

（三）有利于学生德、智、体等方面全面发展

基础教育阶段，体育作为"学术性"课程，主要应该为学生打下身体素质和运动能力的基础，打好体育基础文化、基本技术、基本技能的基础，打好体育的行为、习惯的基础，为终身从事体育奠定基础。

（四）有利于学生终身体育意识的培养

体育对于学生当前的成长以及未来的工作和生活是一种物质的基础，没有健康的身体就不可能有美好的未来。基础教育是为终身体育打基础的阶段，体育的习惯、能力、意识的养成要从基础教育阶段开始。而且终身体育不仅仅是一种意识、习惯，也不仅仅是为了过健康、文明的生活，终身体育要以身体锻炼为手段，以身体健康作为物质基础。因此，基础教育阶段，重视学生健康，加强体育基础文化、基本技术、基本技能的学习对于学生终身体育是十分重要的。

综上所述，无论将学校体育课程归属于哪一类课程性质，都不能全面地反映体育课程的属性。因而，本研究认为要确定体育课程的属性，既要考虑体育课程在学校教育中的地位（学术性），又要考虑体育学科自身的特点和优势（技能性）；既要体现体育课程的整体性、科学性，又要注重学生的个性发展（综合性）。所以，体育课程首先是在一定意义上是具备了活动课程、学科课程等特点的具有综合性的课程；其次，体现体育课程自身特点和优势的"技能性"是体育课程区别于其他课程的根本属性之一，因此要特别体现出来。在这个意义上看，具有"技能性"的综合性课程更符合体育课程的归属。

第三节　学校体育课程具有鲜明学科特点

学校体育课程是学校教育课程的重要组成部分。与其他科学文化知识类课程相比，具有较为鲜明的特点。学校体育课程的特点，既反映出与学校教育的一般文化课程的区别，又体现出与运动训练过程的区别。

一、"技艺性"和"自然性"特点

体育课程的主要形式是身体活动，使身体练习与思维活动相结合，从而掌握体育的知识、技术与技能，以实现体育课程的目标。前面已经讨论过，人类

的认知可以分为概念认知、感觉认知和身体认知。身体认知过程是一种技能的学习过程，通过身体练习活动来实现。身体练习是体育课程区别于其他文化类课程的最重要的特征。技能学习属于身体认知范畴，它的发展具有特殊的意义，是实现体育功能的重要载体。

体育学习是一种技能的学习，体育学习中的身体练习不同于运动训练的身体练习，学校体育课程的身体练习内容多样，具有可替换性，运动训练的身体练习则根据专项运动需要具有严密的结构程序；学校体育课程的身体练习讲究适宜的运动负荷，必须遵循人体发展的客观规律，而运动训练的身体练习则要遵循极限负荷、超量恢复的原理。

以多种身体练习为主要表现的"技艺性"成为体育课程的重要特征。这个特征同时反映了体育课程的多种风格特征，为体育课程模式的多元性提供了理论依据。而参与身体活动必须承受合理的运动负荷，遵循人体发展的客观规律，则表现了学校体育课程的"自然性"特点。

二、"情意性"和"人文性"特点

日本《学科教育的构想》一书曾经把所有学科分为知识课程和情意课程两大类，将大、中、小学的体育课程归于情意类课程之列。知识类课程反映的是客观世界，存在着必然的、有序的、不以人的意志为转移的客观规律性，人类对客观世界的认识通过感觉、知觉进一步形成感性认识，然后通过思维又进一步上升到理性认识；而情意类课程主要通过课程来改造人的主观世界，具有较多偶然的无序因素。人类对主观世界的认知则是通过对生活的体验，产生情感冲突，并在情感冲突中不断升华，从而对个性发展和人格培养产生巨大的影响。这正是情意类课程追求的最终目标。

体育课程学习无论是技能掌握的身体认知过程还是概念掌握的一般认知过程，都会对人的情感、意志、态度、价值观方面产生深刻影响，尤其是对人的意志力的培养具有其他课程无法取代的作用。同时，体育课程中的直接经验体验和身体体验，教师与学生之间、学生与学生之间的人际交往更为频繁和复杂，这种体验与交往对学生非智力因素的发展具有特殊的功能，是其他任何课程都无法达到的。因而，学校体育课程具有"情意性"特征。

作为学校教育的多数课程是为了学生将来能够从事某一专业或职业而直接

提供认知基础的课程，体育课程则是为了使学生能够快乐、健康、幸福地生活，能够充分感受人的生命力和体验情感，能够增强学生的意志力服务的。"健康第一"的指导思想不仅对学生的素质发展提出了更高的要求，而且更为全面地反映了体育的人文精神。所以，"人文性"也是学校体育课程的特征之一。

在体育课程实施的过程中，体育课程学习的环境变化多端，学生学习条件的变化多种多样，课堂情景以及师生之间的互动方式，与其他文化课程相比具有显著的特点；学生在课堂上角色扮演多样、变化多端，信息沟通渠道更加畅通，这一特点也是其他学科难以比拟的。上述这些特点有利于培养学生的交往能力、组织能力和个体的社会适应性，也是体育课程"人文性""情意性"特征的具体体现。

三、学校体育课程具有学科特殊性

（一）与其他学科课程相比具有目的、任务的特殊性

在学校教育体系中，存在着多种类型的课程，每种课程都有其特定的目的与任务，但是，这些课程（语文、数学等）往往只是承担着某一学科的目的任务；而学校体育课程则承担着整个教育的目的任务之一，即德育、智育、体育、美育和劳动技术教育之中的体育教育的目的任务，是一种教育性的课程。

（二）与其他学科课程相比具有科学基础的特殊性

美国著名体育学者查理斯·A·布切尔指出："严格讲，'体育'自身不是一种学科，它的目的和科学基础要从哲学、生物学、心理学、生理学和社会学等学科中获得。"

我国教育家徐特立把学校课程分为学科和术科，认为"劳动科目（即术科或行动）是基本的科目"。体育科目和劳动科目相似，都是以"行动"为主的，并且都以众多的其他科学为其基础，而不是以某一门科学为其基础的。从课程类型上来看，它是属于广域课程或综合课程。从作用上看，它的显性课程与隐性课程的相互影响尤为明显。

（三）与其他学科课程相比具有教学时空的特殊性

从当代学校课程设置上来看，无论是我国还是外国，各级学校教学计划中都有体育课程，是各年级连续开设的唯一教学科目，有的还明确规定课外体育活动的时数。从空间上来说，体育课程不限于校内，还延伸到校外。

　　另外，体育课程的实施是在固定的场地上进行的，离开了特定的场地空间，课程本身就失去了存在的条件。

　　学校体育课程是具有"技能性"的综合性课程，是以身体认知性知识为主体的课程，是实现体育文化知识传承的载体和基本途径。在课程实施过程中，以身体练习为基础，通过身体练习实现体育知识、技能的掌握，已达到体育课程的目标。体育课程具有身体认知特点和生活教育特点，是融"技艺性""自然性""情谊性"和"人文性"为一体的课程，同其他学科课程相比，还具有目的任务、科学基础和教学时空的特殊性特点。体育课程的性质与特点对于学校体育课程目标的制定、课程内容的选择、课程实施的要求和课程评价的取向具有指导作用。

第四章 学校体育课程目标研究

课程目标是构成课程内涵的核心要素，也是课程研究的方向和灵魂。从课程内容的选择设计、课程实施的过程环节到课程评价的执行操作，都不能脱离对课程目标的认识、掌握及实现。目前，课程目标已经成为各种课程文件的首要组成部分。学校体育课程的目标是整个学校体育课程体系研究的重要部分，具有举足轻重的地位。体育课程的目标直接关系到体育课程的方向、课程内容的选择、课程实施过程各环节要素的具体举措以及课程评价的方法、课程的管理等问题。它既是学校体育教育的出发点，也是归宿，是学校体育课程体系研究的首要问题。

第一节 对学校体育课程目标的认知

"课程目标"作为课程理论的一个重要概念，在英文中有"curriculum goals""curriculum aims"以及"curriculum objectives"等表述形式。"aim"的含义是"把某物指向预期的目的或目标"，"curriculum aims"经常被理解为课程的总体目标，等同于我国教育领域所探讨的教育目的；"goal"指努力的直接目标，相对于"curriculum aims"来说，"curriculum goals"更为具体、明确，相当于学科的课程目标，是课程总体目标在特定领域内的具体表现，与我国课程研究所阐述的各级各类学校的课程目标属于同一层次；而"objective"作为目标解释是指努力争取或设想获得的事物，因此，"curriculum objectives"是在"curriculum goals"基础上的进一步具体化，更具有可操作性。

一、对"课程目标"含义的多样性理解

自"课程"形成独立的专门研究领域以来，对课程各要素的研究就受到了广泛的重视，课程目标作为课程的第一要素，自然成为研究者关注的重要问题。关于课程目标的概念，目前还没有形成统一的认识，课程目标作为一个正在发

展过程中的课程论的概念，人们对它的基本含义和实质的认识，尚处于不断变化之中。在课程理论形成与发展的过程中，国内外的学者立足于不同的视角有着不同的阐释。

最早将教育目标的分析作为课程研究的出发点和归宿的当属美国课程论专家博比特和查特斯。博比特于 1918 年首提"课程目标"这一术语，他认为课程目标是指儿童在未来生活中需要掌握和形成的能力、态度、习惯和知识的形式。博比特的《课程》和《怎样编制课程》，以及查特斯的《课程编制》中一致认为课程编制过程中必须注重课程目标的制定。泰勒在其经典著作《课程与教学的基本原理》中系统分析了如何确定教育目标这一核心问题。但是并没有对教育目的、教育目标和课程目标作细致的区分，而是作为同义词看待。泰勒认为课程目标的选择应从"学习者本身""当代生活"和"学科专家建议"三个方面综合考虑，缺一不可，这三个方面共同为学校教育目标提供坚实的基础。后来，对学生的研究、社会的研究和学科的研究成为课程论研究中公认的课程目标来源。

随着课程理论的不断发展，关于课程目标的研究逐渐增多并逐步成熟，学者们分别从不同层次对课程目标进行界定，反映出学者们对课程目标从宏观到微观的不同理解和阐释。美国课程论专家蔡斯（R. S. Zais）将课程目标区分为"课程宗旨（curriculum aims）""课程目的（curriculum goals）"和"课程目标（curriculum objectives）"三个层次。其中课程宗旨是课程的总体目标，与教育目标基本一致，反映特定社会对于受教育者要达到的基本要求；课程目的指学科或者领域的课程目标。而另一位课程专家奥利瓦则从两个层面分别界定了课程目标："课程目标就是用没有成就标准的一般性术语表述的取向或结果"。"课程目标就是用具体化的、可测量的术语表述的取向或结果。课程规划者希望学生在完成了一个特定学校或学校系统的课程计划的部分或全部之后，达到这一取向或结果。"

我国教育界一直比较重视课程目标问题的研究，也形成了不同的定义。例如，国内学者高孝传认为课程目标是按照国家教育方针，根据学生身心发展状况，在一定时期内，通过为完成规定的教育任务而设计的教育内容，使学生所要达到的培养目标。另外，我国关于课程目标的定义还有"课程目标是指一定教育阶段的学校课程力图促进该阶段学生的身心发展所要达到的预期结果。简言之，课程目标是指特定阶段的学校课程所要达到的预期结果。""课程目标是课程设计的方向或指导原则，是预见的教育结果，是学生经历教育方案的各种教育活动后必须达成的表现。""课程目标是一定教育阶段的学校力图促进这一阶段学生的基本素质在其主动发展中最终可能达到国家所期望的水准。简言之，课程目标是一定学段的学校课程力图最终达到的标准。"并将课程目标概括为时限性、具体性、预测性和操作性四大规定性。

尽管国内外学者站在不同的立场，从不同的角度对课程目标做出了界定，但共同之处在于他们都侧重于课程目标的价值层面，将课程目标理解为"学生学习所要达到的结果"。本研究根据研究内容的需要以及课程论专家对于课程目标的阐释，认为顾明远先生的《教育大词典（增订合订本）》中关于课程目标的定义更为符合课题研究的情况，故采用这一定义作为本课题研究中对"课程目标"的界定："课程目标是指课程本身要实现的具体目标，是期望一定教育阶段的学生在发展品德、智力、体质等方面达到的程度。"

二、对学校体育课程目标的认识

体育课程是课程的下属概念，是课程的组成部分，与课程具有相应的关联度。因此，体育课程目标同课程目标也必然存在一定的从属关系。随着课程改革和课程研究不断深入，体育课程研究逐渐系统化、规范化、具体化，"体育课程目标是什么"的问题，如何界定"体育课程目标"问题是近年来体育课程研究中较为关注的问题之一，关于"体育课程目标"的定义也众说纷纭：学者们分别从生物学、体育学、教育学、社会学的角度对"体育课程目标"进行界定，认为体育课程目标是增强体质、促进健康；是掌握专项运动技术；是促进学生的全面发展；是融入生活，培养社会适应能力；等等。依据不同的理论基础，站在不同的视角、不同的侧重点，对体育课程目标的理解也各不相同。

体育课程目标究竟该如何界定呢？课程目标是一定教育价值观在课程领域的反映，结合课程目标的概念，以及体育课程的本质、特点、功能，笔者认为可以将学校体育课程目标作如下的定义：学校体育课程目标是体育课程本身要实现的具体目标，是期望一定教育阶段的学生通过体育课程学习而达到的程度。

三、学校体育课程目标具有多功能性

课程目标制约着课程的设置，规定着课程内容的选择和组织，约束了学生学习活动的方式，同时又是课程实施的基本依据和课程评价的准则，是教育目的、培养目标的具体体现。因此，课程目标具有多方面的功能，具体来说，主要表现为激励功能、导向功能和标准化功能。

（一）学校体育课程目标具有激励功能

课程目标的激励功能即激发和维持学生学习动机的功能。当教育者向学生公布课程目标的同时，实际上是通过目标激发学生的学习动力，使之为达成目标而不懈努力。

首先，需要是积极性的源泉，可以起到驱动个体活动的作用。当体育课程目标与学生的需要一致时，学生为了满足自身的需要，就会为达到课程目标而努力。例如，中考的体育加试对于初三年级的学生来说是一项非常重要的测试，测试分数计入升学成绩，直接影响学生对高中学校的选择。因而，初三年级的体育课程中与体育加试项目相关的知识与技能、技巧就与学生的内部需求相吻合，这时，学生就会为了提升体育加试的成绩而认真对待，努力完成课程的要求，达到课程学习的目标。

其次，兴趣是最好的老师，当体育课程目标与学生的兴趣一致时，课程目标就能明显地激发学生的学习活动，使学生为达到课程目标而努力。例如某个体育项目（篮球、健美操等）是某个或某些学生感兴趣的体育活动，向这些学生指出相应的课程目标，课程目标就会对这些学生的学习、练习活动起到较明显的激励作用。而对于不感兴趣的学生，激励作用则不明显。

第三，当体育课程目标难度适中时，课程目标能对学生的学习活动起到明显的激励作用。苏联心理学家维果茨基的"最近发展区"理论，就是最好的解释。即体育课程目标要适当超出学生的现有发展水平，达到学生可能发展的水平，即学生通过努力能够获得成功。这样的课程目标最能激励学生的学习活动，维持学生较为持久的学习动力。如果课程目标难度太大，会使学生产生畏惧心理，望而却步，知难而退；而课程目标太低，又不具备挑战性。

（二）学校体育课程目标具有导向功能

体育课程目标的导向功能即规定、组织和协调师生行为的功能。学生的学习活动具有多方向性特点，在没有活动目标的引导下，活动的方向是不确定的。而有了指向一定结果的活动目标，学生的学习活动就有了明确的方向。体育课程也是一样的，在体育课程中如果预设了目标，体育课程实施就具有了方向性，同时体育课程内容选择与组织，教学方法的选择与运用，学生学习形式等就都具有了方向性。体育课程目标的导向作用主要表现在：首先，体育课程目标能够使体育教育活动具有明确的方向，有助于体育教育活动的自觉进行，体现了学生体育活动的有意识性、目的性和能动性；第二，体育课程目标能够使体育教育活动集中于有意义的方向，有助于结果的达成；第三，体育课程目标能够提高体育教学活动的效率，使体育课程教学事半功倍。

（三）学校体育课程目标具有标准化功能

体育课程目标的标准功能即检验、评估实际结果的功能。在体育课程实施过程中，往往要对教育活动进行评价，随时了解体育教育活动的效果，并及时调整和改进体育教育活动的进度和方法；在体育课程结束时，往往要对教学效果进行评价。这些评价活动的重要标准之一就是课程目标。评价实际上最重要的就是评判体育教育活动是否达到了预期的课程目标，在多大程度上达到了目标，因此，必须以预设的课程目标为标准，用实际效果与标准对照，以检验、评判课程实施的效果。

综上所述，学校体育课程目标是否适当，直接影响体育课程内容的选择、体育课程的实施、体育课程的评价；课程目标是否科学，直接影响某一教育阶段学校培养目标是否能圆满达成，教育目的能否顺利达成。因此，学校体育课程目标的确定在整个体育课程中具有重要意义。

四、学校体育课程目标来源具有多向性

关于课程目标的来源，早在 1902 年杜威出版的《儿童与课程》（*The Child and the Curriculum*）一书中就有论述，认为教育过程的三个基本要素：学生、社会、学科是影响和制定课程目标的主要因素。波德（B. D. Bode）在 1913 年提出课程目标的三个来源是教材专家的观点、实践工作者的观点和学生的兴趣；拉格 1927 年在总结课程发展史上的经验和教训的基础上提出学生、教材、社会是课程编制三个相互依赖的因素；塔巴在 1945 年论述了课程目标的三个来源：对社会的研究、对学生的研究、对教材内容的研究；泰勒在《课程与教学的基

本原理》中总结概括前人的观点，以折中的态度提出了课程目标的三个来源，即对学生的研究、对当代社会生活的研究、学科专家的建议，具体确定目标时还需要运用哲学和心理学做出选择；克尔（J. F. Kerr）在 1968 年主编的《变革课程》（*Changing the Curriculum*）中提出"课程理论模式"，认为课程目标来源于学生、社会和学科三个方面。此后的课程研究中，关于课程目标的来源基本稳定在对学生的研究、对社会的研究、对学科的研究三个方面。学校体育课程目标的来源同样如此，可以认为，学校体育课程目标来源于学生的需要、社会生活的需要、学科的发展以及教育目标和培养目标。

（一）学校体育课程目标源于学生的需要

课程是学习者的课程，因而学习者的需要是课程目标的基本来源之一。课程的存在是为了使学生更有智慧地生存。促进学生的全面发展是课程的根本任务。学生是体育课程施教的对象，是体育学习的主体，离开了学生主体积极性的发挥，体育课程与教学将无从谈起。因此，体育课程目标首先要关注学生的需要。什么是学生的需要呢？学生的需要就是"完整的人"的身心发展的需要，即学生人格发展的需要。如何确定学生的需要呢？最主要的是了解学生的现状。

学生的需要从学习性质看既包括学生的自发需要，也包括学生在后天的体育学习过程中形成的自觉需要。制定体育课程目标要以自发需要为基础，通过调查收集学生的各种信息，并将学生共性的状况与理想标准和公认的常模进行比较，由此来确认差距和体育需要，从而揭示体育课程目标。

学生的需要从内容维度看，是学生身心发展需要和学生的学习需要。体育课程目标要充分考虑学生的两种需要之间的依存关系，充分考虑某一学段的学生能够学习什么、需要学习什么。同时要特别注意学生的年龄差异和个体差异，要在尊重学生个性和个体差异性的基础上确定体育课程目标。

从时间维度上看，学生的需要既包括学生当前的需要，也包括学生的长久发展需要。体育课程目标既要注意处理好当前需要与长久需要的关系；同时还要注意运用动态的观点来看待学生的需要，学生的需要会随着个体的发展和与社会的交往而变化、发展、提升，必须用动态的发展的眼光判断学生的需要。

除上述之外，体育课程目标的确定还要充分考虑学生的兴趣。教育应该是一个积极主动的过程，需要学生自身的努力予以配合，而学生的主动性是建立在兴趣的基础上的，体育课程目标与学生兴趣相符，学生就会主动参与到教学中来，使教学活动有效地进行。目前体育课程标准提出的基本理念就涉及对学生研究方面，例如：体育与健康课程关注的核心是满足学生的需要和重视学生的情感体验……体育与健康课程充分注意到学生在身体条件、兴趣爱好和运动技能方面的个体差异，根据这种差异性确定学习目标……等等。

（二）学校体育课程目标源于社会生活的需要

学生不仅生活在学校中，而且还生活于社会之中。学生的成长是一个不断社会化的过程。因此，社会生活的需要就成为课程目标的来源之一。

社会生活的需要包括两个维度：空间维度和时间维度。从空间维度来看，社会生活的需要是指从学生所在的社区到一个民族、一个国家乃至整个人类社会发展的需要；从时间维度来看，社会生活的需要不仅包括社会生活的当前现实需要，而且包括社会生活变迁趋势和未来的需要。当前社会是国际化和信息化时代，并且是一个不断发展和变迁的时代，社会生活的需要表现为民族性与国际性的统一，现实与未来发展的统一。

体育课程目标不能脱离所处的社会而存在，要适应社会生活的需要，既要考虑社会优势阶层的需要，也要考虑社会不利阶层的需要，要体现社会公平和社会民主的原则；体育课程目标既为了学生的今天，更为了学生的明天，今天学校体育课程目标所做的选择将在二十年后呈现结果，体育课程不再是社会的附件而被动地适应社会的需要，它将预示着某些新的社会发展的状态，蕴含着对现存社会的批判和改造，正在为一个尚未存在的即将到来的社会培养新人。因而，体育课程目标要具有适切性和前瞻性，要在现实与未来、个人与国家、适应与改造之间找到切入点和结合点。同时，体育课程目标要适应本地区、本民族、本国家的需求和发展，要在人类社会的需求和发展中寻求平衡与统一，必须具有国际意识和国际视野。

（三）学校体育课程目标源于体育学科发展的需要

教育的本质在于传承人类文化，学校教育的一项重要任务是传递通过其他社会活动难以传递的知识。学科是知识的最重要的组织方式，因此，学科知识是课程目标的重要来源之一。知识作为人类认识世界所积累的经验，在人类社会以及个体身心发展中的作用是巨大的。知识就是力量，个体接受了人类积累起来的知识，就等于在个体身上凝聚了社会力量，从而使个体在较短的时间内达到较高的身心发展水平。如果没有知识的积累与传递，人类社会的发展与进步将是非常缓慢的。人类的知识体系可以划分为许多的学科领域，而大的学科领域又可以划分为许多小的学科领域，通过学科的方式，人类知识得到最有系统、有规律的组织，便于积累、传递和发展。体育知识是人类知识体系的组成部分，在其积累、传递和发展的过程中，同样要有一个系统的、规律的知识组织体系，称之为体育学科，体育课程目标的制定要符合体育学科的发展需求。

（四）学校体育课程目标源于教育理想和培养目标的需要

教育理想和培养目标是处于课程目标之上的，是课程目标的重要依据。首先，任何课程目标的制定都要体现一定的教育理想，否则课程目标就失去了灵魂。体育课程目标也不例外。教育理想是理想化的，而课程目标是现实的，体育课程目标的制定要以教育理想为根本方向。其次，培养目标是关于人的培养的完整的规划、标准和要求，体育课程目标在一定程度上可以视为培养目标的逻辑分解和具体化，是实现培养目标的途径。也就是说，培养目标是通过各门课程来实现的，课程目标是实现培养目标的中介。

综上所述，学校体育课程目标的来源主要表现为学生的需要、社会生活需要、学科发展需要以及教育理想和培养目标的需要。目前，我国在课程目标的制定上一直非常重视学科发展的需要，学科发展和学科专家的建议在课程目标的来源中所占比例远比学生的需要、社会生活需要重要得多。因此，课程目标的确定要注意加大对学生需求和社会需求的重视程度，同时要与国家的教育理想和整体教育目标的方向相吻合，寻求各个因素之间的平衡关系。

第二节 学校体育课程目标体系

一、学校体育课程目标的类型

（一）依据课程目标表征形式划分的四种类型

关于课程目标的分类是多种多样的，比较典型的分类是将课程目标按照表征形式分为普遍性目标、行为性目标、形成性目标和表现性目标四种。

普遍性目标是将一般教育宗旨或原则直接运用于课程领域，成为课程领域一般性、规范性的课程目标。它是基于教育理念、社会政治经济发展状况与需求、意识形态以及人的经验而形成的，具有普遍性、模糊性、规范性，是一种古老且长期存在的课程目标取向。其优点在于适用范围广，灵活性强，给予教师较大的发挥空间。不足之处在于这类目标受经验和意识形态影响，缺乏可靠的科学依据；目标较为模糊，常常引起歧义和不同的理解；不明确，不易观测、评价。

行为性目标是以具体的、显性的、可操作、可观测的行为形式来陈述的课程目标，它明确指出了教育活动结束后学生所发生的行为变化。其主要特点是：其一，强调目标的具体性、可操作性、可观测性；其二，具有统一性，即行为目标适用于所有的人，而且对所有人都采用同样的标准；其三，具有预定性，行为目标是在教育活动进行之前确定的。行为性目标的优点主要为可操作性和可观测性。它为学校教育提供了一个有效的平台，使得同一类别不同学校之间、同一年级的学科教学具有了可比性，并且为教师同教育督导、学生家长、学生本人之间展开教育内容交流提供了可能。同时，行为目标的明确性使教师对教学任务、教学行为有明确的方向认识，便于教师控制教学。其不足之处表现在：行为目标使教学趋向于可以明确识别的要素，而难以测评、难以转化为行为的内容往往由于被忽视而消失；由于行为目标将学习分解成各个独立的部分，使得学习的整体性遭到破坏，不利于整体性教学和学生的完整性发展；预先制定的课程目标也可能不符合实际情况而成为强加给教师和学生的东西，不利于学生积极主动地学习。

形成性目标也称"生成性目标"，是在教育环境中随着课程的展开而自然形成的课程目标。它关注的是学习活动的过程，而不是结果。形成性目标考虑到学生兴趣、能力的形成和个性的发展，克服了过程与结果、手段与目的之间的二元对立，使学生在教育过程中产生目标，给教育活动带来了丰富性、开放性，使课程目标更贴近教育的实际情境。其缺陷在于这种课程目标要求教师根据学生需要和特点随时调整课程内容，能随时提出课程目标，由于教师没有接受过这样的训练，使得其在实践中难以胜任这样的教学活动；即便受过训练有能力的教师由于这样的教学要付出大量额外的工作，因此，也不一定会采用形成性目标；另外，由于学生的学习活动没有预先的导向，使学习活动具有一定的盲目性。

表现性目标是指在教育情境的种种际遇中每一个学生个性化的创造性表现。它强调课程目标的独特性、首创性，是学生从事某种活动后得到的结果，注重的是学生在活动中的具有某种程度的首创性反应。表现性目标是开放性的，只为学生提供活动领域和活动主题，关注学生行为的个人性、多元性，鼓励活动的个性特点。其优点在于能够使课程目标适用于学生的个性差异，有利于激发学生的求异思维，激发学生的独创性。缺点在于难以起到行为目标所具有的导向作用，难以保证学生掌握必须掌握的学习内容。

综上所述，各类型课程目标都具有其优势和不足之处，每种目标都有其存在的意义和价值，例如要培养学生的基础知识和基本技能，可采用行为目标；培养学生的解决问题能力，生成性目标较为合适，而要培养学生的创造性精神，则要采用表现性目标。现代教育是培养"完整的人"，是对人才的综合培养，因此，对于课程目标的要求也具有综合性，所以，当前课程目标不是某一种课程目标的唯一取向，而是几种课程目标的相互补充，共同构成课程目标体系。

（二）学校体育课程目标的其他类型

按照体育课程目标内容分类，传统的体育课程目标分为三个方面：身体发展目标、知识技能发展目标和思想品德发展目标。当前体育课程在总课程目标的基础上还设置了领域目标，包括运动参与、运动技能、身体健康、心理健康和社会适应能力五个方面。按照布卢姆的教育目标分类学则可以将体育课程目标分为认知目标、情感目标和动作技能目标。

按照不同的学习阶段则可以将体育课程目标划分为小学、初中、高中、大学体育课程目标。

二、学校体育课程目标体系的阐释

学校体育课程目标体系是在课程论、系统论指导下，坚持"健康第一"的思想指导，将体育课程总目标进行分解，形成横向贯通渗透，纵向分层递进的目标群。体育课程目标群纵横排列有序，构成一个系统的目标网络。

学校体育课程目标体系在横向上由体育课程各领域目标群组成，在过去体现为三个目标群：身体发展目标、知识技能发展目标和思想品德发展目标；而当前则体现为运动参与目标、运动技能目标、身体健康目标、心理健康和社会适应目标。其中运动技能目标是基础，运动参与目标是保障、是过程，身体健康和心理健康是目的。运动参与、运动技能、身体健康、心理健康与社会适应等方面的课程分目标是一个相互联系的整体，各个目标主要通过身体练习的过程予以实现，不能割裂开来进行教学。

学校体育课程目标体系在纵向上是由体育课程的学段目标群组成，包括小学体育课程目标、初中体育课程目标、高中体育课程目标和大学体育课程目标。他们之间相互衔接、分层递进。前一学段课程目标是后一学段课程目标的基础，后一学段课程目标是前一学段的发展与延伸，学生个体随着学段的发展，其体育课程目标也逐渐提升，由此构成学校体育课程目标的纵向发展体系。

学校体育课程目标体系的内部结构由认知目标、技能目标和体验性目标组成。横向结构的体育课程目标群中的每一项都含有认知目标、体验性目标和技能目标；而纵向结构中学段体育课程目标群中的每一学段都含有认知目标、体验性目标和技能目标。它们纵横交错，构成学校体育课程目标体系。同时，在体育课程目标的表征形式上，又应该涵盖普遍性目标、行为性目标、形成性目标和表现性目标。

三、学校体育课程目标体系的要求

（一）学校体育课程目标体系要体现系统性

体育课程目标的设置要符合课程目标的整体特性，各级各类学校体育课程目标不是彼此孤立存在的，而应该是相互联系的有机整体。同时，体育课程目标是整个目标系统的组成部分，它与体育教育目标、培养目标、教学目标之间通过逐级具体化、操作化构成一个多层次的完整体系。因此，体育课程目标的系统性主要表现在以下方面：

首先，从课程目标的相互关系来看，要注重体育课程目标的系统性。在进行体育课程目标的设计时，充分考虑目标体系的横向作用和纵向联系，满足上位目标对下位目标的要求，实现各层次课程目标的阶段性与递进性。所谓阶段性，是指学校体育课程目标是一个多层次的目标体系，小学、初中、高中、大学的不同学段有各自的阶段性目标。所谓递进性是指低年级课程目标是高年级课程目标的基础，高年级课程目标是低年级课程目标的延续和深化。体育课程目标既要考虑不同教育阶段体育课程目标之间的相互联系，又要注意体育课程目标与体育教育目标、培养目标、教学目标之间的相互关系，选取相关策略实现课程目标之间的整合。

其次，从体育课程目标设立背景来看，要综合考虑和分析体育教学系统的各个要素，即教师、学生、教学环境、课程内容等；也要综合考虑体育教师的专业知识、学科素养、教学技能等；还要具体分析学习者的一般心理、生理和社会背景等方面的情况，以及从事体育学习任务的基础知识和技能等。除此之外，还要考虑师生之间的相互关系、教师或学生与课程内容之间的关系，等等。

第三，从课程目标的地位来看，体育课程目标作为整个学校体育课程体系的一个基本要素，是整个课程体系的中心和基础，它与课程体系的其他要素相互制约、相互联系、相互作用。因此要综合考虑，全面平衡。

（二）学校体育课程目标体系要体现整体性

一个完整的体育课程目标既要保证在纵向上的学段体育课程目标的相互联系，逐层递进，又要体现在横向体育课程目标的系统性，同时，还要注意体育课程目标结构的整体性。一个完整的体育课程目标应该包括认知、情感体验和技能三个部分，是三个部分的和谐统一与完善。在长期的课程研究与实践中，虽然强调三者的和谐统一，但在课程实施过程中，侧重的往往是认知能力的发展，而在一定程度上忽视学生情感体验和技能的培养。

（三）学校体育课程目标体系要体现具体性

体育课程目标的具体化，是指课程目标的表述要力求明确、具体，避免含糊不清和不切实际。体育课程目标是要解决教与学要"达成什么"的问题，如果目标含糊不清、不便理解把握，就会影响"教什么""如何教""如何学""教得怎么样"的问题，就不能充分发挥体育课程目标的作用，教师的教和学生的学就会失去明确的方向，达不到预期的效果。

（四）学校体育课程目标体系要体现层次性

教育具有层次性，课程具有层次性，同样，课程目标也具有层次性。这里所说的层次性，一是指课程目标体系本身具有层次性，更重要的是针对某一个特定的课程目标要能够反映出学习结果的层次性。学生所有想要达到的预期的学习结果，都要通过经历不同层级的目标要求来实现，一般都是从较低层次的目标逐步上升达到较高层次目标的要求，例如在认知性知识学习上的知道、了解、理解、应用，在技能知识上的模仿、完成、掌握运用，在体验知识上的感受、认同、形成等等；同时，不同学习者达到的目标在层次上具有个性差异，体育课程目标必须适应这种多层次的要求。

（五）学校体育课程目标体系要体现适应性

体育课程目标要对社会变化具有适应性。体育课程目标一方面要重视基础知识的学习、基本技能的养成、学生基本素养的提升，同时也要关注学生未来的发展，加强课程目标的"时代性"特点，注重学生能力和创新精神培养。

第三节　新中国成立后学校体育课程目标体系的演进与发展

从 1949 年至今，伴随着中国社会的发展与进步，面对发展过程中的肯定与质疑、称赞与批评，在不断地反思与探索中，学校体育学科逐渐成熟与完善。课程改革是世界性的潮流，也是我们的国策，它有力地推动着我国社会的发展。只有不断地改革才能有更好的发展，学校体育课程也是在不断改革中逐步走向成熟与创新。

一、学校体育课程指导思想演变具有时代特色

所谓课程指导思想，就是一定时代、一定社会的课程在人才培养方面所追求的理想境界，也是人们希望达到的一种理想的身心发展状况，一般是由教育家的著述或国家政策等有关文献阐述出来，也相当于一定时代的教育理想在课程上的体现。课程指导思想稳定性较高，但是也会随时代的发展而变化。体育课程指导思想既是一定社会、一定时代体育教育活动的方向，是制定体育课程目标的重要依据，也是激励课程发展的动力。

（一）学校体育发展中的思想变迁

新中国成立以来，我国体育课程的发展经历了引进与改造、变革与发展阶段、十年挫折阶段、恢复和调整阶段、改革与探索阶段和深化改革阶段。每一阶段的课程指导思想都与当时的社会发展和教育目的有密切的联系，带有浓厚的社会政治特色和历史合理性。纵观我国学校体育发展历程，在新中国成立之

后，先后出现了一系列学校体育思想，对体育课程的指导思想具有极大的影响作用。

第一，体质教育思想。新中国成立后，毛泽东于 1950 年 6 月和 1951 年 1 月先后两次明确指示"健康第一，学习第二"，1951 年 7 月《政务院关于改善各级学校学生健康状况的决定》颁布，以及对苏联学校体育的全面学习和借鉴，都十分重视学校体育对增强学生体质，增进学生身体健康的积极作用。体质教育思想符合新中国建立初期的基本国情，符合当时社会发展的需要，符合学校体育本身的规律，对当时的体育教育发挥了重要的作用，并在后来的学校体育发展中一直处于较为重要的地位。体质教育思想基本上贯穿于新中国学校体育的发展历程，对推动学校体育改革与发展、增强学生体质、改善学生健康状况发挥过重要的作用。

第二，竞技体育思想。新中国成立后，为改变当时运动技术水平落后的状况，中央各部委于 1954 年联合下发《关于在中等以上学校开展群众性体育运动的联合指示》（下称《联合指示》）。指出各学校均要结合实际情况，积极开展多种多样的为广大学生喜爱的体育活动和举行适当的体育竞赛，尽可能培养和训练各种队伍，把体育运动的普及与提高很好地结合起来；同时要认真学习苏联的体育教学大纲，着手进行体育课程改革。1979 年，竞技体育思想和实践在我国恢复国际奥委会合法地位后，有了进一步的发展。

竞技体育思想认为在增强体质的同时，还要提高运动技术水平，甚至提出每一个学生都应该达到一项运动员等级标准，认为学校不仅要增强学生体质，而且要培养每一个学生都爱好一项竞技运动，并到达等级运动员水平，从而有利于提高国家的运动技术水平，且为学生的终身体育奠定基础。

第三，运动技能教育思想。运动技能教育思想肇始于对苏联学校体育理论的全面学习和借鉴，是在苏联学校体育理论和凯洛夫的"三中心"教育思想影响下形成的。重视运动技能的学习和掌握，强调系统的体育知识和运动技术的传授，认为运动技能是学校体育课程最现实和最具体的目标和内容，增强体质和思想品德教育是学校体育的副产品，它们之间并没有根本的矛盾，而是相互影响和依存的关系。但是过分强调运动技能的重要性，特别是竞技运动的系统性，就可能误入歧途。运动技能教育思想在改革开放后受到来自各方面的批评，引起了广泛的争议，一直延续至今，但是它对中国学校体育曾经产生过并将继续产生重要的影响。

第四，主体教育思想。20世纪80年代以来，随着我国教育理论界对主体教育思想研究的兴起，以及一些留学回国的体育学者的大力提倡，以快乐体育和成功体育为代表的主体教育思想逐渐得到了我国学校体育界的认同，并进行了实验，收到了良好的效果。当前基础教育体育与健康课程改革，提出以学生的发展为中心，重视学生的主体地位，要激发学生的运动兴趣，培养学生终身体育的意识和能力，就是主体教育思想在新世纪学校体育改革的体现和发展。

第五，整体效益论思想。随着学校体育研究的日益深化，有人对体质教育思想提出了质疑，认为仅从生物学的角度看待学校体育的功能和目标，只能反映体育的自然属性，无法反映现代体育的更广泛、更深刻的社会属性。20世纪90年代后，整体效益论思想获得认同。认为学校体育应超出增强体质的功能，具有促进学生身心协调发展的全面效应，强调学校体育的整体性、综合性和动态性。体育与健康课程改革提出的促进学生身体健康水平、心理健康水平和社会适应能力的全面提高，可以说是整体效益论思想的延伸与发展。

第六，素质教育思想。1999年6月13日，中共中央、国务院作出了《关于深化教育改革全面推进素质教育的决定》，由此，学校体育为贯彻素质教育的要求，实施体育素质教育。学校体育中的素质教育是全面实施素质教育的重要组成部分，是以发展体育素质为目标的教育，是促进青少年身心健康成长和生动、活泼、主动发展，培养体育的兴趣、参与意识、能力和习惯的教育。素质教育思想是学校体育改革和发展的导向，也是确定学校体育目标、内容、方法的根本依据。

第七，终身体育思想。20世纪60年代，法国著名教育家保罗·朗格朗提出了终身教育理论。终身体育思想就起源于现代教育中的终身教育理论和现代社会发展对体育的需要，并于20世纪80年代引入我国。学校体育既是终身体育的组成部分，又有助于终身体育态度的形成和体育能力的培养。终身体育思想的确立，意味着我国学校体育由追求阶段效益逐渐向阶段效益与长远效益相结合的方向转变，这一转变将不断发展和加强。

第八，"健康第一"思想。毛泽东在1950年就曾经提出"健康第一、学习第二"的观点。1999 年 6 月，《中共中央国务院关于深化教育改革全面推进素质教育的决定》明确指出"学校教育要树立健康第一的指导思想，切实加强学生掌握基本的运动技能，养成坚持锻炼身体的良好习惯。"当前的《体育与健康》课程标准也是以"健康第一"作为课程的指导思想，力图通过体育课程促进学生身体健康水平、心理健康水平和社会适应能力的全面提高。建立在三维体育观理论基础上的"健康第一"指导思想，是符合我国社会和时代发展的需要的，对深化学校体育改革具有重要意义。

（二）学校体育课程指导思想的发展趋向与反思

1.学校体育课程指导思想发展过程中的三个趋向

回顾历史，学校体育课程指导思想发展与时代主题相结合，不同时期具有不同的特点，各种课程思想的出现为体育课程创造了全新的发展空间。在体育课程指导思想经历了军事体育、体质教育下的增强体质、增进健康思想——劳动、军事体育思想与无政府主义思想——传授"三基"、增强体质的思想——发展学生个性的思想——健康第一、以人为本的思想等转变。在这一转变过程中，体现了三个发展趋向：

第一，学校体育课程思想由偏重于社会需求向社会需要与学生主体需要并重方向发展。体质教育思想影响下的学校体育课程思想主要表现为增强体质、增进健康，为生产与国防建设服务的课程思想以及劳动、军事体育思想，主要体现的是社会需要；而终身体育、主体教育、素质教育、健康第一思想则体现了学生主体与社会的双重需要。

第二，学校体育课程思想由科学主义向人本主义转变。新中国成立初期至20 世纪 80 年代中期的增强体质、增进健康、传授"三基"等课程思想具有浓厚的科学主义特色，而 80 年代后期的发展个性、"健康第一"、以人为本等课程思想则具有强烈的人本主义特色。

第三，学校体育课程指导思想由手段论价值观向目的价值观转变。增强体质为生产与国防服务、传授"三基"的课程思想，把体育运动看成方法手段，强调通过体育运动达到其他目的，是典型的手段论价值观。而发展学生个性的思想、以人为本的思想，强调学生的主体性，学生在运动中的体验与乐趣，把运动本身看成是目的，是较典型的目的论价值观。

2.学校体育课程指导思想发展过程的反思

任何课程思想的产生与发展都是特定社会政治、经济状况的反映，也是人类思想、观念合乎逻辑的发展，体育课程思想的每次变迁都与其所处的社会背景和时代主题有着密切的联系，这是无可非议的。然而，体育课程具有自己独特的生物改造价值、运动技能价值、体育文化价值，体育课程指导思想如果脱离了客观存在的课程价值，违背了体育课程的基本属性，体育课程将蜕化变质最终成为其他事项的附庸。体育课程的价值体现正是体育课程特有的学科思想的反映。"课程的发展总是存在着客观的自身的相对独立的发展规律。绝非外部因素简单地决定，绝非简单地割断历史，也绝非简单地进化，这是可以肯定的。"然而，反思我国学校体育课程指导思想的发展，无论是"军事体育"思想还是"体质体育"思想，无论是"终身体育"思想还是"健康第一"思想，都与课程的"学科性"无关。这些思想都是外在要素和历史的转折对体育课程所起的主要决定作用，其产生与发展的动力机制是国际、国内政治局势的发展外力和政府的政策干预，是受各种教育思潮与体育思想的推动，而体育课程本身具有的反映课程本质的学科思想始终处于缺席状态。

体育发展至今，已经由单纯的身体运动发展成为有关社会、人文、生理、心理、教育等的理论知识体系指导下的以身体运动为媒介的体育文化，而作为传播、融合和创新体育文化的学科"文化路径"的学校体育课程，无论从政治需要、身体需要、文化需要的角度，还是其在形成和发展过程中体现的知识价值标准、思维与行为方式、理论系统、研究方法等都已经明确地凸显了体育课程独立的个性和相对独立的发展规律，其"学科"特性是必须得到正视的，也是学校体育课程存在的意义。体育课程未来的发展必须建立在以体育文化为课程文化的基础上，必须树立体育课程的学科观，以学科文化思想为基础认识和开发学校体育课程，必须保持体育课程独立的品格特色，必须从体育课程的"学科"的高度思考学校体育课程指导思想。

二、学校体育课程目标的演变与发展

（一）学校体育课程总体目标的演变与发展

课程目标的确定受到一定的历史条件的制约，学校体育课程目标的确立与社会发展和教育改革息息相关的，具有明显的时代特色。并且，学校体育课程目标的发展演变与学校体育课程指导思想的变迁有着密切的联系。

新中国成立初期，我国政府面临着建立巩固人民政权、恢复发展生产、发展经济等任务，鉴于当时特殊的社会环境，确立了教育要为政治和国家服务的基本思想。1956 年小学体育课程"促进少年儿童成为全面发展的人，为将来参加建设社会主义和保卫祖国做好准备"，中学体育课程"培养学生成为全面发展的社会主义的建设者和接班人"，大学体育课程目标"培养学生成为具有从事高度生产效率的劳动和保卫祖国的能力，并忠于祖国和社会主义事业的，德、智、体全面发展的高级建设人才"，明确了体育课程在学校课程中的重要地位，课程目标的制定偏重于强调体育对经济国防的派生功能，具有强烈的政治色彩，但是对体育的本质功能认识不够。从体育课程的价值来看，这一时期的课程目标将体育课程的个人价值和知识价值都体现在"培养学生成为全面发展的社会主义社会的建设者和保卫者"这一社会价值之中，由此说明体育课程的社会价值是当时体育课程目标的唯一选择。

1961 年体育教学大纲的颁布正处于我国全面建设社会主义阶段，也是探索独立自主发展国家之路的时期。体育课程目标在"体质体育"思想和"军事体育"思想共同影响下，逐步摆脱苏联模式影响，在强调"三基"教学的同时，也强调了增强学生体质，使学生更好地学习、参加生产劳动和准备保卫祖国。课程目标的制定虽然仍旧偏重于体育对经济国防的派生功能；在对体育课程价值的体现上，体育课程的社会价值仍然占据主导地位，但是，增强学生体质的个人价值上升到与社会价值并列地位，体现了国家在一定程度上对体育课程个人发展价值的认可。

1978 年体育教学大纲在经历了十年挫折时期之后，在体育课程目标方面基本保持了 1961 年的基调，课程目标强调体育课程的社会价值，忽视个人价值的局面没有得到改变。随着体育课程指导思想多元化发展，从 1987 年体育教学大纲开始，体育课程目标逐步由重视社会价值向注重体育课程的个人价值转化，并体现出体育课程目标的多元特征，并在 2000 年首次提出"以育人为宗旨"，突出体现了体育课程的个人价值，实现了课程目标社会价值与个人价值并重的局面。

（二）学校体育课程具体目标的发展

从课程目标的具体领域来看，体育课程的目标领域在 50 年发展中基本涵盖了三个方面，即身体发展目标、知识技能发展目标和品德教育目标。

首先，身体发展目标方面由单一的身体素质发展目标逐步过渡到多样的身体形态、机能、素质和体能的全面发展目标。身体发展目标主要是指通过体育课程促进学生身体正常发育和健康发展，可以体现在身体形态、机能、素质和体能的发展等方面。学校体育课程的身体发展目标在 50 年代表现为"促进学生身体发育，发展身体素质"，强调身体素质的发展；60 年代课程目标增加了身体机能发展，强调对环境的适应能力和身体基本活动能力的发展；进入 70 年代，课程目标强调要根据学生的特点，有计划、有组织地锻炼身体，促进身体正常生长发育和身体机能的发展，提高对自然环境的适应能力，并全面发展身体素质和人体基本活动能力；80 年代，课程目标强调全面锻炼学生身体，促进学生正常生长发育，培养健美的体格，使身体形态、生理机能、身体素质和人体基本活动能力的全面发展，增强对外界环境的适应能力和对疾病的抵抗能力；90 年代的课程目标在前期基础上强调全面锻炼学生身体，增进学生身心健康，首次将心理健康发展纳入课程目标体系；2000 年的课程目标则提倡身心和谐发展，身体发展目标涵盖了身体形态、机能、素质和体能等多个方面。

其次，知识、技能目标由掌握竞技运动技能逐步向掌握体育文化知识、体育运动技术、体育锻炼方法，养成体育锻炼习惯，形成终身体育意识发展。

50、60 年代课程目标以竞技体育教育为主体，要求学生掌握大纲规定的竞技运动的知识与技能，具有基本的体育知识和锻炼身体的技能，养成锻炼身体的习惯，并要提高部分运动基础较好的学生的运动技术水平。70 年代末期、80 年代的课程目标以体质教育思想为主体，强调基础知识、基本技术和基本技能的掌握。1992 年的课程目标则强调学习基础知识，掌握基本技术，发展基本能力，提高学生的体育意识，为终身体育奠定基础。2000 版大纲则要求学生学习和掌握体育与健康基础知识、体育运动技能与体育锻炼方法，提高学生的体育与健康意识和能力，养成健康生活方式和行为习惯。为终身体育奠定基础，并提出使学生认识体育的价值等要求。

第三，品德教育目标的发展。体育课程的品德教育目标与身体发展目标一样，经历了由单一要素目标——政治教育向多元要素目标——道德、法纪、心理、思想、政治等综合教育发展的过程。

20 世纪 50 年代，体育课程的品德教育目标注重爱国主义和共产主义教育，属于政治素质目标范畴；60、70 年代，在培养爱国主义精神的同时，增加了"服从组织、遵守纪律"等法纪素质要求和"集体主义"等思想素质内容；80 年代以后，"发展学生个性、培养学生坚强的意志、勇敢顽强的精神和创造性""培养学生的主体意识和活泼愉快、积极主动、勇于探求以及客服困难的精神"等心理素质目标融入体育课程目标体系；而 2000 年体育课程的品德教育目标则包括了政治教育目标——进行爱国主义、社会主义教育；思想教育目标——培养集体荣誉感的教育、正确对待个人和集体的成功与失败；道德教育目标——培养良好社会公德；心理教育目标——良好的人际关系、发展学生的个性和创造性、树立顽强拼搏的精神和团结合作的意识、胜不骄、败不馁，锲而不舍的意志和作风等；法纪教育目标——具有组织纪律性、积极自觉参加体育锻炼的习惯等等。在体育课程的身体发展目标、知识技能发展目标和品德教育目标方面，中小学体育课程品德教育目标表述得更为详细，与身体发展目标和知识技能目标相比占据了更大的篇幅，大学体育课程目标则知识技能目标、身体发展目标相对较为详细。

（三）同一时期不同学段体育课程目标之间的关系

1.学校体育课程目标体系的结构特点

首先，学校体育课程目标体系在横向领域目标和纵向学段目标上具有一定的整体性。每一个阶段的学校体育课程目标体系在横向上都是由身体发展目标、知识技能发展目标和思想品德发展目标构成；而在纵向上则是由体育课程的学段目标群组成，包括小学体育课程目标、中学体育课程目标（初中体育课程目标、高中体育课程目标）和大学体育课程目标。这种结构一是与国家整体教育的学段划分相吻合，另一个原因是体育课程在发展的过程中，始终将体育课程的任务确立在三个方面，即身体发展、技术技能掌握和思想品德教育。因而，体育课程目标的制定也遵循着这样的结构形式。

其次，学校体育课程目标体系在内部结构上，认知性目标、体验性目标和技能性目标构成较为模糊，难以区分。

第三，在课程目标的表征形式上，各阶段的课程目标都是以"普遍性目标"表述为主，行为性目标、形成性目标和表现性目标少有体现。

2.学校体育课程目标体系的层级性不清晰

首先，学校体育课程目标体系缺乏递进性。课程目标的递进性表现在不同学段课程目标之间的相互衔接、分层递进上，即前一学段课程目标是后一学段课程目标的基础，低年级课程目标是高年级课程目标的基础；后一学段课程目标是前一学段的发展与延伸，高年级课程目标是低年级课程目标的延续和深化。各阶段的体育课程目标没有层次体现，有的是在上一级基础上略作修改，在描述上稍有不同；有的甚至就是简单的重复。

其次，某一个特定的课程目标对于学习结果的层次性反映尚不够明确。学生所要达到的预期的学习结果，都要经历不同层级的目标要求才能实现，一般都是从较低层次的目标逐步上升达到较高层次目标的要求。例如，2000年大纲的知识技能发展目标关于体育技术技能学习是这样的，小学是"初步掌握体育的基本技能、会做游戏、会锻炼身体"，初中是"学会锻炼身体的技能与方法，掌握部分体育项目的基本技术"，高中是"学会科学地锻炼身体的方法技能，掌握一项或几项运动技能"，在这种描述中，似乎有了层次体现，但是在过去的大纲中很难找到学段之间某一特定或同类的课程目标之间的这种延续性的表述关系。

3.学校体育课程目标内容特征

首先，各时期的学校体育课程目标内容上具有适应性。体育课程目标随时代的发展而变化，并受特定社会环境、社会需要、教育目的和教育方针的制约，课程目标的确定要适应这种变化，既要在内容上体现体育学科的相对稳定性，又要重视体育基础知识的学习、基本技能的形成、学生基本素养的提升，同时也要关注学生未来的发展，加强课程目标的"时代性"特点，注重学生能力和创新精神培养。

其次，各时期的体育课程目标体系都非常重视通过体育课程来锻炼学生的身体和增强学生体质。关于增强体质与掌握知识技能曾经经历过多次的讨论，到底谁是体育课程教学的第一位、第二位目标，虽然认识没有完全统一，但是，通过体育课程教学锻炼学生的身体，增强学生的体质是一直受到重视的。

第三，各时期的体育课程目标体系始终重视基础知识、基本技术和基本技能的教学。"三基"的出发点是好的，"三基"教学就是要按照学生的身心发展特点，把体育课程中最基础的、最基本的技术、技能，在有限的教学时数内传授给学生。体育作为一门课程如果忽视了"三基"教学，从课程的本质来看，就不成其为一门课程了，更不是一门学科了。

第四，各时期的学校体育课程目标体系都重视通过体育教学对学生进行思想品德教育。通过体育课程教学对学生进行思想品德教育，应该是我国体育课程建设的特色之一。《中共中央国务院关于深化教育改革全面推进素质教育的决定》特别强调"各级各类学校必须更加重视德育工作"，"寓德育于各学科教学之中"。在体育课程目标中关于思想品德教育目标在各时期都占据着主要地位。

三、现行学校体育课程目标体系分析

《中共中央国务院关于深化教育改革全面推进素质教育的决定》指出："健康体魄是青少年为祖国和人民服务的基本前提，是中华民族旺盛生命力的体现。学校教育要树立'健康第一'指导思想，切实加强体育工作。"1999年启动、2000年9月开始试验的《全日制义务教育、普通高级中学体育（1～6年级）体育与健康（7～12年级）课程标准（实验稿）》（以下简称《标准》）正是在这一思想的指导下制定的。它较多地采用了欧美后现代建构主义思想。此课程标准的颁布把我国沿用了半个世纪的"体育教学大纲"改为"体育课程标准"，虽然从名称上重新回到之前的名称，但其内涵上已经有了很大的变化。这种变化对原有的思维定势、路径依赖和制度安排产生强烈冲击，体现了一种全新的课程体系与风格。《标准》突出强调要尊重教师和学生对教学内容的选择性，注重教学评价的多样性，使课程有利于激发学生的运动兴趣，养成坚持体育锻炼的习惯，形成勇敢顽强和坚韧不拔的意志品质，促进学生在身体、心理和社会适应能力等方面健康、和谐地发展，从而为提高国民的整体健康水平发挥重要作用。

与之相适应，2002年颁布的《全国普通高等学校体育课程教学指导纲要》，将课程目标划分为五个领域（运动参与、运动技能、身体健康、心理健康、社会适应）、两个层次（基本目标与发展目标），以实现体育课程目标的一致性。

（一）现行体育课程目标体系的构成

学校体育课程目标体系是在"健康第一"课程思想指导下，由体育课程的横向目标、纵向目标和内部结构目标构成的体系。

学校体育课程的横向目标表现为课程的领域目标，即运动参与目标、运动技能目标、身体健康目标、心理健康和社会适应目标。

学校体育课程的纵向目标表现为不同学段所对应的水平目标，即小学阶段的水平一、水平二和水平三，初中阶段的水平四，高中阶段的水平五、水平六（发展目标）以及大学阶段的基本目标与发展目标。

学校体育课程的内部结构目标，即认知性目标、技能性目标和体验性目标。同时，体育课程的横向目标、纵向目标都具有自身的内部结构。

（二）学校体育课程目标的结构特征

1.学校体育课程目标体系横向结构更完善

当前实施的体育与健康课程的课程目标在总体目标的表述上没有完全脱离以往身体发展目标、知识技能发展目标和品德发展目标的轮廓，但是，课程目标体系的表述更为明确、具体、详细。课程目标体系在横向上表现为领域目标群，即运动参与目标、运动技能目标、身体健康目标、心理健康目标和社会适应目标。体育课程的五个领域目标包含着两条主线，即运动主线和健康主线。运动主线包括运动参与和运动技能；健康主线包括身体发展、心理发展和社会适应。五个领域的目标是并列的，但是彼此之间又存在着一定的逻辑关系，即健康主线是灵魂，运动主线是载体。没有了灵魂，体育课程就失去了方向；没有了载体，体育课程就失去了存在的依据。2002 年颁布的《全国普通高等学校体育课程教学指导纲要》在目标的确立上也是按照五个领域目标划分的。由此体现了学校体育课程目标体系在横向领域目标群上的统一性。

现行体育与健康课程在课程目标领域划分与之前的体育课程目标相比，更为完善和适切，更好地区分了体育课程的价值与功能，使得课程目标的指向性更加明确。

2.学校体育课程目标体系纵向结构更详细

当前实施的体育课程目标体系在纵向上表现为水平目标群（学段目标群），即小学学段（水平一、二、三）目标、初中学段（水平四）目标、高中学段（水平五）目标，并设立发展目标（水平六）、大学学段（基本目标、发展目标）。依据学生身心发展特征确立的水平目标体现了目标之间的层次关系，使目标明确而清晰，具有操作性。

3.学校体育课程目标体系内部结构更明确

现行体育课程目标内部结构表现为认知性目标、技能性目标和体验性目标群。与以往的课程目标相比，这种内部结构的体现更为明显。体育课程的五个领域目标都对认知性目标、技能性目标和体验性目标有不同的要求，而纵向的每一个水平目标更是包含着这三个方面的内容。同时，课程目标的内部结构还反映在具有递进关系的课程目标、领域目标和水平目标层面。

（三）现行体育课程目标体系的层次性特征

1.体育课程目标具有明确的递进性和延续性

现行体育课程目标对五个领域目标进行了明确的维度表述，并确定了这些维度在不同学段、不同水平要达到的具体要求。大学的领域目标虽然没有再进行更为具体的划分，但在表述上依然体现了各领域的基本维度。这些维度在不同学段水平的具体要求具有递进性特点。例如运动参与目标中的"具有积极参与体育活动的态度和行为"从水平一到大学的发展目标依次表述为："对体育课表现出学习兴趣"——"乐于学习和展示简单的运动动作"——"主动参与运动动作的学习"——"积极参与体育活动养成良好的体育锻炼习惯"——"说服和带动他人进行体育活动"——"积极参与各种体育活动并基本形成自觉锻炼的习惯，基本形成终身体育的意识"——"形成良好的体育锻炼习惯"，由此不难看出水平目标之间的递进关系，其他目标之间也是如此。

2.体育课程目标具有清晰的层次性

现行的体育课程目标在某一领域某一维度上更能反映出学习结果的层次性。学生学习结果的达成、知识的掌握、技能的运用，都必须经历不同层级的目标要求才能实现，一般都是从较低层次的目标逐步上升达到较高层次目标的要求。这种目标在表述上应体现明确的层次性特征。经常用来体现学生在达成课程学习目标时应表现出的行为的词语。现行体育课程标准中的课程目标在学生达成课程学习目标时应表现出的行为学习结果上的层次性十分明显，以运动技能目标领域"获得运动基础知识"和"观看体育比赛"维度的表述为例。在"获得运动基础知识"维度，课程目标的表述从水平三的"知道所练习运动项目的术语"——水平四"了解所学项目的简单技战术知识和竞赛规则"——水平五"认识多种运动项目的价值"；在"观看体育比赛"维度中从水平三的"观看体育比赛"——水平四"观赏体育比赛"——水平五"关注国内外的重大体育赛事"，"知道——了解——认识""观看——观赏——关注"已经明确地体现了同一目标在达成过程中从低到高的层次性。

3.现行体育课程目标表征形式具有多样性

以往的学校体育课程目标在文本表达上多采用较为宏观、模糊的"普遍性目标"，而现行体育课程目标在文本目标的表达上，大学依然采用的是"普遍性目标"，但在具体领域目标的表述上已经可以看到其他形式目标的雏影；而中小学体育课程目标除了采用"普遍性目标"之外，还运用了"行为性目标"，并涉及了"生成性目标"和"表现性目标"。

第四节　对学校体育课程目标体系的构想

通过上述研究，学校体育课程目标应该是一个由纵向目标（学段目标）、横向目标（领域目标）和内部结构目标（内容目标）构成的完整的目标体系。各维度目标纵横交叉，形成相互关联的整体。但各维度目标之间应具有各自的侧重点，尤其在横向目标的确立上，更是如此，它体现着体育课程的性质、功能和实施方向。

一、学校体育课程的首要目标是掌握体育技术技能知识

通过对我国学校体育课程目标的演变和发展研究发现，我国各阶段的学校体育课程目标都与当时的社会背景、社会对人的要求以及国家的政策和导向有着密切的关系，都受到当时的国家政策、教育思想、社会生产力发展水平的制约和影响。

对我国各时期的体育课程目标进行分析,从 2000 年以前的体育教学大纲所表述的课程总体目标和具体目标来看，无论哪一个时期，在课程目标的表述上都是将增进学生身体健康目标放在首要位置，然后才是运动技术和技能目标的体现。而现行《学校体育与健康课程标准》虽然明确指出，体育课程目标横向结构上的五个领域目标是并列关系，不存在顺序上的区分。但事实上，在顺序构成与表述上已经体现出一定的层次关系，即运动参与在前，而运动技能列后。由此，我们不得不思考一个问题，即体育课程的首要目标应该是什么？课程首要目标的确定将明确定位体育课程是针对身体教育的课程，还是通过身体活动

进行教育的课程，即体育课程是旨在发展学生的身体能力，还是通过向学生传授运动知识、技能，使学生在运动技术技能知识的学习过程中，获得知识教育、身体教育和情感态度价值观教育。

对这一问题进行深入探讨，首先要明确课程目标与教育目标的关系问题。教育是人的一种活动，教育活动中的"目标"的含义是指对活动结果所预先设想或拟定的要求、标准。因此，教育目标就是对关于教育活动的预期结果所要达到的标准、要求所作的规定或设想。这种设想是对学生在教育活动过程中身心发展变化程度所作的规定，因而也可以说教育目标即是通过教育活动所要促成学生发展的预期的身心变化。教育目标包括多个层级，典型的有教育理想（教育目的）、培养目标、课程目标和教学目标。教育理想（教育目的）是教育目标的最高层次，是具有方向性的总体目标和最高目标，是一个国家乃至一种社会人才培养的终极目标，是一个国家教育的起点和终点。培养目标是对一定层级或某一特定学校的学生身心发展的要求；而课程目标是一门课程在培养人才上所要达到的标准、要求；学校的培养目标是通过各门课程而达到的，为了实现培养目标的要求，各门具体的课程的课程目标都要符合培养目标和教育理想的要求和方向。而教学目标则是课程目标的进一步具体化，是对学生身心发展提出的明确的、具体的要求和标准。从上述论述可以看出，教育目标是一个高度概括的集合概念，它的内涵是一个体系，是一个由总目的（教育理想（教育目的））和各级各类目标（培养目标、课程目标、教学目标）构成的有机整体，课程目标是教育目标体系中的三级目标，是教育目标和培养目标的具体化。课程目标的制定要以教育目的为总目标，以培养目标为具体指导，综合社会、学科、学生的发展需要，体现学科知识体系的特点，体现课程应具备的逻辑性、序列性、阶段性、整合性特点。体育课程目标的制定也应该符合课程目标的规律，在遵循教育目的和培养目标的基础上，体现体育课程的学科特点和性质、功能。

在对学校体育课程的性质的讨论中，首先确定了一个问题，即体育运动是身体认知性知识，体育课程是实现体育知识传承的载体和基本途径，既然课程是知识的载体，是知识传承的主体途径，那么，体育课程的首要目标究竟是增强学生体质，还是培养运动参与意识与行为，还是使学生掌握体育运动知识？笔者认为，体育课程是通过身体活动对学生进行教育的课程，其首要目标应该是传授体育知识（包括体育基础理论知识和运动技术技能知识），使学生掌握体育运动知识、学会锻炼身体的方法、学会运用体育的方法科学的锻炼身体。学生在学习过程中，通过身体活动的形式实现掌握知识的目标。在身体活动的过程中，由于身体活动而产生的运动负荷使得学生身体有一定的发展，但是，增强体质却不是学校体育课程的首要目标。应该注意的是，在强调传授体育技术技能知识是课程的首要目标的同时，并不否认增强体质的目标，只是在目标的重要程度体现上有所变化。

现行《学校体育与健康课程标准》明确了运动参与和运动技能是主体，是运动主线的具体形式，是体育课程的载体。在对体育课程目标的认识上有了一定的变化，强调了运动参与意识和行为培养、体育运动知识的传授与学习掌握，而将身体健康目标放在其后，最后是心理健康和社会适应。但它又特别强调了课程目标之间的并列关系，在对待首要课程目标的态度上还不够明确和彻底。这种状况也导致在课程实施过程中，体育教师过分注重学生感受和体验，而忽视体育技术技能传授的现象。因此，在课程目标的制定上，应该坚持传授体育知识是体育课程首要目标的观点。运动技术技能的学习是体育课程的主体任务，而课程的其他目标是在完成体育课程首要目标过程中形成的副产品。

体育课程是传授体育运动技术技能知识的课程，学生是在知识的学习和掌握过程中得到身体的锻炼、心理素质的培养和社会适应能力的养成。掌握体育运动技术技能知识是体育课程的主体结果，对健康的影响是必然结果，而促进心理健康和社会适应能力发展是体育课程的隐性结果。在课程实施过程中，应重点保证课程首要目标的达成。

二、学校体育课程首要目标的构成

基于学校体育课程主体目标的确定，遵循前文所述的体育课程目标应遵循的原则和应具备的特征，笔者认为：体育课程目标应该定位于通过体育课程学习使学生具备一定体育基础理论知识，能够掌握和运用体育运动项目的技术技能，并具有在运动中保护自我、安全运动的能力。这样的课程目标主要指向于解决学校体育课程要教会学生什么的问题。

按照学校体育课程的纵向结构，体育课程目标也应具有纵向结构特征，即应该体现小学、初中、高中和大学各学段的体育课程目标。本书以体育课程的首要目标为例，呈现各学段的课程目标特点。在呈现各学段体育课程首要目标时，从体育基础理论和体育运动技术技能两个方面进行，体育基础理论选择能够与技术技能并行的运动学知识和与运动项目有关，与学生生活贴近的奥林匹克知识为例。

（1）小学阶段：

体育基础理论：学生应该能够知道和说出体育课程中所学习的运动项目技术或体育游戏的名称、术语；能在观看体育节目过程中知道是什么运动项目，如田径运动、体操运动等；了解一些奥林匹克运动的知识，如国际奥委会会旗、奥林匹克格言、中国的奥运冠军等。

体育运动技术技能：学习掌握身体基本活动的方法；体育运动项目的基本动作、基本技术和简单的技术组合。

（2）初中阶段：

体育基础理论：能够对体育运动中的现象产生疑问，提出问题，如学生自身关注的运动项目中的问题；能够知道一些简单、科学的锻炼身体的知识和方法，例如心率测定；如何根据心率控制运动量等。

体育运动技术技能：继续巩固和运用身体基本活动的方法，如素质练习的方法等；系统学习体育运动项目的技术动作，保证技术技能的正确性、规范性。

（3）高中阶段：

体育基础理论：能够对体育运动项目的规则、要求有一定了解，并在参与运动时合理运用；对奥林匹克运动有更深入的认知，能在观看体育比赛中发表自己的观点等等。

体育运动技术技能：能够组合运用身体素质练习的方法，针对兴趣、爱好选择体育课程中的运动项目，在初中学习基础上进一步巩固，达到熟练掌握运用的程度，能够与他人一起按照规则进行体育运动项目的活动。

（4）大学阶段：

体育基础理论：科学健身锻炼知识；与体育相关的知识，学生对自己感兴趣的可以自己关注，通过各种方式学习。

体育运动技术技能：在中学基础上，继续巩固感兴趣的运动项目，作为今后健身的手段和方法，同时尝试一些新项目的学习，丰富和提高自己的运动技术技能。

第五章　学校体育课程内容研究

课程内容是构成课程的基本要素，是课程的内在要素。任何形态的课程都具有特定的内容，没有内容的课程是不存在的。课程内容反映了不同的课程价值观、课程结构观。课程内容的研究一般包括两个方面，即课程内容的选择和课程内容的组织。

第一节　对学校体育课程内容的阐释

从学校课程的发展历史来看，课程内容是发展的、多元的、多形式的，在不同的时代、不同的国家，由于社会生产力水平、政治体制与教育目的不同，课程内容也各不相同。

在没有学校的原始社会，年长者传授给青年一代的生活与劳动经验，例如渔猎、饲养、种植技能等，可视为最早的课程内容。在古代社会，虽然没有"课程"这一专门的术语，但是我国夏、商、周时期就有学校教育，而普通的劳动者却无法享受学校教育，只能在生活和劳动中受教，统治阶级的子弟则在这样的学校接受教育，如西周时期的"六艺"之说，古希腊时期的学校课程则是所谓的"七艺"。但是课程内容非常笼统，课程知识内容没有明确的界限。到了近代，学校课程的知识内容和形式逐渐分化，出现了以学科为中心的学科课程或分科课程，如生物、化学等。在现代，学校课程在知识内容和形式上又出现了多元化特征。19世纪末20世纪初，西方出现了经验课程（或称活动课程），课程内容是以学生的兴趣、爱好、动机、需要和现实生活为基础的直接经验。20世纪70年代，世界各国兴起了一场关注个人价值、注重个人目的和需要的以人为中心的课程改革。从此，学校课程内容超越了单一的书本知识范围，体验式的直接经验、生活背景、社会现实问题逐渐开始成为课程内容的重要组成部分。进入21世纪，课程内容改革又进一步体现了生活化、综合化的新趋势。

一、学校体育课程内容的含义

（一）课程内容是具有系统性的学科知识总和

关于课程内容的含义，课程理论界一直存在两种影响较大的观点。一种观点认为课程内容是在教育机构范围内向学生灌输的知识；另一种观点认为课程内容是在一门课程中所教授或包含的知识，也指一些学科中特定的事实、观点、法则和问题等。前者是课程知识社会学的观点，后者是技术学的观点。两者都把课程内容视为间接经验或理论知识，有一定的局限性。那么，究竟什么是课程内容呢？《国际课程百科全书》认为：课程内容"是指一些学程中所包含的特定的事实、观点、法则和问题等。任何具体的内容项目都可能是为不同的教育目标服务的；反过来，给定的目标可能由不同的内容项目来体现……也有一些课程专家认为课程内容指一种学程所包含的问题领域、学校科目或学术学科"。施良方认为："课程内容是指各门学科中特定的事实、观点、原理和问题，以及处理它们的方式。"廖哲勋和田慧生在《课程新论》一书中指出："课程内容是一系列比较系统的直接和间接经验的总和。课程内容是根据课程目标从人类的经验体系中选择出来，并按照一定的逻辑序列组织编排而成的知识和经验体系，它是课程的核心要素。"由此可以断定，课程内容的基本性质是知识，它具有直接经验和间接经验两种形态。直接经验是指与学生现实生活及需要直接相关的社会知识、自然知识及技能的总和；间接经验是指理论化、系统化的书本知识，是人类知识的基本成果。

（二）学校体育课程内容是通过筛选的体育基础理论与运动项目知识的总和学校体育课程内容就是根据特定的体育课程价值观和课程目标，有目的地从人类的体育知识经验体系中选择出来，并按照一定的逻辑序列组织编排而成的体育基础理论知识和运动项目知识的总和。也就是说，体育知识包括体育科学基础理论和运动技能两部分，运动技能是体育知识的特殊表现形式，它以人的身体活动为基础，按照各项体育运动的技术特点对人的身体活动进行规范，通过规范化的、具有运动项目风格特点的人体活动反映出不同体育运动项目对人体活动的特殊要求；体育科学基础理论则是人体活动规范化过程中不可缺少的依据，它旨在说明体育运动项目技术、技能特点的合理性、科学性、有效性以及对人体的无害性。体育课程内容不可能包括人类社会所有的体育知识，因而只能根据一定的标准选择对于个体成长和社会化最有价值的、最基本的和最需要的经验。这也从一定程度上提示，不是所有的体育知识都可以作为体育课程内容进入体育教学，体育知识、技能必须经过精心的选择、合理的编排才能成为体育课程的内容。

二、学校体育课程内容是体育课程的直观体现

在学校体育课程中，课程内容具有极其重要的意义。课程内容是课程的基本要素，是课程最直观的具体体现，也是课程改革的重点之一。

首先，体育课程内容体现着体育教育目标的要求。发展体育事业，开展体育教育活动，在体育教育过程中引导学生进行学习活动，都是为了一个共同的教育目标服务，即使学生通过体育教育过程获得身心的健康发展。体育教育目标通过什么来体现？其中一个非常重要的方面就是体育课程内容。离开了课程内容的体育课程就不能称其为课程，而离开了课程内容体育教育目标就会变成空洞的条文，而不具有任何价值和作用。

其次，体育课程内容是学生身心健康发展的源泉。体育课程是要实现学生的身心发展，如何实现学生的身心发展？通过体育课程实现学生哪些方面的发展？课程目标可以回答这些问题，但是最终的答案却体现在课程内容上，学生的身心发展要以课程内容为主要源泉。学生正是通过对体育课程内容的学习，吸收体育课程内容所反映的知识，并将其内化为自身的内在的知识、技能、价值观和其他素质，从而提升自身的素养，树立正确的体育观念，形成正确的体育态度，培养学生体育能力，提高学生对体育的认识、对体育价值的了解，掌握体育锻炼的方法，形成良好的思想品格，最终获得身心发展。

第三，体育课程内容决定着学生学习方式的选择，决定着教学方法的选用、教学组织的安排、教学手段的运用以及教材的编制。

第四，体育课程内容直接体现着体育文化的传承和体育新文化因素的创造。人类在长期的实践活动中创造了丰富的、蕴含着各种价值的文化，将这些文化传承下去，是社会生活延续的一个重要条件，同时也是社会生活本身的一项重要内容。没有文化的传承，就没有社会生活的延续。如何才能使文化得以传承？将文化作为学生学习内容置于学校的课程中，通过学生的学习和掌握、内化，这是以人格为载体传承文化的一条基本途径。

学校课程内容体现了一定社会的文化，同时，在传承文化的过程中又不断更新着文化。体育文化是文化的一部分，将体育文化置于体育课程内容之中，通过学生对体育课程内容的学习和掌握，传承、发扬和创新体育文化，是发展体育文化的有效途径。

三、学校体育课程内容的性质与特点

课程内容是课程体系的直观体现，是课程的基本要素，课程内容的性质特点将直接反映课程的性质和特色。因此，要确定体育课程的内容，首先要对体育课程内容的性质有一个全面的了解和认识。体育课程内容是整个教育内容的有机组成部分，具有同教育内容所共有的性质；但是体育课程内容与其他学科的课程内容又具有极大的差异，这种差异表现为体育课程的动态性，即体育课程内容主要由体育运动项目和各种身体练习构成，并且与身体的实践活动紧密相关。因而它又具有自身特性。由此可以将体育课程内容的性质归纳如下：

第一，具有教育性。体育课程内容是对学生进行体育教育的载体和媒介，因而在选择课程内容时，首先要考虑的是它的教育性，包括对学生的运动教育、心理教育、社会教育、文化教育等。主要反映在对学生身心发展的促进、良好行为习惯和生活方式的养成、坚毅勇敢品格的培养等方面，同时体育课程内容适合于大多数的学生，且不具有功利性。

第二，具有科学性。体育课程内容是经过精心选择和合理组织的有计划的教学内容，与其他教育内容一样具有较强的科学性。体育课程内容具有丰富的内涵，是人类文化和科学的结晶，如人体科学原理、科学锻炼原理、科学训练原理以及相关的社会科学原理等；体育课程内容具有较高的科学内涵和文化内涵；课程内容的选择与编制具有严格的规范、科学的依据和合理的原则。

第三，具有系统性。体育课程内容的系统性表现在两个方面，一是课程内容本身的系统性，即体育课程内容内在的规律性，表现为内容与内容之间、项目与项目之间、技术与技术之间存在着某些相关的联系和相互的制约，由此形成课程内容的内在结构；二是体育课程内容根据教育的目标、学生不同年龄阶段的生长发育特点、教学环境条件以及体育课程内容的内在规律性特点，有计划地安排在各级各类学校的体育课程之中。

第四，具有运动实践性。运动实践性是体育课程内容的突出特点，是指体育课程内容多数是以身体练习形式进行，课程内容与体育实践活动紧密相连，学生通过身体的大肌肉群运动实现体育课程内容学习。当然，不能否认体育课程内容也有理论知识，但是理论知识的学习和道德的培养也是要通过运动学习和实践体验达成的，也必须通过运动中的本体肌肉感觉和记忆才能准确地获得。

第五，具有健身性和娱乐性。体育课程内容的健身性是其他学科所没有的。体育运动学习是通过身体活动完成的，课程学习过程必然会对身体形成一定的运动负荷，从而对身体锻炼起到一定的作用，但是这种效果由于受课程时间、练习数量和学习目标等因素限制，相比于体育实践活动显得较为薄弱。但是课程工作者一直在为追求课程内容的健身性而努力，例如科学化的设计和控制体育课、合理搭配体育教学内容、安排运动负荷等等。体育课程内容来自各种身体活动，而人的各种身体活动多数来源于娱乐运动，因此体育课程内容在一定程度上具有趣味性和娱乐性，既表现在运动学习和竞赛过程中的竞争、协同、克服、表现等心理体验上，同时还反映在学习进步的成就感中。

第六，具有人际交流的开放性和空间的约定性。体育课程内容实施主要以集体活动形式进行，在运动学习、练习和竞赛的过程中人际交往和交流活动频繁产生，形成开放性人际交流。体育课程内容以这种人际交流的开放性为基础，构成对集体精神、竞争、协作培养的独特功能。空间的约定性则是指课程内容的实施依赖于特定的空间和场地设施，一旦没有了这些空间条件存在，体育课程内容就会产生性质的变化，甚至消失。

体育课程内容除了具有上述性质之外，还具有一定的特殊性，而这种特殊性是在体育课程改革和课程内容选择与编制过程中必须考虑的重要因素。

首先，体育课程内容内在的逻辑关系问题。体育课程相对其他课程来说，最大的特点就是体育课程内容内在的逻辑关系不强，课程内容之间缺乏必要的逻辑关系，表现出非逻辑性、非系统性特征。体育课程内容划分一般是以运动项目为基础，划分后的内容之间是平行和并列关系，项目与项目之间缺乏逻辑性，篮球与排球、体操与武术很难确立其先后问题和基础与提高问题，很难找到项目之间的内在规律性和顺序性。因此，体育课程既没有呈现出其他学科那种严密的、以智力为特征的逻辑体系，也没有呈现出以发展体力技能为特征的知识技能体系。也就是说，从大量不同性质运动项目发展起来的体育文化（包括知识、技能和规则）没有逻辑关系，没有由简单到复杂、由低级到高级这样的认知顺序与关系。但是，就运动项目自身的知识技能体系或者某些相近项目之间存在先行后继、基础与提高的关系，主要体现在选择和安排体育课程内容的逻辑体系上，要考虑到从初中到高中、大学的一贯性，即所谓的基础性与逻辑性统一。因此，在进行内容安排时无法完全按照难易程度和学生的准备条件来排列教学内容。

其次，体育课程内容存在"一项多能"和"多项一能"问题。"一项多能"是指一个体育项目可以达到多种体育目的，如体育舞蹈运动，既可以健身，也可以表演、比赛、娱乐、交流等，一个人学习和掌握一项运动技能可以实现自身的多种需求。"多项一能"是指体育项目的可替代性，同一种目标可以通过不同的运动来实现，所谓条条大路通罗马，这使得体育教学中没有什么非学不可和不可替代的运动，即体育课程内容缺乏较强的规定性。

第三，体育运动项目数量庞大、内容庞杂，难以归类。体育运动具有多样性，数量难以厘清，项目各自具有独特的运动乐趣和运动体验。项目运动技能不同，对身体素质的要求也不同，项目之间还有一定的干扰与影响，因此，再优秀的学生也很难学会多种运动技能，再优秀的教师也很难精通多种体育项目。

体育课程内容既要具有作为课程本身所具有的教育性、科学性、系统性，同时又要具有体育课程所特有的运动实践性、健身性、娱乐性、人际交流的开放性和空间的约定性。也就是说，体育课程对课程内容的要求很高，在数量庞大、内容繁多、彼此之间缺乏逻辑关系的体育运动项目中，只有符合了体育课程内容性质的运动项目才可以作为课程内容进入体育教学环节。

四、学校体育课程内容选择的依据与影响因素

学校体育课程内容的确立与课程目标一样，具有自身的科学依据。只有正确认识学校体育课程的规律、特点、性质和价值，科学地确立体育课程内容，才能够完成体育教育的任务，实现人才培养的体育教育目标。

（一）社会发展需要是确定体育课程内容的客观依据

体育课程目标是体育教育的出发点和归宿。体育课程内容是依据课程目标的要求加以选择和设计的，是体育课程目标的具体展示，也是体育课程本质的直接反映。体育课程内容是为达到预期的课程目标服务的，而课程目标又服从、

服务于教育方针和教育目的，从根本上受社会政治、经济发展状况的制约。体育课程目标和课程内容在教育本质上具有一致性。由此可以看出，体育课程目标和课程内容都受社会发展影响和制约，也为社会发展服务。因此，社会发展对学生素质发展的一般要求，成为体育课程内容选择的客观依据之一。

（二）受教育者身心发展规律是确定体育课程内容的最终标准

不同学段的学生由于年龄阶段的差异，其身心发展水平、体育运动能力水平以及对体育活动的需求是完全不同的，这种不同制约着不同学段的体育课程内容的选择。首先，体育课程内容的选择必须符合学生的身心发展和运动水平。不符合学生身心发展规律和运动能力的体育课程内容一是会给学生的学习带来困难，使学生由于学不会而产生消极心理，打击学生学习的积极性；二是在学习过程中，由于学生的身体运动能力欠缺，容易造成技术变形和运动损伤；三是体育教师无法完成既定的教学目标，从而影响体育课程的实施效果。20 世纪60 年代美国基础教育质量全面下降，就是由于课程改革过程中对学生的接受能力估计过高，而导致课程内容的难度不符合学生的实际水平造成的。体育是一个特殊的学科，是需要学生通过身体活动来实现课程内容学习的身体活动课程，因此，体育课程内容的选择更要注意考虑学生的身心发展规律，针对不同年龄阶段的学生进行有针对性的课程设计。其次，课程内容的选择必须满足学生的身心发展需要，促进学生个性自由发展。杜威所主张的"儿童中心"课程理论也是以满足儿童的动机、兴趣、爱好和需要作为课程内容设计的根本依据的。

（三）科学文化知识是制约体育课程内容的基本因素

课程内容的基本要素是知识，因此，课程内容的选择必须考虑人类科学文化知识和技术本身的特点及其发展趋势。

首先，体育的基础理论知识和运动项目是体育课程内容选择的直接来源，其发展水平制约着体育课程内容选择的范围，体育知识越丰富，运动项目越繁多，体育课程内容的选择范围就越广泛，人们在选择与组织课程内容时需要做的技术上的考虑就越多。如何从浩如烟海的知识总库中选择最基础、最有代表性、价值最大的体育理论知识和运动项目，就成为体育课程内容选择过程中最重要的技术环节和步骤。

其次，体育知识和运动项目的发展和更新速度制约着体育课程内容的发展和更新速度。体育知识发展的速度越快，新兴体育运动项目发展越迅速，体育课程内容的更新就越快。但是，课程本身应具有相对稳定性的特征使得体育课程内容的更新既要符合体育运动知识更新的速度，又要考虑体育课程发展过程的可持续性。也就是说，体育运动项目的学习不仅仅是为了掌握这种运功项目本身，更重要的是要为将来的学习和发展奠定基础。

第三，知识的结构制约着课程内容的结构。知识本身是具有结构性的，包括横向结构和纵向结构。知识的横向结构是指一门学科的知识，包括事实、概念或术语、原理、体系等要素，不同学科的具体构成要素不同；知识的纵向结构是指一定的知识是建立在相关知识基础之上的，同时它又是其他知识的基础，这种纵向的关系因学科不同而不同。无论是横向结构还是纵向结构都对课程内容的选择和组织产生重要影响。

总之，课程内容的选择依据和影响因素是多方面的，在课程内容选择时，要正确处理社会、学生和知识等因素之间的相互关系，使其处于均衡状态。过分强调某一个方面都会使课程内容具有片面性。

五、选择学校体育课程内容的原则

新中国成立 60 多年来，我国学校体育课程内容不断发展、完善，期间经历了多次《教学大纲》的编制和修订，由于制定颁布《教学大纲》时所处的社会环境和政治环境的不同，在课程内容的选择的原则上也不尽相同。

首先，课程内容的选择原则不是指导课程的方针、政策，不是某种教育精神的体现。如"教育性原则""继承和发扬民族传统体育原则"，含义抽象，包含的意思宽泛，无法鉴别课程内容。

其次，要区分是对课程整体的要求，还是课程内容的具体标准。如"理论与实践相结合原则"是对体育课程内容整体提的要求，无法用它来判断某一个具体的内容是否可以作为课程内容。

第三，要区别是课程编制的原则，还是课程内容选择的原则。如"统一性与灵活性相结合原则"，它针对的不是如何选择课程内容，而是课程内容确定之后，在实施过程中执行到什么程度的问题。

第四，原则的含义过于宏观，缺乏具体的标准，如"符合学生生理特征""适应学生心理特征原则"等。

第五，要区分是课程应该达到的目标，还是课程内容选择的标准。例如"具有培养共产主义道德品质的作用""增进健康和增强体质原则"等。

另外，一些可以作为标准的原则尚需要进行具体的阐述，"与《国家体育锻炼标准》相结合原则""符合《大学生体育合格标准》"等。必须说明符合到什么程度，在哪些内容上可以结合，哪些内容不能结合。

鉴于上述原因，所谓的"课程内容的选编原则"已经不能适应体育课程内容的选择要求，那么，究竟什么才是真正的选择体育课程内容的标准呢？如何确定体育课程内容选择的原则呢？

体育课程内容选择的最终目的是为了实现体育课程目标的要求，因此，选择体育课程内容的视角首先要放在与体育课程目标相一致的角度。张勤博士在其博士论文《中国基础教育体育课程内容设计研究》中，运用问卷调查向体育理论界的专家、学者进行意见征询，并结合课程实践将体育课程内容选择的原则确定为兴趣性、健身性、基础性、全面性、实效性和文化性。而卢元镇教授确定了健身性、实用性、代表性和可行性四项原则。

对体育教师进行"确定运动项目和知识作为体育课程内容的原因"调查，结果表明，体育教师在选择课程内容的时候，首先考虑的是"适应学校条件"，其次是"深受学生喜爱"，第三是"运动项目的趣味性"，第四是"体育教师能承担该项目教学"，第五是"具有教育性"。"适应学校条件""体育教师能承担该项目教学"说明体育教师在选择课程内容时首先考虑的是课程内容的可行性。究其原因：一是当前学校体育的场地设施在一定程度上影响着体育课程的实施，使得很多体育运动项目无法在体育教学中实现，这一情况在乡镇学校更为明显；二是体育教师本身的专业技能无法适应体育课程改革的变化，一些体育项目是体育教师力所不能及的；三是体育教师鉴于某种原因不愿意再花费精力学习新的运动项目。但无论是哪种原因，对体育课程内容的选择与实施都是不利的因素。"深受学生喜爱""运动项目的趣味性""具有教育性"则说明体育教师在确定课程内容时还考虑到学生的需求、课程内容的趣味性和教育性。这是比较好的方面，说明体育教师在选择体育课程内容时，是站在体育教育的视角既把课程内容作为对学生实施教育的载体，又考虑到了以"学生为主体"的问题，在一定程度上满足学生对体育学习的需要。

另外，60%以上的体育教师认为能够作为体育课程的内容的运动知识应该具备健身性、安全性、娱乐性、身体活动实践性和教育性特点。

综上所述可以认为，选择确定体育课程内容的原则为：

（1）与体育课程目标一致性原则：即所选择的体育课程内容是能够完成体育课程目标要求的内容，并且该内容应该是健康的、具有教育意义的、文明的和有身体锻炼实效的内容。同时，该内容还要符合受教育者特点，具有一定的文化内涵和运动价值，最好能选择一些具有中国风格和地方特色的内容。

（2）教育性原则：是指体育课程内容本身具有教育意义，能够对学生某一方面的发展起到促进作用。例如体育文化知识水平提高、竞争意识和社会规范意识培养、心理和良好思想品德形成、体育运动技术掌握与应用、体育运动历史文化熏陶等等。这一原则与其他原则相比，似乎是宏观了一些，不太容易把握和判别，但是，体育课程归根结底是学校课程的一部分，担负着教育的责任，通过身体实践活动对学生进行身体教育，促进教育目标的实现是课程的首要任务，因此，课程内容的选择必须考虑教育性问题。

（3）健身性与安全性原则——科学性原则：健身性与安全性原则是指体育课程内容应该有利于受教育者的身体锻炼和运动技能的提高，并且在课程实施过程中具有安全性保障。安全在当前学校教育中具有重要的地位，是学生健康成长的首要前提和重要保障。它包含着两个含义，其一是课程内容能有效地为促进学生身体健康服务，有助于学生体育锻炼能力的形成；其二是运动项目本身存在安全因素，课程内容应该是在体育教学环境和条件下实施时不具有危险性的内容，运动项目或者教学内容的安全性直接影响着体育课程内容的设置。

（4）可行性原则：指体育课程内容要符合课程实施区域学校的物质条件、教师能力水平和学生的实际情况。任何有价值的课程内容都必须在具备了师资条件、必备的场地、设施条件，同时还要具备适宜的地域、自然环境等条件才能实施，不符合这些条件的课程内容是无法正常实施的，也是不实际的。

（5）趣味性原则：指体育课程内容能引起广大学生的兴趣，并使学生能够在参与体育活动中体验到运动的乐趣。兴趣是学生参与体育学习的主要动机和目的，要在具有目标一致性和可行性的课程内容中优先选择具有趣味性的内容作为体育课程内容。

（6）社会性原则：指体育课程内容在遵循上述原则基础上，尽可能地符合当前、当地的体育特色，符合当代流行运动的趋势，以增加体育课程内容的实效性。在确定了课程内容选择的原则之后，会发现一些问题的存在。例如，认为体育课程内容要具备健身性的体育教师数量最多，但是在选择课程内容时首先考虑的不是运动项目的价值，而是学校的条件；认为体育课程内容应具备安全性，但在选择时考虑的却是学生的喜爱程度，等等。出现这样的问题，一方面是体育教师不了解体育课程内容应具备的条件，认为任何体育运动项目都可以作为体育课程内容；另一方面是体育教师明确知道体育课程内容应该是具备教育性的、与教学目标相一致的、符合一定条件的体育运动项目，但是在具体选择、实施的时候却没有遵循课程内容的要求。无论是哪一种原因，最终都说明一个问题，即体育教师在选择课程内容时并没有严格按照选择体育课程内容的原则执行课程选择的过程。这势必会对体育课程内容的选择产生影响，从而影响课程目标的实现程度。

第二节　学校体育课程内容的演变与发展

为探讨学校体育课程内容的发展变化，笔者对 1956、1961、1978、1987、1992、1996（高中）、2000 以及 2001 的《体育教学大纲》《体育课程标准》《高校体育教学指导纲要》等所涉及的体育教学内容进行了分析统计。

一、体育课程内容的形式发展为体育基础理论与体育技术技能并存

体育课程内容从形式上区分为体育基础理论知识和体育技术技能知识。

从课程内容的形式上看，体育课程内容在 1950 年《小学体育课程暂行标准草案》和 1956 年《中小学体育教学大纲》中，只体现了体育技术技能知识的内容，对体育基础理论知识却没有涉及。自 1961 年开始，中小学体育课程中增加了体育基础理论知识内容，一直延续至今。而我国的大学体育课程从 1956 年《一般高等学校体育课教学大纲（试行）》开始，就包括两种形式的体育课程内容。

二、体育课程内容的性质从"必修"转向"必修与选修"结合

课程内容在性质上区分为基本教材和选用教材，或者分为必修内容、限制

选修内容和任意选修内容。

从课程内容的性质上看，学校体育课程内容的性质总体上是经历了由完全的必修内容到必修内容（基本教材）与选修内容（选用教材）相结合的过程。在比例分配上，整体的趋势是必修内容逐渐减少，选修内容逐渐增多。

从时间发展来看，小学体育课程于1978年开始设立选修内容，且选修比例由1978年的16%～20%不断增加至2000年的30%～40%；中学和大学体育课程则从1961年开始就设立了选修内容，选修比例同样呈增加趋势。初中由1961年的15%～19%增加到2000年的50%，高中由1961年的21%～25%增加至2000年的60%，均呈现上升趋势。

2001年课程标准对课程性质未作明确的限定，但是《课程标准》指出："按照三级课程管理的要求，本《标准》规定了各学习领域、各水平的学习目标，同时确定了依据学习目标选择教学内容的原则。各地、各校和教师在制定具体的课程实施方案时，可以依据课程的学习目标，从本地、本校的实际情况出发，选用适当的教学内容……"，即小学体育课程内容由体育教师选定；初中体育课程按照新《课标》要求在规定的水平四范围内由体育教师选择课程内容进行授课；高中体育课程按照2003年颁布的《课程标准》除去田径和体育保健知识两个模块必修外，选修比例为82%。大学目前则属于完全的选修。

在选修体育课程内容中，于1996年的《普通高级中学体育教学大纲（实验用）》开始，出现了限制选修和任意选修两类内容。这种限制选修课程内容有两种内涵，一种是在《大纲》和《标准》规定的范围内选择课程内容，如1996年的《普通高级中学体育教学大纲（实验用）》、《2000年九年义务教育全日制小学、中学体育与健康教学大纲（修订版）》；另一种是属于任意选修的范畴，但是要由学校根据实际情况提供课程内容供学生选择，事实上相当于限制选修的范畴。当前高等学校的体育课程内容就是如此。

体育课程选修内容的设立逐步改变了课程完全由国家统一制定的局面，给予了学校和体育教师在课程内容选择上的自主权利，对于国家课程设置中不适合地域和学校情况的部分，不再勉强执行，而是由学校根据实际情况设立相应的课程内容予以弥补。但赋予课程选择权利的同时，也对体育教师提出了一定的要求，即体育教师应具备选择和设置课程内容的能力，能够按照课程内容的选择原则以及社会、学生和体育学科发展的需要设计和实施课程。这是课程改革的进步，也是对体育教师职业规划提出的新要求。

三、体育课程内容类别呈增加趋势

学校体育课程内容设置的类别主要集中在田径类、体操类、球类、武术类方面。早期的学校体育课程内容主要是田径、体操和游戏，但是，这里的游戏、体操类是一个宽泛的概念，如1956年小学体育教学大纲中的基本体操就包含着走和跑、跳跃、投掷的内容；中学体育教学大纲中体操里面也包含着舞蹈的内容；1961年的游戏中则包括简单的球类基本活动，通过游戏的方式实施。因此，体育课程内容虽然在类别上数量较少，但是内容相对较为丰富。

在类别的变化上，1961年大纲增加了武术类的内容，使得中华民族传统体育的精华、中国特色的具有悠久历史的武术文化开始涉足学校体育课程领域。小学在1987年将球类内容列为课程内容，主要以适合小学生年龄的小篮球、小排球等为主，1992在小学六年级还设置了乒乓球、垒球的内容。中学从1961年就设置了篮球内容教学，并规定可以根据学校条件开设足球、排球内容；1992年大纲正式将包含着足篮排运动的球类运动列入学校体育课程内容。

在学段课程内容的体现上，除共有的课程内容类别之外，小学还设置了大量的游戏类内容。大学的体育课程内容相对宽松，除1992年之前的《指导纲要》对体育课程内容有明确的规定之外，自1992年开始，课程内容逐渐放开，由各学校根据实际情况设立相应的课程内容，课程内容获得了极大的丰富。

四、体育课程具体内容具有相对稳定性

在体育课程发展的过程中，田径项目作为最基础的体育运动一直是课程的首选内容，无论在哪一个时期，以走、跑、跳、投为主的田径类运动一直处于课程内容选择的首要地位；其次是体操类的整队和步伐（队列队形）、徒手操、技巧运动、实用性体操（攀登、爬越）、支撑跳跃、轻器械体操：绳、体操棒或绳操、沙袋操、单杠、双杠、韵律活动与舞蹈；第三是武术类：传统武术的各个项目；以及球类运动的篮排足球乒乓球虽然在过去没有被作为重点选用的体育课程内容，但是，它在社会中的普及性较好，深受学生喜爱，在现今的体育课中，是具有一定地位的课程内容。游泳运动限于学校条件和环境因素影响，

在中小学体育课程中实施比较困难，但是，游泳运动具有较好的社会性，多数学生会利用课余时间通过各种渠道学习。其他的如高低杠、吊环、肋木、体操凳等，一是由于技术含量太高，难以掌握；二是由于趣味性不高，只是在早期的课程内容中出现，而现今选择性较低。

由上述可以看出，体育课程内容在发展过程中能够长期保持的项目都是具有可行性、实用性、社会普及性、易学习、有趣味的运动项目。

第三节　学校体育课程教学内容现状与需求分析

为了解我国当前学校体育课程内容的具体情况，本节通过问卷调查的方式对与课程教学内容相关的问题进行调查，包括体育课程的教学内容、教师对课程内容的选择倾向与建议、学生对体育课程内容的需求，等等。

一、体育课程教学内容现状分析

当前学校体育课程内容是体育教师以及相关人员依据《课程标准》要求，结合学校实际情况、学生实际水平和相关体育教材选择确定的，既具有《课程标准》的规定性，又具有现实情况的灵活性。

（一）体育课程教学内容以现代体育运动项目为主体

目前学校体育课程的教学内容在体育项目和具体内容的选择上以现代体育运动为主体，虽然在体育课中也出现了传统体育运动项目和时尚体育运动项目，但整体比例偏低，多数不足总体的20%，甚至在10%以下，即体育教师选择的概率很低。具体见下述结果分析。

1.小学体育课程教学内容

城市小学与乡镇小学在体育课程的教学内容上基本一致，只是各内容在选择运用过程中的主次程度不同。与城市小学相比，乡镇小学课程内容中游戏占据了最主要地位，篮球相比城市小学次序靠前。此外，虽然表格中没有显示，但羽毛球项目在城市小学体育课程内容中仅次于技巧运动，居21位。

小学体育课程应该从发展学生基本活动能力和学生体育兴趣着手，教学内容应该是游戏和各种活动技能，即多种多样的体育游戏和带有游戏性质的技术动作。从对 2000 年以前的教学大纲归纳情况来看，走和跑、跳、投、队列队形、跳跃练习与跳绳、投手操、实用性体操（攀登、爬越）、游戏、技巧运动和小球类内容设置较多。现行体育课程教学内容与之前的大纲相比，教学内容变化不大，以基本的游戏和发展身体活动能力的走、跑、跳、投、队列队形、徒手体操、简单球类运动和身体素质练习方法为主，基本符合小学阶段体育课程教学的要求。

2.初中体育课程教学内容

田径类内容和身体素质练习中的耐力素质、速度素质、力量素质处于体育课教学内容的主要地位，这与初级中学升学考试有一定的联系，中考体育成绩计入文化课总分，使得学校在一定程度上对体育课、尤其是初三年级的体育课程增加了重视程度。而田径类项目对于学生体能发展具有显著功效，身体素质练习则是针对中考体育加试的项目设置。除了表中所涉及的内容外，城市初中体育课程也出现了健美操项目教学。乡镇学校则双杠、跳马项目也占有一定的比例。

初中阶段是学生身体生长发育最快，对事物具有一定认知和判断能力的阶段，也是学习各项运动技能最好的阶段，体育课程应以学习各运动项目技术为主，形成对体育运动项目的初步认知，并熟练掌握一些项目的技术技能，为高中学段的体育学习奠定基础。2000 以前的教学大纲对课程内容的设置仍然保留在队列队形、走、跑、跳、投、徒手操、轻器械体操、技巧运动、支撑跳跃、单杠、双杠、篮球等内容。现行体育课程教学除身体活动能力和身体素质练习的内容之外，篮球、乒乓球、羽毛球、武术、足球、排球等项目也成为主要的教学内容。虽然运动项目的比例还不是很高，但是与以往的教学内容相比，已经有了明显的变化，将教学的重点向体育运动项目转变。

3.高中体育课程教学内容

由于 2003 年新的《普通高级中学体育与健康课程标准》规定了高中体育课程设立田径和健康教育两个必修模块，同时设立田径类、体操类、球类、水上和冰雪类、民族民间体育类、新兴运动类选修模块，使得高中体育课程在田径类内容仍占有主要地位的同时，其他类别的项目也在课程中出现。

城市高中体育课程内容中，篮球占据第一位；足球、排球紧随田径项目的走跑、跳跃其后排在第四、第五位。同时，健美操项目进入高中课程内容，成为部分学校的选项课内容之一。相比较而言，乡镇的体育课程内容没有太大变化，依然是以田径类的跑、跳、投和身体素质练习、游戏为主，可见选项课在乡镇高中的体育课程中没有体现。

高中阶段的学生已经具备明确判断自身运动能力和体育兴趣的能力，高中体育课程教学应该以保持学生身体运动水平，并形成体育运动项目特长为目的，为大学体育学习和今后体育活动锻炼奠定基础。以往的教学大纲内容安排显然不能完成这样的任务，现行高中体育课程教学内容在保留必修模块的田径类运动之外，体育运动项目教学内容比例增加，在城市高中尤为明显。但是在乡镇高中却比初中阶段有所降低，这与学校对体育课程的重视程度和学校的体育设施条件，以及体育教师的专业素养有直接关系。

4.大学体育课程教学内容分析

与中小学体育课程内容不同的是，由于大学体育课程采用的是完全的选修模式，因此，体育课程内容主要由田径类内容、素质练习和各体育运动项目构成。而田径类和身体素质练习内容是贯穿于其他项目课程中间，作为提高身体素质练习的手段和方法，以满足大学生体质发展的要求。另外，大学的体育课程单独的运动项目较中小学课程来讲，呈增加趋势。

5.学校体育课程教学补充内容

新《课程标准》颁布以后，《课标》对于课程内容不再作指令性的规定，只是对学生学习体育课程后应该达到的标准作了具体、详细的要求，并且学校体育课程采取三级管理的办法，即国家、地方和学校都对课程有设定权和管理权。这就在一定程度上给予体育教师和学校体育管理者选择课程内容的巨大空间，使得学校体育工作者可以在《课程标准》指导下，根据课程标准的要求再结合实际情况选择课程内容。由此，极大地丰富了学校体育课程的内容，也使体育课程内容有了发展的空间。

通过调查发现，体育教师在教学过程中，除了采用上述的教学内容之外，还根据实际情况和地方特色选择了其他内容进行教学。

当前在各级学校，体育课程内容都在原有基础上有了发展，通过分析发现：

第一，小学体育课程的补充内容主要包括荡秋千、风筝、毽球、体育舞蹈、滚铁环、交谊舞、板球、打陀螺、排舞、健身秧歌和地掷球等。从这些项目可以看出，小学体育课程的补充内容主要包括两类，一是民族民间传统体育项目，是补充课程内容的主体，如荡秋千、风筝、毽球等；二是时尚体育运动项目，如体育舞蹈、交谊舞；同时，还将学生日常生活中进行娱乐活动所采用的滚铁环、打陀螺等纳入体育课程内容，增加了体育课程内容的趣味性和生活性。

第二，普通初中由于既要兼顾体育知识和运动技能的传授，又要顾及学生体育中考，体育教师的工作重心一是教授体育课程，二是保障学生体育加试的成绩，因此在体育课程的补充内容方面相对于其他三个学段比较少，但是从内容类别上看仍然包括了传统的毽球、时尚的街舞、现代的户外定向运动和拓展训练，数量不多，但内涵丰富。

第三，高中体育课程采用必修与选修相结合的模块式教学，在课程内容选择上较初中有了更大的空间，因此，补充内容丰富，如果说小学的补充内容以民族民间传统体育运动项目类为主，那么高中的体育课程补充内容多数都是以时尚体育运动项目为主，如交谊舞、形体训练、体育舞蹈、瑜伽、排舞等等。

第四，大学体育课程的补充内容基本上都是流行的、时尚的、深受欢迎的，具有一定社会性、娱乐性的体育运动项目，这是因为大学体育课程采用完全选项形式，课程开设必须符合社会的发展和学生的兴趣，否则就没有课程运行的市场。

第五，各项补充教学内容以民族民间传统体育运动项目和时尚体育运动项目为主，虽然呈现了内容上的丰富性，但是整体比例偏低，多数项目的选择不到各学段教师的 10%，即普及性不够。

综上所述，目前在学校体育课程中除了原有主体教学内容继续保持一定的地位外，具有时尚特色的街舞、体育舞蹈、健美操，富有挑战性的户外运动类项目以及国外武技中的跆拳道等都逐步进入学校体育课中，极大地丰富了体育课程的内容，增添了课程的特色。值得提醒和注意的是，上述情况在城市学校表现得很突出，但是在调查中也发现，乡镇学校在课程补充内容上显得过于苍白，这与乡镇学校的现实条件、体育教师接受新内容、新思想的情况以及乡镇体育教师本身的专业素养有极大的关系。

6.不同学段的体育课程教学内容比较分析

为了研究各学段城乡学校体育课程内容的特点以及同一内容在不同学段的位置和重要程度，田径类内容作为最贴近日常生活行为的活动方式和健身运动手段以及体能发展的有效措施，在各个学段均占有重要地位，尤以跑、跳更为突出。在初中阶段的地位体现最为明显，处于前三位。身体素质练习活动是始终处于课程内容的中间位置，但在初中学段由于体育考试的驱动作用，力量素质、耐力素质和速度素质处于较为突出的位置；而大学学段由于有学生体质测试工作要求，且对学生毕业与否有一票否决的权利，因此，也处于较为优先的地位。传统意义上的体操类课程在大学逐渐被时尚的运动项目健美操、舞蹈等替代，而在中小学体育课程中多以不受器械限制、安全性较高的内容为主，其在体育课程内容中的地位相对稳定。球类运动项目中足球、排球、乒乓球、羽毛球位置相对稳定，篮球随学段上升，逐渐成为最受欢迎和重视的项目。游戏和跳绳在小学阶段是较为重要的内容，但随学段升高，逐渐成为学生准备活动的手段。通过对不同阶段体育课程内容的整理，以及对体育课程补充内容的分析，我国学校体育课程的内容主要以长期课程发展过程中一直保留、延续的田径类（跑、跳、投）、体操类（队列队形、徒手体操、实用性体操、简单的器械体操和技巧运动）、球类（篮球、排球、足球、乒乓球、羽毛球）以及身体素质练习内容为主，适当开展武术活动。而补充性内容则以民族民间传统体育运动项目和时尚体育运动项目为主，两者结合，恰恰完善了我国的学校体育课程内容分类，使得体育课程内容在类别上更完整，在具体内容上更丰富。

（二）体育基础理论知识教学内容以人体科学知识和运动学知识为主

体育基础理论知识是体育课程内容的重要组成部分，是一个综合的、有序的体系，这个体系涵盖了多学科的知识，体现了多个学科的相互交叉，内容丰富却相对复杂，深度各不相同，具有一定的学科特点。从基础理论知识的作用来看，它能够有效地帮助学生树立正确的体育价值观，形成良好的体育态度，提高学生对体育的认识和理解，正确看待体育对德育教育、智育教育的作用；同时体育基础理论知识学习可以帮助学生正确认识体育锻炼方法和技术的重要性，理解体育运动项目的内涵和文化价值，提高学生的体育文化素养，丰富体育知识，培养良好的体育精神和思想品格。体育基础理论知识可以分为体育人文学知识、人体科学知识和运动学知识。

体育课程基础理论知识的教学形式在本质上区别其他学科课程教学，它不是单独设立的理论教学课，而是伴随着体育运动项目技术技能教学同时产生的，在技术技能教学过程中，体育教师会结合运动项目技术特点的学习、练习，向学生介绍与之相应的基础理论知识。

为了解现行体育课程理论知识内容的情况，对现有体育课程中的理论知识点进行归纳、整理，选择一些有代表性的、常在课程中出现的知识类别作为调查内容。

"安全锻炼知识、自我保护方法手段、体育锻炼与健康成长、体育锻炼常识"方面的知识始终是体育教师首选的理论知识内容。究其原因，体育的目的是促进身心健康发展，是建立在科学安全基础上的。体育课程如果没有安全保障，就会发生伤害事故；运动锻炼缺乏科学性，就无法获得良好的效果。而"安全锻炼知识""自我保护方法与手段"是要使学生自身懂得安全避险，懂得如何在体育锻炼中保护自身，防止伤害事故发生，防止运动损伤出现。"体育锻炼与健康""体育锻炼常识"则是要解决锻炼为什么能促进健康、如何科学锻炼的问题。

"竞技运动与欣赏、学校体育的意义和传统医疗体育"都是容易被忽视的内容；"生活方式与身体健康、各项运动特点与基本技术、体育锻炼对机体主要系统发展的影响"属于中间军团，被选择的概率比较稳定。

小学体育老师多选择"体育运动与营养"进行教学，是希望学生养成良好的饮食习惯，不偏食、不挑食，合理地摄取营养成分，保障身体健康生长和体育运动对营养消耗的需求。初中教师选择"体育锻炼与青春期发育"方面的知识，是因为这一阶段的学生正处于人生的第二个快速增长期，随着身体的逐步发育和成熟，学生面临很多生长发育的问题不知如何对待，进行"体育锻炼与青春期发育"知识教育，使学生正确对待出现的问题，合理安排体育锻炼活动。高中学生逐步走向成熟，逐步具备理智的思考能力，这一阶段是身体成熟和人生观形成的关键时期。高中教师多选择"体育锻炼与青春期发育""奥林匹克运动知识"，一方面是希望学生养成良好的体育锻炼习惯，另一方面加强体育人文知识教育，提高学生的体育文化素养，帮助学生形成正确的体育观。

上述内容可以区分为三个主要方向：一是提高学生对体育的认识的课程内容，如学校体育的意义、奥林匹克运动知识、发展大众体育的意义、运动项目的起源、发展等，这一类内容属于体育学科中的人文类知识，是教学内容中选择概率最低的部分；二是有关人体发展和健康卫生方面的内容，如体育锻炼对机体主要系统发展的影响、体育锻炼与健康成长、体育锻炼与青春期发育、体育运动与营养、生活方式与身体健康、运动损伤等等，这一类属于体育学科中运动人体科学知识，包括生理、解剖、心理、保健等；三是有关各项运动的知识和锻炼身体的方法的内容，如各项运动特点与基本技术、自我保护方法手段等，这一类内容属于体育学科中的运动学知识。另外，有些内容属于综合性的内容，同时含有上述二或三类知识，如安全锻炼知识、竞技运动及欣赏、体育锻炼常识等。体育教师对体育基础理论知识的教学主要集中在人体科学和运动学知识方面。

二、体育教师对课程内容的选择倾向

体育教师是体育课程内容的确定者、体育课程实施的执行者、体育课程学习的指导者，教师对体育课程内容的认知程度和态度，直接影响着课程内容的选择和确定。

（一）体育教师要正确理解"以学生为主体"的观念

现代社会提倡人文关怀，"以人为本"，主张站在人的发展角度思考和处理问题，体育课程"健康第一"的指导思想就源于"以人为本"的发展理念。基于这样的背景，"以学生为主体"的观点也在体育课程当中广泛传播，体育课程要以学生为主体，提倡促进学生的全面发展，要让学生体验体育的乐趣，感受体育的魅力，获得体育的动力。所以部分体育教师就产生了体育课程"以学生为本"，"以满足学生的兴趣、爱好为主要原则，学生想学什么，就教什么"的观点，过分强调学生的主体作用的态度，由此使得体育课程内容混乱，缺乏科学性，体育课成了完全的活动课。这是一种极端的、不合理的现象。教师的态度直接决定了课程的发展，体育教师"是否赞同'以满足学生的兴趣为主要原则，学生喜欢什么，就教什么'的观点"直接影响课程内容科学选择的问题。

调查显示，有 35.98% 的体育教师对此观点持赞同态度，39.78% 的教师认为一般，无所谓，仅有 23.06%的教师持反对观点，这不得不说是一种令人担忧的局面。由此提示，要加强对"以人为本"思想的阐释，体育教师要正确认识"以学生为主体"的内涵，把握好均衡尺度，既满足学生的兴趣需求，又保证了课程的良性发展。事实上，课程满足学生的兴趣，一方面是内容的设置问题，而更重要的是课程执行过程中的方式、方法和手段的选择与使用问题。

（二）"精选内容，提高学习效果"是体育教师的主体态度

体育竞赛活动具有多样性，体育健身活动具有多样性，体育内容的多样性、丰富性已经得到公认，体育课程内容是否也应该具有多样性和丰富性呢？

体育教师"对课程内容是否应该丰富多样的"态度调查统计，结果显示70.36%的体育教师认为：应该"精选教学内容，让学生在有限的时间内真正掌握体育运动技术，学会健身方法"。体育课程内容选择可以丰富多样，给教师和学生提供学习的空间。但是，课程内容必须经过严格的筛选，并区分内容的层次性，使选择的多样性、课程内容的精致性和学习结果的实效性完美结合，既让学生最大限度地了解和认识体育运动文化的丰富内涵，又使学生能够掌握适合自身的体育运动技术和体育锻炼方法。

要实现精选教学内容，使学生真正掌握体育运动技能，掌握体育健身的方法，最终达到熟练、灵活运用体育技术技能，参与体育健身活动的效果，对于不同学段的学生来说，应该了解多少体育知识，学习多少运动技能、基本掌握多少运动方法呢？通过让体育教师判断各自所教授学段的学生应该学习的体育运动项目数量，计算平均数。

通过这种简单的方式，粗略估计学生学习情况，体育教师认为，小学、高中、大学阶段可以较为系统地学习三个运动项目，初中体育教师认为该阶段可以较系统地进行四个项目教学。

（三）现代体育运动项目是体育教师建议教授的课程内容主体

体育教师是工作在学校体育工作第一线的最直接的体育课程执行者，是体育课程预设目标与达成目标的媒介，是直接与受教育者对话的体育文化的传播者。作为体育教师，一方面要了解国家教育方针、教育思想和教育理念，熟知学校体育工作的指导思想和目的，充分认识体育课程的价值，并对学校的教育环境有基本的认知；另一方面，体育教师对受教育者的基本水平、兴趣爱好、

个性特征等也有一定的认知。因此,体育教师对学生体育学习内容具有发言权,教师给出的建议值得借鉴和思考。

通过调查,并对相关结果进行汇总、整理,可以看出,体育教师认为学生应该学习的体育内容包括了田径类、体操类、武术类、身体素质练习和各体育运动项目。其中田径类和体操类是一个学习内容的综合群,也是体育学习的基础内容。球类项目是当前体育课程最主要的内容,游戏内容随学段上升被选择性逐步降低,武术、舞蹈、健美操随着学段增加被选择性逐步提高。从体育教师的项目建议可以看出,体育教师认为学生应该学习的体育项目可以分为田径类、体操类、球类、武术类、水上或冰雪类(游泳)和一些新兴时尚运动项目。这种结果与前面关于当前体育课程教授内容的调查结果基本相符。同样是以现代运动项目为主体,对民族民间传统体育项目和时尚体育运动项目的重视程度不够。

三、学生对体育课程内容的需求分析

学生是体育课程的直接参与者和体育学习的主体,学生的需求和态度也是确定体育课程内容的重要依据和参考。为了了解学生对体育课程内容的需求情况,笔者对不同学段的学生进行调查,了解学生对体育运动的渴望程度,并要求学生写出其最想学习的五项体育运动项目名称。

学生最想学习的体育项目在各学段既有相同之处,又有一定的差别,列在各学段首选前三位的都是羽毛球、篮球(小学为跑步)和乒乓球,在前十位项目中,球类项目就占据六项,其次是游泳运动,另外田径类的跑步、跳高、跳远在中小学生中具有一定影响,武术、健美操、轮滑则比较受大学生青睐。除此之外,游戏和跳绳在小学比较受欢迎,在其他学段被选择的概率逐渐降低;技巧运动、徒手操、艺术体操、单杠也被提及。

综上所述,课程内容无论是教师当前教授的,还是教师认为应该学习的,亦或是学生最想学习的,三者之间具有一定的统一性,主体上可以分为田径类、传统体操类、球类、武术类、游泳运动和时尚运动项目类。

第四节　学校体育课程内容存在问题

通过前面的研究，我们发现，学校体育课程内容在保持原有具有普遍性和一定价值的内容基础上逐渐丰富，一些民族民间传统体育项目、时尚体育运动项目进入体育课堂，虽然在普及程度上还有待进一步发展，但给体育课程内容带来了新鲜的空气。但是体育课程内容也存在一定的问题。

第一是前面调查结果反映出对田径类、球类、体操类（队列队形、徒手体操、技巧运动为主）等现代体育项目的重视程度较高，但是对民族传统体育类、时尚体育类运动项目的重视程度不够。体育课程内容是体育文化知识的反映，体育文化知识具有多元性，要接受系统的体育教育，就必须接受多元的体育文化知识，现行体育课程中传统体育运动项目、时尚体育运动项目的不足也是体育课程内容存在的问题之一。

存在这种问题的原因与体育教师对体育课程内容的选择有直接关系。前面的调查结果显示，体育教师在选择体育课程内容时，主要依据之一是"项目要适应学校的条件"，而目前多数学校都能够有一块大小不一的田径场，有一组或几组篮球架，因而田径类、球类项目（篮球、足球）项目比较好开展，但是时尚运动项目多数需要一些必备的设施，例如放音机。对于体育经费紧张的学校来说，利用现有条件开设课程是可行的，但是需要增加投入的项目几乎不在考虑范围之内；体育教师选择体育课程内容的另外一个依据是"学生的喜爱程度"，一些比较普及的民族传统体育项目如太极类很难符合学生的兴趣需要；体育教师选择体育课程内容的第三个依据是"体育教师能够胜任的项目"，体育教师自身能力限制了体育课程内容的开设，符合学生需要的运动项目、具有特色的运动项目，体育教师却不一定具备教授能力。另外还要考虑安全问题等等。诸多的原因造成了体育课程内容目前的状况。要改变这种状况，一是要提高学校的体育设施数量和质量；二是要对体育教师进行相关运动项目的培训，使之具备相应的教授能力；三是改变现有的惯性作用，使体育教师敢于创新、乐于创新，积极开发体育课程内容。

第二是现有的体育课程内容在项目设置、内容组织、数量安排等方面还存在一定的问题，需要体育教师和学校体育管理人员给予足够的重视。

通过对体育教师的调查可知，当前学校体育课程内容在课程内容组织上存在重复性和不系统性，即先前出现过的课程内容在后期还会出现，也就是课程中的螺旋式排列的课程，这本没有什么不合理的问题，但是，课程内容的延伸程度不明确、不清晰就造成了课程内容的重复现象。

在教学内容的选择上，体育教师缺乏积极开发课程的主动性，总是选择课程内容范围内的、自己轻车熟路的内容进行教学，而对于需要花费时间、精力精心准备的较为新型的课程内容，多数教师具有一定的躲闪心理，尽可能地避开"费时费力"这些项目，因而课程内容陈旧是不可避免的。

另外，由于对课程的理解和对学生"主体"理解上的差异，使得体育教师在体育课程内容选择上过多考虑了学生的需要，而忽视了体育课程的性质与价值体现，使得内容设置与实施出现问题，体育课程的目标达成状况不理想。

除上述情况之外，通过前面的分析可以看出，多年的体育课程内容从运动项目的角度来说，具有一定的稳定性，都是以田径、体操、球类、武术等项目为主体，教师教授、学生选择以及教师认为应该学会的项目是具有一致性的，那么为什么还会存在学生学不会的问题？通过与体育教师的座谈与交流、对专家的访谈以及相关文献资料的整理，探讨其原因发现：问题之一：体育课程主体教授的内容缺乏肯定。体育运动项目繁多，当前作为体育课程内容的项目也很多，如果每一项都想教会学生是不可能的，必须有主次之分，有重点教授的内容，也有简单教授的内容，还有介绍性的内容。问题之二：体育运动项目与体育课程内容之间存在一个由运动项目转化为体育教学内容的过程，在这个转化的过程中，需要对体育运动项目的技术技能进行规范、筛选。由于体育课程内容主体教授、简单教授和介绍内容的层次没有划分，使得在项目向内容转化过程中，每一个项目都有较系统的规范技术进入课程内容，形成了课程内容的庞大，而体育课程的时间有限，这么多内容需要教授，分配给每一项内容的时间就会减少，由此形成"蜻蜓点水"，教授了很多内容，却都没有教得深入，教得透彻。这也就涉及了课程内容的组织问题，即什么内容应该安排的教学时数多一些，在课程排列上出现的概率多一些的问题。问题之三：体育技术技能的形成需要一个过程，需要经过多次的练习才能形成稳定的运动技术，但是目前的体育教学由于班级容量大，体育设施器材有限，在体育教学过程中无法满足多次练习的要求。体育课程学习的效果需要通过课外体育活动和学生课下自主练习进行巩固。

由此提示课程设计专家和体育教师在体育课程内容选择上要综合考虑学科发展、学生需求和社会需求因素，慎重选择内容；教学内容要体现主体内容与介绍内容的区分，在体育课程内容组织上要注意课程内容的排列方式，既要注意"直线式"排列内容与"螺旋式"排列内容的区分，也要注意"螺旋式"排列内容的层次划分和延伸程度的确定。

第五节　多元文化背景下的学校体育课程内容体系构成

学校体育课程内容体系是指根据体育课程目标要求确立的，用于对受教育者进行体育教育的基础理论知识和运动技术技能知识的总和及其指导思想体系。它是学校进行体育教学工作的依据，是体育课程目标得以实现的重要保证。体育课程内容体系的确立为实现学校体育课程目标，培养学生良好的体育文化素养提供了一个相对稳定的知识体系。从宏观上说，学校体育课程指导思想的确立，体育课程目标的定位，已经反映了体育课程内容的基本构成，即思想决定目标，目标统领内容。科学合理的课程内容体系是在一定教育思想指导下，遵循一定的教育理念，结合课程内容本身的分类特色而形成的。

一、体育课程内容的类型

关于体育课程内容的分类，有多种观点和形式。

从课程内容的性质上看，有基本内容和选用内容；也可以划分为必修内容和选修内容，其中选修内容又分为限制选修和任意选修。这种分类方式能够反映课程内容的地位和作用，制约性较强，执行力相对较好。

从课程内容的形式上可以分为体育基础理论知识内容和运动技术技能知识。

根据课程目标分类，可以分为发展身体基本活动能力的内容、增强体质的内容、常见运动项目内容、余暇交往的体育课程内容和体育保健康复内容。这种分类使课程内容的目的性较为明确，在编排上既可以打破以竞赛为目的的教学内容编排方式，又能在一定程度上保障竞技运动知识和技能的学习，既不会发生内容的重复，也不会有逻辑问题存在。

按照运动项目分类，可以分为田径、体操、篮球等等。这种分类方式与竞技体育运动一致，便于理解，有利于竞技运动文化的理解和掌握。

毛振明教授则根据体育课程内容的组织形式、课程内容在实践教学中的"循环周期"现象，将课程内容分为"精教类"课程内容、"简教类"课程内容、"锻炼类"课程内容和"介绍类"课程内容，并对每一种类型的课程内容给予说明。

"精教类"课程内容是课程的核心内容，是体育课程内容中最重要的组成部分，是要求学生充分掌握和熟练运用的内容。这部分内容是体育课程中具有普及性、适应性、可行性和社会性的内容，即该内容是学校条件允许，教师能力可及，具有广泛社会基础、能满足学生兴趣需要并有一定时代特色和文化价值的内容。

"简教类"课程内容是满足体育文化的普及与传播目标，在众多体育内容中需要学生了解认识的内容。目的是让学生在体育课程中认识这些课程内容，能够为今后继续学习和掌握运用这些内容奠定基础。这部分内容也建立在可行性的基础上，即学校具备一定的条件，教师具有一定的能力范围内。

"介绍类"课程内容是满足学生对体育文化多样性认知的目标。体育课程内容丰富多样，不可能各个都掌握。因此，这部分内容是为了丰富学生体育知识，开阔学生的运动视野，让学生在体育课程中获得更多的各类体育知识而设立的介绍性、体验性课程内容。

"锻炼类"课程内容是解决完成其他类内容的学习而需要的必备的身体条件和运动能力而设置的内容，不需要深度学习，却需要天天练习。

二、学校体育课程内容体系的结构

根据体育课程内容的性质、特点，针对以往体育课程内容的分析结果以及当前体育课程内容的现状调查结果，参考专家学者的意见和建议，结合 STS 教育理念，以"健康第一""以学生为主体"思想为指导，确立学校体育课程内容体系的结构和内涵。

（一）体育课程内容体系的结构要素及内涵

学校体育内容是在体育文化发展的背景下，以"健康第一"为指导思想、以 STS 教育理念为基础、形成的涵盖体育技术技能和体育基础理论两部分内容的结构体系。其中体育技术技能包括七个类别，分别是田径类运动项目[基本身体活动动作（水平一、水平二、水平三）]、体操类运动项目、球类运动项目、武术类运动项目、游泳运动或冰雪类运动项目、民族民间体育运动项目、时尚运动项目类。体育理论知识包括体育人文学知识、人体科学知识、运动学知识。体育技术技能的每一个类别又根据具体内容的实际情况划分为精教类、简教类、介绍类和锻炼类课程内容。体育理论知识则以简教类和介绍类为主。

值得注意的是，由于体育各类运动的项目特点、技术结构和难易程度的差异性，在某一类运动中，可能所有课程内容知识都属于简教类和介绍类内容，也可能都属于精教类内容，对于这些具体内容知识的确定还需要结合运动项目本身的技术特点和课程环境的具体情况加以鉴别和验证。而对于每一类运动中的精教类、简教类、介绍类内容在不同的学段应该掌握哪些运动技能也是在课程内容选择时需要重点考虑的问题。

通过这样一个课程内容体系的构成，期望在学校体育课程学习过程中，学生能够学到三种基本运动技能：即运动要素方面的运动技能、身体素质练习的常用方法和体育运动项目。对于各学段的学生来说，每个阶段都有各自的重点。

小学阶段，体育课程内容以体育游戏和活动技能为主，即多种多样的体育游戏和带有游戏性质的技术动作。到水平三阶段，在体育游戏和活动技能的基础上，每学年系统教授 1～2 项体育运动项目（例如体操、武术、乒乓球等），简单教授适合小学生年龄段的 3～4 项运动项目。建议在小学阶段鼓励学生学习游泳运动，游泳作为一项生存技能，是每一个人都应该必备的技能，学习游泳的最好时机是在小学阶段，每一个小学生在小学毕业的时候都能够学会一种游泳运动的泳姿。学校不具备条件的借助社会环境和家庭的力量，作为一项硬性考核措施列入学校的课程方案，督促学生通过各种途径达到目标要求。

初中阶段，保持身体活动能力练习的同时，体育课程内容以各类运动项目为主，即学习各个运动项目的运动技术。在小学水平三的基础上，继续设置每学年 1～2 项系统教授的运动项目（例如体操、武术、篮球、足球、乒乓球、羽毛球等），简单教授学生喜闻乐见的 3～4 个项目（流行的、时尚的项目：街舞、轮滑；民族民间的毽球、蹴球、珍珠球等等）。

高中阶段，保持身体活动能力练习的同时，体育课程内容以小学、初中阶段的课程内容为基础开设各类运动项目选项课。每个学生重点选择 2～3 个项目。

大学阶段，保持身体活动能力练习的同时，体育课程内容为完全的选修，学生可以按照自己的运动能力和运动爱好选择喜欢的体育项目，为今后的体育锻炼奠定基础。通过这样的过程，学生在小学和初中阶段可以系统地学习 10 个体育运动项目，简单学习 20 个体育项目，由此使学生对体育的运动项目具有一定的认识，并使学生对自己的体育学习能力、身体素质条件、对体育运动项目的爱好都具有一定程度的了解，进入高中阶段，就可以根据自身的情况有重点地选择 2～3 个项目继续学习，最终实现学生体育学习的效果：特长内容"熟练化"、掌握内容"了解化"、普及内容"知道化"、条件内容"经常化"。期待通过这样的体育课程内容体系设计和体育课程的实施，能够教会每一个学生 1～2 项体育运动项目的技术技能，能够对体育运动品头论足，能够具有丰富的体育知识素养。

对课程内容的选择建议，一是常用的健身方法技能要具备，这部分内容与五大身体素质的发展有密切关系，是今后身体锻炼的基础；二是作为运动特长发展，为今后体育参与和生活娱乐奠定基础的运动项目；三是当前社会较为流行、具有一定普及性、满足学生身心需要的运动项目。在此基础上，要考虑课程内容体系中各类项目选择的全面性，还要注意符合课程内容的选择原则。

关于体育运动项目内容的选择一是国家在统筹的基础上建议一部分；二是地方教育部门结合地域特色和地方体育发展规划确定一部分；三是学校结合自己情况开发一部分。

（二）多元体育文化是体育课程内容体系的立足点

体育是以人体运动为基本手段增进健康、提高生活质量的教育过程与文化活动。体育作为一种社会文化早已被接受，作为文化的一个组成部分，体育文化具有历史性、多样性和复杂性特征。课程是文化传承的载体，课程内容是文化知识的具体体现，因此，课程内容体系的形成必须建立在文化发展的基础上。因此，体育课程内容体系的立足点是体育文化知识。

（三）STS 教育是体育课程内容体系的理论平台

STS 研究和 STS 教育始于 20 世纪 60～70 年代的西方发达国家。科学技术的日益发展进步，带来了经济和社会的快速发展与繁荣，促进了人们生活水平的提高。但与之有关的重大社会问题（如环境、生态、人口、能源、资源等等）也随之涌现出来。为了解决这些问题，STS 研究和 STS 教育应运而生。在一定程度上可以认为 STS 研究和 STS 教育的产生源于社会发展的需要。

STS 是科学（Science）、技术（Technology）、社会（Society）的缩写。它旨在探讨和揭示科学、技术和社会三者之间的关系，研究科学、技术对社会产生的双面效应，目的是要改变科学和技术分离，科学、技术与社会脱节的状态，使科学、技术更好地造福于人类。STS 教育主张把"科学、技术与社会的相互联系，以及科学技术在社会生活、生产和发展中的应用"作为教育的指导思想，强调把科学教育和当前的社会发展、社会生产和生活等紧密联系，开发学生的智能，提高劳动素质，增强学生的未来意识和参与意识，培养具有良好科学素养的人才。它最为重要的任务就是要使学生参与社会活动，并在活动中扮演一定的角色。

STS 教育思想引入体育课程的基本观点：体育课程要教授与当代生活有密切关系的体育知识；体育知识应该与每个学生的需要有关。体育知识是人类整体知识的组成部分，不能孤立于其他学科知识之外，因此要在综合性的学科背景中学习体育文化知识；使学生了解体育事业与社会其他方面之间的关系。

STS 教育注重科学、技术与社会的相互联系，以及科学技术在社会生活、生产和发展中的应用，主张课程内容要有生活基础，要符合学生的需要，体育学习要与多种学科知识相互融合，以多学科知识支撑体育运动科学。因此，技术指导下的体育运动实践活动和科学指导下体育理论知识所构成的体育课程内容要与当前的社会发展密切联系，既以社会发展的需求为依据，又能够促进社会的发展。

（四）"健康第一"是体育课程的指导思想，"终身体育"是理想目标

课程内容的选择确定要始终坚持"健康第一"的指导思想，保证课程内容能够促进学生的全面发展、增进学生的身心健康，使学生接受全面、完整的体育文化教育，最终实现"终身体育"的理想目标。

第六节　学校体育课程内容组织分析

在了解、选择、确定了课程内容之后，"为了使学生的各种学习有效地联系在一起,使学习产生积累效应,需要对选择出来的课程内容加以有效的组织"。形象地说，课程内容的组织就是将选择确定下来的课程内容按照一定的关系排列、组合在一起，使之成为有序的体系，以加强学生学习的效果。课程组织是课程理论与实践中最具逻辑性和顺序性的领域之一，直接影响着课程内容结构的性质和课程实施过程中学习方式的选择。20 世纪 40 年代，泰勒提出了课程内容排列组织的三条规则，即连续性、顺序性、整合性，并对其进行了详细的解释说明。

一、学校体育课程内容的组织具有取向性

课程内容的组织是一项涉及价值选择的活动，不同的立足点和价值取向形成不同的课程组织理念和组织形式。

（一）学科取向的课程内容组织

学科取向的课程内容组织主要围绕人类已有的知识并按照其内在的逻辑体系形成课程内容的组织方式，强调课程的逻辑性和知识的积累。有利于学生系统地学习人类文化遗产，掌握丰富的学科知识，促进智力的发展，也有利于开展语言活动，知识和思想在语言中最能得以交流和存储。但是，它在某种程度上限制了知识的范围，不具备包容性，忽视了学生的需求、兴趣和经验；课程内容组织注重逻辑和记忆而轻视理解，难以促进学生在社会、心理、身体等方面的全面发展。这种学科取向的课程内容组织适合于学科本身具有较强的逻辑性，内容学习必须遵循一定的顺序，否则就无法进行的课程。

（二）学生取向的课程内容组织

这种课程内容组织重视学生的经验和发展，强调围绕学生的兴趣、需要、心理逻辑等组织课程内容。卢梭、裴斯泰洛齐、福禄贝尔以及杜威等都是这种观点的支持者。它主张教育的根本目的在于人的培养，知识只是教育的手段。这种课程内容的组织鼓励学生主动学习，强调培养学习者的个性差异；但是它

忽视了对教育具有重要意义的社会目标的形成，过分强调学生主体的课程内容组织也不利于帮助学生建立有序的知识体系和掌握必备的技能。

（三）社会问题取向的课程内容组织

围绕主要的社会问题组织课程，以适应或改造社会生活为依据。课程内容源于社会或整个世界的状况和情境，认为课程是为学生适应和改造社会情境做准备，注重课程内容与社会生活的联系，强调学生的主动性，重点体现学生能做什么，而不是体现课程内容的学科体系。这是一种具有高远理想的课程组织形式，难以揭示文化的内涵，甚至主张通过课程改变社会秩序，把课程作为改造社会不满的工具，夸大了课程内容的功能，不具有普遍性和适用性。

（四）混合取向的课程内容组织

它认为课程内容本质上是学科知识、学生经验和社会生活经验三方面的统一，是当代课程内容组织的趋势。认为人的经验本身具有整体性，很难找到明显的区分界线，学科取向的课程内容并非完全否定学生兴趣和个性发展的重要性，也不否认社会问题对课程内容组织具有影响作用，只是强调课程内容的组织要以学科为核心。其他的课程内容组织取向也是如此。

体育课程内容的组织同样存在上述的取向问题，曾经的技能教育、"三基"教育就是偏重于学科取向的课程内容，而主体教育、快乐体育、成功体育则强调学生的发展，体质教育结合着社会现实需求，整体教育和终身教育则是三种取向的综合体现。

二、学校体育课程内容组织形式

关于课程内容的组织，课程设计理论上有多种形式，包括直线式和螺旋式、纵向组织与横向组织、逻辑顺序和心理顺序。

（一）直线式和螺旋式组织是体育课程内容的重要组织形式

直线式和螺旋式是课程内容的宏观编排方式。

所谓直线式是指将一门课程的内容组织成一条在逻辑上前后相互联系的直线，课程内容直线前进，课程内容前后不重复出现。其依据是课程内容本身内在的逻辑性。其优点在于能够完整地反映课程内容或学科的逻辑体系，避免学习内容的不必要重复，不足在于不能充分体现学生的心理发展特点，不利于前沿成果在课程中的及时体现。

所谓螺旋式是指在不同阶段、单元或课程门类中，重复呈现特定的学习内容，前一内容是后一内容的基础，后一内容是前面内容的扩展和延深，使之呈"螺旋式上升"形状。其依据是人的认识发展规律，即人的认识是由简单到复杂、由低级到高级的逐步深化过程。其优势在于能及时反映学科的发展前沿情况，符合学生的身心发展规律。但是这种组织形式容易造成课程内容的膨胀和重复。

"直线式"和"螺旋式"是体育课程内容最常用，也是最主要的组织方式。

在以往的学校体育课程中，关于课程内容的直线式和螺旋式组织的观点是："直线式排列是某项教材教过之后，基本上不再重复"；"螺旋式排列是指教材在各年级反复出现，但逐年提高要求的排列"。关于"直线式"组织和"螺旋式"组织所适用的课程内容，"要全面考虑发展身体和掌握知识、技能的需要，根据各项教材的特点和价值，采用不同的、恰当的排列方式。除少数价值高、需要反复出现的课程内容采用螺旋式外，多数内容可采用混合式或直线式排列。"然而，笼统、概括性地说明体育课程内容由"直线式"和"螺旋式"两种组织形式远远不能解决现实中体育课程内容的组织问题，依然不能给体育教师一个明确的指示，究竟哪些内容需要螺旋式排列，哪些内容需要直线式排列的问题依然没有解决。

在近年来的体育课程研究中，一些课程专家根据课程内容精教类、简教类、介绍类和锻炼类的分类方式来确定课程内容的"直线式"和"螺旋式"组织形式，并在此基础上更进一步对直线式和螺旋式进行程度上的区分，提出了充实螺旋式、单薄螺旋式和充实直线式、单薄直线式的观点，认为精教类内容宜采用充实螺旋式排列，简教类内容采用充实直线式排列，介绍类内容采用单薄直线式排列，锻炼类内容采用单薄螺旋式排列，并在单元划分和所占比例上给予建议。这是当前关于体育课程内容组织的较为合理的方式。笔者借鉴此种分类与排列方式，并结合体育课程教学实际情况进行调整。

学校体育课程内容的组织要与学校体育课程目标紧密结合，达到特长内容项目大型单元教学，"螺旋式"排列，精细教、重复教；掌握内容项目中型单元教学，"直线式"排列，一次性，简单教；普及内容项目小型单元，"直线式"排列，一次性，介绍教；条件内容项目微型单元，"螺旋式"排列，素质内容课课教，从而最终实现学校体育的课程目标。

（二）学校体育课程内容的排列体现出纵向组织与横向组织的特点

纵向组织又称序列组织，是指按照一定的准则以纵向顺序从已知到未知、从具体到抽象地排列课程内容。长久以来，这种排列顺序一直是教育家、心理学家的主张。横向组织是打破学科的界限和传统的知识体系，将各门学科的知识横向联系起来，以学生发展阶段需要探索的社会问题和最关心的问题为依据组织课程内容。纵向组织注重课程内容的独立体系和课程知识的深度，横向组织则强调课程内容的综合性和课程知识的广度。

泰勒认为，课程内容纵向组织的基本标准是"连续性"和"顺序性"。"连续性"强调课程要素的重复，指将选出的各种课程内容在不同的学习阶段给予重复，从而得到巩固。顺序性强调要素的扩展和加深，指将选出的课程内容，根据学科的逻辑体系和学生的身心发展阶段，由浅入深地组织起来。体育课程内容由于课程整体的逻辑性不强，很难找出一个合适的逻辑排列顺序，但是，就某一项运动项目来说，其技术结构和战术要求还是具备一定的逻辑关系的。体育课程内容的纵向排列可以体现在某一项目单个技术、组合技术、技术的灵活熟练运用等顺序上，如排球的发球、垫球、传球、扣球、跑位均属于单个技术，传球与垫球结合、传垫球与扣球结合则属于组合技术，而将其联系起来的比赛则是运用。它们前一个内容是后一个的基础，在学习后一个内容时要先复习前面的内容，属于内容的连续；也可以体现在一个内容的不断扩展和加深上，如技巧运动中的前滚翻、鱼跃前滚翻、跳箱上的前滚翻、双杠上的前滚翻则属于内容的扩展与加深。

体育课程内容的横向排列可以表现为课程内容单元间的结合与轮换，例如将精教类内容的大型单元内容与锻炼类的微型单元内容结合；又如各类课程内容之间的轮换。

（三）学校体育课程内容排列遵循特定的逻辑顺序与心理顺序

课程内容的组织既要考虑逻辑顺序，又要考虑心理顺序，已经得到课程专家的认可，也成为课程内容组织不可忽视的规律。所谓逻辑顺序，就是指科学知识本身的系统和内在的逻辑联系；所谓心理顺序则是指学生的心理发展顺序和心理活动顺序。这两种顺序问题是"传统教育"和"现代教育"学派在课程内容组织方面的根本分歧。传统教育派主张根据学科内在的逻辑顺序排列课程内容，强调学科固有的逻辑关系，忽视学生的发展；现代教育派则强调注重学生身心发展规律，按照学生的思维发展、兴趣、需要和经验背景组织课程内容。

  体育课程内容排列的逻辑顺序体现在同一项目内部技术结构上，如篮球运动一定要先学会运球和投篮，才能学习三步上篮的技术动作，一定要学会运球、基本的胸前传球技术、击地传球、投篮等基本技术之后，才能进行传切配合等战术学习；而心理顺序排列主要以身心发展规律为基础，例如对学生身体素质练习一定要符合该项素质发展的年龄阶段等等。

第六章 学校体育课程实施与评价

第一节 学校体育课程的实施

课程实施作为一种重要的课程形态，在课程体系中起着极其重要的作用，是课程改革得以推行的主要途径。课程目标、课程内容作为课程体系的主体要素始终处于理想的设计状态，就像建筑师的图纸一样，要想将其变为现实，就必须通过课程实施来实现。课程实施是从理念构思到现实蓝图的必备环节。加拿大著名教育家、课程专家迈克尔·富兰（M. Fullan）曾说过："在过去的25年里进行的教育改革，很少有在实践中获得所希望的实施效果。"由此可见，课程实施对于课程改革的重要性。

一、对学校体育课程实施的认知

课程实施是从理念到现实的转换过程，既是课程理论研究问题，也是课程的实践性问题，更是现代课程理论研究的热点问题。与课程领域的其他问题有所区别的是，课程实施是一个非常难以定义的问题。如何理解课程实施的含义，如何理解课程实施的过程，是分析和研究课程实施问题的前提条件。

（一）学校体育课程实施的含义

20世纪60年代末到70年代，众多的课程专家在研究课程问题中发现，许多课程方案、课程设计没有达到预期的结果，审视其原因发现并不是课程改革方案本身不够优秀，而是在实施的过程中没有贯彻课程改革的理念，没有将设计落到实处，使得课程实施与设计本身发生了偏差。而且，课程实施的过程不仅仅是采纳和使用课程方案的问题，它是一个动态的过程，在课程实施的过程中，执行者往往会加入个人的观点和认识，而由此引起实施过程的不同反应，也导致实施结果的不同。那么，什么是课程实施呢？

考察课程研究的众多文献发现，中外专家学者从不同角度对"课程实施"进行了界定。大体有两种类型：一是认为"课程实施"属于"课程改革"的研究范围，即将课程改革的措施付诸实践的过程；一是认为课程实施是课程开发和编制的环节之一，是实施课程计划和课程方案的过程。

从第一种意义上研究课程实施是国外课程研究的传统。在国外，课程实施的定义一般是将其看作是改革思想变为实践的过程。1991 出版的《国际课程百科全书》解释：课程实施"是把某项改革付诸实践的过程"。富兰的定义为："课程实施是把某项改革付诸实践的过程。它不同于采用某项改革，实施的焦点是实践中发生改革的程度和影响改革程度的那些因素。"在他看来，课程实施是课程变革过程中的一个重要阶段，实施即是缩短现存实践与改革所建议的时间之间的差距。

在我国，尽管人们认同上述的界定，但是由于教育环境和语言系统的差异，人们对课程实施也赋予了新的理解，也就是第二种意义上的课程实施。即从课程开发的视角将课程实施作为课程开发的一个环节。"课程实施是把课程计划付诸实践的过程，它是达到预期课程目标的基本途径。"这种界定认为课程实施就是将既定的课程推向学生、将课程内容转化为学生知识结构内在组成部分的过程。本文中所讨论的学校体育课程实施也是建立在这种定义基础上。

学校体育课程的实施就是把体育（与健康）课程标准（课程计划、课程指导纲要）付诸实践的过程，是达到预期的体育课程目标的过程，也是把体育课程标准（课程指导纲要）所规定的课程内容以及在课程标准指导和要求下选择编制的课程内容转化为学生内在知识能力结构的过程，是提高学生体育文化素养的核心途径。

（二）学校体育课程实施的本质是"行动"

在西方，课程实施从本质上讲，是一种课程变革的过程。如果把课程决策、课程设计看作是拟定变革计划的过程，课程实施就是课程变革过程本身，是课程变革的主体。约翰·麦克尼尔（John Mc Neil）很形象地将课程变革划分为：替代，即一个因素取代另一个因素；改变，即把新内容、新章节、新材料和新程序引入原有的计划，由于改变的幅度很小，比较易于接受；搅乱，即打乱原有的课程计划，但是会很快得到调整，获得新的计划；重构，调整学校或学区的系统本身的结构；价值取向的改变，指参与者的哲学理念或课程取向发生变化。但是，无论是哪种变革，其主体都是课程实施。无论哪一种变革，都包含着一个行为动词在里面，如"替""改""搅""构""革"。所以，美国学者奥恩斯坦（Ornstein A. C.）等指出："课程实施是一个'做'的过程，它致力于学习者个体的知识、行为和态度。它是一个创造课程方案者和传递课程方案者之间的互动过程。"因此，可以说课程实施的本质是行动的过程，通过这种行动过程将观念形态的课程转化为学生可以接受的课程，由此实现课程内在的教育意义。

体育课程实施"做"的特征表现得更为显著，行动过程的本质体现得更为明显。一方面，体育课程的实施是将体育课程标准和指导纲要付诸于实践活动的过程，它使得具有远景的体育课程思想指导下的课程目标、课程内容由原始的文本文件向教育实践活动转变，使之成为学生自身具有的、能够促进学生发展的、内在的知识结构。没有这一层面的"行动"，再好的课程设计也无法变成现实，再优秀的建筑蓝图也只能束之高阁，无法成为雄伟的实体。另一方面，体育课程的实施过程是师生共同的、在智力指挥下的、表现为身体实践活动的"做"，运动技能的学习是最明显的"行动过程"，即便是体育理论知识的学习，大多数也是在身体实践活动的同时得以实施的。因此，体育课程实施的本质就是通过身体的"行动"实现课程实施"行动"的过程。

（三）学校体育课程实施的价值体现

学校体育课程实施是一种综合性的教育实践活动，具有多种价值体现。"变革是一项旅程，而不是一张蓝图"。学校体育课程改革想要获得预期的效果，就必须通过体育课程实施来实现。曾有研究表明，35%的学习结果的差异可以归因为课程实施过程的差异。

由此可以看出，课程实施之于课程改革的重要性。体育课程实施对于体育课程改革同样具有重要价值。

首先，体育课程实施是使学生学习体育技术技能知识的基本途径。体育课程最本质的目标是传承体育文化知识。这一目标必须经过体育课程的实施才能付诸现实。在课程实施的过程中，学生在体育教师的指导下学习课程标准和指导纲要所规划的课程，或者独立参与课程规划的体育活动，通过这种学习将课程中的体育学习内容逐步理解、消化、吸收并转化为自身内在的文化素质和运动技能素质，或者按照课程标准和指导纲要的提示，从实践的情景中吸收教育环境因素并将其转化为自身的内在素质，从而实现学生对体育知识的学习与获得的任务。

其次，体育课程实施是体育教师专业化发展的基本途径之一。体育教师专业化发展是教师个体人生规划的一项重要任务，也是时代、社会赋予教师的使命。拥有优秀的体育教师队伍，才能拥有高效率的课程实施效果，才能最大限度获得课程变革的成就。体育教师专业化发展的途径是多种多样的，其中包括体育教师专业培养和专职培训、体育课程实施、体育课程决策与设计、体育教育科学研究等等。由于体育教师的工作职责中占据主要地位的是实施体育课程和课余训练等，因此在上述途径中，体育课程实施显得尤为重要，并且，体育教师专业化发展的各种途径是相互联系、相互促进的，体育课程实施不仅是教师专业化的途径，而且为其他途径的实现提供了重要的发挥作用的舞台。

第三，体育课程实施是改进、完善体育课程和创造新型体育课程的重要途径。一方面，体育课程的质量如何，最主要的检验途径就是通过课程的实施来判断。在课程实施的过程中可以发现课程存在的问题，通过对问题的分析查找产生问题的原因和解决问题的途径，同时也可以发现课程的优势并寻求更为合理的发扬优势的途径。在这个发扬与发现的过程中，结合课程实施以及相应的改进措施，不断改进和完善体育课程。另一方面，在体育课程实施的过程中，体育教师和学生还通过自身的体验、领悟和创造，不断形成新类别的体育课程，这些课程对原有的课程本身的丰富、体育教师专业发展、学生身心发展极为重要，对学生的个性发展的作用尤为突出。

第四，体育课程实施是传递人类体育文化，创造体育课程文化、体育教学文化和整个社会文化的重要途径。体育课程文化、体育教学文化是整个人类社会文化的重要构成因素。课程实施的过程不仅是存在于表面的课程事件和教学事件的发生、发展和变化过程，而且也是传递人类体育文化的过程，同时还可以在此过程中从更深的层次上形成体育课程文化、教学文化的延续性和整体性的变化，这种变化的核心是价值的形成和改变。

第五，体育课程实施是进行体育课程与教学研究的重要场所。一方面，就体育课程研究来说，仅仅停留在课程决策方面以及课程决策的各个环节的研究是远远不够的，更重要的是研究场所是体育课程的实施过程。只有在课程实施过程中，才能对体育课程质量和价值做出科学合理的检验和判断，从而对各种有关的体育课程理念和课程理论做出相应的判断，进一步调整、补充和修正课程，得出新的课程决策方案。另一方面，就体育教学研究而言，由于体育课程实施过程的主体环节与实施环境都处于体育课堂教学之中，通过对体育教学各个环节的研究可以真实地反应课程实施的效果，并针对各种不同的效果提出和调整、修正课程理论。

综上所述，体育课程实施实际上是体育教师与课程设计者、体育教师与学生、体育教师与课程本身、体育教师与科学研究者之间的相互交流和沟通的过程，在这样的沟通过程中不断地修正课程文件、提高课程质量、调整课程方案、传递和创造课程文化，以达到课程本身的目标和理想。

（四）体育课程实施的三种取向

20 世纪 70 年代，"课程实施"问题进入课程研究者的视野，首先引起关注的是有关课程实施的概念和意义的探讨。进入 90 年代后，这种局面逐渐被打破，课程研究者的注意力开始转向课程实施取向的研究和课程实施程度的研究。这标志着对"课程实施"研究的进一步深化。在课程实施过程中，由于相关人员对待课程的态度、对课程实施和课程设计的理解不同，在课程实施过程中的表现出现差异，从而引起课程实施效果的变化。这种态度、理解和行为就构成了课程实施的取向问题。关于课程实施取向问题的观点，最权威的莫过于美国学者辛德等人的观点。他们对课程实施的取向问题进行分析、归纳，认为分析课程实施可以基于三个角度，即忠实观、相互调试观和课程创生观。从而形成了课程实施的三种取向，即忠实取向、调适取向和创生取向。

对体育课程实施进行研究，首先要清楚体育课程实施的价值取向。对体育课程实施过程的各种要素（例如教师、学生、教材、课程环境等）以及课程计划与课程实施过程之间关系的认识程度不同,所形成的课程价值取向也不相同。

1.课程实施的忠实取向

课程实施的"忠实取向"是指最大限度地按照课程计划的原本意图去实施课程。其基本主张是课程的实施过程要"忠实地"反应课程设计者的意图，以设计者规定的教育目标、课程内容为基本目的，并力求按照设计中所规定的学习方式、评价标准和方法来评判学生的学习，不能改变原有的设计。

在这样的课程实施体系中，课程的设计者和执行者完全分开，角色定位非常明确，设计者即课程专家负责按照一定的教育思想和课程理念决策、制定课程目标、内容和方法；执行者即教师完全按照设计者的设计以及设计者给予教师的建议和指导执行规划好的课程变革，无需做任何改变。按照这样的取向，最终设计者所关注的是检查、判断课程实施的程度和影响课程实施的因素。我国上个世纪 90 年代以前，基本上是按照这种取向实施课程的，全国基本按照统一的体育教学计划、统一的体育教学大纲、统一的教学进度和统一的体育教材组织实施教育活动。90 年代以后，逐渐在原有基础上增加了一些自主选择性课程内容。但是，忠实取向的课程实施在我国已经形成了稳定的惯式，体育课程的设计权依然归属于国家教育部和课程专家们，虽然给予体育教师一些发展的空间，但基本的框架还是一种固定的模式。

忠实取向的课程实施集中反映了科学主义思潮在课程运作过程中的表现：课程实施过程是程序化的，专家设计的课程体现的是客观性知识，是可信赖的，普遍适用的，是值得任何学校、任何教师在教学中遵循的。

2.课程实施的互动调适取向

20 世纪 80 年代初，美国从一些课程改革的"失败"中感觉到，以往的课程实施过程中，课程决策者和设计者忽略了一个实际的问题，即"人们在实际中做了什么和没有做什么是一个关键的变量"。课程实施过程中的课程变化和相互调节是不可避免的，正如富兰所说："变革是一个过程，而不是一个事件。"不能将设计方案看作是一成不变的或者是完全可以按照设计原样实施的，应该用动态的、变化的方法来看待课程实施。因此，就产生了课程实施的互动调适取向，即教师可以根据具体的教育情境对原有的课程计划作出适当的调整。

这种价值取向的课程实施主张教师可以不按照设计者的意图和既定的课程计划去实施课程。既定的课程计划在设计的过程中考虑的多数是学校教育的共性，但不同的学校、不同的学生以及不同的教师都具有个性特征，课程实施在不同的区域会遇到不同的问题。因此，为了保证课程计划的实施就必须对其作出适当的调整。这就要求课程本身具有一定的灵活性，给教师留有预定的空间对课程的各个要素进行理解、评价、判断并作出适当的调整。

互动调适取向的体育课程实施是一个动态的连续过程，由课程专家和体育教师共同面临体育课程实施中的各种问题。认为自己的行为和设计最完美，而将问题推卸给对方的态度是不合理，也是不可取的。面对课程实施过程中的问题，课程专家应及时审视课程设计的理想与现实之间存在的差距，体育教师则要反思实施过程中的不利因素，二者之间相互给予指导和建议，以便达到最好的体育课程实施效果。

3.课程实施的创生取向

课程创生取向认为：课程是学生与教师在具体情境中的创造性的教育体验。即课程在实施之前并没有固定，课程实施的过程也是制定课程的一部分。官方的课程文件、纲要和教材不再是需要执行的图纸，而是帮助教师和学生创造课程的工具。教师既是课程实施的执行者，也是课程的开发者；学生既是课程实施的参与者，也是课程的创造者。这种取向的课程实施不再以专家的意见为依据，教师和学生共同成为课程创生的主体，强调将教师和学生的经验与课程相互融合。

这种取向最大限度地发挥了教师和学生在课程制定中的作用，是一种理想化的思路。但是在实际设计与实施中，不是所有的教师都是课程研究的专家，都具有课程设计的能力，对教师的期望值过高，会使许多教师感到力不从心，压力过大。新的《体育与健康课程标准》在实施过程中就遇到了这样的问题。但是，让教师更多地参与到课程制定的过程中已经成为国际课程改革的趋势。这也是提出教师专业化发展的依据，只有对教师进行培训，使之符合课程研究的条件，才能逐步实施这种取向的课程。

事实上，课程实施的价值取向只是对课程实施活动的一种理论上的提升，在课程实践过程中，即不存在单纯的忠实取向、调适取向或创生取向，也很难将它们严格区分开。课程实施的取向仅仅揭示了教师在课程实施过程中的倾向性，也显示出教师在课程实施中的重要性以及教师工作的复杂性。

二、学校体育课程实施体系的构成要素

课程实施有两个方面的定义，而笔者把重点放在第二种即"课程实施是把课程计划付诸实践的过程，它是达到预期课程目标的基本途径。"也就是说本文的课程实施指的是体育课程在学校内部范畴的实施过程。

学校体育课程的实施体系就是在课程理念指导下，由体育课程实施过程中

的实施主体、实施途径、实施环境和实施效果构成的具有相互关联的统一体。其中实施主体是体育课程实施过程的执行者、课程学习的参与者和实施过程的保障者，即体育教师、学校校长和学生，是课程实施的必备条件，没有了主体，课程实施就成为空谈；实施途径是课程实施的主体和课程学习的主体之间相互联系的纽带，即体育教学。体育课程实施的环境是主体和途径赖以存在的基础，没有了课程实施的环境，体育课程实施就失去了生存的土壤。课程实施效果是课程实施过程中，实施主体通过实施途径在实施环境条件下，对课程的学习主体产生的影响，也是课程实施最终的目标。课程实施的效果通过学生主体反映出来，又会给体育教师和校长提供反馈，便于修正、完善课程实施计划和课程设计。而课外体育活动是对体育课程的补充，虽处于实施体系的边缘，却有其一定的作用。

（一）"人"是学校体育课程实施的直接主体

体育课程在实施过程中涉及到的人员是多样的，包括课程设计者（课程专家、体育教研员、政府相关部门的决策人员）、体育教师、学生和学校的管理者（校长、课程管理员）、学生家长等等。这是一个多元化的主体构成结构。在整个课程设计、实施过程中，这些人员都会对课程的实施产生影响，但是他们承担的角色和发挥的作用是有所差异的。学校是课程实施的核心，学校的影响作用是课程实施过程中最主要的，也是不能忽视的环节。本论文对于体育课程实施主体的研究限定于学校范畴，即体育教师、学生、和校长（管理者），尤以体育教师为主。

1.体育课程实施中的教师角色定位

研究体育课程实施的主体当首推体育教师。体育教师的首要任务是实施体育课教学，课程实施的成功与否、质量高低首先取决于体育教师的工作。而体育教师角色定位就是对体育教师在课程实施中的地位与作用的良好说明。

角色，是指处于一定社会地位的个体或群体，在实现与其地位相关的权利和义务时所表现出来的符合社会期望的行为和态度的总模式。"角色"一词属于戏剧用语，后被引入社会学、心理学等学科中。在这些学科领域里，角色由社会文化规定。社会对每一个角色给予的一定期望或规范要求决定了个体在占据某一位置时应该表现的行为和应该具有的特征。教师角色问题直接关系到课程实施的问题。

美国约翰·麦金太尔（D.John Mc Intyre）和玛丽·约翰·奥黑尔（Mary John O' Hair）在《教师角色》一书中提出了教师应该扮演的十大角色，即组织者角色、交流者角色、激发者角色、管理者角色、革新者角色、咨询者角色、伦理者角色、职业角色、政治角色和法律角色。国内学者吴康宁等人也对课堂教学中的教师角色进行了研究并根据教师言语行为的总体类型概括出教师的角色：定向者、定向·定规者、定向·定论者、定向·定规·定论者。

笔者认为体育教师应承担以下角色：

（1）体育教师是体育课程的传递者

在一定意义上看，体育课程实施的过程就是将体育课程传递给受教育的学生的过程。将体育课程向学生传递的过程事实上就是教师"教"的过程，这一过程要通过学生参与体育活动来实现，即学生的"学"的行为。这种"教"主要是传授体育知识（技术技能）、指导学习活动、激发学生体育学习兴趣、组织学生体育练习活动、与学生交流、个别辅导纠正错误、答疑等。被传递的体育课程既包括专家设计的课程，也包括体育教师自己设计的课程；既有预先设计的课程，也有一边设计一边传递的课程。

（2）体育教师是体育课程的学习者

体育教师要顺利的完成体育课程的有效传递，首先必须自己先掌握课程，对于课程要进行预先的学习、钻研。教师对课程的学习，一是对新课程内容的学习，体育课程内容具有多样性和丰富性，且各项内容之间的技术结构和规范差距比较大，体育教师以往的运动基础不一定能够满足新课程的需要，因此，体育教师要学习与体育课程内容相关的、自身知识储备不足的运动项目；二是对新理念、新思想、新方法、新教育技术的学习，在科技高速发展的今天，课程知识的更新速度很快，虽然体育运动项目的技术变化不大，但是课程理念、课程思想以及新的教育技术在课程中的应用还是必要的，体育教师要对这些内容进行学习，以便更好的执行课程实施活动；三是要学习体育运动中涉及的各种相关信息，当前信息传递的速度和方式都发生了本质的变化，学生获得知识的途径很多，体育课程教学已经不是教师的"一身堂"，有时学生对一些流行性体育运动知识的掌握已经超出教师的范围，如果不及时补充新内容，学生将会对教师的领导地位产生质疑。

当今社会是一个学习型的社会，学校成为一种学习化的组织，学习成为一个人终生的行为，作为教师尤为如此。先秦时期的《学记》说："是故学然后知不足，教然后知困。知不足，然后能自反也；知困，然后能自强也。故曰'教学相长'也。"古人尚且如此，何况今天的体育教师。

（3）体育教师是体育课程的领导者

在当前课程领导日益民主化、教师职业专业化、教师自主权日益增强的情况下，体育教师在课程中的领导地位和作用不断提升。体育教师在课程实施中的领导职责主要表现为：一是制定体育课程实施的具体方案和行动方案，即根据《课程标准》编写适合本学校、本年级的体育课程实施方案和具体的教学方案；二是进行体育课程实施的宣传与动员工作，带动其他教师、学生和相关工作人员积极配合协调工作；三是在课堂中的具体组织行为，上好体育课，也是最本职的工作；四是对课程实施进行监督、调控和反馈。同时，体育教师的领导作用还体现在班级领导（体育教学班的指挥者）、学校领导（学校体育工作的主要量力，校本课程的制定者）、学区领导（课程研究的参与者）等方面。

（4）体育教师是体育教育的研究者

体育课程的有效实施，必须经过体育教师的教育研究活动。从一定意义上说，体育课程实施过程本身就是一种研究活动过程，教学方案的设计、教学的组织实施、实施效果的反馈、课程内容的调控，每一个环节都是通过体育教师的精心设计之后进行的。体育教师的研究活动可以促进教师教学能力的提高，促进教师的专业发展，提升教师的人生价值，使体育教师在业务素质、教学水平、学术研究、课程创新、文化发展上有所建树，成为具有科研素养的体育教师。

（5）体育教师是体育课程的建构者

体育教师在课程实施的过程中既要实施设计好的课程，也要通过自身建构课程。体育教师在整个"教"与"学"的过程中，根据自身对体育课程目标和课程内容的理解，针对学区学校和学生的实际，将体育课程目标转化为具体的、可操作的体育教学目标，同时，结合教学目标和《课程标准》、《课程指导纲要》的要求确定教学内容，并选择适宜的组织形式和教学方法实施体育课程。这一系列活动的发生和发展显示体育教师在体育课程实施的过程中不仅参与了课程实施的过程，而且对课程实施进行了内部要素的选择与建构。尤其在体育课程改革的今天，体育新课程在课程内容方面只提供了导向性的标准，而学生体育学习的具体内容的选择和排列则主要依赖于体育教师根据实际情况选择确定，这给体育教师提供了课程研究和创造的空间，为体育教师"课程构建者"这一角色的发挥提供了一个良好的平台。

（6）体育教师是学生学习的合作者和交流者

在体育课程实施的过程中，体育教师要尊重、理解、平等地对待学生，让每一个学生都感受到来自体育教师的尊重和关注，尤其是对于体育基础比较差的学生，使学生积极主动的参与到体育学习和体育活动中，获得体育运动知识，体验学习成功后的快乐。体育教师要善于同学生进行交流，体育课堂本身是一个开放的课堂，教师与学生之间通过语言、更多的是教师指导和保护帮助下的身体活动进行交流和沟通，教师要通过多种方式为学生创造一个宽松、自然、安全的学习环境，使学生充满信心地参与体育学习。

综上所述，体育教师在课程实施过程中的角色定位确立了教师在课程实施中的核心地位和主导作用，体育教师对待课程实施的态度、教师自身的专业素质势必会影响课程实施的效果。

2.体育课程实施中的校长角色定位

校长是学校的灵魂，是一所学校的首席"执行官"，是上级教育行政部门的相关政策的"执行者"，是介于学校所有学生、教职员工与上级教育行政部门之间的"桥梁"。校长是学校一切事物的决策者和管理者，也是学校课程决策和课程教学工作的引导者与设计者。在今天课程改革的背景下，课程权利不断下放，地方教育机构和学校对课程具有越来越大自主权的情况下，学校的校长对学校各门课程的设置、实施、课程环境的改善以及教师的工作具有绝对的话语权。"教育革新成功与否，校长起着核心作用"，"学校在教育革新实施之际，起关键作用的是校长。受校长支持和教师理解的教育革新，远比不支持、不理解的教育革新容易实施"。由此可以看出，在学校顺利有效地实施体育课程，校长的作用是不容忽视的。

（1）校长是体育课程实施的决策者

校长是学校一切工作的决策者，体育课程的实施也是一样。校长的决策地位主要表现在：一是对上级教育部门有关体育课程文件的实施决策，相关体育课程文件由校长负责传达给体育教师，并决定对文件规定的具体实施时间、步骤、参与人员、实施程度把握与定位。二是对课程本身的决策，体育课程设置、开课年级学时规定、甚至对课程内容涉及都会有所干涉，例如，场地周边有教学楼，不设足球内容，怕砸坏了玻璃；处于安全考虑，体操运动的单杠、双杠等在很多学校都已不见踪迹，甚至操场上的器械都被拆掉了。三是对校本课程开发的决策，校本课程设计虽然是体育教师和体育教研组集体研究的成果，但要由校长最后决策实施。

（2）校长是体育课程实施的设计者

校长是学校发展远景和发展规划的设计者，体育课程的发展规模、发展特色、实施水平、课程研究、课程业绩等都与其他学科一样属于校长对学校工作规划设计的组成部分。换句话说，校长给予学校体育课程的定位层次，将决定体育课程在学校工作中的地位和发展前途。

（3）校长是体育课程实施的保障者

校长掌控着学校的一切资源。一是体育课程实施的人力资源保障，校长具有人事决定权，课程实施所需要的体育教师队伍、工作人员队伍要由校长提供；二是体育课程实施的物力资源保障，课程实施所需要的运动场馆、体育设施器材需要校长给予提供；三是经费保障，四是时间保障等等，最后还要提供一定的制度保障，使体育课程实施有据可依。所有这些保障都取决于校长对体育课程的认可度和支持力度。

（4）校长是体育课程实施的监督者

校长要负责对其所管辖的工作进展情况给予监督和检查。包括学校校本体育课程的开发与实施、学校体育教学和课外体育活动的正常开展、教师团队的组织建设、体育课程的实施效果等等。

除此之外，校长还是学校同政府、家长、社会各个环节、机构的协调者。

3.体育课程实施中的学生角色定位

学生是体育课程实施的直接参与者，也是接受体育课程教育的对象，学生对体育课程的认知程度和喜爱程度，直接影响学生参与体育学习的积极性和主动性，从而影响体育教师对体育课程的执行情况，影响体育课程实施的效果。

由于学生是体育课程实施过程中的教育对象，是体育学习的参与者。学生的角色首先是体育课程实施的接受者，是体育教育的"原石"，是体现体育课程效果的"成品"。然后才是体育学习行为发生的主体，学生的作用就是参与体育课程实施，积极地、主动地、能动地接受体育课程教育。

（二）体育教学和课外体育活动是体育课程实施的重要途径

"途径"也可以写作"途迳"。其含义为：方法、路子、路径，多用于比喻。清代李渔在《玉搔头·缔盟》中所说："就是这简尊衔，也只好借为途径。"夏仁虎在《旧京琐记·考试》："考试取士为清代登进人才唯一之途迳。"这中间的"途径"都是作为方法、路径的意思。体育课程实施的途径就是指在课程实施过程中，将体育课程计划、方案等由文本资料变为课程实践活动，以达到预期目标的方法和路径。

在体育课程实施过程中，这种途径的核心是体育教学。另外，作为学校体育工作内容的课外体育活动是为了实现体育课程目标要求而设立的对体育教学起到补充作用的辅助手段和方法。

1.体育教学是体育课程实施的主体途径

体育课程是学校教学计划中所规定的必修课，是学校体育教学的基本组织形式，是实现学校体育教学目标的主要途径。体育教学是体育教师在规定的时间内，对相对固定的学生按照《课程标准》的规定而实施的体育课堂教学活动，它是体育课程在学校体育中的主要表现形式，是实现体育课程目标的主要途径。

体育教学的主要作用在于传授知识、形成技能、培养智能和发展个性。这四个方面是相互联系、相互重叠渗透的统一体。传授知识即向学生传授体育学科的基础理论知识和运动技术技能知识；形成技能即在体育课程中按照运动技能的形成规律帮助学生掌握体育运动技术，发展运动能力。知识传授是形成技能、培养智能和发展个性的基础，运动技能形成过程与体育知识传授过程是统一的，两者互相依存，不可分割。这两个方面是体育教学最基本的作用和功能。而培养智能和发展个性是建立在传授知识和形成技能基础上的，是在体育知识传授和运动技能形成过程中的辅助产品。

2.课外体育活动是体育课程实施的辅助途径

课外体育活动有多种解释。第一种，课外体育活动是学生在学校内外参加的体育课以外的有组织的体育活动。第二种，课外体育活动是在体育课程以外，以健身、保健、娱乐为目的的体育活动，以提高运动技术水平为目的的课余体育训练、以及为丰富学生课余文化生活而举办的课余体育竞赛的总称。第三种，课外体育活动是指课前、课间和课后在校内进行的，以全体学生为对象，以保健操、健身活动为主要内容，以班级为基本组织单位，以满足广大学生多种身心需要为目的，促进学生身体、心理和社会适应能力和谐发展的体育锻炼活动。

无论哪种解释，始终要坚持课外体育活动首先是体育课以外的活动；第二，是面向全体学生的活动；第三，是在学校内进行的、有组织的体育活动。本研究认为课外体育活动应该是除去学校体育工作规定的早操、课间操、课余体育训练之外，由学校在规定的时间段内，统一组织的体育活动，才是真正意义上的课外体育活动。

课外体育活动的作用主要表现为：满足学生参与体育活动的需求，有效促进学生的身体发育和体质的增强；巩固体育课上学习的知识和基本的技术技能，提高体育运动技术，形成学生自身的运动特长；丰富学生课余生活，促进学生在身体、心理和社会适应方面的全面发展；培养和发展学生的体育兴趣与能力，为终身体育奠定基础。

（三）教学环境是体育课程实施的基本保障

1.体育课程实施环境的含义

体育课程实施是发生在教师与学生之间的人类体育教学实践活动，因此课程实施也有其特有的、密不可分的环境。环境对处于其中的课程实施行为亦会产生影响。体育课程实施最直接的表现形式是体育课，而实际上体育课是体育教学活动的组织形式。因此，体育课程实施环境就是体育课所处的环境，也就是体育教学活动发生的环境——体育教学环境。

教学环境是一种特殊的环境形式。概括地说，教学环境就是学校教学活动所必需的诸客观条件和力量的总和，是按照人的身心这种特殊需要而组织起来的育人环境。教学环境具有广义和狭义之分，广义的教学环境是指社会制度、科学技术、家庭条件、亲朋邻里等。而狭义的教学环境则是从学校教学工作的角度定义，教学环境主要是指学校教学活动的场所、各种教学设施、校风班风和师生人际关系等。本论文中课程实施的环境指的就是这种狭义的环境。由此，体育课程实施环境就是体育课程实施（教学）活动的场所、各种体育场馆、体育设施、体育器材，校风班风和师生人际关系等条件的总和。

2.体育课程实施环境的类型

课程实施环境按照不同的分类标准有多种分类。依据环境的性质将体育课程实施的环境分为体育课程实施的硬环境和软环境。硬环境是指体育课程实施过程中对课程产生影响的物质要素的总和，包括体育场馆、器材设施、教材、多媒体、地理环境、体育经费等因素。软环境则是指体育课程实施所处的制度环境、理论环境和人的环境。

（四）体育课程实施效果

效果是指由某种动因或原因所产生的结果、后果。汉语词典对其有三个方面的解释：一是由某种因素造成的结果，如收到良好的效果就是这个意思；二是指演出活动中人工设计安排的光照、声音等，如模拟火车开动的音响效果很逼真；三是"动机与效果"。动机指人行动的主观愿望；效果指人实践的客观后果。

体育课程实施效果就是通过体育课程实施活动将体育课程计划、方案付诸实践后产生的结果。这种效果往往通过课程实施对课程目标的达成程度来反映，具体由学生所产生的变化来体现。

三、学校体育课程实施现状分析

根据上述体育课程实施体系的构成要素，对当前体育课程实施情况进行调查，并进行理论上的分析与讨论。

（一）学校体育课程实施主体现状分析

1.对体育教师的调查结果与分析

人才辈出靠教育，事业发展靠教师。胡锦涛同志在接见第 20 个教师节优秀教师代表时强调："国运兴衰，在于教育；教育大计，在于教师。"教师是教育事业的支柱，是提高教育质量和水平的关键所在。体育教师是学生健美体魄的塑造者，是学生优秀品德的培养者，是体育人才的启蒙者，是体育文化的传播者，因此体育教师必须具有一定的专业知识，懂得教育规律，具备教育和教学的各种能力以及高尚的品格和强健的体魄。体育教师要热爱本职工作，要专心投入体育教学，要适应课程改革的变化不断进行专业学习以提升自身专业素养，更好地实施体育课程，做好学校体育工作。

（1）体育教师的基本情况分析

①体育教师职称分布现状

体育教师的职称结构现状：从各学段体育教师的职称分布来看，均为具备中级职称的教师居多，排在第一位，比例超过 40%；其次，中小学体育教师初级职称比例排在第第三位，教授列最后。整体情况为体育教师中 70%～80%为初、中级职称，高级职称人数较少。

体育教师的任教时间状况：70%～80%的体育教师任教时间集中在 15 年以内，6 年以下教龄的教师在小学占 41.89%，中学为 28.62%，大学为 25%；6～10 年教龄的小学为 17.57%，中学为 28.30%，大学为 33.59%。教龄在 16 年以上的教师在大学占 25.39%，在中学和小学的比例分别是 21.07%、15.77%。也就是说，接受调查的体育教师群体相对比较年轻，教龄较短，具有从事体育教学的热情和学习能力，但是实践经验相对不足。

结合教师的职称和教龄综合来看，体育教师的教学年限和职称结构基本吻合。教师职称评定具有任职年限的要求，基本以 5 年为一个阶段，因此，现有教师任教时间短与职称集中在初、中级是相吻合的。但是，也可以看到，在教龄 10 年以上的教师群体中，尚有将近 20%左右的教师没有按时晋升职称。主要原因一是学校教师人员多，职称比例系数有限，没有职称名额；另一个原因是体育教师职称与其他学科教师一起评聘，在科研、获奖等等职称评审条件上与其他学科教师相比不具备优势；三是学校领导对体育缺乏足够的重视，一切以学科教师、主课教师为主。

②体育教师学历、学位以本科学士学位为主

体育教师的学历层次以本科为主，占 74.4%，其次为研究生学历，占 15.99%，多集中在高校教师。尚有 8.83%的教师为中专或大专学历，多集中在小学和初中教师群体。体育教师获得学位情况与学历基本对应，学士学位占 70.29%，硕士学位占 18.47%。具有硕士学位的教师多为高校教师，高中体育教师比例较少。

学历和学位的分布层次与我国学校的用人制度有关，目前高校体育教师一般要求具有硕士学位，中学体育教师也有这种发展趋势。

③非体育专业毕业教师主要分布在乡镇学校

在体育教师队伍中，有 **8.5%**的体育教师是非体育专业毕业，没有接受过系统的体育教育，由于学校的种种情况和个人具有一些体育特长，而担任了体育教师的角色。这部分教师主要集中在乡镇的小学和初中学校，说明城乡学校的体育教师还具有一定的差距。

④体育教师教学工作量

体育教师的教学工作量平均在 10～13 学时/周之间，上课班容量在 50 人左右，大学班容量稍低，多数在 40 人以下。在对体育教师的访谈中发现，一些乡镇学校的体育教师往往 1～2 个人承担着整个学校的体育课教学，无奈情况下，就减少体育课时，由周 2 学时变为周 1 学时，或者只在初三年级开设体育课，主要为中考做准备。除教学工作外，体育教师还要承担学校的一些其他工作。

⑤体育教师的业务专长

通过统计发现，体育教师擅长的体育项目集中表现在田径、篮球、武术、足球、乒乓球、排球、羽毛球、体操，在高中和大学还包括健美操项目。在前面章节关于学校体育课程开设内容排序中，排在前十位的也集中在田径、篮球、排球、足球、羽毛球、乒乓球、武术、体操等。体育教师的业务专长与课程内容的开设相吻合。一方面说明课程内容的开设会影响体育教师的业务学习活动，促进某一方面的发展；另一方面也说明体育教师的业务专长对体育课程内容的选择会产生影响，教师教的往往是自身擅长的、又具有一定社会普及型的项目；三是教师的这种业务专长的分布与我国体育院系人才培养有一定关系，在专业院系的专项选修课程中，其内容也是以上述的项目为主的。

（2）体育教师对体育课程实施的态度

态度是指由认知、情感和意向三个要素构成的比较持久的内在反应倾向。意识产生动机，兴趣激发行为，对事物的认知程度，即人的态度则决定了人们做事的认真程度以及投入程度。因此，体育教师对体育课程实施的态度在很大程度上决定着其在体育课程实施过程中的参与程度和参与行为。

①体育教师基本认可自己的职业

人从事任何活动，都要解决两个问题，一个是要不要做，一个是如何做。要不要做就是动机问题，它涉及人们活动的方向和强度，是推动一个人进行活动的心理动因或内部动力。动机是个体内在的过程,行为是这种内在过程的结果。动机是怎么产生的?审视动机的基本含义:能引起并维持人的活动,将该活动导向一个目标,以满足个体的念头、愿望或理想。个体的念头和愿望可以导致动机的产生,那么,对体育工作的喜爱就会使体育教师产生有利于体育课程的行为。

在研究过程中,对体育教师进行题为"您对自身教师职业的喜爱程度"的调查,结果表明,80%的体育教师都是喜欢自己的本职工作的。这种喜欢可以理解为:一是对教师这一职业的喜爱,目前教师具有一定的社会地位,收入水平中等,有更多的假期供自己支配,且体育教师作为非主科教师,工作压力相对较小等等,这一类教师有可能非常投入地进行体育课程实施,也有可能不投入,按部就班完成任务。二是对体育工作本身具有热衷倾向,是真正的喜欢体育工作,因此,这一部分教师是体育课程实施中最具有主动性的群体。通过调查还发现,尚有7.37%的体育教师不喜欢自己的职业,是迫于生活、生存压力,不得已而为之,故对待课程的态度是可有可无,应付差事。另有12.63%的体育教师处于中立态度。如何调动处于消极态度范围的体育教师的积极性,使他们认真地、高效率地实施体育课程,是体育课程实施过程中应该重点关注的问题。

②体育教师对待课程改革的态度

对于体育课程实施来说,教师对待课程改革的态度是一个极为重要的影响因素,直接关系到课程实施能否顺利有效地进行和取得预期成果。实践发现,体育教师对待改革的态度非常复杂,难以区分,笔者仅以几种典型的态度做简单的调查说明。

笔者将体育教师对体育课程改革的态度简单划分为"无条件接受""积极性接受""无所谓""抵制和坚决抵制"五个水平。

"无条件接受"是指无论什么样的课程改革,体育教师都给予接受的态度,并尽可能地按照课程原始文件去实施课程。这样态度的体育教师占21.39%。产生这种态度的原因一是体育教师对教育部门和专家采取完全信任的态度,认为课程文件具有权威性,不存在问题;二是教师对自己的评价不高,认为自身不具备课程设计的能力,也不想进行课程开发,但又想上好体育课;三是认为在大环境下,自己无力解决一些问题,只能跟着形式走。那么这种"无条件接受"

的态度是否可取呢？答案是否定的。首先，专家设计的课程不是万无一失的，虽然在理念上、思想上具有先进性，但是专家对基层学校的环境估计总是有着良好的愿望，也对基层体育教师给予了过高的期望，认为每一个教师都是教育家、都是研究者，而实际情况却不是这样的；其次，无论什么样的设计，在没有付诸实践之前都是抽象化的，不经过检验和变化就无法发现问题，只有在实施过程中不断丰富和完善才能达到预期的效果。

"无所谓"态度是一种对课程改革的漠视态度，可有可无，与己无关。因此，持这种态度的体育教师在课程实施中没有创造、没有发挥、也没有主动性，既不发表观点意见，也不提反对之说，是一种极端消极的状态。对课程实施不具有推动性，换句话说，就是国家、政府、上级部门命令执行的东西，体育教师无力反对，又不愿意接受，故而采取一种"无所谓的"态度。因此，"无所谓"可以理解为是"抵制"的代名词。"抵制"即表现为不欢迎、不喜欢、不赞成。这两种态度产生的原因是多方面的，一是习惯，体育教师习惯了原有的模式，不愿意改变；二是能力不足，不能很好地处理体育课程实施环节的问题；三是时间，改变原有的模式，需要花费一定的时间进行研究、尝试、准备，这种额外的付出没有人来认可；四是客观条件的不足，体育教育资源缺乏，使得课程实施具有很大的难度。这种问题在基层的乡镇学校是广泛存在的。

"积极性接受"的态度不是对课程改革本身非常积极，欢迎之至。而是指在认可课程改革的情况下，采取积极的态度实施体育课程，在实施过程中发挥自己的潜力研究、创造，以在改进、完善、丰富的基础上实施体育课程。这种课程实施已经在原有基础上融入了体育教师的观点和创造，并结合校区实际情况设计实施体育课程，而不是完全地、无条件地接受。这种态度的体育教师首先对课程持认可态度，并认为自己有责任积极实施课程；其次，体育教师知道课程的实施必须结合实际情况，在改进、完善的基础上适应学生、学校情况才能有效的实施课程。这种体育课程实施的态度在当前的学校体育课程改革中是值得肯定和发扬。

③体育教师明确认识到自身在课程实施过程中的地位

在前文关于体育教师的角色定位中发现,体育教师作为体育课程的传递者、学习者、领导者、建构者和研究者，无时不体现着体育教师在体育课程实施过程中的主要地位和作用，无论是在体育课程的设计、研究、决策过程中发挥"工程师"的作用，还是在体育课程传递、创生过程中担任"指挥家"的角色，亦或是在体育课程学习过程中担任"学习者"，都是一个主动的过程，都对课程实施起着引导和组织作用，这充分表明了体育教师是课程实施过程中的核心主体，可以说，没有体育教师，就没有体育课程的实施。事实上，体育教师对自己在课程实施过程中的地位也是有着正确认识的，91.9%体育教师都确认，自己是体育课程实施过程的主体角色，这样的认知使得体育课程的积极、顺利、有效的实施有了最基本的保障。

（3）体育教师对体育课程的认知程度

体育教师主体地位的确定为体育课程实施提供了保障，但是仅仅认识到主体地位是不够的，体育教师如果对体育课程的认知不够清楚、深刻，对体育课程的功能、目标没有准确地定位，就会使课程实施缺乏依据和目的，体育教师对课程的实施就会失去方向，从而陷入迷茫状态。

①体育教师对各学段体育课程功能的把握较为合理

体育课程的功能实质上是在完成体育课程时能够让学生得到什么样的发展，对学生的发展能够起到什么作用。不同学段的体育课程对课程的功能和作用要求是不同的，也从另一个角度反映出不同学段体育课程目标的要求。

在调查中，设计了课程的 15 种功能和作用供体育教师来判别，15 个选项是竞技功能、娱乐功能、促进体育生活化功能、传播体育文化知识、教育功能、发展体能、自觉参与体育的意识并体验体育活动过程本身、培养体育学习能力、健身功能、强化社会适应功能、培养个性，发展体育情感、促进心理健康发展功能、发展身体基本运动能力、掌握运动技术、技能和养成体育活动习惯。

调查要求体育教师针对自身所担任的课程学段，判别这一学段的体育课程实施以后要完成的任务，即该学段的体育课程功能，并有针对性地选出最有作用的五项内容。

小学体育教师所选的列于前五项的课程功能依次为：娱乐功能、培养个性，发展体育情感、养成体育活动习惯、促进心理健康发展功能和培养体育学习能力。列在第六位的是发展身体基本运动能力。

初中体育教师所选的列于前五项的课程功能依次为：自觉参与体育的意识

并体验体育活动过程本身、发展体能、促进心理健康发展功能、培养体育学习能力和教育功能。列在第六位的是掌握运动技术、技能。

高中体育教师所选的列于前五项的课程功能依次为：发展体能、培养体育学习能力、发展身体基本运动能力、自觉参与体育的意识并体验体育活动过程本身和促进心理健康发展功能。列在第六位的是体育的教育功能。

大学体育教师所选的列于前五项的课程功能依次为：自觉参与体育的意识并体验体育活动过程本身、促进体育生活化功能、健身功能、教育功能和促进心理健康发展功能。列在第六位的是转播体育文化知识功能和养成体育学习能力功能。

体育课程的基本要求是通过体育课程发展学生身体活动能力和运动参与能力，促进学生身体和心理健康发展，形成体育运动习惯。同时小学阶段以多样化的游戏和带有游戏性质的技术动作为主，传授基本身体活动动作；初中阶段发展体能、学习运动技术；高中阶段发展运动专长；大学阶段则要养成良好的体育生活方式。由此可以看出，体育教师的选择与体育课程各学段的要求是相符合的。也说明体育教师对自身工作阶段的体育课程任务把握比较准确。但是，体育教师对于课程首要目标的重视程度还有待提高，关于传播体育文化，掌握运动技术技能的功能认识不够。

②体育教师对学校体育课程指导思想的认知

《中共中央国务院关于深化教育改革全面推进素质教育的决定》指出："健康体魄是青少年为祖国和人民服务的基本前提，是中华民族旺盛生命力的体现。学校教育要树立健康第一指导思想，切实加强体育工作。"《全日制义务教育、普通高级中学体育（1～6 年级）体育与健康（7～12 年级）课程标准（实验稿）》和《普通高校体育课程指导纲要》在开篇就明确指出：体育与健康课程以"健康第一"为指导思想。将近 10 年过去了，调查结果却让人大吃一惊，能够准确选择"健康第一"指导思想的教师仅占总数的 28.25%。在各学段体育教师的选择结果中，初中体育教师最好，占该阶段教师总数的 35.34%；大学其次，占 33.59%；然后是高中 24.01%，最后是小学教师，仅有 16.22%。造成这种结果的原因分析：一是体育教师过度关注、注重体育课程教学，而忽视自身对相关课程文件的学习；二是以往的课程观念留存形成惯性，影响了体育教师的认知；

三是相关部门对所管辖的学校体育教师培训、指导、监督不足，体育工作检查只关注体育示范课、课间操、大课间等，而忽视了对相关政策学习情况的检查；四是体育教师信息获取渠道不畅通，日常网络活动只限于娱乐、新闻等，而对于教育网站关注程度不足。

教师不了解课程理念并不能说明体育教师就上不好体育课，却从另一个方面反映体育教师对理论学习的关注不够，也可以说明体育教师对课程理论和教学理论的学习也不够关注，那么，体育教师如何胜任课程的学习者和体育教育研究者的角色呢？

（4）体育教师继续教育机会少，教育质量有待提高

学校师范教育是培养教师的主体教育机构，但是，学校的教育只能培养教师，却无法保障教师在工作中的知识更新和业务水平的提高。因此，对于教师来说，要适应社会发展对教育提出的要求，适应高速发展的信息化社会对学校课程发展的需要，适应学生发展的需要，教师就必须坚持自主学习和继续教育活动。体育教师继续教育活动的形式是多种多样的，例如各种业务培训活动、专业运动技术内容培训、教师教研活动、各级教育机构组织的教师培训和教师考核、体育观摩课、评优课以及现在正在执行的骨干教师培训和中小学体育教师国培计划项目等等。这些培训都可以从不同角度帮助体育教师提升专业素养。在对教师的调查中发现，城市学校体育教师参加过继续教育活动的共计 569 人，乡镇学校 104 人，两者合计 573 人，占总数的 49.12%。有 51.88% 的体育教师没有参加过任何培训学习。可见，参加各种教育学习的体育教师尚不足半数。市学校体育教师参加过学习的人数要比乡镇体育教师多，比例相差 13.96%。

在同乡镇学校体育教师进行座谈的时候发现，目前乡镇学校体育教师参加学习的机会很少，目前最多的就是参加现行的中小学体育骨干教师培训和中小学体育教师国培计划项目的培训。由于是教育部门的硬性指标，学校才允许去学习。否则，学校体育教师本就不足，教师出去学习就会导致体育课没人上。

教师继续学习的机会少，自身又不注重相关的理论学习，体育教师如何了解和适应课程改革的需要，如何在课程实施中贯彻新的课程理念和创造更有效的教学方式以提高体育教学的质量，提高课程实施的质量。因此，建议各方面要为体育教师创造学习的环境和继续教育的机会，使得体育教师能够及时补充

新的课程理论和新的运动项目知识，更好地实施体育课程教学。

通过调查还发现，体育教师对参加的培训学习有不同的看法，比较一致的是关于体育运动技术的培训比较受体育教师的欢迎，可以通过学习获得一些新的运动知识、积累体育课程内容上的素材，尝试较为时尚的运动方式，给教师自主学习提供了素材和思路。而对于一些理论的培训，多数体育教师认为培训的内容比较抽象，与体育课实际情况脱离较远，培训方式较为单调，多是专家的一言堂，偶尔会有一点形式化的课堂交流，却没办法实现真正的互动学习。另外，多数体育教师都认为培训学习的机会少，不能满足教师的需要。

由此也提示相关培训机构和培训单位，为体育教师提供的各种培训活动一定要针对学校体育课程的实际情况，多做调查研究，将体育教师最需要的内容在培训中呈献给体育教师。例如，在最近实施的骨干教师培训和中小学体育教师国培计划项目的培训中，经常设置一些现场观摩课程。这些课程往往是城市学校的评优课教师在一定教学环境中实施的课程，具有一定的学习价值。但是，来自基层农村的体育教师最希望看到的是在与之相同的环境中如何上好体育课，让他们能够借鉴经验。类似的问题还有理论培训的教师往往都是针对自己的研究领域讲得很深入，但是在基层学校如何运用的问题没有解决，基层的体育教师更想看到的是这些理论如何运用到实际的教学环节中去，因此，案例教学就显得十分重要。所以，培训机构和培训单位要针对基层体育教师的需求设置课程，并在课程培训过程中注重实践环节的有效性和理论课程的案例化教学，让每一位教师都有所收获。

2.体育课程实施中校长对体育课程的态度

借助 2010 年指导体育专业学生实习和 2011 年巡视指导顶岗实习支教学生的机会，与一些中学的校长进行了交流，通过整理、汇集各位校长的观点发现：

首先，各位校长都认为体育课程是学校必须开设的一门课程，但是具体的开设原因却不一样，一是体育课程可以适当缓解学生的压力，课外活动基本没有了，让学生在体育课上高兴一会，没什么不可以；二是认为体育课程是教育部门规定的必修课，不开不行，还要接受检查的；三是学生在学习其他课程的同时，应该受到体育的熏陶，社会都国际化了，如果学生不会一项体育活动，以后可能在交往上都要受限制了。由此可见，学校开设体育课虽然是必要的，但校长的认可程度是不同的。

其次，关于是否按照要求保障了体育课程的教学时数时，多数是没有。城市学校情况比较好，但是乡镇学校基本上没保障。一是体育教师没有保障，教师少，体育课上不过来，只好先保证中考的初三年级，其他的看情况；一是低年级开设时数能保障，毕业年级适当减少，让位给文化课；三是校长本人觉得规定的课时数有点多，每周一节课感受一下就可以了。

第三，对体育教师工作与其他教师相比，在薪酬上是否有区别时，多数校长都持否认态度，在教学工作量上是基本相同的，但是学科教师会有绩效奖励，例如毕业班成绩好，考上重点中学和大学的学生多，教师就会获得学校给予的奖励。但是他们也表示，体育教师的工作是比较繁多的，一些体育教师在担任教学工作之外，还兼职学校的其他部门的一些工作。

第四，在关于对体育课程的重视程度问题上，校长们没有发表太多的意见，认为如果给予他们足够的时间，相应的政策，适当减少升学压力和成绩要求，他们是可以做到全力支持体育工作的。但目前的状况是成绩决定了学校的生存，没有成绩就没有生源，学校的生存就成了巨大的问题，在这样的情况下，作为学校负责人的校长工作的重点自然就发生了偏移。

3.对体育课程实施的学生主体分析

学生是体育课程实施的直接参与者，也是接受体育课程教育的对象，学生对体育课程的认知程度和喜爱程度，直接影响学生参与体育学习的积极性和主动性，从而影响体育教师对体育课程的执行情况，影响体育课程实施的效果。

（1）多数学生都喜欢体育课程

通过学生对体育课程的喜爱程度调查，从总体上看，非常喜欢的占总数的39.54%，比较喜欢的占48.93%，明确表示不喜欢的仅有2.65%，另有7.6%的学生表示无所谓。因而，88.47%的学生是喜欢体育课的，这与早期的"学生喜欢体育活动，但不喜欢体育课"的结论具有一定差异。分析产生这一结果的原因：首先，"学生喜欢体育，不喜欢体育课"的结论来自于2004年之前的调查，如今，已经过去了将近10年的时间，在课程改革的过程中，课程理念、授课内容、教学方式、师生关系等都发生了一定的变化，学生由不喜欢体育课变成喜欢体育课，是一项值得庆幸的结果，说明我国的学校体育课程改革在培养学生的体育兴趣方面取得了一定的成果。其次，学生属于青少年群体，这一群体在本性上属于活泼好动族，再加上目前学校教育过程中，受应试教育影响，过于重视学科课程的学习，使得学生在学校里的行为总是处于教室里的桌椅板凳上，没有过多的时间参与活动；第三，学校当前执行的打铃上课，下课放学，20分钟"静校"，学生必须离开学校范围。校内基本上没有课外活动，能够让学生不受空间限制，自由发挥身体活动的课程就只剩下了体育课。因此，体育课程在诸多原因和背景下逐步变成受学生欢迎的课程。

从不同学段学生的态度来看，学生对体育课程的喜欢程度依次为小学、高中、大学和初中。整体随年龄增长，兴趣稍有下降趋势，但是在初中阶段出现例外。

（2）学生参与体育活动的影响因素

学生参与体育活动的阻力主要来源：一是缺乏擅长的体育活动项目，怕引起别人嘲笑。学生群体一直在学校和家庭之间生活，接触体育最多的机会是体育课程，但是体育课程只能教学生了解一些运动项目知识，距离形成熟练的健身方法还有一定的差距；二是社区体育活动场地设施的缺乏，不具备参与活动的条件。学生放学之后，由于目前学校的课外体育活动基本处于隐匿消失状态，且学校要求在下课后某一时间段内必须离开学校，因此，学生失去了参与体育活动最基本的条件保障；三是学校繁重的课业任务。学生的学习任务随年龄段升高而逐渐升高，小学生有时间、有意愿参加体育活动，但是由于年龄小，自控能力差，没有家长的陪同很难实行；另外，学生的课外辅导班很多，英语、数奥、乐器等等，时间安排的满满的；中学生由于课业任务繁重，加上升学压力，是有意愿、没时间参与活动。

而对于过去在大家印象中的家长阻力，目前已经不是主要原因，多数家长都希望自己的孩子能有一个健康的身体，强健的体魄，只要条件允许，反而鼓励孩子参加体育活动。

（二）学校体育课程实施途径现状分析

1.对体育教学现状的调查与分析

由于体育课程是国家规定的学校课程体系当中的必修课，因此，各级各类学校对体育课的开课率是100%，学校的课程表上均明确地安排了体育课程的上课时间。

（1）体育课程课时数的设置与执行情况

①体育课程课时数设置现状

体育教学是体育课程实施的核心途径，没有体育课教学，体育课程就成为"纸上谈兵"，没有实际意义。《体育与健康课程标准》确定教学时数的原则指出：体育与健康的课时，1～2年级相当于每周4学时，3～6年级和7～9年级相当于每周3学时，高中1～3年级相当于每周2学时。大学体育必修课共计144学时，一般分两年开设，每周也是2学时。

通过对教师和学生的调查，目前体育课程开设情况最好的是大学，按国家要求开设2学时/周标准的占95%以上。分析原因，大学体育课程是高等院校的公共必修课，对学生毕业与否具有"一票否决"权利，并且高等教育不再有升学的压力，学科建设、课程建设、学生管理以及校园文化建设成为学校工作的主体，按照教育部门的规定开设公共必修课程是高校课程设置的最基本要求，无论如何修改课程方案和教学计划，公共必修课的学时、学分是固定的，不能改变的，这相对保障了体育课程不受专业课程设置的影响，故能够按照要求开设相应的学时。

高中体育课程基本采用的是2学时/周的课时设置方式，满足开课要求。但是，城乡差距较大，城市高中能够达到95.87%（学生83.96%），而乡镇高中仅有半数学校能达到要求，具体比例为50.77%（学生51.02%）。乡镇高中比起其他类型的学校具有更大的压力，首先，学生文化课水平比县级高中学生要差，同类学校要生存，就必须狠抓学生的文化课学习，尽可能提高学校的升学率；其次，教师的水平有差距，因此要增多学生学习、复习、练习的时间，想要熟能生巧。所以，学校就将大量的时间安排给文化课学习，将体育等学科的课时减少、甚至删除。

初中体育课程基本沿用2学时/周的方式，85%以上的初中都能够达到2学时/周的标准。并且，一些城市学校为了应对体育中考，在初三年级适当增加体育活动课，安排在下午其他课程结束之后。另外，每周开设3学时体育课程的城市学校有24.53%，乡镇学校有15.88%。

小学体育课程基本以2学时/周和3学时/周为主。

综上所述，学校在体育课程学时数安排上，除乡镇高中外，基本能够保证 2 学时/周的体育课程，但对于体育课程之外的有指导的课外活动和相当于体育课程的其他学时无法保证，这在课外体育活动调查中有所反映。

②体育课程教学时数保障执行情况不容乐观

体育课程是能否真正得以落实，不被其他学科挤占、挪用，不因学校的各种行政事务停课，是现实中难以回避的一个重要问题。学校有事情、有任务、有检查需要在正课时间进行的时候，最先被想到的是体育课，即便不是体育课的时间，也会将体育课的时间安排给被占用课时的学科补课。正是符合了一句描述体育课程的话："体育课程说起来重要，做起来次要，忙起来不要。"

大学体育课执行情况良好，能够按标准学时上课的占 83.20%（学生 89.15%）。相比而言，中小学的情况较为严重，大约 50% 以上都存在因各种原因停上体育课的现象，最严重的是乡镇小学，达到 78.31%；多数学校每学期至少都有 1～3 次、4～6 次不等的停课现象。

（2）体育教学内容确定与结构安排

①体育教师和管理人员是体育教学内容的确定者

体育课程授课内容的确定体现了学校对体育课程的管理和关注程度，也体现了课程内容的合理性和科学性。

20% 左右的学校体育课是由体育管理人员、体育教师和学生共同确定的；体育教师和管理人员共同制定的占 44.01%；完全由体育教师制定的为 24.31%，体育管理者制定课程内容的为 9.93%。由此可见，体育教师和管理者是制定体育课授课内容的主体，也是较为合理的方式，体育课程内容的确定既要考虑学科的专业特性，也要考虑学校的实际情况，因而，由管理者和体育教师相互沟通，确定课程内容可以保证课程的可行性，同时再结合学生，达到授课内容最优化的理想目标。

②体育教学组织结构的安排形式有待改进

体育教学的组织结构是指体育教学过程中，各项具体内容的排列顺序，如身体活动内容、素质练习内容，基本教学内容等等。这里特指的是体育教学基本部分的内容组织安排形式。

将当前学校体育教学组织结构分为三种形式：

一是以运动技术学习为主，每一节体育课都有具体的内容安排。这种形式的课程在大学实施较为普及，74.68%的学生认为体育课中，教学内容安排具体，每一节课都是教与学和练习的结合；城市初中和小学接近半数采用这种形式。

二是半节课学习体育运动技术，半节课自由活动。乡镇小学和高中采用这种形式较多，分别为74.11%和61.22%，城市高中、乡镇初中达到50%以上。

三是没有具体内容，以自由活动为主。这种形式在高中和小学阶段占有一定比例，高中阶段分别为乡镇26.53%，城市26.18%；乡镇小学达到25.89%，城市小学为20%。

由此可见，目前中小学体育教学以半节课教授教学内容，半节课自由活动和完全的自由活动为主，这对学时执行情况本就不理想的体育教学来说，无疑是雪上加霜。更何况在实地考察一些学校的体育课程时还发现，由于班级容量比较大，体育教师将学生分为男生、女生两部分，前半周课，男生自由活动，女生学习半节课、活动半节课；后半周课程同样的内容在男生处再实施一次。如此执行体育课教学，有效的教学时间如何保证呢，怎么能教会学生呢？体育教师轻松了，学生安全了，快乐了，但是，体育课程的质量怎么办呢？

在与体育教师的交谈中提及这一问题的时候，很多体育教师都说："现在的学生不好管，体育课不让玩一会，学生根本不干。""男生和女生的差距太大，不是一个层次"。反思这些情况，究竟为什么会这样呢？是谁领先创立了这种"一半一半"的结构形式，以至于让学生认为这才是体育课，不这样就不行？男女生差距大，为什么就不能一节课前半段男生学习、女生活动，后半段男生活动，女生学习呢？这也能为体育课教学增加有效教学时间吧。

因此，为了保证体育教学的效果，目前体育教学的组织安排形式有待改进，体育教师应严格按照体育课程方案实施体育教学活动，并对体育教学活动进行规划和设计，合理安排教学内容和教学组织形式，提高体育课程的实施效果。

（3）体育教师能够有针对性的选择教学模式

体育教学方法是指在体育课教学过程中，教师和学生为实现体育教学目标和完成体育教学任务而采取的有计划的、可以产生"教"与"学"相互作用的、具有技术性的教学实践活动。体育教学方法包括三个主要的层次，即：教学方略（方式或模式）、教学技术和教学手段。

教学手段即为教师在教学过程中运用某种主要工具进行教学的行为方式，如挂图、多媒体等，主要运用在某一教学步骤的特定环节中。教学技术则是指教师在教学过程中为了实现某个特定的任务而采取的具体的教学方法，如分解法、完整法、提问法等。教学模式则是指教师在教学过程中运用的多种教学方法和手段的组合，一般用于单元设计和体育课设计，往往体现者体育教师的一种教学主张，如发现式教学、体验式教学、探究式教学等等。

小学阶段的体育课程目标是使学生在体育学习中体验运动乐趣，注重基本动作学习，提高基本运动能力，激发和培养学生的运动兴趣，养成良好行为习惯，培养自尊、自信和不怕困难的精神。小学体育教师首选以学生运动体验为主，教师旨在点明项目特征，创设情景提供协助的体验式教学方式；其次是教师重在激发学生动机，并组织管理课堂秩序，对技能传授方式和探究学习方式的选择性相对较小。

初中体育课程目标在延续小学课程目标的基础上，更为重视学习体育技术技能知识和发展身体素质能力，因而，初中教师首选以传授和指导学生掌握动作技术为主，教与学、学与练相结合的技能传授教学方式，然后是体验式教学方式，符合学生的实际特点和要求。

高中和大学阶段的学生思维趋于成熟，具有自身的判断能力和选择能力，体育课程的目标在注重形成熟练运动技术技能基础上，使学生的个性得到发展和学习能力得到提高，并养成良好体育生活习惯。因此，体育教师教学方式的选择是在发展运动技术技能的基础上注重学生探究学习能力的发展，和对运动魅力的体验。

上述各阶段体育教师对于教学模式的选择都是建立在不同学段学生的特点和体育课程目标基础上的，说明体育教师对各学段体育课程的目标有较好的理解，能够根据教学目标和教学内容合理的选择教学模式，这对于体育课程的实施具有促进作用。

（4）体育教师对待体育教学的态度

体育教师在体育教学中处于主导地位，是体育教学的指挥家和榜样，教师的一言一行时刻影响着学生的行为，体育教师的行为规范和态度体现着教师的职业素养和对体育工作的责任心、事业心，是体育课程实施的重要影响因素。

①体育教学准备方案设计与实施分析

备课是作为教师的最基本职业操守，是上好体育课的基本保障，是体育课程教学艺术性的基础，体现着体育教师对体育教学的设计思路和风格。而将体育教师备课情况、设计思路、教学风格如实反映的文本文件就是教学过程必备的文件——教案。

在调查中发现，有 15%～20%的体育课教师没有备课教案。在对教案质量与体育课教学实施活动的了解中，可以看到 92.55%的体育教师都能够按照事先准备的教案上课。其中 65.99%的教师在上课过程中会根据实际情况对教案内容有调整的实施，13.07%的教师基本执行，13.50%教师表示课堂教学教案与公开课教案有一定的差距。另有 6.5%的教师认为教案只是用来应付检查的，体育课该怎么上还怎么上。这种态度是不可取的。

教案是教学的基本设计文件，是教师备课工作的记录的展示，一位教育学院的老教授在讲课中这样说："教师所上的每一节课都是一种激励，一种唤醒，一种鼓舞。"课堂教学要经过五个步骤，一是"写"，即写教案，教案要详细到每一个问题的设计和思考，甚至每一句话的目的和作用；二是"背"，要能够将教学的每一个环节迅速再现出来，教材内容要熟记于心，要能够熟练展示；三是"说"，对于体育教师则是模拟教学，便于发现问题，及时修正；四是"讲"，是真正的课堂实施环节，要示范准确、讲解精确、组织有序；最后是"思"，课后要反思课堂教学的每一个环节，写出教学后记。如果每一位体育教师都能够像教授所说的那样精心设计、准备每一节体育课，体育教学质量就一定能够得到提高，体育课程必然成为学生最喜欢的课程。

②体育教师在体育课程教学中的行为规范

体育教师是学生的榜样，是阳光、健康的代名词，体育教师在课堂中的行为直接影响学生的行为表现，也影响着学生对体育课程的认知和尊重。通过学生调查显示，中学体育教师在不同程度上存在着上课接听、拨打电话和脱离课堂的行为。尤其以乡镇体育教师更为严重。

上课接听和拨打电话的行为：体育教师在体育课教学中偶尔发生过接听和拨打电话的行为，学生反映依次为乡镇初中体育教师（64.28%）、乡镇高中体育教师（57.06%）、城市高中体育教师（36.80%）、城市初中体育教师（27.16）、城市小学体育教师（24%）和大学体育教师（23.12%）。

上课期间脱离体育课堂行为：体育教师偶尔有脱离体育课堂的行为发生，学生反映依次为城市高中体育教师（37.73%）、乡镇小学体育教师（36.84%）、乡镇初中体育教师（35.72%）、乡镇高中体育教师（30.61%）、城市初中体育教师（21.85%）和高校体育教师（14.73%）。

体育教师的上述行为会严重影响体育课程的实施过程，并给学生造成不良的影响。教师职业规范中明确规定了体育教师上课不允许接打电话，更不允许脱离课堂。接打电话是行为不规范，可以给予教学事故处理的；而脱离课堂则是不负责任的行为，教师离开课堂，会导致学生行为的失控，体育教学是在开放式的空间内进行的身体活动，随时都会有意外情况发生，体育教师有责任控制和处理课堂的任何情况。而且，体育教师的这种随意性行为会给学生造成不良影响，使学生认为体育课程是一种可以随心所欲的课程，更会使学生认为体育人缺乏应有的素养。当前，体育明星、运动员的负面新闻已经给学生造成了很多不良影响，体育教师要通过自身的形象和修养来改变这种影响，树立体育运动健康、阳光的形象。

2.课外体育活动现状分析

课外体育活动在学校教育和学校体育中都具有一定的地位和作用。首先，学生在学校接受教育，不仅要上课，还要参加各种对身心发展有益的课外活动，如文艺活动、科技活动。各种课外活动配合各种教学活动，共同构成学校的教育体系。其次，课外体育活动是学校体育的重要组成部分，也是体育课程的补充。体育课程由于时间有限，必须通过课外体育活动配合，才能共同完成学校体育的目的和任务。体育教学是学校体育课程实施的主体核心途径，课外体育活动则是提高体育教学效果的辅助手段，是体育课程的辅助和延伸。有关书籍认为，课外体育活动的组织形式包括早操、课间操、课余体育训练、班级体育锻炼和体育节或体育周等。但是，相对而言，课间操是国家规定的在课间必须执行的活动，具有指令性意义，在学校开展比较普及。真正意义上的课外体育活动应该是在固定的时间内，由学校自行组织实施的各种体育活动。调查结果显示，我国中小学常规的早操、课间操、课余训练具有基本保证，能正常开展；

能召开学校运动会，其他形式的体育活动较少。

目前，学校课间操开展最为普及，其次是课余训练，但是课余训练是少数有特长学生参加的，不具有普及性。各种形式的体育竞赛活动基本处于第三位，其余的包括单项协会活动、校内体育俱乐部活动、校际交流、班级体育锻炼、社会体育活动等在中小学开展较少，比例不大。但是在大学却发展得相对比较成熟。这是由于高校和中小学的课程体制不同，学生的学习环境不同、发展目的不同，以及不同年龄阶段对活动的需求和认识不同而形成的。

课外体育活动的开展状况使得它作为体育课程实施的辅助途径的作用无法得以真正的发挥，体育课程的效果要依靠体育教学单独实现，这种状况令体育课程实施犹如孤军作战，实力不足。

（三）体育课程实施环境现状分析

体育课程实施是在特定的时间、空间发生的体育教师与学生之间的教与学的互动活动，这种特定的空间和时间中的每一个要素都会对体育课程实施产生影响，即环境要素对体育课程实施的影响。体育课程实施的环境对课程实施具有的影响包括：环境的导向作用、凝聚作用、陶冶作用、激励作用、健康作用和美育作用。这些作用的产生有的是源于环境的物质条件所致，有的则是源于环境的心理功能和社会功能所致。因此，可以将体育课程实施的环境分为软件环境和硬件环境。

1.体育课程实施的软件环境

体育课程实施软件环境指课程实施过程所依存的制度环境、理论环境和人的环境。

（1）体育教学文件

制度环境是指一系列与政治、经济和文化有关的法律、法规和习俗。体育课程实施的制度环境就是与课程实施有关的体育政策、法规、文件、纲要、实施条例、课程标准以及教学计划和教案等文本性为文件。表现在具体的实施环节中，则表现为一系列的学校管理文件和教学文件等等。而学校的管理文件是由学校校长和体育教师共同制定和遵守的有关学校体育的规章制度、管理办法等等。在一般学校，由于要接受上级教育部门的各种监督和检查，这些制度文件都是存在的，并且具有一定的模板和规范性。而对体育课程实施具有直接作用的是体育教师在工作中必须随时具备的、相关的教学文件，如体育课程方案、课程进度安排、单元教学计划、教案和考勤记录等。

体育教师认为在课程实施过程中必不可少的教学文件列于前两位的是教案和学生考勤表。城市小学体育教师和乡镇初中体育教师对考勤表的排序列后两位。对于其他的关于课程方案、单元教学计划和课程进度安排多数教师比例略低于前两项。乡镇高中、初中教师则将课程进度安排列位较为靠前。

教学文件是体育教师实施体育课程必须具备的基本文件，通过调查可以看出，体育教师对于这些的关注程度不是很高，排在首位的教案也不是人人都具备，由此反映了体育课程实施在一定程度上相对于其他学科来说，较为随意，体育教师的某些举措没有达到要求和规范。从另一个方面也反映出学校对体育课程的关注程度不够的，学校管理者的监督、检查作用没有发挥。

（2）校园体育知识传播途径现状分析

校园体育氛围是一个学校在体育方面形成并流行的带有普遍性、可以重复出现并具有一定稳定性的集体行为风尚。良好的体育氛围可以对学生形成正确的体育价值观、体育兴趣和爱好、养成良好的体育活动行为、提高学生的体育文化素养起到重要作用。

校园体育氛围的形成需要一个长期培养的过程，既要有集中表现、轰动一时的体育文化艺术节、体育运动会等活动，也要有体育知识的宣传途径，即宣传橱窗、校园体育网等天天围绕学生身边的活动，既要有普及型的人人参与的体育实践活动，也要有提高学生体育知识素养的体育保健知识、奥林匹克运动知识、体育与健康等适合学生群体的相关专家讲堂和体育咨询辅导活动。将这些活动形成规划，合理分布在学校教育的每一个时间段，逐步形成传统，形成良好的体育氛围。通过调查发现：

目前在学校体育知识传播方面，主要的途径有体育专题知识讲座、体育知识辅导、校园体育网、校园体育宣传窗，体育文化艺术节等等。首先，大学的体育知识传播途径优于中小学，在体育传播途径的各个方面都具有相应的发展。但比例相对不高，均没有超过50%；其次，在中小学体育知识传播途径方面，高中情况优于初中和小学，体育文化艺术节等短期实施的项目优于需要日常维护的校园网、宣传窗等项目。

总体来讲，各学段的校园体育氛围处于较低的水平，体育知识传播途径发展不良，很难达到对学生形成影响的程度。

（3）体育教师的薪酬现状

体育教师属于室外教学工作者，工作环境受自然因素影响较为严重，且工作任务繁多，体育教师经常自许为体育场地清洁工、体育器材维修工、体育设施搬运工、学校安全维护工等等，这种角色扮演在乡镇学校尤为明显。但是体育教师在学校所享有的待遇却不尽如人意。例如，职称晋升的机会少、外出学习的概率低、课时报酬系数低、室外补贴发放不及时甚至没有等等。这些都是现实中存在的问题，影响着体育教师工作的积极性和主动性。试想在如此条件下，体育教师怎么可能付出更大的精力准备每一节体育课？"仓廪实而知礼节，衣食足而知荣辱。"当一定的物质条件得到满足时，人才会有更高的追求和梦想。现阶段的体育教师的工作环境尤其是乡镇学校还远没有达到符合标准的状态。

2.体育课程实施的硬件环境

体育课程实施的硬件环境是指体育课程实施过程中对课程产生影响的物质要素的总和，包括体育场馆、器材设施、教材、多媒体、地理环境、体育经费等因素。而直接与体育课教学有关的当属体育场地、器材设施和教材。

（1）学校体育经费投入不足

在体育课程实施过程中,体育经费的投入是保障课程顺利实施的首要条件,学校体育经费严重不足是影响学校体育发展的公认事实。众多的研究结果均有过不同程度的论述。例如，2000 年的数据表明，我国各地区各级学校的校均体育经费从 183～4132 元不等，生均体育经费从 0.77～6.4 元不等，总体上东部沿海地区高于中部和西部地区。我国学校体育经费总体投入水平偏低，学校体育经费所占比例不足学校教育经费的 2%。

（2）学校体育设施缺乏

体育场地、设施和器材是开展学校体育课程的必要条件，虽然在我国的各阶段《体育教学大纲》中都对学校体育教学设施有一个简单的标准规定，如 1956 年大纲的"小学体育教学用具和设备一览表""中学田径、体操、游戏器具一览表"、1992 年大纲"小学体育器材设施配备目录""中学体育器材设施配备目录"，但是由于体育经费不足，投入少，必然导致体育场地设施的匮乏。

据接受调查的体育教师和学生反映，目前学校场地设施在各个阶段均处于不足状态，按不足程度排序依次为乡镇小学、乡镇高中、乡镇初中、城市初中、城市小学、城市高中、大学，场地设施情况以乡镇小学缺乏最严重，以大学情况为最好。

无论哪一级学校，体育设施器材都存在一定的问题。因为各级学校的体育目标不同，对体育课程的要求不同，相关设施自然标准不一样。目前81.93%的乡镇小学体育教师，78.95%的小学生都认为体育课程要经常面对器材设施不良的挑战，是比例最高的，就连条件相对优越的高等院校，也依然存在26.95%的教师面临场地设施不足而调整体育课程的问题。由此可知，体育经费的短缺和体育场地设施器材不足依旧是制约学校体育课程发展的主要因素之一。

（3）学校体育课程教材缺乏

体育教材是体育教科书及其相应的教师用书、音像资料等在体育课教学中使用的材料的总称。其中，教科书最为重要，最为基本。体育教材是体育课程内容的文本文件，是课程内容的载体，是体育教师实施体育课程的内容素材和依据。同时，教材也是学生认识和学习体育知识的工具。当前，我国学校体育课程的教材有很多版本，都是体育新课程实施以后，各级专家学者按照课程标准结合本地区特色选择教学内容之后精心编排的，并经过教育部相关部门审定后出版的。

调查显示，40%～50%的学校没有体育教材，小学情况最为严重，达到同类学校的51.35%，其次是高中49.01%，大学40.23%，初中33.62%。而对于有教材的学校教材选择和使用情况，中小学以人教版体育教材为主，地方教材使用占一定比例；而大学则以高教版教材和地方版（院校编辑推广）教材为主。

（4）学校体育课程授课班级情况

①班级规模偏大，不利于课程实施

我国学校教育最基本的组织形式为班级授课，一个班级人数的多少会直接影响教学的效果。班级规模通常指一个教学单位（班级）内的学生数量。它对体育教学活动、学生的学业成绩和学习动机与情感的培养具有较大的影响。对于体育课程而言，它需要教师和学生借助一定的体育场地、器材来完成教与学的活动，单位面积的场地内，单位数量的体育器材，学生人数越多，学生使用器材的机会就越少，学习效果就会越差；学生人数越多，人均体育场地面积就越小，活动就越受限制，也会影响效果；学生人数越多，体育教师工作越复杂，对每一个学生的关注就会越少。这些都会影响体育课程实施的效果。因此，一般而言，班级规模不宜过大。体育教学的学生人数控制在 20～40 人为宜，有利于教师组织教学、因材施教。

目前大学体育教师所面对的班级容量 64.07%都在 40 人以内；小学基本在 30～50 人之间，也存在 70、80 人的大规模班级；中学班级规模在 40～60 人之间；乡镇初中由 32.54%在 40 人以下，而有 38.46%的乡镇高中班级规模在 60 人以上。

除大学和个别情况之外，65%以上甚至到 92.31%（乡镇高中）的学校班级规模都超出体育教学适宜的班级规模，这对体育教学效果会产生很大的影响，却又是无法改变的现实。只能通过分组形式来缓解这一问题，在体育教师人数不变的情况下，分组就会降低有效的学习时间，依然会影响课程实施的效果。

②体育课程班级组合形式

目前体育课程上课班级的组合形式在中小学以自然班为单位，比例为 90.48%；也有男女分班上课的形式，多在初中出现；重新分班上课形式出现在高中的模块选修课中间。所占比例非常小。这也从另一个角度说明，高中学段的很多学校并没有按照新课程的要求实施真正的模块选项课教学。

大学两种班级组合形式都有，分别是自然班上课占 41.09%，重新分班占 55.91%，这与大学体育课程多采用完全选项课程的开设方式有关。

（四）体育课程实施效果现状分析

关于体育课程的实施效果问题，主要从学生对体育教师、体育课程的满意程度，体育课程对学生产生的影响，学生体育知识的掌握现状等方面进行分析。

1.学生对体育课程的满意程度

（1）学生对体育教师教学的满意程度

75%以上的学生对体育教师教学基本上处于满意状态。学生对体育教师的满意度以小学生和大学生的满意度为最高，列前三位，分别是城市小学生对体育教师满意度 96%，乡镇小学生满意度为 94.74%，大学生满意度为 93.28%。排序在最后的是乡镇高中学生对体育教师的满意度，比例为 75.51%。说明体育教师的教学得到了大多数学生的认可。

（2）学生对体育课程的满意程度

学生对体育课程的满意程度低于对体育教师教学的满意程度，但依然是城市小学生，比例为92%；大学生，比例为87.46%，乡镇小学生，比例为78.95%，列前三位。除乡镇高中学生（48.98%）外，其他学生对体育课的满意度均在75%左右。由此说明，多数学生对体育课程也是比较满意的，这与体育教师的教学有密切的关系。同时与体育课程的授课方式、授课内容也存在一定联系。

学生对体育课和体育教师的满意程度再一次说明，学生喜欢体育不喜欢体育课的状况已经有了一定程度的改变，这与我国学校体育课程改革过程中教育理念、课程内容、课程实施方式、教师与学生的关系以及各种教学创新研究有密切的关系。

2.体育课程对学生产生的影响

《体育与健康课程标准》在对课程价值的描述中明确指出，体育与健康课程对于提高学生的体质和健康水平，促进学生全面和谐发展，培养社会主义现代化建设需要的高素质劳动者，具有极为重要的作用。其价值主要体现在：增进学生身体健康、提高学生心理健康水平、增强学生的社会适应能力以及使学生获得体育与健康知识和技能：通过本课程的学习，学生能够掌握体育与健康的基本知识和运动技能。课程要达成的目标分为运动参与、运动技能、身体健康、心理健康和社会适应能力五个领域。

体育课程实施对学生影响最大的不是"体质与健康状况的改善"。"体质与健康状况的改善"在调查中，除初中学生外，其他学段的学生和教师均将其列在第四或第五的位置。也就是说体育课程对于增强学生体质的效果并不理想。那么，体育课程是否能增强学生体质呢？可以肯定地说，体育课程的首要目标不是增强体质，增强体质的目标绝对不是体育课程能够完成的任务。关于这一问题，诸多专家学者进行了大量的讨论和论证，有些专家甚至将体育课程的有效活动时间加以计算来证明，体育课程用以学生有效活动的时间不足以使学生产生增进健康、增强体质的运动负荷。增强体质应该是学校体育的目标，增强体质的目标必须通过学校体育的多个环节来实现，尤其是课外体育活动和课余体育训练。将体育课程学习的体育运动项目知识放在课外体育活动中练习、巩固，既辅助体育课程完成课程目标任务，又使学生在练习过程中获得一定的身体锻炼，达到锻炼身体、增强体质的效果，是一举两得的事情。但是，目前学校日常的课外体育活动除早操、课间操和课余训练外，其他活动很少，缺失了课外体育活动这一环节，增强学生体质的目标就很难实现。

体育课程的首要目标是传授体育技术技能知识，但是，在调查中发现，"运动技能的学习"也不是体育课程实施影响最大的指标，关于"运动技能的学习"基本列在第五或第六的位置。原因之一，体育教师在体育教学中，并没有把传授体育知识作为首要目标来对待。而是过多地考虑了学生主体的问题，过多以学生的意愿来实施体育教学；原因之二，与前面的调查结果有关，即体育课程课时执行过程缺乏保障，课程被占用和挪用现象时有发生，课程无法正常实施，自然谈不上效果问题；原因之三，体育教学过程的安排，前面的调查反映，半数以上的体育教学活动采用半节课教学，半节课活动，还有由于人数多而导致的一节课只有一组人学习体育技术技能，另一组自由活动，这样的体育教学安排使得本就紧张的体育课时无法有效利用，同样影响了技术技能知识的学习。

体育课程实施对学生产生的效果在哪里呢？调查结果显示，体育课程实施在"运动乐趣的体验""拼搏竞争品质的培养""团结协作精神的培养""参加体育锻炼兴趣的培养"等方面具有较好的效果。由此也反映出，体育课程实施过程中体育教师的关注点在"学生主体"方面，且对学生需求考虑过多，使学生体验运动的快乐，培养了团结协作精神，却忽视了体育课程最本质的目标和功能。

3.学生参与课外体育活动现状分析

课外体育活动是体育课程实施的辅助途径，它有助于延伸体育课程的功能，并能协助体育教学达到和完成课程目标要求。对中小学生来说，在体育课程之外，学生参与的体育活动主要是课间操、早操、课余体育训练和各种形式的体育竞赛，城市小学在校际体育交流（44%）和班级体育锻炼（52%）方面；城市初中在校内体育俱乐部（20.53%）方面，参与比例较大，其余方面都处于比较低的水平。说明学生参与课外体育活动形式单一，情况不容乐观，这与学校对课外体育活动的组织情况差有密切的关系。

相对而言，大学生参与课外体育活动的情况比较好，尤其在单项体育协会、体育俱乐部等形式的课外体育活动开展都好于中小学水平。这与大学的学生管理和社团活动的机制有关。

4.学生对体育课程理念的认知度不高

当前体育课程实施过程中，体育教师多关注的是体育教学，而对相关的课程文件介绍的不够，使得学生无法正确回答关于课程理念的问题。在这一问题中，总体33.91%学生选择了"终身体育"，16.02%的学生选择了"素质教育"，仅有14.45%的学生选择了"健康第一"。《体育与健康课程标准》明确指出的课程指导思想，在学生这里没有得到回应。说明课程实施在课程理念和目标的问题上存在一定偏差。而学生选择的三个答案其实具有一定的关联性，"健康第一"是目标，"素质教育"是背景，而"终身体育"是理想。三者并不矛盾，只是学生由于对体育的认识水平问题没有区分而已。

5.学生对体育知识的学习现状分析

（1）体育技术技能知识学习现状分析

笔者对学生在体育课上学习过的体育项目进行调查，并要求学生就学习过的项目写出2个动作的名称，结果发现：城市学校学生比乡镇学校学生体育课学习的内容要多，在小学和高中阶段表现的尤为明显；在学生学习过的内容当中，有将近30%以上的项目学生说不出动作名称，只是学习过而已，且在能够说出名称的项目人数上也比学习过该项目的人数要少。说明体育课教学过程中对运动技术的学习关注程度较高，但是忽视了学生体育知识的普及，使得学生会做不会说。

另外，对学生还知道的项目调查发现，各学段学生认识水平非常接近，小学生由于年龄关系，认知度较低一些，乡镇小学生更差。说明体育课程目前不是学生学习体育知识的唯一领域，学生通过媒体、网络、音像资料等也可以获得一定的体育知识，这给体育课程实施开辟更多的实施途径提供思路。

（2）体育基础理论知识了解现状

体育基础理论知识作为体育课程的知识类别，是学生必须知道和了解的体育常识性知识。体育基础理论知识有助于学生了解体育运动的意义、价值、作用，帮助学生树立正确的体育观；有助于学生知道运动与人体的关系，运动过程中人体发生的变化、如何安全运动等等，帮助学生增长科学健身的知识；还可以使学生了解体育运动的技术特征和结构，帮助学生理解运动规律和安全保护方法等等。学生通过体育课程学习的体育知识包括：体育锻炼与健康成长、安全锻炼知识、自我保护的方法手段、体育锻炼常识、体育运动特点与基本技术以及生活方式与身体健康的关系等，上述知识在体育课中介绍的频率较高，另有其他知识也在体育课中讲授过，但知道的学生比例不高。

由此可见，学生对体育课程中关系到自身发展健康、安全和科学锻炼方面的知识关注程度和了解程度较高。说明学生对体育理论知识的学习并不漠然，只要与之相关，符合学生需要的，一样会受到关注。

6.影响学生参与体育课程学习的因素

影响小学生体育学习的因素主要是学校不重视、不知道每节课要达到什么目标、体育学习环境差，缺乏场地设施；影响城市初中学生学习的因素则表现为教师教学方法单一、目标不清楚、内容陈旧；乡镇初中学生选择的原因是教学方法单一、学校不重视、内容陈旧；城市高中学生认为场地器材缺乏、目标不清楚、学校不重视是影响体育学习主要原因；乡镇高中生的选择则是体育场地差，教学方法单一、内容陈旧；大学生则把场地设施问题、教学方法问题和学习内容过多视为体育学习的影响因素。

由此可以看出，当前影响学生体育课程学习的主要因素集中在教学方法单一、教学内容陈旧、场地器材设施缺乏、不清楚教学目标以及学校领导不重视等方面。

另外学生还提出安全问题也是需要考虑的问题之一。

7.影响学校体育课程实施的因素

总体排在首位的影响因素是体育器材设备资源缺乏，这已经成为多项研究中不争的事实，各方面的研究都从不同角度映射出这一问题，也是体育课程实施过程中的最大阻力，没有场地设施的体育课就像没有空气的生物一般失去了生存的环境；其次是体育教师缺乏学习机会，不能及时补充新内容。这一问题在前面也讨论过，在社会高速发展的今天，体育教师自身不注重专业发展，就不能满足体育课程实施的需要。第三是领导不重视，不支持。没有领导的重视和支持，体育课程就无法获得合理的地位，也更谈不上发展的问题；第四是没有教学研究团队，缺乏科学研究环境。第五是安全问题，等等。另外，体育教学有效时间利用不足，课外体育活动开展现状差、缺乏巩固体育学习效果的环境和措施，体育教学班级容量大等也是体育课程存在的主要原因。

上述这些因素都是体育课程实施过程中的重要影响因素，无论哪一个问题得不到适当的解决，体育课程实施的效果都会受到影响。

四、提高体育课程实施效果的对策

要提高体育课程实施的效果，必须从体育课程实施的各个环节进行完善。

（一）充分发挥主体在体育课程实施中的积极作用

体育课程实施过程中的主体是多样化的，发挥主体作用的策略涵盖着各个层次的主体策略。由于体育教师是体育课程实施的核心主体，因此，本论文重点探讨发挥体育教师作用的策略，对于发挥学生和校长作用的策略只做简单的叙述。

1.充分发挥体育教师的积极作用

（1）加深体育教师对课程的理解

行为的产生依赖于对事物的理解和认知，理解和认知的程度越深刻，行为就越有效。在很多情况下，体育教师对课程实施的积极性偏低，是因为体育教师对课程缺乏理解。例如，在体育教师适应了按照教学大纲规定的内容进行体育课程教学的模式之后，新课程突然间将具体的体育课程内容变成了该内容需要完成的任务或达成的目标，由过去具体的、可操作的课程材料变成了笼统的、抽象的课程要求，让教师完全自主安排教学内容。体育教师无法适应这种状况，更不理解为什么变成这样，变成这样要达到什么结果，这样的结果对学生发展和体育教师的发展有什么价值？一系列的困惑和困难摆在面前，使体育教师很茫然，也很盲从，索性还把原来的内容搬过来继续使用。因此，要保证体育课程的顺利、有效实施，必须注重教师对课程的理解程度。促进教师对体育课程的理解可以采用多种途径，如加大对体育课程的宣传、组织体育教师学习多种课程文本文件、组织体育教师进行必要的课程观摩和校际间的交流学习等等。

（2）组织和激励体育教师开展课堂改革，创造具有生机和活力的体育课堂

课程实施是一个不断更新、变化的过程，要在课程实施过程中不断对体育课程进行改善、调整、补充，就必须经常性的进行课堂变革。要让体育课堂充满着生机和活力，就必须改变那些无论教什么内容，体育课程都是从跑步热身

开始、简单的徒手操、教师教学、学生练习、活动、下课的流程顺序，就必须改变不同年级、不同的班级、不同的教学内容、不同的教师在同一时间上体育课程，操场上却出现几个班级同时跑步两圈、教师或班长组织做关节操等满场一致的局面。

体育课堂是体育教师的舞台，是展示体育教师师德、学问、才华、能力的舞台，体育教师要通过体育课堂、通过不同的体育教学内容、有针对性的教学组织方法、与学生融洽地交流以及教师自身的示范和身体仪态，展示体育教师关爱学生的师德修养、学富五车的体育文化知识、才华横溢的运动技能技术和教学组织技巧以及对课堂实境具有识别力、辨别力、鉴别力的高超的课堂掌控能力，充分展现体育教师的魅力。要实现这样的体育课堂，就必须不断进行课堂改革研究和创造。也只有实现了这样具有生机和活力的体育课堂，体育课程才能真正成为学生欢迎的课程。

（3）鼓励和组织体育教师进行校本课程研究

所谓校本课程，就是由学校自己决定和设计，在本校范围内实施的课程，发展校本课程是当前我国中小学课程改革的一个重要趋势。校本课程发展的主体力量是教师。

鼓励和组织体育教师进行校本课程研究，一是校本课程更加适合学校和学生个人的特点和需要，可以弥补国家课程和地方课程在实施过程中的不足，如国家和地方课程中的某些项目在学校不具备课程学习的条件，无法形成课程实施活动，就可以通过校本课程的形式补充与之相应的课程内容；二是有助于体育教师体验体育课程决策与设计的过程，从而增强对课程的理解力，而对课程的理解力又是进行课程实施的重要基础。在学校，不是每一个体育教师都有机会参与到国家和地方体育课程的设计和变革中，多数体育教师不明白课程是如何创生出来的，课程的基本要素是什么，都有什么样的作用，通过校本课程的研究过程，可以帮助教师弥补这一过程的缺失；三是通过校本课程发展，促使教师增强自我效能感和自信心，从而增强对体育课程实施的动力和积极性。校本课程研究过程中，体育教师通过直接参与课程研究、制定、实验和检验，提升自身的能力，同时也检验自身的能力，在课程开发的过程中找到自己的位置，体验课程研究的成就。

（4）加强体育教师的业务学习、培训

体育教师的业务学习和培训是体育教师通过学习相关的理论知识和技术技能，来提高自己的课程实施素质，尤其是关于课程实施素质中的课程意识、课程理念、课程改革知识、学科前沿知识和新体育项目、新教学手段和方法、新教学模式和课程结构等。主要实现途径有：

一是专家引领，邀请体育课程和教学领域的知名专家、大学体育教师、体育教研员等为体育教师开设专题项目，通过聆听理论学术报告和讲座获取信息，开阔视野，提高素质；通过观摩实践和录像，领略特级体育教师的体育示范课，学习体育课堂设计理念、方法和艺术；邀请体育领域的课程实践专家亲临教学实境，现场对体育教师的教学过程和环节进行诊断评价，分析过程、找出问题、总结经验、提高水平；还可以进行个别指导、网络互动、助教研修等方式实现专家引领体育教师提高业务素养。

二是校本教研培训，以体育教师所在学校为基地，立足本校体育资源，以解决本校体育课程实施中的问题为宗旨，依靠自身学校的力量进行教师培训学习。

三是院校合作，专业进修。实现高等院校体育专业与基层学校的合作，利用高校的体育资源为体育教师提供相应的培训课程。要求合作院、校之间紧密联系沟通，了解体育课程实施环节的具体问题，有针对性地开展培训，为体育教师提供最需要的业务进修素材。在有条件的学校，可以建立体育专业院校的专业硕士研究生实习基地，委托体育教师指导实习，在此过程中，既锻炼了研究生的教学实践能力，又使得体育教师为了更好的指导学生，而认真钻研业务，提高水平。

四是短期培训，技术学习。通过各级教育部门为体育教师定期组织相关的技术学科培训，不断丰富体育教师的教学素材和运动知识。

最后，体育教师还可以通过自学的方式进行业务学习，这也是教师学习最可行、最便宜的一种方式。

（5）培养体育教师的教学反思习惯与能力

反思性实践是体育教师在体育课程实践中不断系统深入地进行课前反思（对备课情况和体育课教学方案反思）、课中反思（课堂教学每一个环节的反思）和课后反思（下课之后的总结），通过这种反思性的实践发现自身备课、上课、课后总结的不足，并及时学习、修正，从而不断提高课程实施效果的过程。体育课程实施中的反思性实践活动具有探究性、开放性、民主性、批判性特点，有助于体育教师采取适宜的教学行动，使体育课堂生动活泼，形成良好的师生情感；有助于教师形成关于实践的基本原理，提高体育课程实践能力和水平；有助于促进师生信任关系，避免伤害。

（6）体育教师要正确认识、理解学生主体地位

体育课程实施中有两个"活性"主体的存在，一个是体育教师，另一个是学生。但是，这两个主体的站位是不同的，体育教师是课程实施的执行主体，而学生是体育课程实施的参与主体。这种主体的定位，就决定了学生从参与课程开始，实际上是处于相对被动的地位的。被纳入到体育课程实施过程中的学生首先是作为教育对象而存在和参与活动的，学生的地位首先是教学的对象，然后才是学习的主体。

首先，学生是处于发展中的主体，其身心发育尚未成熟，对事物的认知缺乏判断和鉴别，对体育学科知识的掌握尚不完善，不能很好地辨别哪些是有用的知识。在众多情况下，学生对体育知识和经验的需要是以自身兴趣为主的，但是作为一门课程来说，应具有的科学性、完整性和知识性是学生无法掌握的。因此，学生的运动兴趣需要依靠体育教师去激发和培养，学生的体育需求需要由体育教师去启发和引导。

其次，学生主体所具有的"自主"是受教育思想和课程理念影响的，但是在课程实施过程中，学生主体的"自主"程度必须由体育教师来掌控，不能脱离课程本身的性质和要求，"自主"是要发挥学生学习的主动性和参与性，而不是让学生没有判别、没有原则的"自由"。把学生主体的"自主"理解成学生想学什么就学什么，想怎么学就怎么学，能学到什么程度算什么程度的做法，是不负责任的，是违背教学规律的不可取的课程实施行为。

第三，学生是体育课程实施的参与主体，是以接受间接的理论经验和直接的运动实践经验为主的学习主体。在体育学习过程中具有能动性，学生在学习活动中是积极参与体育课程，并以自己的知识经验体系和兴趣动机为基础来获取体育知识和技能，并使之转化为自己的认知结构的知识"个性化"过程。对

学生进行体育教育时可以是"探究学习""自主学习"，也可以是"接受式学习"。运用"探究学习""自主学习"培养学生的体育学习能力并不排除和否定"接受式学习"的作用，而且，不是所有的体育知识和运动技能，都可以采用"探究学习""自主学习"方式来实施体育课程。

（7）处理好体育教师主导与学生主体的关系

学生是体育课堂学习的主体已经得到了体育教师的公认。学生在体育学习中的主体性表现在学生在课堂学习活动中的选择性、自主性、能动性和创造性。同时，学生作为体育课程实施的对象，作为体育教育的对象，还具有受动性、依附性和模仿性等特征。体育课程实施过程中要在发挥体育教师主导作用的同时，注重学生主体作用的发挥，强调学生主体性，处理协调好二者的关系才能保障体育课程的顺利实施，否则就会从重教轻学的极端滑向重学轻教的另一个极端。

另外，还应加强体育教师的课程研究和教师文化建设，同时建立健全相关的政策和制度，为体育教师实施体育课程提供政策保障。

2.提高学生体育学习积极性的措施

学生是体育课程实施过程中的参与主体，体育课程目标最终要通过学生的学习结果，即课程对学生的身心发展效果来反映，因此必须确立学生的主体地位。如何发挥好学生在体育课程实施过程中的主体作用，主要有以下几个方面：

提高学生对体育课程的认识。使学生明确知道体育课程在学校课程中的性质和地位，以及与学生考核、升学的关系；对学生进行体育课程价值、意义、功能的教育，使学生形成正确的体育观，了解体育课程对于学生自身发展的作用。由此，从学生自身方面提高参与体育课程学习的积极性。

通过各种途径培养和提高学生参与体育活动的兴趣。兴趣是最好的老师，可以激励学生产生主动探索、发现的动机，动机会促进行为的产生。

发挥学生在体育课程实施过程中的主体作用，鼓励学生积极思考、体验，邀请学生参与体育课程研讨，尊重学生的意见，并合理采纳有建设性的建议。

发挥学生群体体育骨干作用，建立合作小组、互助小组，使体育基础好的学生有机会辅助他人，建立其成就感；使体育基础差的学生得到帮助，获得运动体验，建立自信心。

开展丰富的体育活动，以集体荣誉感促使学生积极参与体育课程学习

在体育课程之外，开展丰富的课外体育活动，并对体育竞赛、体育艺术节、班级对抗赛等多种形式活动的参与范围提出要求，多开展全体学生的活动，利用学生为班级争光的荣誉感激发学生的责任心，使之不甘落后，积极参与体育学习与锻炼。

通过外围因素促进学生的体育学习。这里所说的外围因素包括相关部门的制度、社会的推动力、家庭的影响等等。例如，中考体育成绩加分制度、家长的正确引导、社区活动的组织等等，都会对学生的体育态度产生影响。

3.发挥校长主体作用的措施

校长是学校整体教育工作的管理者和具体工作的执行者，是学校课程分配的决策者，是体育课程得以实施的有力保障者，也是体育工作的监督者。发挥校长的主体作用有利于体育课程的实施。

使校长增长体育兴趣，重新认识体育课程。校长对体育课程的认识程度与他们给予体育课程的支持是呈正向发展的。校长对体育越了解，认识程度越高，给予体育工作的支持力度就越大。因而提示体育教师通过多种方式，邀请校长参与体育活动，增长培养体育兴趣；在情况允许的条件下，由体育组根据实际情况，利用学校条件开发一些健身活动项目，提供给全校教师参与；体育组长、体育教师在认真做好本职工作的前提下要主动同校长交流，让校长了解学校体育课程状况，体育教师的工作情况。

邀请校长参加体育校本课程开发。一方面，现在的校长多数都是某一学科的优秀教育者，都懂得教育的规律和课程的设计，邀请校长参与课程开发活动，可以得到来自校长的教育理论、课程理论的指导；另一方面，有助于将体育教师的工作展示在校长面前，得到校长的认可。

通过体育给学校带来更多的荣誉。通过体育教师和学生的共同努力，获得竞赛的优异成绩；通过教师评优课，得到体育同行的认可；创编具有特色的学生健身操，加入到学校课间操内容，展示体育教学成果，并可以作为上级检查、同行观摩时的一项代表学校特色的活动进行展示，提升学校的知名度。本人曾经随同"体育国培班"的学员观摩过一些学校的课间操活动，其中一所小学的课间操给本人留下深刻的印象，在教育部门规定的广播操之后，全校学生一起

做自己学校体育教师创编的武术操，动作简单，整齐划一，喊声阵阵，让所有观摩人员眼前一亮。

体育教师以身作则，创建有生命力的体育课堂，让校长看到充满生机的体育课程和课堂上充满活力的体育教师、学生群体。通过上述活动，改观校长对体育课程、体育教师的认识，使其将体育课程纳入学校发展的规划，给予体育课程更多的支持和指导。

（二）完善体育课程实施途径的对策

完善体育课程实施途径可以从以下两个方面进行：

一方面，改变现有体育教学现状。体育教学是课程实施的主体途径，主体途径不通畅，其他辅助的途径再完善，也达不到预期的效果。因而，完善体育课程实施的途径首先要提高体育教学的效率。一是要保障体育课程规定的时间。首先在学时设置上要按照国家要求，严格实施各阶段学生体育课程教学时数安排，不得以各种理由减少体育课程的课时数量；二是要杜绝其他课程、事件对体育课程的占用情况，不得以任何理由停上体育课程或挪用体育课时；三是要提高体育课程本身的有效教学时间，改变和完善体育教学组织形式。体育课程是传授体育知识的场所，虽然以身体活动为手段，但不是普通意义上的自由身体活动，身体活动是体育知识形成的途径，活动要建立在知识传授的基础上，要有计划、有组织、有目的地进行身体活动，寓身体活动于体育教育之中。即体育知识是本质，身体活动是手段；四是提高体育教师的专业素养、事业心和责任心。使体育教师认真设计每一节体育课程，认真执行每一节体育课程，让体育课程真正成为激励学生体育学习、唤醒学生体育求知、鼓舞学生积极参与的课程。

另一方面，改变现有课外体育活动现状，使课外体育活动真正成为所有学生的第二体育课堂。一是要积极保持现有的课间操、课余训练、运动会；二是要建立班级体育活动制度，使每个班级都有固定的体育活动时间，使班级的每一个学生都参与体育活动；三是学校要积极组织具有特色的课外体育活动，开展特色体育、民间体育、体育节活动，并形成规模，形成制度。

另外，积极寻求和发展更多的体育课程实施的辅助途径，如家庭促进力量、社区促进模式，等等。

（三）改善体育课程实施环境的对策

目前，学校体育课程的实施环境不容乐观，无论是软件环境还是硬件环境都存在一定的不足，改变这种局面是一件非常困难的事情。

首先，关于软件环境的改善。一是要加强体育课程实施的制度建设，完善各项政策、法规以及教学文件的配备和学习制度；二是要加强学科理论建设，在体育理论、课程理论、教学论等方面提升整个体育工作人员的素质；三是在人员方面，建设配备合理的体育教师队伍，加强教师行为规范教育，树立良好的体育教师形象。四是加强校园体育文化建设，促进学生体育兴趣发展。通过多种方式进行体育文化宣传，加强校园体育文化建设，从而拓宽学生的体育知识，促进学生对体育文化的认识，激发学生学习兴趣。多种宣传渠道包括：如学校宣传窗、校报、校园网、体育艺术节等等；多种宣传内容包括：世界冠军、体育明星、奥运知识、运动建筑、体育海报等等。

其次，关于硬件环境的改善。一是要出台相应的政策，对中小学体育器材设施配备加以规定和要求，并建立相应的监督、保障措施；二是教育经费中体育经费的投入按标准拨付，专款专用，同时加大投入力度，并多方筹集资金，提高体育经费数额；三是要发挥学校力量，发扬自力更生、艰苦奋斗的精神，根据学校条件创建体育快乐园地，充分利用现有资源。四是加强体育教材和教师用书建设，为体育课程实施创建良好的知识素材环境，等等。

第二节　学校体育课程评价是体育课程的监督保障

一、对学校体育课程评价的认知

人的活动是具有自觉意识的追求价值的活动。在活动过程中或者在获得一定的活动结果之后，人们总要对自己的活动价值进行反思和评判，以便不断地调整、改进或选择自己的活动。孟子说过："权，然后知轻重；度，然后知长短；物皆然，心为甚。"要权衡事物的好坏，需要有一个评价的环节。对于学校体育课程来说亦是如此。学校体育课程评价一是要对学生的学习表现进行评价；二是要对体育课程本身进行评价，以便提出改进建议；三是要对教师的课程实施进行评价，以激励教师更好的实施课程。

（一）学校体育课程评价的含义

现代汉语中的"评价"一词，一般被理解为衡量和评判事物的价值。从哲学意义上来看，"评价活动是主体与客体之间价值关系的反映活动，是人类意识活动不可缺少的重要方面……评价论是价值哲学的组成部分，也是认识论的组成部分，是体现在认识关系中的价值关系的认识论研究"。李连科曾指出："评价实际上是价值，即客体与主体需要的关系在意识中的反映，是对价值的主观判断、情感体验和意志保证及其综合"。那么，学校体育课程评价是什么？

要解决体育课程评价的问题，首先要探讨课程评价是什么的问题。课程评价的定义一直是一个有争议的问题。泰勒将评价看作是对课程目标实际达成程度的描述；美国"教育评价标准联合会"1981年将"评价"定义为：对某一对象（方案、设计或者内容）的价值或优点所做的系统探查；而《简明国际教育百科全书·课程》课程评价的定义则是"课程评价指的是研究一门课程某些方面或全部的价值的过程。"

杨明全在《课程概论》中提出：课程评价是根据某种标准，以一定的方法对课程计划、活动及其结果等进行描述和价值判断的过程，包括对学生学习结果的评价和对课程本身的评价两部分。由此可以看出，对"课程评价"的定义主要包括三个方面：首先，它是一个价值判断的过程；其次，它评判的对象或内容是课程的某一方面或者全部；第三，在评判的过程中要遵循一定的标准。

由此可以这样认为：所谓学校体育课程评价，就是以一定的方法途径，按照一定的标准对体育课程计划、活动以及结果等有关问题的价值或特点做出判断的过程。对这一定义进一步理解，可以发现体育课程评价研究要包括三个方面的问题，一是评价对象的问题，在定义中体现为体育课程计划、活动及其结果；二是评价标准，在定义中体现为有关问题的价值和特点的理解；三是评价方法和途径的问题。

（二）学校体育课程评价的层级定位与评价对象的确立

1.学校体育课程的三级管理体制

1999年，《中共中央国务院关于深化教育改革全面推进素质教育的决定》指出："调整和改革课程体系、结构、内容，建立新的基础教育课程体系，试行国家课程、地方课程和学校课程。"这是我国长期试行的中央集权制课程管理体制向中央—地方—学校分散管理体制过度的标志。2001年《基础教育改革纲要（试行）》的颁布则标志着我国三级课程管理体制的正式确立。我国目前学校体育课程从管理方式上也是采用了三级课程管理的模式，即国家体育课程、地方体育课程和学校的体育课程。

国家体育课程管理是由国家制定的基础教育各个阶段的体育课程培养目标、课程计划框架、课程标准以及实施和评价的要求等宏观政策，由教育部负责实施。

地方体育课程管理是由省、市、县各级教育行政部门执行上一级教育行政部门颁布的体育课程政策，监督下级对体育课程政策的执行，并结合本地实际情况，制定相应的指导性课程文件，如地方性的《体育与健康课程计划实施方案》等。学校体育课程管理则是各级学校根据学校自身特点，制定各学校体育发展的指导思想和规划，对体育课程进行的计划、协调、开发、实施、评价、控制等一系列活动，目的是提高体育课程的适应性和有效性，使其更好得服务于学校体育的培养目标，促进学生的全面、主动发展。

事实上，国家管理层面的体育课程是政策性的课程标准，地方管理层面的体育课程是指导性的实施方案，只有学校管理层面的体育课程才是真正的实体性课程。

2.学校体育课程的评价层次定位

由上述内容可以看出，由于不同层面的体育课程表现形式有所不同，因此被评价的着眼点也就不同。所以，对不同表现形式的体育课程评价，在评价的内容和方法上就要有针对性，或者说要有层次性。根据各级体育课程的不同表现形式，将课程评价层次区分为"中央"层面的体育课程评价、各级地方政府层面的体育课程评价和学校层面的体育课程评价。各层次的课程评价都应该制定符合其特征的评价内容和标准。笔者研究所涉及的体育课程评价指的是学校层面的体育课程评价。

3.体育课程的评价对象的确定

关于课程评价的对象问题，有研究者将施瓦布提出的课程要素作为课程评价的对象，即教师、学习者、教材以及环境。《简明国际教育百科全书·课程》中认为："根据课程的不同定义方法，课程评价的焦点或目标可能包括课程需要和学生需要、课程设计、教学过程、在教学中使用的教材、学生成果目标、通过课程学生取得的进步、教师有效性、学习环境、课程政策、资料分配以及教学成果等内容。"

林锦英等在《学校层级课程自我评鉴手册（暂行版）》（2004）中对台湾地区学校层面的课程评价做了说明：第一，课程规划评价：包括制定适宜的学校体育课程目标、发展具体可行的学校体育课程计划、编选适宜的教学材料；第二，课程实施：落实学校课程计划与进度、组成教学团队，发挥教师专长、教学评价多元化、依据结果补救教学或改进教学；第三，成效评估：了解教师教学成效、检查全体学生的学习表现、运用课程评鉴结果；第四，专业成长：规划并提供教师专业进修活动、提供多元化的教师专业成长模式、并鼓励教师实践与教学；第五，行政支持与资源整合：学校课程领导成员具有专业智能与领导力，能支持并参与课程发展、成立课程发展委员会，有明确分工与运作、提供课程发展所需要的行政支持，有效运用资源、设置知识管理系统，整合资源，建立共享机制。这个评价内容涵盖了课程管理、课程设计、课程实施、课程成效等方面，是较全面的学校层级的课程评价内容，并且在实施过程中的成本费用和难度也相对较高。

从体育课程评价的概念来看，评价对象应该是"体育课程计划、活动以及结果"，即体育课程的过程和产物。体育课程的过程包括课程设计、课程管理、课程实施等；而课程的产物包括体育课程目标、课程内容与组织、体育课教学和学业评价，表现为学校的体育课程方案、教材和参考书、教师备课计划、教师的体育课教学和学业评价中的学生成绩和记录等。由此可见，课程评价的对象是比较复杂的，关于体育教师的教学评价、学生的学习评价等在体育教学评价中也是主要的构成部分，因此，它们并不是课程评价的特有产品，而是可以独立的评价体系。它们既可以融入课程评价之中，也可以独立于课程评价之外。在本论文中，将教师教学评价和学生的学习评价列入体育课程评价之中。

由此将体育课程评价的对象确定为体育课程的教材（内容）评价、体育课程的过程评价（包括：整体的体育教学评价和体育教师的施教评价）、体育课程效果评价（即：学生学业评价）和体育课程的环境（条件）评价。

（三）学校体育课程评价的功能

关于课程评价的功能，斯克里文（Michael Scriven）首先提出并给予界定，认为课程评价的功能简单来说，就是服务于形成性评价（formative evaluation）和总结性评价（summative evaluation）。克龙巴赫（Cronbach，1963）认为，课程评价的功能主要有课程改进、针对学生的决定和行政法规三种。具体说来，课程评价的功能可以归纳为如下内容：

对课程需要性的评估功能：在一项课程开发或课程计划拟定之前，首先要了解社会或者学生的需要，以便作为课程设计的直接依据，此外，教师进修的需要、学生对某一阶段学习的需要，都可以作为课程需要的评价依据。

课程诊断与修订功能：对于正在进行中的课程，通过课程评价可以发现其优点和缺陷，为修订课程提供建议，使课程逐步趋于完善。同时，还可以发现学生的学习问题，帮助改进教学。

课程比较与选择功能：通过对不同课程方案的课程目标、课程内容组织、课程教学实施以及效果的判别，从整体上鉴别课程的价值，再结合课程需求评价，选择课程的去留。

对课程目标达成程度的了解功能：课程评价可以判断一项课程计划实施过程中的结果，并将结果与课程预设目标相对照，评判课程目标的达成情况。

对课程成效判断的功能：课程评价可以对一项课程计划实施之后的效果进行全面的衡量，这种衡量是对课程效果的全面把握，而不单纯是对目标达成程度的了解。

（四）学校体育课程评价的三种取向

学校体育课程评价的取向是指每一种体育课程评价所表现的特定的价值观。每一种评价取向的具体模式和评价的操作过程、方法都不尽相同，因此，采取哪一种课程评价取向就决定了采用哪种模式的课程评价和该如何操作评价的过程。就目前来看，可以将多种多样的体育课程评价归纳为目标取向的体育课程评价、过程取向的体育课程评价和主体取向的体育课程评价三种。

1.目标取向的体育课程评价

目标取向的体育课程评价是将体育课程计划或体育课的教学结果与最初的预定目标相对照的过程，体育课程的预定目标成为课程评价的唯一标准。目标取向的体育课程评价追求评价的"客观性"和"科学化"，以"自然科学范式"为理论基础，基本方法论是"量化研究"方法。在评价过程中，预定的课程目标往往以行为目标的形式来表述。在这种评价中，评价者是主体，被评价者是客体。主体评价类型属于总结性评价。目标取向的体育课程评价取向的优势是课程评价采取量化的方法，简便易行，容易操作，它推进了课程评价的科学化进程。但是，它忽略了人的主观能动性，人的行为具有主体性、创造性和不可预测性，并不是任何时候都按照一定的模式产生；也忽略了课程实施过程本身的价值，而且这种量化的评价对于人的高级心理活动的判断是极其有限的；另外，体育课程实施是一个开放环境中的动态过程，不可预知的因素很多，且学习过程中不同学习主体的身体条件也会对学习产生影响，这些因素都是目标取向的评价所无法涉及的。

2.过程取向的体育课程评价

过程取向的体育课程评价主张体育教师与学生在课程开发、实施和体育教学过程中的所有表现都纳入课程评价的范围，强调课程评价的实施者与具体评价环境之间的相互作用。过程取向的课程评价在本质上受"实践理性"影响，在方法论上即倡导量化的评价方法，也主张给予质性评价一定的地位，它对目标取向课程评价忽视的问题有了一定的认识，对人的主体性、创造性给予一定的重视和尊重。不足之处在于它依旧受目标取向课程评价的影响，对人的主体性认识不够彻底。

3.主体取向的体育课程评价

主体取向的体育课程评价认为课程评价是评价者与被评价者、体育教师与学生共同参与的具有建构意义的过程。主张课程评价是对课程多元价值的判断过程，在这个过程中的每一个人都是平等的主体。体育教师作为体育教学过程的内部人员、学生作为体育课程的参与者，都具有主体性，是评价过程不可或缺的组成部分。主体性课程评价本质上受"解放理性"支配，倡导评价是一种理解性行为，而不是控制性行为，认为每一个主体都对自己的行为具有反省意识和反思能力，评价者与被评价者、教师与学生之间在评价过程中是一组具有交互作用的主体，评价过程是民主参与、协商和交往的过程，它尊重差异，承认价值多元性，体现着课程评价的时代精神。

二、学校体育课程评价体系构成

学校体育课程评价体系就是在"健康第一"思想指导下，以课程评价理论为依据、评价方法为工具、评价内容为标准，由评价主体对体育课程教材、体育课程过程、体育课程效果和体育课程环境进行评定，旨在评估、诊断、修订、选择体育课程和发展体育课程的较全面完整的评价体系。

（一）学校体育课程评价的主体

学校体育课程评价的主体即是能够对体育课程设计、实施活动提出设想、意见和建议的各种人员，包括体育课程的设计者、专家、课程管理人员、体育教师、学生、社会关注人员（如家长）等等。

（二）学校体育课程评价的类型与方法

1.学校体育课程评价的常见类型

对于课程评价的分类，可以从多个角度进行，依据不同的分类标准有多种不同的分类方法。例如：依据课程评价的作用性质，可以将其分为诊断性评价、形成性评价和总结性评价；按照课程评价与课程预期目标的关系，有目标本位评价与目标有力评价；以课程评价的目的为标准可以区分伪评价、准评价和真评价；按照参与评价的主体划分为内部人员评价和外部人员评价；而按照课程评价关注的焦点不同，则有内在评价与效果评价的分类。

（1）诊断性评价、形成性评价和总结性评价

诊断性评价、形成性评价和总结性评价是布卢姆提出的关于评价的分类体系，该评价体系具有序列性，分别在学生学习的不同阶段用以评价预定目标的达成情况。

诊断性评价一般用于体育课程方案或体育课教学实施之前，目的是考查课程进展某一阶段开始之前的初始水平，以便在了解学生和教师基础水平、学习环境条件、课程实施可行性的前提下，预测和发现问题，设计下一阶段的课程进程，使之能顺利有效实施。

形成性评价也称"过程性评价"。用于体育课程方案或体育课教学的实施过程中，目的在于收集实施环节的各种信息，为课程设计者提供详细的反馈，使之随时了解课程进程中的问题，为修订和改进体育课程方案提供证据，便于及时修改和完善课程方案或体育课教学计划。

总结性评价也称"终结性评价"，是课程方案实施后的评价。它以体育课程整体作为评价对象，目的在于收集资料和信息，以便确定该体育课程方案的价值、效果，对课程的优劣程度做出判断，为课程决策者决定是否推广课程方案提供参考依据。

同时，这三种评价方式也可以作为评价学生体育学习成绩的有效评价方式。在学生体育课程学习开始之前用诊断性评价考查学生进行课程学习的准备状态；在体育课程学习过程中采用形成性评价考查学生学习的情况，判断学生学习的程度和问题，从而为学生学习提供改进建议；在体育课程学习结束后，运用总结性评价考查学生阶段性的学习成绩和效果。

事实上，这三种评价不存在逻辑和方法论的区别，为了检验评价对象的价值和信息，可以使用同样的评价方法。只是根据评价时间和评价结果的用途不同，来区分评价行为究竟归属于哪一种评价方式。并且三种评价方式具有内在的联系，诊断性评价和形成性评价为总结性评价提供有益的补充，而前一阶段的总结性评价可以看作下一阶段开始的诊断性评价结果，三者互补更好地发挥课程评价的作用。

（2）内部人员评价和外部人员评价

这种评价方式划分主要依据的是评价主体的来源。内部人员评价是由课程设计者、课程实施者参与其中，运用各种方法手段对课程实施的效果进行检验的过程；外部人员评价则是由课程设计和实施者以外的人员对教学成果和学生学习的效果进行测定，是着眼于课程实施结果的评价方式。

内部人员评价可用于形成性评价和总结性评价，优势在于课程设计者和实施者了解整个方案的设计理念和技术处理的技巧，评价结果既可以考察课程实施的效果，也可以用于课程方案的修订和完善；不足之处在于评价主体会受到自身设计思路的影响，往往不承认设计的问题，而将不良效果的责任推脱给其他人员，也存在评价过程具有主观成分，不容易使人信服。

外部人员评价一般用于总结性评价，由于评价人员与课程设计者和实施者之间不存在利益关系，只是根据实施结果来判断课程目标的达成程度，评价结果客观性强，可信度高。但是，由于评价主体不了解课程设计的初衷和实施的目标，会导致评价背离课程设计初衷的趋向，不利于课程的改进和完善。

（3）内在评价与效果评价

根据课程评价的指向性不同，可以将课程评价区分为内在评价和效果评价。

内在评价是指向课程本身的评价方式，课程评价人员可以通过对课程计划所包括的具体内容、内容的正确性、排列方式、课程计划所涉及的对象水平和教材类别等进行评判，以评价课程本身的价值。内在评价的立足点是假如课程设计、组织是好的，具有可靠性，课程所取得的效果就是好的。例如研究中常用特尔菲法构建某些课程内容体系、课程评价体系等，就是这样一种思路。

效果评价的指向是课程实施结果，即课程对学生身心发展、对教师和其他参与人员产生的影响，也称为结果评价。通过这种评价方式对结果进行判断时，一般要通过前测与后测、实验组与对照组之间的差异来作出判断。效果评价的立足点是实证研究，通过实施过程记录学生在课程中的表现、学生实际达到的目标，通过统计数据说明实施效果。

2.学校体育课程的量化评价与质性评价

学校体育课程评价的方法从总体上来说，可以分为两类，即量化评价和质性评价。

所谓量化评价，即量的评价，就是用数量化的方法进行课程评价。量化评价的主要形式是客观性评价，通常用标准计分和常模比较两种形式。就体育课程来说，即体育知识测验的客观性试题（填空题、选择题、判断题等）和能够以客观标准考察的体育运动内容，例如以时间、长度、高度、个数、得分等形式客观计量的运动内容（跑的时间、跳的高度、投的远度、进球个数），以及可以以数字记录的体育场地、设施、器材的数量等等。量化评价的特点：一是数量化，即以数字化的方式进行；二是客观化，整个评价过程以客观化的标准为依据，不存在主观判断；三是普遍化，采用统一的、普遍性的评价标准对所有评价对象进行评价，操作性强。其局限性在于忽视了课程当中不可量化的重要因素；量化评价信奉一元标准，忽视价值的多元性；它以预定目标为标准，排斥课程实施过程的丰富性和创造性；重视行政人员和课程研究者的利益，忽视教师在课程实施中遇到的问题；重视有意识、有组织的结果，忽视非计划性产生的实效。

所谓质性评价，即质的评价，就是试图通过自然状态的调查研究，尽可能全面地解释和描述评价对象的性质，以求在更深层次上理解和把握评价对象的实质，做更深层次的价值判断。课程的质性评价重视课程评价的深层性、整体性、多元性和自然性，目的是解决对量化评价中被忽视的、具有价值的、不可量化的课程元素的评价，以便更深入、更真实有效地评价课程。因此，量化评价的局限正是质性评价的优势。

综上所述，课程的量化评价和质性评价是两种不同理念的评价方法，各具不同特点，适用于不同的评价目标和评价对象，两者相互补充，互相弥补，综合使用，能够更客观、更全面、更深入的评价课程的价值和效果。

（三）学校体育课程评价对象及评价指标

笔者将学校体育课程评价的对象确定为体育课程的教材评价、体育课程的过程评价、体育课程的效果评价和体育课程的环境评价。体育课程的评价对象的确立解决了体育课程评价"评价谁"的问题，而从何处着眼进行对评价对象进行评价，是体育课程评价体系要重点关注的问题，即用什么样的指标对评价对象进行评价。本论文即是将体育课程评价体系构成的研究重点确立在评价指标的建立上。

1.体育课程教材（内容）的评价指标

体育教材是根据体育与健康课程标准、学校的体育课程方案的要求，选择和组织的课程内容。体育教材的载体既可以是印刷品，也可以是幻灯片、教学影片、录像带、录音带、教学程序等等，在我国最普遍的是体育教科书、教学指导书（教师用书）和运动挂图以及其他直观教具，目前还有一些是根据教学内容拍摄的运动技术教学视频资料等。有研究表明，实物、影像、录音、照片、图画、图表、文字符号中，按次序抽象程度逐渐升高，抽象程度越高可读性越差。体育教材要体现的更多的是具有动态连续性运动的技术特征，所以更要注意多种多样的、直观形象的辅助手段与教材的搭配，同时还要注意学习者的年龄特征，年龄越小，教材越要直观，同时在语言上越要通俗易懂。另外，教材编写既要考虑教师的需要，更重要的是考虑学生的需求，教材更多情况下是许多学生唯一能够接触到的学习材料，也是他们第一次也可能是唯一一次读、听、看的机会，因此，教材要尽可能从学生的角度出发，成为学生学习的工具和辅助材料。教材的作用显示出对教材评价的必要性。

结合体育课程教材的特点，确定对体育教材的评价，可以从以下方面进行：

体育教材内容方面：体育教材内容的准确性、基础性、顺序的合理性，教材内容的新颖性、知识信息的真实性、与体育课程标准关系的适宜性。

体育教材呈现方式方面：体育教材形式与体育学习的合适性、章节内容的明确性和合理性、文字说明与直观形象对体育学习的有效性、理论知识与运动技能同使用者之间的适宜性、图形符号与学生水平的相配性（如小学低年级用卡通图）、指导语言的通俗易懂性。

体育教材的结构方面：单元分配的合理性、章节安排的完整性与合理性（目标、名称、要领、练习步骤、易犯错误、注意事项等）、动机激励活动安排的充分性与及时性、使用说明等与学生年龄的相符性。

体育教材的编写格式方面：印刷质量与开本大小、版面设计、色彩搭配、

体育教材的具体使用方面：辅助学习材料的合适性、与地区实际情况相符合、与教学条件相适宜、满足教师要求的程度等等。

2.体育课程过程评价内容

体育课教学评价可以分为两部分，一是整体性的体育教学评价；二是一节体育课中的体育教师的施教评价。

（1）体育教学评价内容

对于整体的体育教学评价，刘志红教授在其博士论文《学校体育教学评价体系构建与可操作性研究》做了详细的论述。认为体育教学评价应该涵盖教学准备、教学过程、教学效果和教学评价，并对各项内容的具体指标给予评定，按照其在体育教学评价中的重要程度，列举如下：

①教学过程：教学过程主要是对体育教学中教学目标的确定、教学内容的选择、教学方法、组织的设计以及应用进行评价。

教学方法应用：动机激发与兴趣培养、示范动作优美正确、讲解清晰明确有感染力、注重个体差异因材施教、关注学法指导与培养、纠正错误及时有效、采用现代化直观教学手段。

教学目标设计：教学目标设计的针对性、知识技能目标的可观察性、增进健康目标的可测性、情感态度目标的行为特点。

教学组织形式：教师主导和学生主体发挥、课程结构和负荷合理、有效利

用时间与空间、课程氛围和学生情绪引导。

教学内容选择：精选内容并具有针对性、难易度适宜重点突出、内容丰富符合本校情况、传统内容与新兴项目结合、知识与技能体现连贯性。

②教学效果：体育课的教学效果主要体现在学生体育锻炼习惯的养成、身体健康水平的提高、体育技术与知识的掌握以及学生对教学的满意程度方面。

锻炼习惯养成：自觉参加体育活动、有自我锻炼兴趣、乐于与他人共同参与运动。

健康水平的提高：身体素质提高、身体形态符合年龄特征、能以体育方式调节情绪、机能水平改善。

体育技术与知识掌握：知识与技能的主动应用、记忆理解体育知识、熟练掌握技术技能。

对教学的满意程度：对体育课产生期待、对教学内容感兴趣、对教师的技术技能钦佩、喜欢教师的教学风格。

③教学准备：教学准备方面，主要从体育教师设计教学的理念、对学情的分析、必备的教学文件以及体育场地设施的安排方面进行评价。

教学理念：从以教为本到主体参与、从知识本位到注重发展、从单项灌输到激发动机、从静态预设到动态生成。

学生水平分析：体育意识与态度、身体素质水平、锻炼情绪水平、技术技能水平。

教学文件：教学大纲、单元计划、教学计划、教案（课时计划）。

条件与设施：器材满足教学需要、场地安排布局合理、根据本校特点创新。

④教学评价：指教学过程中对于学生行为的评价，包括：

即时评价应用：激励评价关注学生行为、互动评价培养主体意识、指导评价关注技术技能形成。

形成性评价应用：单元教学目标达成、技术技能掌握、体育知识理解、个体差异变化。

终结性评价应用：学期教学目标的达成、对师生教与学的激励、检验教学大纲的适宜性、教学结果的诊断与反馈。

这是一个相对完整且详细的体育教学评价体系，更适合于单元教学评价或学期教学评价，而对于一节体育课的课堂教学评价来说，可在此基础上有针对性地选择适宜的评价指标。

（2）体育课堂教学评价——体育教师施教评价的内容

体育教师教学评价是体育课程评价的重要内容。运用恰当的评价理论和方法对体育教师的体育教学活动和结果进行评价，是提高体育教学质量的重要手段。对体育教师进行评价，施教环节必不可少。施教评价就是体育教师的课堂教学评价。施教评价最主要的方式是观察法，即表现评价法，就是评价者对体育教师的课堂教学进行观察和评价。施教评价的内容同样涉及体育课目标、内容、方法、手段和学业评价等各个教学环节，相对于上述的体育教学评价，更具有针对性。本研究借鉴教学评价理论以及其他学科关于课堂教学评价的指标，结合体育课课堂教学特点，认为体育课堂教学评价应从如下方面进行：

体育课教学目标：是否符合体育课程标准和学生的实际水平、教学目标的可操作程度。

体育课教学内容：内容的基础性和代表性、内容适合学生认知水平、重点突出，针对性强。

教学方式：教学方法选择与内容相符；教学组织合理有序，教学过程调控及时有效；场地和器材布置合理，利用效率高；恰当使用各种教学辅助手段。

教学反馈：学生学习态度表现，教师评价及时准确，学生自我评价和互相评价。

教学态度：身体语言准确、合理、适宜；师生关系平等、尊重、和谐；课堂学习氛围融洽、愉悦。

教学效果：教学目标达成度高；师生精神状态表现；解决问题灵活、有效；课后练习作业适宜。

3.体育课程效果评价——学生学业评价的内容

体育课程设计最终要通过体育教师作用于学生，通过课程实施过程中的师生互动活动来完成课程目标的要求。学生的学业成绩是体育课程实施效果的直接反映，也是体育课程目标达成的载体。对学生体育课程学业成绩的评价，可以结合体育课程目标从学生的情感态度、技术技能、体质健康和知识认知等方面进行评价。

（1）情感态度

运动参与：课余时间主动自我锻炼、体育课出勤、课上身体运动负荷、课外活动、课间操的参与。

学习兴趣：主动参加各种体育活动、努力承担学习任务、自觉思考锻炼中的问题、积极响应教师提问和指导、虚心接受他人建议。

合作交往：愿意与同学共同参与锻炼、能理解和尊重他人、希望在学习中与同学互助、乐于与同学老师交换意见。

情绪调节：勇于克服学习中的困难、对同学朋友的态度友善、能客观对待批评与表扬、严格遵守体育规则。

（2）技术技能

技术技能应用：在自我健身锻炼中选用、与同学配合简单技战术、在一般竞赛中灵活运用、指导他人进行科学锻炼、家人一起锻炼时应用。

技术掌握质量：独立完成基本技术动作、技术动作结构合理、以理论指导身体实践、技术动作规范正确、动作姿态优美娴熟。

技术技能达标：达到相应的技能标准、能够完成简单动作组合、完成基本战术动作、达到技术要求的各种标准。

（3）体质健康

身体素质：力量素质、耐力素质、灵敏素质、柔韧素质、速度素质。

身体机能：心率、肺活量、血压。

身体形态：体重、腰围、胸围、身高。

（4）知识认知

人体科学：人体生理变化规律、体育锻炼对身体形态、机能和素质的影响、运动卫生与自我保健、机能适应性与运动处方、体育锻炼效果测定与评价、人体解剖学结构。

体育理论：技术要领记忆、领会和应用、身体锻炼的原则与方法、运动技能形成规律、专项竞赛的组织方法、裁判法与相应规则、体育史、体育政策、法规。

心理学：体育锻炼对心理发展的影响、运动的乐趣和成功体验、学习目标设置、心理障碍克服的方法、情绪调节与控制。

社会学与美学：体育对人成长的影响、身体美的特征、体育审美意识与审美规律、体育对社会发展的作用、体育的社会价值与魅力、不同体育项目的审美特点。

4.体育课程环境（条件）评价的内容

体育课程环境是指围绕在体育课程主体周围，对体育课程决策和体育课程实施具有影响力的各种因素的总和。按照其呈现形式可以分为显性环境和隐性环境；按照对体育课的影响方式，分为体育课程的内环境和外环境；按照对体育课程产生影响的领域分为体育课程的宏观环境、中观环境和微观环境；按照性质分为体育课程的软环境和硬环境。

笔者则是根据环境的性质将体育课程环境区分为软件环境和硬件环境，并确定体育课程环境评价的具体内容为：

（1）体育课程软件环境评价

制度环境：体育与健康课程标准；体育课程发展规划；学校的体育课程计划；体育规章制度；体育教师专业发展计划等。

社会环境：校园体育文化；校风班风；班级氛围；人际关系。

人力环境：学校体育组织机构人员构成；体育师资队伍建设；体育课程教学团队；教师专业素质发展（教师职业道德、教学能力和教育科研能力）。

（2）体育课程的硬件环境

体育场地设施：体育场地面积、体育馆面积、运动器材拥有量。

经费投入：是否按要求拨付、是否专款专用、生均体育经费。

体育教材：教材版本、教材质量、教材拥有程度。

班级规模：学生数量、男女生比例。

在学校体育课程评价体系中，课程评价的主体是整个评价活动的操作者；评价方法是评价主体在课程评价活动中为了获得评价结果而采用具体的手段；而体育课程的教材评价、体育课程的过程评价、效果评价和环境评价是最关键的评价对象，是评价活动赖以存在的基础；具体的评价指标是评价活动执行的依据和标准，是评价活动顺利进行的保障。

三、学校体育课程评价历史发展

（一）学校体育课程评价发展的总体情况

为了对我国学校体育课程评价有一个总体的认识，笔者对新中国成立后颁布的中小学体育教学大纲中关于体育课程评价部分的内容进行分类、汇总。

我国从新中国成立初始到 2000 年颁布的体育教学大纲中不同程度地提出了关于体育课程评价的要求，并对体育技术技能、身体素质练习的评价在项目上给予建议，在成绩评定方面通过考核标准对照表给予统一规定，但是允许各地方根据情况在考核项目方面做适当调整。

学校体育课程评价可以划分为三个阶段，新中国成立初期至 1978 年体育教学大纲为第一阶段，这一时期在体育课程评价方面，体育教学大纲只是要求对体育课要进行成绩考核，并给予考核项目和测试标准的规定，以及成绩记分的对照表，关于体育课程评价的内容相对简单，是一种政策性的要求。

1987 年体育教学大纲到 2000 年体育教学大纲为第二阶段，这一时期的教学大纲中关于体育课程评价的要求相对于上一阶段有了一定进步，在教学大纲中明确规定了体育课的考核方案，在方案中对体育课程考核的目的、考核办法、考核项目与标准、成绩计算方式、体育课成绩记录方式、课程的免考与补考以及各地区学校修改考核项目的标准和权限等都有了较为详细、明确的规定。

2001 年《体育与健康课程标准》的颁布至今为第三阶段，新《课程标准》对于体育课程的评价有了实质性的变化，提出要对体育课程进行评价，而不再是单纯对体育课进行考核；《课程标准》对体育课程评价的目的、意义、步骤、评价对象与内容、评价重点、评价方法和成绩评定形式做了说明。

（二）学校体育课程评价发展的分项论述

为了更好、更清晰明确的阐述我国体育课程评价的发展变化，针对不同阶段《体育教学大纲》在评价主体、评价对象、评价目的意义、评价内容方法与依据、成绩核算等方面进行分析。

1.评价主体由"单一"向"多元"发展

从新中国成立初期到 1978 年体育教学大纲颁布，体育课成绩考核主要由体育教师负责执行，成绩评定也由体育教师完成，是"单一"主体的体育课成绩考核。

1987 年体育教学大纲关于体育课成绩考核，在"体育课出勤率及课堂表现"内容评价中，首次提出"该部分成绩由体育教师给出，但是要参考班主任和体育课程学习小组的意见。"虽然体育课技术技能、身体素质和运动能力以及体育理论知识考核还是由体育教师完成，但是，在体育课成绩考核中，已经看到其他人员参与的雏影，评价主体有了多元发展的雏形。但是在 1992 年的大纲中，此部分内容没有被体现，成绩考核依然由体育教师独立完成；1996 年的高中体育教学大纲中要求将体育课出勤、课堂表现由体育教师提供给班主任，作为学生操行评语的参考。

2000 年体育教学大纲中再次要求，体育课成绩由体育教师给予评定，并参考学生自我评价和相互评价的意见。

2001 年《体育与健康课程标准》的课程评价方案中，对学生学习评价由体育教师评定，并参考学生自我评定意见；教师的教学评价则由体育教师、学生、同行、专家以及学校领导共同参与完成；课程建设评价由教育行政部门负责，参考学校自评结果、学生的反应，包括学习结果和学生的评价意见以及社会有关方面特别是家长的评价意见共同完成。体育课程评价主体实现了多元化发展。

2.评价对象由"体育教学"转向"体育课程"

从新中国成立开始一直到 2000 年的体育教学大纲,体育课程的评价对象始终是"体育课"评价，即体育教学评价。

课程评价的对象受"课程含义"的制约。在西方，经常使用的是"大课程"的概念，即课程包含着教学。因此，在评价上往往称为"课程评价"，"课程评价"涵盖着"教学评价"。在我国，由于早期教育引进了苏联的教育学和教学论，并一直受其影响，是一种"大教学"的体系。我国的课程又是由国家统一规定的，因此，权威性比较高，故在多年的检查评价中，有"教学检查"而没有"课程评价"。体育课程也是如此。

上世纪 80 年代以后，随着各种教育观念的转变，尤其是课程开发的权利开始逐渐由中央统一转向"统一"与"自主开发"相结合，地方政府才有了一定的课程权利，课程评价才逐渐显现出来，且在"课程"概念的使用上逐渐与西方趋同。体育课程的发展也是如此。但是，课程的发展与成熟也要经历一个较长期的研究过程，虽然已经有了课程研究和课程评价，在体育课程开发方面也有了一定的进展，但是真正实施还需要一个过程。到2001年《体育与健康课程标准》颁布，首先在名称上有了变化，即从"教学大纲"变为"课程标准"，确立了体育课程的性质和范围，课程与教学的关系，体育课程评价具更真实的意义。

3.评价的目的作用经历了由"教育效果、教学质量"检查、"检查与激励学生发展"向"课程诊断与目标达成程度"评价的演变

早期的体育教学大纲，对于体育课进行考核的目的表述是"体育课是学校体育工作的重要一环，必须上好。""体育教学应对学生进行必要的成绩考查"，"要建立考核制度"等，此时的体育课考核的目的集中在对体育教学质量的检验上，同时强调体育课的重要性。

1987年体育教学大纲则明确指出："体育课成绩是衡量学校体育工作和学生全面发展教育效果的一个组成部分，也是检查评估体育教师教学质量的主要内容。"首次提出"体育课成绩，应按照国家教委有关规定，作为学生升级、毕业总成绩的一部分，也是评'三好生'的条件之一"。体育课程评价的目的由"教学检查"变为"教育效果、教学质量"检查。

1992年体育教学大纲则将体育课程评价目的调整为：小学、中学均为"激发调动学生积极性，了解教与学状况，完成育人目标。体育成绩作为毕业、升级、评'三好'条件之一。"1996年高中"检查教学效果，促进学习，改进教学工作，提高质量。体育成绩作为评'三好'条件之一"。2000年则去掉了作为"三好生"评价条件，变为小学、初中的目的是"激励学生学习积极性、掌握必要知识、技术技能，培养体育兴趣，养成锻炼习惯"，高中的目的是"鼓励学生积极上进、提高兴趣、掌握必要基础知识技术、发展能力、提高学习信心，培养体育锻炼卫生保健习惯"。由此，体育课程评价目的转变为"教育效果、教学质量"检查和"激励学生发展"，更注重对学生的激励作用。

2001年《体育与健康课程标准》则明确指出，"课程评价的主要目的，是对课程设计和组织实施的科学程度进行诊断，并确定课程目标的达成程度。"由此，课程评价不再是简单的检查、激励作用，而是转向课程评价的本质：即对课程的诊断功能。

4.评价的内容、方法、依据由"一维"向"多维"发展

新中国成立初始到 1978 年体育教学大纲,对于体育课评价的内容主要是学生的运动技能和身体素质情况;评价采用技术、技能和身体素质测试的方法,由体育教师完成;评价依据主要是技术技能和身体素质实际水平。

1987 年开始,首次将体育课出勤率及课堂表现和体育基础知识列入体育课考核内容,并提出利用纸笔测验——体育理论试卷进行体育理论基础知识考查。考核方案将体育课考核分为四项内容,并对各项内容在体育课成绩中的比例做了规定:即体育课出勤率及课堂表现(10%),运动技能、技巧(30%;小学 1~2 年级 50%),身体素质和运动能力(40%)以及体育保健基础知识(20%;小学 1~2 年级不评价)。

评价主要采用观察记录、现场观察评价法、技术技能和身体素质测试法以及理论试卷的方法;主要由体育教师完成。

评价的依据主要是出勤、学习态度、课堂表现、体育道德作风;学生学习状况,掌握动作质量评分;现场测验运动成绩记录;以及命题考试成绩。

2000 年教学大纲对上述内容作了调整,没有规定各项内容在成绩计算中的比例,取消了理论试卷,改用口试的方式对理论知识进行考核;并提出评价以体育教师为主,要结合学生的自我评价和相互评价,采用综合评定形式确定体育课成绩。

由此可以看出,体育课程评价的内容从"技术技能和身体素质测试"发展到"平时表现与技术技能以及体育理论知识相结合";根据评价内容的变化,评价方法由单一的"现场技术测验"到"日常观察记录、现场观察评价、技术技能和身体素质测试以及理论试卷"多种方法综合运用;由体育教师单独执行评价向体育教师、学生共同参与评价转变;评价的依据由单一"技术技能、身体素质水平"发展到"日常出勤、学习态度、课堂表现、体育道德作风;学生学习状况,掌握动作质量评分;现场测验运动成绩记录;以及命题考试成绩"多种依据结合。

2001 年《体育与健康课程标准》将评价内容确定为:学生学习评价、教师教学评价和课程建设评价,由单一的评价学生向评价学生、教师和学校发展;评价依据是学生的学习综合水平,体育教师的教学质量与教师自身专业发展以

及体育课程在学校的建设规划内容。评价方法主要采用定量评价与定性评价相结合，绝对评价与相对评价相结合、自我评价与同行评价相结合的方式。

体育课考核评价的内容、方法和依据实现了由"一维"向"多维"发展，由体育课的评价向体育课程的评价的转变。

5.体育成绩核算由"单项评判"向"综合评定"转变

新中国成立初始到1978年教学大纲,体育课成绩由考核项目测试水平与国家给定的标准对照后核算记录，采用等级制记录成绩。

1987年教学大纲规定了各项考核内容的比例之后，体育课成绩在单项内容考试中各项以百分打分，然后按照各项所占比例核算各项内容成绩，以各项内容成绩之和为体育课的成绩，成绩记录方式为百分制或等级制记录成绩，并对百分制与等级制的换算标准予以规定。

2000年大纲则以综合评定成绩为主，运用等级制记录成绩。

2001年《体育与健康课程标准》规定学生成绩的记录方式为：小学1～2年级采用评语制；小学3年级至高中三年级采用等级评定制，也可以采用等级评定与评语式评定结合使用的方式；并要求建立学生成长记录袋。对于教师教学和课程建设方面未作规定。

6.体育课程评价的取向由"目标取向"向"目标取向"与"主体取向"相结合发展

新中国成立初始到2000年体育教学大纲中,体育课程评价的唯一标准是国家规定的考核项目和各个项目的标准，是以达到项目标准为主的评价，评价的依据是体育教学目标的达成，是以课程目标达成为目的的"目标取向"的课程评价。

2001年《体育与健康课程标准》由于课程评价的对象发生了变化，在评价中主张教师、学生、领导、同行专家以及各方面意见都可以作为体育课程评价的依据，体现了参与人员的主体地位，但同时学生的体育学习成绩仍然结合各项目标准进行，既考虑课程目标的达成程度，又考虑评价主体的作用，是"目标取向"与"主体取向"相结合的课程评价方式。

四、学校体育课程评价现状分析

通过上述的探讨，在充分理解学校体育课程评价的基础上，对当前我国学校体育课程评价的现状进行分析讨论，客观评价实际情况，有助于今后体育课程评价的发展与改进。

（一）体育教师对体育课程评价的认知

为了了解体育教师对课程评价的认知情况，笔者对体育教师进行了题为"体育课程评价应该从哪些方面进行"调查。结果显示，体育教师选择在前5项的是学习成绩、教学目标、教学方法、教学组织、课堂气氛（大学教师为课程方案）；排序在6～10位的小学和初中为教学效果、教材、课程内容组织、课程目标、课程实施；高中为课程理念、课程目标、课程方案、教学效果、课程内容组织；大学为课程理念、课堂气氛、课程目标、教学效果、课程内容组织。

由上述可以看出，第一，目前体育教师对体育课程评价的理解依然没有脱离过去的框架，对体育课程评价与学生学业评价、体育教学评价的关系认识不清楚。因此，矗立在体育教师意识里的体育课程评价就是对体育教学的评价。第二，有部分教师已经意识到体育课程评价与体育教学评价是不一样的，因此，对课程评价的课程内容、课程目标、课程实施有所选择，分析原因一是经过10年《体育与健康课程标准》的实施，和实施过程中接受的培训，教师自身对课程有了新的认识，但是对课程评价的理解还有待提高；二是这些内容与教学目标、教学内容有相似之处，在理解上有所混淆，产生了误会；三是体育教师对于课程实施过程中的教材、环境、体育制度、课程理念、课程方案的认识程度不同，因此这些项目在教师的答案里呈现出无规律性。在小学和初中教师认识里，教材的地位比较重要，而课程实施、课程方案、体育环境、课程理念、体育制度等都不是主要的选项，且选择人数所占比例也比较低；高中和大学体育教师的认知程度稍好，其课程理念、课程方案的选择比例较大；从总体上，所有教师对体育环境、体育制度的认知程度较差，没有作为课程评价的主要内容。

总体分析来看，体育教师的选择答案主要集中在课程实施环节的体育教学评价和学生学业成绩评价方面，而对课程评价中的教材评价、课程环境评价以及《课程标准》里提到的课程建设评价的认识不够。

（二）体育教师对学生学业评价分析

1.体育教师对学生学业评价的类型

体育教师对学生学习效果的评价主要采用的评价类型为总结性评价、形成性评价和诊断性评价形式，在使用过程中，各学段体育教师均以三者结合的方式对学生进行评价为主，其次是形成性评价和总结性评价。反映出体育教师对学生学习的判断方式已经由过去的期末考试一次性评价发展为对整个学习过程以及结果的综合调控，既关注学生最终的学习效果，也关注学生在学习过程中的发展与进步，表明体育教师在课程实施过程中，已经将学生放在学习主体的地位，是课程发展的一种进步。

2.体育教师对学生学业评价的形式

对体育学习成绩的评价主要来源问题，中小学体育教师认为学生成绩主要是由体育教师评价、学生的相互评价和学生的自我评价产生的。这种评价形式符合中小学体育课程改革中关注学生，创建民主、和谐、尊重的体育课堂的主张，在学习过程中，既有体育教师的权威体现，又有学生的主体意识体现。而大学体育教师的选择主要是教师评价，学生参与较少。

然而，对于这种状况，学生却有不同的认识。除小学生之外，初中、高中、大学的学生普遍认为，体育课成绩是以体育教师为主给的分数，学生的自评和互评没有起到应有的作用。究其原因，一方面是在课程考核过程中，体育教师采用了综合评价的方式，关注了学生的评价，但是学生不知道或没有认识到，而教师也没有有意识地培养学生的自我评价意识和能力；另一方面就是体育教师根据课程要求回答的问题，而在实践中并没有实施。

3.体育教师对学生学业评价的方法

目前学生体育课成绩主要是通过体育考试和教师日常的观察记录得出的。在初中和高中还对一项技术项目的测试成绩对照标准量表换算分数。由此发现，当前的体育课学业成绩评价是由体育教师主要执行，体育课成绩来主要源于体育教师，学生的自我评价和互相评价没有发挥作用。

4.体育教师对学生学业评价的内容

在关于学生学业成绩评定内容中，体育教师认为，平时表现、学习态度和出勤率是排在前三位的评定内容，身体素质、体质健康标准、专项运动技能在成绩评定中占有一定比例。而学生认为：平时表现、身体素质、专项运动技能是体育课考核的主要内容，出勤率、学习态度、体质健康标准其次。

但是，无论这些内容在体育课成绩评定中排在什么位置，从中反映出的是目前的体育教学或学生学业成绩评价方面，注重的是关于运动参与、运动技能和身体健康目标的评价，而关于心理健康和社会适应目标的评价比较少。一是由于体育教师的主要关注点在这三个方面；二是由于三个方面的目标可操作性较强，便于实施评价，而关于社会适应和心理健康的评价在实施上缺乏具体的考察标准，且判定的方法也难以掌握。

（三）体育教师对目前学生学业评价的认可程度

针对当前学生学业评价情况，城市体育教师80%以上认为能够或基本能够反映学生的学校状况，乡镇学校体育教师认可度稍低。

五、完善学校体育课程评价的建议

（一）建立学校体育课程评价的元评价体系

学校体育课程的评价应该包括对课程的评价和对课程评价的评价，即元评价。目前的研究是确立了体育课程的评价对象、内容，但是元评价环节尚处于缺失状态。元评价环节的缺失将无法判断现有体育课程评价内容、标准的价值和效果，将直接影响体育课程评价的质量。

（二）建立多元化的体育课程评价主体机制

当前的学校体育课程评价关注点主要集中在体育教学评价和学生学业评价方面，因而在评价主体上表现为以体育教师为主，间或有同行、学校管理者的参与；但是对体育课程的评价应该是一个完整的评价体系，还要包括对于体育教材、体育课程环境的评价，单一的体育教师和简单的同行与管理人员是无法完成科学评价的任务的。因此，应建立多元化的评价主体机制，将课程的设计者、专家、课程管理人员、体育教师、学生、社会关注（尤其是家长）等相关人员都纳入课程评价的主体范围，确立各层次评价主体在体育课程评价中的地位和重要作用，建立合理的体育课程评价主体机制。

（三）进一步完善体育课程评价的内容和标准，将课程评价落到实处

在建立元评价机制的基础上，对现有体育课程评价的对象、内容、标准进行监督和评价，并完善现有的评价内容和标准，尤其是在对体育课程教材和体

育课程环境的评价方面；在实施评价的过程中，要将课程评价落在实处，体育课程评价的关注点要从用总结材料反映的表面结果转向体育课程的实质环节，真正发挥体育课程评价的监督、诊断、修正和完善功能。

（四）加强体育课程评价主体的专业素养，建立高水平的课程评价队伍

加强体育评价主体的专业素养，建立高水平评价队伍，一是要提高课程评价主体的专业水平，即在对体育课程评价的认知、评价方法的掌握、评价标准的理解、评价尺度的衡量等方面给予培训和辅导，提高评价水平；二是建立第三者评价机制，即建设专门的体育课程评价主体队伍，应该是评价人员的专职队伍，而不是需要评价时就临时组织评价人员进入岗位实施评价，不需要时就解散队伍，各自回到自己的岗位继续自己的本职工作。

第七章　新课改下中学体育教学存在的误区

第一节　对新体育课程性质认识的误区

一、体育与健康课程的性质

新修订的《课程标准》明确规定："体育与健康课程是一门以身体练习为主要手段，以体育与健康知识、技能和方法为主要学习内容，以增进中小学生健康为主要目的必修课程。"回顾近百年来，特别是中华人民共和国建立以来半个多世纪学校体育课程演化的历史，各个不同时期制订的《标准》或《大纲》，在课程目标上虽然各有不同的侧重，但体育课"必须以增进健康为目的""必须进行身体练习""必须学习必要的知识与技能"的基本点始终未变。"国外更多的教育专家是把基础教育阶段的体育课程归纳到技能类课程，德国教育家费尼一把基础教育课程分为五类；即启智类课程（数学、科学社会、自然）：沟通类课程（国语、外语、阅读、文学、写作）；情意类课程（艺术、音乐）；技能类课程（体育、生活、劳动、保健）；活动类课程（课外活动与社会实践）。体育课程的性质应当是以技艺性为主，自然性、情意性、人文性四性兼备的一门实践为主的学科"。如果一味认为体育课程是健康课程就会导致"生物体育观"的倒退，忽视体育文化的传承、运动技能的学习和体育对人的发展的整体作用。近一个时期来，出现在体育教学中一个比较突出的问题，有些体育课不以身体练习为主要教学手段，不以运动技能为主要教学内容。例如，有的把围棋、象棋、吹肥皂泡等引入教材；有的用硬纸板制成预构件，让学生在体育课上去组装房子、汽车；有的把尿素袋开发成"时装"，让学生在课上学走时装步等。这些做法既学不到什么体育的知识、技能，也达不到锻炼身体的目的，背离了体育学科的性质，应当注意克服。

二、体育教学中有关课程性质认识的误区

教师对体育与健康课程的理解，认为体育与健康课程是康体课的教师占12.7%，是体健课的占61.9%是健康课的占6.4%，对体育新课程的性质问题在认识上存在了误区。正确理解体育课程的性质，是把握体育课程教学改革正确方向的前提。自中学体育课积的名称改为《体育与健康》之后，有的人以为体育课程已经由健身体育发展成为健康体育了，以后的体育课就叫"康体课"了，甚至有的人说体育教育已经发展成为健康教育了。为此，《中国体育报》于2001年6月8日在头版头条发表了一篇题为《教育部澄清—体育课决不能称"康体课"》的报道。发表这篇报道的主要目的就是要给体育课程进行科学定位，明确体育课程的性质，正确地认识和处理好体育与健康的关系，以免体育课程教学改革走偏方向。

三、正确理解体育课程的性质应该把握的要点

第一、体育课程教学必须贯彻"健康第一"的指导思想，为增进学生的身心健康服务。

第二、体育课程是以身体练习为主要手段的，不是以知识传授和智力游戏为主要手段的。

第三、体育与健康的知识、技能和方法，既是课程学习的主要内容，也是实现课程各项具体目标的主要载体，而且掌握这些知识、技能和方法也是《课程标准》要求达到的一项重要目标。

第四、体育与健康课程虽然强调多种内容、多种功能和多种价值的整合，但仍是以体育为主要内容的一门课程。

第五、小学和初中的健康教育内容由体育、品德与生活、品德与社会、生物或科学等相关课程共同完成，体育课程主要学习与体育密切相关的健康教育知识。

第二节　对教师主导与学生主体认识的误区

一、教师的主导性分析

教师的主导就应引导学生向着理解问题的方向发展，最终达到解决问题的目的。长期以来，人们有一种错觉，认为发挥主导作用就是教师滔滔不绝的讲解，学生安安静静地听讲，教师连珠炮般的提问，学生如流水般地应答。当然，教师的"讲"与"问"是需要的，特别是在关键处，教师的精讲往往起了画龙点睛的导向作用。但不能走极端，认为教师的每句话都重要。主导的根本含义应是"引导事物向某方面发展"。据此，笔者认为，"主导"的本意应从下列两方面考虑：一是教导。意即教育、指导、引导，重在给学生"指明方向，引导上路"，全面发展，学会认知，学会做事，学会生存与发展，学会共同生活。二是辅导。意即辅助与疏导。针对学生课内外在技能学习中发生的一些难以解决的问题，予以辅助、帮助，如同流水受堵，需要疏导一样。教师在教育过程中，不仅要注重学生的主体性，还要充分发挥教师的主导作用，教师的主导作用在教学活动中主要表现为三个角色：教师是指导者、组织者、激励者。

（一）教师首先是一个指导者

作为教师首先是一个指导者，应帮助学生明确要学习什么?和获得什么?对学生要探究的问题给予指导。教学实践中，教师要分析透教材，让学生首先能知道自己要通过这种活动获取什么，教师要了解学生的关注点是什么?怎样与教材联系起来，又怎样与社会实践联系起来，学生们就知道自己该怎么做了。作为教师首先给他们创设探究问题的情境，要让学生们在这些氛围中发现问题，有进一步研究的兴趣，而且是沿着课程标准要求的教学目标，找到兴趣点，探究点。

（二）教师应该还是一个组织者

教育教学中，教师担任着一个重要的角色，就是组织者，组织学生如何理解教材，组织学生如何有序地学习，达到既定的教学目的。作为教师应当帮助同学们创设、营造和维持良好的学习环境和积极的学习氛围，及时延伸学生们的学习热情，组织各种交流活动，比如：讨论会，展示会。在交流活动中，教师帮助学生抓住主要问题，组织好学生共同探讨、研究，让学生不断提出新问题、分析新问题、解决新问题，求同存异达成共识。

（三）教师还是一个激励者

作为教师应把同学们通过艰苦努力获得的东西视为最宝贵的财富。不管它是一个小小的问题，还是一个有创意的想法，总之是学生们思想的结果。教师对学生们在课堂上的表现，除指出不足之外，要给予极大的鼓励，把他们的成果展示在更多的人面前，让更多的人欣赏鼓励他们这种探索精神。只有做好这项工作，才能更好地引导学生进行探究型学习，更有利巩固学生的学习热情。对于学生的点滴进步都应给予充分的肯定、表扬，学生会从中获得力量，从而更加积极主动的学习。

二、学生的主体性分析

学生主体性是指确立学生在教育教学过程中的主体地位和作用，强调学生的主体性，充分发挥学生在学习过程中的主动性、积极性和创造性。发挥学生主体性就是让学生成为知识建构过程的主体，主动、有目的地获取信息来实现学习目标和任务，使学习进入一种自觉能动和创造的状态，使学生成为一个有独立意识、独立能力和创造能力的个体，成为一个能自觉地完善自我、实现自我价值的人。基础教育课程改革的核心问题之一是重视学生在课程学习中的主体地位。《课程标准》强调："以学生发展为中心，重视学生的主体地位"，不能把学生在课程学习中的主体地位简单地解释为就是"以人为本""以学生为中心""学生就是上帝"等。

"以人为本"这一口号，并非是现代教育的产物，早在 14～16 世纪文艺复兴时期，古典人本主义教育思想就提出来了。"以学生为中心"则源于 18～19世纪以卢梭等人为代表的新人本主义教育思想。到了 20 世纪初，美国教育家杜威进一步发展了"儿童中心论"。他把儿童比作太阳，认为一切教育措施都应围绕这个太阳转，一切教育活动都必须"从儿童不变的本能、自发的兴趣和需要出发"。[14] 进入 20 世纪 60 年代以后马斯洛、罗杰斯等人又提出现代人本主义教育思想。这种教育思想在弘扬人的个性、强调以人为中心、注重人的情感体验等方面，与古典人本主义思想是一脉相承的，但它更关注培养学生独立的人格，强调学生在教学中的主体地位，重视培养学生的创新精神，注意发挥非智力因素的作用。因此，现代人本主义教育思想有其积极的、可供学习的一面，但也有其片面与空想的特征。其教育目的过分强调"个人本位"，过分强调个体的需要和个体的发展，过分强调精神层面而忽视物质层面，因而在一定程度上脱离了现实，脱离了社会，同时也就削弱了它自身对教育价值的认识。所以，课程教学改革应该把学生发展的需要、社会发展的需要和学科发展的需要有机地结合起来。

诚然，学生是课程学习的主体。但学生主体不同于科学家、艺术家、教育家等主体，学生主体有其自身的特点：

一是，学生是身心处于发育过程中（身心发育尚未成熟）的主体；

二是，学生主体的发展程度主要来自教育所施加因素的影响；

三是，学生是以接受前人经验为主的学习主体。

从学生主体的三条特点中我们可以得到如下的启示：

第一、由于学生是身心发育尚未成熟的主体，他们已有的体育知识和经验是有限的。因此，在体育课程教学中不能一切都围着学生的兴趣转，一切都由着学生的天性和本能来。而要根据教育目标的要求，把学生培养成为全面发展和符合社会需要的人才。

第二、学生朝什么方向发展、能发展到什么程度，主要取决于教育所施加因素的影响。因此，那种让学生喜欢学什么就学什么，爱怎么学就怎么学，能学到什么程度算什么程度的做法，实际上是放弃教育职能的表现，是不可取的。

第三、"学生是以接受前人经验为主的学习主体"。教学就是要让学生快速、高效地掌握前人经验。为了培养学生的自学能力，为其终身发展打好基础，我们要积极提倡"探究学习"，使学生知道知识的来源，掌握获取知识的方法。但并不是所有的体育知识、技能，都要让学生通过自己的探究去发现的。

三、体育教学中教师主导作用与学生主体地位的认识误区

数据显示，教师对教学中担任的最主要角色的认识，是辅导者的占 14.6%；是主导者的占 27.0%，是参与者的占 9.5%，是管理者的占 17.5%。学生认为在教学中教师最重要的角色应该是辅导者的占 57.4%，主导者的占 15.3%，参与者的占 14.7%；管理者的占 4.2%，说不清的占 8.4%。从以上的数据可以看出，对学生的主体性地位，大部分教师和学生都有正确的认识和共识，只有少部分

教师和学生存在认识上的误区。而在教师主导性方面，广大教师和学生对新课程中关于教师主导性的认识方面存在误区，要想提高认识，必须弄清楚两者的含义及其关系，通过理论研究澄清误区。

四、处理好教师主导和学生主体之间的关系

（一）要有正确的学生观和恰当的教育方式

我们强调学生学习的主体性，并不意味着否认教师的主导作用。学生的学习过程是在教师指导下的认识过程，学生的学习主体性的形成与发展，离不开教师的教育和引导。在某种意义上说，教师的主导作用，就在于最大限度地调动和发挥学生学习的主体作用。而教师能否调动和发挥学生学习的主体作用，关键在于教师持怎样的学生观，采取怎样的方式。

学生观，是对学生的本质属性及其在教育过程中所占地位和作用的看法。传统教育把学生仅仅看成是教育对象，是消极被动地接受外来影响的客体，是教师"灌输"知识的"容器"。这种学生观必然导致对学生学习主体性的压抑；反之，如果看不到学生是正处于成长中的受教育者，高估他们的主体性发展水平，夸大其主体性发挥范围，忽视教师的作用，跟低估、压抑学生主体性一样有害无益。正确的学生观是既要把学生看成是教育的客体，加强对他们的教育和引导；又要把学生看成是学习和发展的主体，充分发挥他们主体能动作用。

教师教育方式是指教师在教育教学中所表现出来的特定行为模式，教师的教育方式，直接影响学生在认知、情绪、自我评价等多方面的发展。放任型的教师认为，学习是学生自己的事，教师没有必要多过问，课堂上我教我的，学生听不听无所谓。权威型教师认为，教师是知识的权威者，学生则是被动的接受者。只有民主型教师具有较高的民主意识，对学生既严格要求，又尊重他们的人格与才能，经常鼓励学生积极思维、独立思考、并可提出自己独到的见解，从而发挥学生的主动性。因此教师应当尽量向民主型教师靠拢。

（二）树立正确的"教育对象观"，创设和谐融洽的课堂气氛

以民主、平等的态度面向全体学生，尊重受教育者的人格及其选择，使每个学生都成为社会有用的劳动者和建设者。在教育上，虽有相对的统一要求，但个体的差异及其发展则是绝对的。过去，我们过多强调统一性，而忽略学生个体差异性，进行因材施教的少。课堂教学绝不是消除差异性，而是为每个学

生提供适合发展的条件，促进其更好地有选择地发展。所以要把上述的统一性与差异性很好地结合起来。教师要创造和谐融合的课堂气氛，具有"三童"：童心、童趣、童志。允许学生随时"插嘴"、提问、争辩，甚至提出与教师不同的看法。过去，对待学生的插话，不少教师认为是"耍小聪明""出风头"，甚至是"目无师长""破坏课堂纪律，扰乱正常的教学秩序"，往往恼羞成怒，加以斥责、讽刺，有伤学生的自尊心和自信心。其实，是金子都会闪光。达尔文曾被称为"没出息的学生"，爱因斯坦曾被老师称作"笨蛋"，数学大师华罗庚因语文成绩不佳而备受歧视，文学巨匠钱钟书的数学曾考零分，差点与大学无缘。有的孩子思维活跃，却看来"贪玩""不听话"、违背常规逻辑，甚至"迟钝木讷"。面对千变万化的课堂情境，教师的职责就要善于发掘每个孩子的"闪光点"、独特之处及其背后所蕴藏的潜力，而不是扼杀和毁灭。

（三）将发挥学生学习的主体性纳入教学目标是教与学的出发点和归宿

教师和学生活动的定向、内容、方式、方法及结果的评价，都受到教学目标的制约。只有把发挥学生学习的主体性纳入教学目标和教学程序，才能有效地促进学生主体的全面发展。传统的教学目标，主要抓知识的传授和技能的训练，现代教学目标不仅重视知识和技能方面的目标，而且强调通过知识教学发展能力和渗透思想教育方面的目标。但知识的掌握、能力的形成、思想教育的渗透，都是在学生主体自主、能动、创造性的学习过程中实现的教学目标，不能将发挥学生学习的主体性排除在外。在课堂教学设计上，不能只是把知识和运动技能按照流程讲解、示范给学生，应设计学生如何主动地去学。在设计方案中应体现：如何让学生主动参与，学生学习的内容与可能出现的困惑以及教师可能提供的帮助与策略。课堂教学想要发挥学生学习的主体作用，教师就应从教学目标、内容、运动量的多少、运动负荷的大小、课外作业的安排和学生商量着进行。通过商量，把教师的正确要求变成学生自觉的要求，充分发挥学习主体的能动作用。

（四）重视学法指导

学习方法是构成学生学习能力的重要要素之一。教师学法指导得好，学生掌握学法，其学习主体性就发挥得好，在学习活动中表现得活跃而主动。"教是为了不教"，"授人以鱼，不如授之以渔"，这就要求教师在课堂教学中教会学生学习，使学生学会独立地获取和选择教学信息，培养学生自主的、创造性的学习能力。17 但在现实教学过程中，重视教法，轻视学法的现象仍然存在。因此，学法指导作为课堂评价标准，以强调在教的过程中，注重学，进一步摆正教与学的关系，在教师主导下，确立学生的主体地位，这非常重要，千万不可忽略了教师的主导性。

总之在体育教学中，教师的讲解、示范，具有强烈的真实性、针对性、即时性、灵活性和人文性，这是任何多媒体教学手段所无法取代的。在"学生主体论"的片面认识下，教师被认为是学生学习的"辅导者"，这种认识，会导致弱化教师的教，忽视学生"接受性"学习的规律，使得教师无所适从，不会"教"了!新课程改革提出教师是学生学习的组织者、促进者和指导者，表明学生的主体地位恰恰是在教师主导作用下确立的。教学中学生的自主学习是以教师发挥主导作用为前提和条件的，如果教师在教学中，不注重激发学生的学习兴趣，不关心学生学习内容的选择，对学生的学习不加以引导，把教师的主导作用拱手让出，学生表面自主，实际上学习成为一种自发和自流状态。这样的学习显然难以保证有正确的方向，难以保证应有的效率。相反，越是充分发挥教师的主导作用，学生的自主学习就越能真正实现，学生的主体地位就越有可靠保证。新课程改革既强调学生在课程学习中的主体地位，也强调教师在课程教学中的主导作用。而且，我们还认为学生在课程学习中主体性发挥得如何，关键取决于教师主导作用发挥得如何。在体育课程实施过程中，教师所掌握的知识技能、教法手段、运动经验，以及对教材的理解，课前的准备等，都要先于学生和优于学生，在教学过程中起着主持和主导的作用，任何贬低教师在课程教学中的地位与作用的认识和做法，都应该防止和纠正。总而言之，教学既要突出学生的自主探究学习和主体性地位，又不应忽略教师的主导作用，只有将两者有效的协调统一才能实现新课标的目的。

第三节　对运动技能教学认识的误区

一、运动技能的概念

运动技能是指表现在外部的以完善合理方式组织起来，并能顺利完成某种活动任务的复杂的肌体动作系统。它主要是借助于身体的一定肌肉、骨骼运动和与之相应的神经系统部分的活动而实现的外显肌肉的反应。运动技能是一种习得的、有意识、有目的地利用身体动作去完成一项任务的能力。学生越是经济、有效、合理地利用身体动作完成任务，其动作技能的水平就越高，其能力也就越强。

二、新课程下运动技能学习的重要性

过去的体育课程教学比较重视运动技能的传习，对学生的情感世界、全面健康发展等方面关注不够。随着体育与健康课程的实验和推进，人们在关注三维健康观、关注学生的情感发展、关注体育对人全面发展的促进作用的同时，却出现了弱化运动技能学习的倾向，从一个极端走向了另一个极端，把运动技能学习与体育锻炼能力的培养割裂开来和对立起来。

学生直接从事各种身体练习、进行运动学习是体育教学的主要特点。各种身体练习、运动活动的完成是体力活动与智力、情感、意志活动相结合相统一的过程与结果。学生在进行各种身体练习的过程中，机体各器官系统，尤其是运动系统、神经系统、心血管系统等积极参与活动，学生的身体承受着一定运动负荷。学习掌握体育知识和技能与发展学生的体育能力是体育教学过程中的基本问题。在学习掌握体育知识技能的过程中，无论是发展体能还是发展学生的体育能力，都是以一定的知识技能为基础的。体育课程的本质属性是学生进行运动性认知学习，最主要的功能是学生学习掌握体育知识技能。通过体育课程向学生进行较为系统的体育运动、卫生保健、健康知识教育，使学生学习掌握与运用体育锻炼和体育娱乐的基本知识，提高对体育与健康的认识，提高学生的体育文化素养，学会与运用体育运动技能，这些是体育教学的主要目标。

一个不掌握任何运动技能的人，不可能有什么正确与成功的运动体验，不知道自己该练什么，更不知道该怎么练。因此，《全民健身计划纲要》、《中共中央国务院关于深化教育改革全面推进素质教育的决定》和《课程标准》都对学生掌握运动技能提出了明确的要求。所以运动技能不仅是体育课程学习的主要内容，也是实现体育课程各项具体目标的主要载体，而且掌握运动技能本身也是体育课程学习的一项重要目标，必须引起我们的高度重视。如果一味的鄙薄和削弱运动技能的学习，就会导致"运动技能"这一体育最为本质的教育价值，淡化或退化，那么，"会学""能力""运用知识技能"等，都只能是一句空话。

三、对运动技能学习认识的偏差与匡正

课程改革之初，有人对运动技能学习提出质疑，认为学生体质与健康状况下降的祸根在于运动技能的学习，甚至有将竞技运动赶出学校的偏激理论。由此，淡化运动技能学习，曾一度成了困惑无数一线体育教师的藩篱。归属于学科课程的体育课程，其最大的特点是高效率地传递人类体育文化，而作为体育文化核心成分的显然是操作性知识的运动技术。也就是说体育课程的教学目标应该定位于系统地传习运动技术。这里强调系统地传习，有两层含义，其一要求运动技术传习的完整性，使学生在学习运动技术的同时掌握如何学习和灵活运用这些运动技术的方法；其二是领悟每项运动技术的背后有其所蕴藏的思想和体育文化。学习和掌握体育知识和运动技能既是学生体育课程学习的主要内容，也是学生体育课程学习的重要目标之一，同时也是实现体育课程学习其他目标的重要载体，学生主要是通过体育知识技能的学习和实践来获得情感体验的。因此，体育知识技能的传授既是体育课程核心价值的体现，也是体育教师职责的主业。运动技能一旦被淡化，体育课程核心价值的体现将失去载体，体育教师的主业也将会被模糊。在课程改革的今天，新课程的理念，需要体育教师更重视对运动技能的学习、理解和内化。通过体育教师教学能力的提高，教学方法教学组织能力的优化创新，使学生对运动技能学习产生兴趣，获得成功感，以此来实现由课程理念向教学行为的转变。新的体育课程理念倡导的是通过学好运动技能、体育知识，使学生的身心得到全面的发展；关注的是如何通过身体练习去实现健康目标。而体育教师传授的运动技术是根据各种原理设计的最佳组合，学会这些能提高技能的身体练习或动作方式，学生才能受到运动项目的吸引从而具备自我体育能力，形成体育习惯，为终身体育奠定良好的基础。

第四节 对体育教学目标的制定上存在的认识的误区

一、教学目标的内容及其重要性

《课程标准》的课程教学目标包括五个学习领域目标，分别是运动参与目标、运动技能目标、身体健康目标、心理健康目标、社会适应目标。课程教学目标主要有两大类，一类是结果性目标，一类是体验性目标。结果性目标的指向可以结果化的课程教学目标，主要用于"运动技能"和"身体健康"学习领域。他明确规定了学生的预期学习效果，所采用的行为动词要求明确、可测量、可评价。体验性目标指向无需结果化或难以结果化的课程教学目标，主要用于"运动参与""心理健康"和"社会适应"学习领域。它主要是描述学生的心理感受、体验、或描述教学情境，所采用的行为动词大多是体验性、过程性的。

教学目标是课堂教学的灵魂，老师在课堂教学过程中要心中有目标，关注目标的真实达成度，并对教学做出有针对性的调控。因此想上好一节课，首先要制定好明确的目标，只有这样你才能在教学课堂中不会盲目行事，才能有目的地去完成一节课的重点内容，因此制定一个清晰明确的教学目标非常重要。

二、教学实践中对教学目标制定上存在认识误区的调查情况

教师在制定教案时，重点书写的目标，运动参与目标占 79.4%，运动技能目标占 82.5%，身体健康目标占 60.3%，心理健康目标占 54.0%，社会适应目标占 49.2%。由此可见我们对学习领域的目标认识上存在误区，在书写上还不规范，在教学过程中经常会分解理解五个学习领域目标。课堂教学目标具有导向、激励、发展与评价等功能。要充分发挥课堂教学目标的功能，制定的目标就必须明确、具体、可行，就必须是可以检查、观察和评价的。我们要想澄清误区，必须了解现今存在的问题及其注意点，才能从根本上提高认识。

三、教师制定教学目标时存在的主要问题

第一，制定的目标比较抽象和空泛。如"改进快速跑技术"；"发展力量

素质"："培养合作精神"等，这样的目标就比较空泛，因为快速跑的技术包含很多要素，力量素质有不同的部位与不同性质的力量，合作精神也有许多不同的体现，目标如果制定得不明确、具体，教师就不明确自己要把学生教成什么样子，学生也不知道自己要完成什么任务。因而，使教和学都带有一定的盲目性与随意性，对目标的达成情况也无法进行检查、评价。

第二，有的学习目标没有体现区别对待，因材施教的原则。

第三，五个领域的目标面面俱到，没有重点。导致课堂教学精力分散，"蜻蜓点水"，教学走过场。

第四，在学习目标的书写表述上也不够规范，从而导致割裂体育对人的发展的整体作用，形而上学的制定教学文件和进行教学实践。"

制定课堂教学目标应当明确、具体，运动技能与身体素质的目标，最好有质和量的要求；情感类的目标，应是可以通过教育观察做出评价的行为表现。

四、制定教学目标时的注意点

第一，符合教材的特点和教学的进度。

第二，符合学校的场地器材、教师的教学能力与学生的体育基础等实际。

第三，对完成动作质量目标的表述，既不可能像科学类课程那样追求公式化的规整与数字的准确，也不可能像人文类课程那样要求论述的严密与概念的准确界定，它可以是因人而异的。

第四，体育课对学生所做动作的要求是安全地完成或达到一定标准就可以了，它不同于竞技运动训练对运动员的要求。

第五，有具体的教材和组织教法作保证。

第六，目标重点突出，主次分明。

总之，五个学习领域是一个相互联系的整体，每个学习领域都不能脱离其他领域独立实现课程目标，而且各学习领域的学习目标主要是通过身体练习达成的，不能将五个学习领域隔离开来进行教学，不能理解成身体健康、心理健康和社会适应三个学习领域的目标只是通过课堂知识教育来实现的，更不能理解成某种运动手段和方法只能为某一教学目标所需所用，因为每一种运动手段和方法都有实现多种目标的可能。当然，有些体育与健康的知识可以利用室内课堂教学（如风雨天等）来讲授或指导学生阅读体育与健康课本中的有关内容。

因此，教师在进行运动技能的教学时，既要考虑运动技能目标的实现，也要考虑其他几个方面目标的实现。当然，有些教学手段和方法可能会侧重与某一或某些方面目标的实现。总之，通过身体练习活动实现多种目标，有助于充分体现体育的教育价值和健身育人的功能。

第五节　对学生体育学习兴趣的激发、引导与尊重认识的误区

一、兴趣的概念及意义

兴趣是对某一事物活动的积极表现的心理倾向，而体育兴趣是人们力求积极认识和优先从事体育活动的心理倾向。它是与参与体育活动的需要相联系的意向活动。

兴趣和爱好不但对学生的学习过程具有重要的意义，而且对课程最终目标的实现也具有积极的作用。只有激发和保持学生的运动兴趣，促进学生形成运动爱好和专长，才能使学生自觉、积极地进行体育锻炼，也才能使学生将体育活动作为生活中不可或缺的重要组成部分，并形成坚持体育锻炼的意识和能力。从终身体育的角度来讲，关注学生运动爱好和专长的形成以及养成坚持体育锻炼的习惯，比关注学生一时的运动技能表现更重要。不考虑学生的身心发展特征和学习兴趣，是不可能促进学生主动、积极的学习的，也不可能提高学习效果，多年的事实已充分地说明了这一点。体育学习的内容很多，应该选择那些对身心健康有好处、同时又趣味性强的运动技能，激发运动兴趣与学好运动技能是不矛盾的。学生有了运动兴趣，才能主动、积极地学习和练习，也才能更好地掌握运动技能。不能将激发学生的运动兴趣理解成"放羊式"教学，更不能将充分关注学生学习兴趣的体育课看成是休闲课，而应理解成教师通过选择有意义的教学内容、多样化的教学方法和新颖的教学组织形式，使学生学习运动技能有趣、有效。

二、教师设计体育教学主要依据的调查及误区分析

有 65%的体育教师把学生兴趣作为设计体育教学的主要依据。体育教师中觉得"放羊课"能提高学生学习兴趣的占 34.9%，不能的占 28.6%，说不清的占 36.5%。在对镇江市区中学的调查问卷中发现，有些教师把学生的运动兴趣推向了极致，提出"体育课程教学改革必须从学生的兴趣出发"，"必须以学生的兴趣为中心"，把学生的运动兴趣当作体育课程教学改革的唯一依据。甚至认为评价一堂课的好坏，主要就是看学生是否玩得痛快、乐得开心。忽视了知识、技能的教学和对学生勇敢顽强、刻苦锻炼的意志培养。我们认为这种认识是片面的，说明我们教师对待学生学习兴趣上出现了认识误区。

对于中小学生来说，学习既是他们的权利，也是他们的义务。对于国家规定的必修课程，作为学生来说，有些教材（如田径、体操、武术等）学起来可能有些单调、枯燥，但只要对实现课程目标有好处，就得认真去学，而且还要学好。新制定的《普通高中体育与健康课程标准》，在提倡选项教学的同时，把田径教材，特别规定为学生的必选内容，而且还专门为其规定了学时与学分。这是为什么?就是因为田径是强身健体较为简便、易行和有效的手段，就是因为要通过田径教材的教学来发展学生的体能素质。要想提高认识，必须从培养学生的学习兴趣、教学设计的科学性着手，处理好学生学习兴趣与教师教学设计的关系，澄清误区。

三、培养学生的学习兴趣的注意点

（一）多与学生接触，建立和谐、融洽的师生关系，点燃学生的体育兴趣

"兴趣是最好的老师"，在体育教学中，师生间融洽的情感是培养与激发学生学习兴趣的先决条件。根据北京一些学者对北京市 8 个区县的中学抽样调查，在不喜欢体育课的学生中，由于得不到体育教师关注和不喜欢体育老师的学生，约占一半。由此可见有些学生对体育兴趣丧失是从对体育教师的不信任开始的，反之，学生自然会尊敬，拥戴老师。这样师生相互信任、相互吸引。在整个教学过程中就会培养融洽的师生情感，建立良好的师生关系。教师的一言一行，一举一动，直至师德与师能往往成为学生模仿的对象。因此，体育教师要用高尚的情操，优美的示范，给学生以积极的影响。"学高为师，身正为

范"，教师这种潜移默化的影响，会直接教育学生树立正确的学习目的，端正学习态度，增强学习信心，从而燃起学生对体育的兴趣。

（二）让学生得到成功的喜悦，激发学生的学习兴趣

兴趣与成功是相辅相成的，兴趣可促使学习取得成功，而成功又可激发学习的兴趣。因此，在教学中，第一，要有明确、恰当的教学目标。一堂课要完成什么任务，主要解决什么问题，怎样去解决?备课时一定要充分考虑好，上课时必须让学生明白这堂课实现的教学目标。第二，要精心进行教学设计，围绕教学目标，在安排教学上采取什么途径，运用什么方法，各环节之间衔接，场地目标怎样布局等，应有一个清晰的教学设计思路。第三，要重视信息反馈，作好评价总结。

（三）利用竞赛，培养学生的学习兴趣

体育教学中的各项活动项目本身含有竞赛形式组织教学活动，利用竞争心理的因素，是激发学生学习积极性，培养学生兴趣的一种有效手段。游戏与竞赛以其特有的趣味性和竞争性很受青少年学生的喜爱，青少年求知欲旺盛，求胜心切，喜欢鼓励与表扬，根据这些特点在体育教学中教师可设计带有趣味性和竞赛性的游戏，来激发学生对体育的兴趣。苏霍姆林斯基指出："只有在学习获得成功而产生鼓舞的地方，才会出现学习的兴趣"。根据心理学家赫洛克对 106 名四、五年级学生作难度相同的加法练习。分为四组，其中一组为控制组，只练习不给予评论，其余三组，甲组为受表扬组，乙组为受训斥组，丙组为受忽视组，只让他们听其他两组表扬和训斥。结果表明，受表扬组成绩有明显提高，其次是训斥组，控制组成绩不仅没有提高，反而有所下降。因此，在体育教学中应坚持以表扬为主，多用良好语言刺激，可以增强学生情绪的正面变化，对于学生的缺点和不足，最好不直接提出批评，用正面提出要求为好，这样，有利于防止负面作用的产生，影响学生的积极性，从而提高学生对体育的兴趣。

（四）加强教学设计的科学性

教学设计科学不科学，主要是看教学阶段的划分、组织教法的运用、运动负荷的安排、场地器材与现代教育技术的利用等是否合理。

1.教学分段要合理

所谓教学分段，指的就是原来的课的部分，即一堂课的教学过程安排。当前存在的主要问题有三个：一是，分段过多。最多的达到十几段。其主要原因是课堂教学目标过多，面面俱到，导致分段过多，教学走过场。二是，教学分段没有主线，这和目标过多有关，导致各教学阶段缺乏逻辑联系。三是，不恰当地为课的阶段命名，如把准备部分命名为：激发兴趣、活跃情绪、纽带之光、愉悦身心、我心飞扬等；把基本部分命名为自主学习、发展能力、快乐参与、桥的畅想、情景发展、合作创造、体验乐趣等；把结束部分命名为：稳定情绪、放松身心、自我展示、欢庆成功等。为课的阶段命名有无必要，可以继续研究。如果要命名，就必须准确、鲜明地反映各教学阶段的本质特征，并要符合逻辑。例如，把课的基本部分命名为"桥的畅想""快乐参与"，就没有反映基本部分教学的本质特征，也不符合逻辑，基本部分让学生"快乐参与"，那准备部分与结束部分就不需要学生快乐参与吗？

2.要有严密的课堂教学组织

严密的课堂教学组织是我国体育课堂教学的一个特色。特别是在班级人数多，场地器材不足的情况下，如果没有严密的课堂组织，没有对学生的严格管理和严格要求，教学就根本无法顺利进行，学生不仅学不到东西，得不到锻炼，而且还容易发生伤害事故。严密的课堂组织纪律必须坚持，不能废弃，它是保证教学有序、有效和安全进行的需要，也是培养学生组织纪律性的需要。

3.教学方法有效，教学步骤清晰

一堂好的体育课，教师必定根据教学目标的要求、教材的特点和学生的实际，科学地选择、运用教学方法与安排教学步骤，使学生一步一个脚印地掌握运动技能，给人以水到渠成之感。而现在有些体育课，教师虽然注意了讲解示范和分组练习的运用，但如何根据教学目标、教材特点和学生的实际情况，有针对性地选择和运用组织教法，深入研究不够，教学步骤不太清晰，因而教学效果不佳。

4.运动负荷适宜

合理安排课的运动负荷，是锻炼学生身体、掌握运动技能和满足学生运动欲望的需要。当前存在的主要问题是，不重视课的运动负荷安排与运动负荷过小。课的运动负荷安排，与教学目标、教材性质、教学对象、课的类型、气候情况、教学条件等因素有关，不能强求一律，但必须重视。在教案中对各项练习的时间和数量，要做出具体的安排，做到心中有数。

5.场地、器材及现代教育技术手段的利用要经济、实用，符合教学的需要

一堂课要用什么场地、器材?用多少?要不要运用现代教育技术手段、用什么、怎么用?必须从教学的实际需要与学校的实际可能出发，本着经济、实用的原则来决定。当前，有些观摩课，在场地器材与教学技术手段运用上，存在追求品种多、规格高、数量多与形式化的倾向，既不经济、实用，也脱离了日常教学的实际。

四、处理好新课程下学生学习兴趣与教师教学设计的关系

过去的体育课程教学过于强调体育学习和锻炼的义务性和工具性，对学生的运动兴趣关注不够，因而影响了学生体育学习及锻炼的自觉性和积极性。为此，《课程标准》有针对性地反复强调，要重视培养、激发和保持学生的运动兴趣，并指出:"运动兴趣和习惯是促进学生自主学习和终身坚持锻炼的前提"，"是实现体育与健康课程目标和价值的有效保证"。强调要重视激发和培养学生的运动兴趣，是体育课程建设的一大进步。在体育教学设计中教师进行了积极的探索，有效地激发了学生体育学习和锻炼的热情，提高了体育学习和锻炼的效果。这是必须充分肯定的。

学生的运动兴趣是各不相同的，在实际工作中任何一所学校都不可能完全满足所有学生各种不同的运动兴趣。有人说一个班的学生运动兴趣相对集中，考虑大多数学生的运动兴趣就可以了。那么，还有少数学生怎么办?是否采取少数服从多数的办法来处理?但我们的体育课程教学是要面向全体学生，要"关注个体差异与不同需求，确保每一个学生受益"的呀!也许还有人说，为什么不让这些学生去学习他们感兴趣的内容呢?问题是，如果学校无法提供这些学生感兴趣的内容怎么办?或是个别学生对体育根本就不感兴趣怎么办?是否就可以不学、不练了呢?当然不可以。在这种情况下，体育教师应该加强对学生体育价值观和责任感的教育和运动兴趣的培养。学生的运动兴趣不是天生的，而是在后天的运动实践中逐渐形成和发展的。中小学生在某一年龄段的运动兴趣是有限的、不稳定的，也是可以拓展的。

必须高度重视培养和激发学生的运动兴趣，学生缺乏运动兴趣的体育是没有生命力的，是难以收到好的效果的。但"我们在改革中也应时刻铭记学校体育的主要功能，决不能把体育课上成'休闲'课。

我们应当尽可能地选择那些学生既感兴趣而又具有较高锻炼价值的教材内容，对于那些锻炼价值高而娱乐性较差的内容，可以通过组织教法的改革来激发学生的学、练兴趣，而不是简单地弃之不用。我们应当把激发学生运动兴趣的重点放到组织教法的改革上来。

第六节　场地器材的使用建议

一、发挥体育器材的多种功能

体育器材一般都具有多种功能，例如：栏架可以用来跨栏，也可以用作投射门，还可以用作钻越的障碍等；利用跳绳可以做绳操、斗智拉绳等。只要转换视角和思维方式，就可以开发出常用器材的许多新功能。

二、制作简易器材

各地学校可以结合本校实际，制作简易器材，改善教学条件。例如：用废旧的铁锹杆、锄把等制作接力棒，用废旧的竹竿和橡皮筋制作栏架，用废旧足球、棉纱和沙子等制作实心球，用废旧的棕垫、帆布制作沙袋，用木块制作起跑器，用树桩制作"山羊"，用砖头水泥或石块砌成乒乓球台，用砖头、木板、竹竿代替球网等。

三、改造场地器材，提高场地利用价值

可以把学校成人化的场地器材改造成适合中小学学生活动的场地器材，例如：降低篮球架高度，降低排球网高度，缩小足球门，缩小足球、排球、篮球的场地等。

四、合理布局学校场地器材

学校场地器材的布局，应当既要满足教学的需要，还要满足课外体育活动和校内比赛的需要：既要方便组织，又要方便教学活动；既要确保安全，又要

保证学生有地方活动；要形成相互依托、互为补充的多功能活动区。

五、合理使用场地器材

应当根据本校和周边环境，合理规划、充分利用空地，使学生能进行安全、适宜的体育活动。学校要加强场地器材和周边环境的协调、管理工作，安全地、最大限度地提高场地器材使用率，同时要加强场地器材的保养工作，合理地使用有限的财力、物力，使每一件设施都能起到尽可能大的作用。例如：在课余时间对学生开放体育场地，安装多向篮球架，因地制宜设计自然地形跑道等。

由此可见，只要我们在教学中多观察、勤思考，开发体育设施的新资源，就是在条件差的情况下，也能很好的实施新课程。

第八章　新课程标准下体育有效教学研究

第一节　有效教学概念的界定

一、有效与无效

　　"有效"是一个舶来词，是从英语 effective 直接翻译过来的。effective 一词在英文中最具代表性的解释是"足够实现某一目的；达成预期或所期望的结果。""与某一事件或情况的成果有关；有实现目标的力量；反映某一行动的完成或获得结果"。有效性在《现代汉语词典》中将其解释为"能实现预期目的，有效果。"大体看来，有效是指对预期结果的完成程度，它是在目标的指引下，由主体对目标实现的程度与结果相比较，主体付出越少，目标实现程度越接近预期结果就越有效，反之亦然。与 effective 相对的反义词是 ineffective 而不是 effectiveless，也说明不能完全的说什么事情就是"无效"。所以，有效或是无效都是相对的，"无效"并不意味着真的没有效果，而是其效果不是我们所期待的而已。

二、教学的概念

　　伴随着人类社会的产生，教学亦即形成，生活经验的传授和学习，社会风俗习惯的传递，都是最初的知识和思想的教学。我国古代，早在公元前二十世纪前后的商代，甲骨文中就已经出现了"教"字。如：丁酉卜，其呼以多方小子小臣其教戒。"甲骨文中也有了"学"字，如"壬子卜，弗酒小求，学。"在《书商·书·说命》中写道："教学半"，这是最早的教与学连写的记载。在西方，"教"字，"学"字和"教学"一词，早在希腊文中都有。在英语中分别为 Teaching 教，Learning 学和 Instruction 教学。《牛津现代高级词典》中，"Teaching"主要用于具体的、实际的训练，"Instruction"更偏重于理论的指导的方面。可见在英语词汇中实际上也没有一个专门的词汇同时表达"教"与"学"两个不同概念的。

对于教学这一概念，古今中外的定义甚多，但人们对它的理解至今未达成共识。"总的来说，可以归纳为两大类：一是将教学看成一个联合词，它是指由教和学两方面组成的活动，并且两者是不可分割的。（原）苏联和我国的教育界大多持此义；二是将教学当作一种行为，相当于教师的'教'，是教学实践中教师这一方的行为。"中国大百科全书中写到，教学是教师的教和学生的学的共同活动。王策三教授在其《教学论稿》中写到，"所谓教学，乃是教师教、学生学的统一活动；在这个活动中，学生掌握一定的知识和技能，同时身心获得一定的发展形成一定的思想品德。"李秉德教授的《教学论》中认为，"教学就是指教的人指导学的人进行学习的活动。进一步说，指的是教和学相结合或相统一的活动。"《在教育大辞典》中，教学是"以课程内容为中介的师生双方教和学的共同活动。学校实现教育目的的基本途径"。

国内学者对教学的阐释是仁者见仁，智者见智，但大体归纳一下我们可以看出：教学是教师和学生双方共同参与的互动，缺少任何一方都不能称之为教学；教学是以课程内容为中介，教师对其加工后传授，学生进行学习的统一过程；教学是为了学生的发展。

笔者认为教学是教师利用自己的经验和知识对课程内容进行加工，学生在教师有目的、有计划地指导下积极主动地学习，并且身心得到发展，师生双方共同参与的活动。

三、有效教学概念

上面论述了"有效"与"教学"的概念，对于"有效"概念各方观点基本是统一的，都是与预期结果的达成程度有关，但对于"教学"这一概念却是百家争鸣，各持己见，不同的时代有不同的定义，从不同的角度也有不同的解释。所以，何谓有效教学，学界也尚未形成有效的看法。我国学者通过对西方有效教学研究的系统考察，发现西方学者对有效教学的解释可以归纳为目标取向、技能取向和成就取向三种基本取向，有效教学没有一个固定不变的概念和模式，它是一个随着课程目标和教学目标的变化而动态发展的概念。目前国内学术界对有效教学概念的界定主要有以下几种：以经济学上的效果、效益、效率的概念来解释有效教学，即效率高、效益好、效果好的教学是有效教学；以学生的发展为价值取向来界定有效教学，即：凡是能够有效地促进学生的发展，有效地实现预期的教学结果的教学活动，都可以称之为"有效教学"。对有效教学从浅中深三个层面结构化分析，认为有效教学就是为了达成"好教学"的目标而自觉树立先进的教学理想，并通过综合利用一切教学策略和教学艺术，使这种教学理想转化为能使师生协调发展、不断超越的教学形态的过程，有效教学是一个与时俱进、发展性的概念，没有最好只有更好。

笔者认为教学是教师和学生共同参与、互动的，是由教师的教和学生的学组成的，教学是否是有效的，不仅仅是指教师有没有教完教学内容或教的得认不认真，还要看学生有没有学到什么、学得好不好。教学的有效性要从教师和学生双方面进行评定。

第二节　对体育新课标的理性理解

一、现代社会对教育的要求

20 世纪 80 年代以来，随着科技文化更新的不断加速，西方发达国家都认识到了基础教育对社会经济发展的重要性。为了充分发挥教育的积极作用，各国都从实际需要出发进行了规模宏大的基础教育改革运动，课程改革作为其中的重要组成部分，受到各国政府和教育界的极大关注。

改革开放以来，我国在社会主义现代化建设道路上探索前行，社会各领域均发生了史无前例的变化，取得了举世瞩目的成就。过去，我国中小学体育一直有统一的教学大纲及教材，这种与计划经济体制相配套的教学管理措施，在当时是必要的，也是成功的。但伴随市场经济体制的逐渐恢复，统一的教学大纲及教材也越来越显得回天乏力。21 世纪是以知识的创新和应用为重要特征的知识经济时代，创新人才的培养成为影响整个民族生存和发展的关键。体育课程与教学的改革也是势在必行的，创新能力的培养也成为学校体育的重要任务之一。

随着科学技术的迅猛发展和经济的全球化，人类生活从整体上有了很大提高，许多疾病得到了根治，健康状况大为改善，人们的生活更加舒适了。但是，生产和生活方式的改变，造成了人们活动空间的缩小、体力劳动和活动减少、饮食中高脂肪高蛋白的摄入量增多，以及心理压力增大，对人类健康造成了日益严重的威胁。人们逐渐认识到，健康不仅是没有疾病和不虚弱，而且是在身体、心理和社会发展方面都保持完美的状态。人类比以往任何时候都更加关注自己的健康状况和生活质量。由于国民的健康对国家的发展、社会的进步和个人的幸福都至关重要，而体育课程又是增进国民健康的重要途径。因此，世界各国都高度重视体育课程的改革。

二、体育新课程标准的新颖之处

国家课程标准规定的是国家对国民在某一方面或领域中所应该具备的基本素质，反映的是国家对国民素质的最低要求。它在整个课程改革过程中扮演着重要角色，发挥着重要作用。国家颁布的体育课程标准是整个体育课程改革的灵魂，它的出台是对全民基本素质的客观要求，也是体育课程自身改革与发展的内在要求。标准中崭新的部分是实现课程改革成功的关键。

（一）教学理念的创新

"理念"实际上就是我们对某种事物的观点、看法和信念。新课程标准首次用课程理念来阐释了对体育课程改革所持的态度、对体育课程更新的见解和体育课程标准下实现课程的内部需求和积极实现课程目标的倾向。

体育课程标准中，课程理念主要有：坚持"健康第一"的指导思想，促进学生健康成长；激发运动兴趣，培养学生终身体育的意识；以学生发展为中心，重视学生的主体地位；关注个体差异与不同需求，确保每一个学生受益。笔者认为，本课程的理念是以学生的健康和发展为中轴，"身体是载知识之车，寓道德之舍"，体育最本质的东西就是通过身体的练习来增强人的体质，促进学生身体的健康。身体健康了才能使学生的心理和社会适应能力整体健康水平提高。激发学生的运动兴趣和促进学生自主学习能力的提高，是课程目标和价值的保证，倾向于使学生让体育锻炼成为终身健康的手段。在体育教学中，让学生按照自身条件积极主动地发挥自己的潜能，使每一个学生都能体验到体育的乐趣，实现其自身的发展。学生的健康和发展这一中轴，是课程理念的核心，也是对新课程标准实施成功的一种信念。

（二）目标体系的更新，化统一为灵活

体育与健康课程内容是为了在实现体育与健康课程目标而采用的身体练习、知识与技能学习和活动的总和。它是根据三维健康观、体育自身的特点以及国内外体育课程发展的趋势，重新构建了体育课程的内容体系改变了过去按项目划分课程内容和安排教学计划的框架，拓宽了体育课程学习范围。它将学习目标划分为五个领域，这五个学习领域实际上是有由两条主线构成，一条是以运动为主线，包括运动参与和运动技能；另一条是以健康为主线，包括身体健康、心理健康和社会适应。《标准》将课程目标分为五个学习领域目标，这样每个学习领域的学习要求具有明确化，使教师在制定教学计划时更有依据，并减少随意性。

在五个领域目标的大框架下，每一个领域还包括了 6 个学习水平目标，它是根据学生的身心发展特征和学习内容的特点所划分的水平等级。体育与健康课程标准将中小学的 12 个年级划分为 6 个学习水平，主要是为了在一定的阶段内，更好地加大教材内容的弹性。如水平四包括初中 3 个年级，学校和教师可以根据本校的具体条件、学生的兴趣爱好以及体能和运动技能基础等方面的情况，把水乎四的学习内容合理地安排在初中一、二、三年级中，这有利于适应不同地区、不同学校的实际情况。水平目标的划分不仅可以使各个学校按照实际情况安排适宜的教学时间和选择具体的教学内容,而且还跨越了年级的界限，根据学生各方面的差异性和身心发展的阶段性，为每一个学生得到发展创造了更好的条件。

（三）评价创新—评价多元性

布鲁纳（Jerome Seymour Bruner）认为课程评价应该把评价过程与结果结合起来，评价本身不是目的，而是达到目标的手段，评价的方式应该是多种多样的而不仅仅是传统的经验。新体育课程标准体现了评价的多元性，不仅仅是对学生的评价，它还包括了对教师和课程本身的评价。

新课程对学生的评价放弃了单一的考试这种形式，以质性评定统整、取代量化评定：评定的功能由侧重甄别转向侧重发展；既重视学生在评定过程中的个性化发展，又倡导让学生在评定中学会合作；强调评定问题的真实性、情境性；评定不仅重视学生解决问题的结论，而且重视学生得出结论的过程。

新课程标准还包括了对教师的教学水平、教学技能和教学准备的情况作出评价，使学校管理者、同行和学生以及学生家长都参与到对教师的评价中来，多渠道、多立场地对教师的教学行为提出建议，在这种全方位动态性教学评价体系中，教师即是评价的主体，也是评价的客体。体育教师根据多渠道获得的信息不断反思和调整，以提高体育教学的质量。

课程是学校体育教育的核心，课程结构、内容的合理性和科学性程度关系到学校体育教学目标的实现。学校体育课程结构由封闭走向开放、由单一化走向多元化。课程建设评价是依据学校教育的总目标和体育健康课程的任务，对国家、地方和学校三级课程进行的周期性评价。对体育与健康课程的执行情况进行分析评估，以发现课程和课程实施中存在的问题和不足，以便及时调整课程内容，改进教学和教学管理，促进课程的不断完善。

三、体育新课程标准下教学观的转变

（一）融"健康第一"思想于体育教学

观念是改革的先导，一切先进的改革都是从先进的观念生发出来的，观念是行动的灵魂，观念对行为起着指导和统帅的作用。本次新课程改革是教育思想观念的一次"启蒙运动"，新课程的理念通过学习和培训、实践和反思，已被广大教师所认同和接纳，教师逐步树立起了以"健康第一"为指导思想的教学观。体育教学不同于竞技体育训练，不能过分追求技术教学的系统性和完整性，也不能过分追求运动的强度和密度，而是要选择适合学生身心发展的特征、提高学生的参与程度，让学生在和谐的情境和愉快的体验中锻炼身体，获得运动知识和技能，身心得到发展。因此，无论是教学内容的选择，还是教学方法的改革，都力求符合学生的身心发展特征，都力求促进学生身心健康水平和社会适应能力的提高。

（二）以学生发展为本位，尊重个体差异

新课程"一切为了每一位学生的发展"为最高宗旨和核心理念，突破和穿越了学科本位的观念。改变了以往教师中心论的观念，在教学中，把学生看成是教学的主体、学习的主人，注重培养和发挥学生的自主性、能动性、独立性和创造性。提升学生的主体地位，但这并不意味着要排除教师在教学中的指导作用，重视学生的主体地位，教师应该关注学生的心理感受和情感体验，努力使学生将体育学习和活动作为自己的内部需要,提升学生的求知欲和探究意识，挖掘学生的学习潜能。

学生在身体条件、兴趣爱好和运动技能方面有相当大的差异，不仅有后天

体育学习背景的差异，而且与先天的身体条件有很大的关系。如果用统一的教学内容和教学方法对待这些条件各异的学生，用统一的评价标准对学生进行评价，很显然是一种教育的不公平，"条件好"的很轻松就能达标，"条件不好"的即使再怎么努力，进步也只是在标准之下，永远是受挫和失败，这对他们的自尊心和自信心也是一种打击。关注到这些"条件不好"的学生，让他们也发挥出自己的优势，体现出自身价值，才能保证每个学生得到发展。

（三）创设教学情境，让学生感受社会

新课程把教学定位为师生交往、积极互动、共同发展的过程，这是对教学关系的正本清源。在新课程中，教师逐步形成了"对话"意识，它意味着上课不仅仅是传授知识，而是一起分享理解，即教师与学生分享彼此的思考、经验和知识，交流彼此的情感、体验与观念，丰富教学内容，求得新的发现，从而达成共识、共享、共进，实现教学相长和共同发展。学生经过学校学习后，最终还是要步入社会，成为社会大家庭的一分子，在体育教学中创造一种情境，使学生在身体得到锻炼，心理上感受到愉悦的同时，能够对其合作和竞争意识、交往能力、对集体和社会的关心程度提高，在友好与和谐的学习氛围中为以后打下基础。

第三节　新课标的实施困惑与体育教学有效性的问题分析

一、体育新课程标准实施过程中存在的困惑

（一）由课程名称："体育与健康"产生的困惑

"强身健体"是学校体育最主要的本质功能。原来的体育课，现在改成了体育与健康课，而小学阶段依然用的是体育课这一名称。这就使很多人产生了困惑。笔者在访谈的过程中总结出，众多体育教师存在的困惑有：体育与健康，是否是体育的课程与健康的课程叠加而成的。比如日本的体育课叫保健体育课，在整个教学阶段中，体育实践课和保健理论课是分开上的，而且大部分是有两位教师分别来上。如今，我们把体育课改成体育与健康课，课时是否应该区分，

或是增加保健科的课时而不占用体育实践课的课时。

体育与健康，是否是"体育"加"健康教育"。这种理解导致了两种可能性结果，一是以促进学生健康为目的，重点在于健康知识的传授而忽视了学生的身体活动，淡化了体育技术技能的学习。二是以体育教学作为一种手段和载体，来培养学生的体育实践技能，从而促进学生身心健康的发展。

体育与健康，是否依旧是体育课。在基础教育阶段，同样是体育课程，在1~6年级用的是"体育"，而在7~12年级用的是"体育与健康"这一差别也不免让人产生困惑。经走访调查得知，很多教师在课改之后，体育课依旧按照原先的模式来教授，而且还认为这样同样也能够落实"健康第一"的指导思想，只是名称的叫法不同而已。

（二）由选择教学内容产生的困惑

新课标改变了以往统一管理，统一规定的模式，在限定的范围内给予了教师很大的空间，以利于其灵活的发挥。新课标指出"不过分追求运动技能的传授和完整，应引导学生根据自己的具体情况选择1~2种运动项目具体学习，发展运动能力"。那么有利于学生健康，学生感兴趣的适量的体育活动就能达到这一要求，这样的范围似乎太大。就这一问题许多教师也产生了如下困惑：

过去在大纲中规定的教学内容主要是竞技运动项目，运动技能的学习也是按照竞技运动的标准进行的。新课标中教学内容是有学校和教师自主选择，在课标的五大领域目标中运动参与、心理健康、社会适应都没有涉及运动技术的成分，由于放弃了以运动方法为主线安排课程内容体系的结构，因而还要不要强调"三基"，是否把竞技运动排除出去，成为众多教师困惑的问题。

新课标中强调按学生的兴趣来实施体育教学,按学生兴趣来选择学习项目。兴趣对学生形成体育锻炼的习惯确实发挥着非常重要的作用，可如果一味的迎合学生的兴趣，那些技术高、风险性大、较为枯燥的项目就被一些简单易学、趣味性游戏性的项目所取代。诸如有利于心肺功能和意志品质培养的耐力跑等令学生"厌恶"项目就要被废弃吗？学生感兴趣的运动不一定有利于健康，健康的运动，学生不一定感兴趣，这是一对矛盾。这一矛盾如何解决同样也让许多教师困惑。此次课改是在社会信息化和科技化时代背景下进行的，在实验课改的过程中并没有在农村学校进行，所以很多课改的经验很难在农村推广。教材内容趋于城市化，农村学校的场地器材局限性很大，师资队伍相对城市来说还比较落后。受种种条件的限制，反映农村生活、农村教育的素材内容很少，给农村的体育老师实施新课标带来了更大的困惑。

二、体育课堂教学有效性问题分析

（一）改变学习方式，创设主题教学

在新课程教学中，要转变学生学习方式，充分调动他们的兴趣和积极性。自主学习、合作学习等新的学习方式的出现使主题教学的效果更加突出，保证了学习目标的达成。这是在传统的体育教学中很难实现的。

所谓主题教学就是根据学生的身心特点，把学生的运动技能学习目标与其他方面的学习目标相结合，把身体、心理和社会适应能力等方面的目标融于一个主题之中，或寄予情境，或寓于事件，或表现于快乐之中。如以奥运为主题、以两岸关系为主题等等。主题教学与学校的专题教育、国家或所在地区的时事、学生的身心发展水平相关联，容易引起学生的共鸣和学习兴趣，收到良好的学习效果。

新课程加入了很多现代的元素，顺应了时代发展的要求，让学生在体育学习的过程中就能把握住时代的脉搏。这些效果只有在新课标的理念下，在学生新的学习方式的前提下才可能实现。

（二）健康发展个性，鼓励学生创新

新课程标准，主张学生个性的发展，但是个性的发展也要有一定的限度，并不是说任由学生发展。学生的个性特征是制约和影响有效学习的重要的基础因素，教师全面了解和掌握学生的个性特征，因势利导，促进学生心理健康的发展，使学生始终保持良好的学习状态是十分重要的。让每个学生的个性都能得到健康的发展。

中小学生天性活泼好动，充满着好奇和幻想，思想上和行动上很少受到传统束缚。但传统教学由于过于以本（纲）为本，教师和教材的权威性，使学生形成了很多思维定势。体育新课程中要求充分借助和发挥学生的个性优势，让学生在一种自由的环境中不断突破已有的或潜在的思维定势，保持旺盛的创造活力。

（三）多样性分组，公平化教学

如何让个体间有明显差异的学生都能得到不同程度的提高，这是在新理念下我们必须思考的问题。新课标不仅设置了不同的目标领域，而且在每个领域都设置了不同的水平层次。教师在体育教学中根据不同的教学目标采用不同的组织形式体现出目标的价值。实施多样性分组教学是新课标教学目标的要求，同时也是不同层次的学生对体育学习的需求。

在班级授课中，每个教师面对的不止一个学生，教师既要一视同仁不偏袒地对待所有学生，又要对有特殊学习需求的学生给予关照。新课标下的教学公平不是说对所有学生都用相同的教学标准和要求，而是要让每个学生在自己原有的基础上得到发展，是每个学生都能公平的满足自我发展的需求。

第四节　新课标下有效体育教学理论的构建

一、新课标下体育有效教学的概念

在教学领域中，不管什么样的改革，如果不能落实在教学领域，不能触动课堂教学，引起教学过程和模式的变化，那么任何改革都难以有实质性的成效。在前面笔者已经对有效、教学、有效教学阐述了自己的观点，认为有效教学的概念是动态发展的，在不同的时代背景下，有着不同的含义。在这里也对新课标下的有效教学进行一下描述：在新课程标准限定的范围内，教师应该尽力挖掘体育教学内容的内涵，用浅层的形式来表现，使学生在学习动作，做各种活动的同时潜移默化的增强自身的能力，从而使更多方面的素质提高。

二、新课标下体育有效教学的原则

（一）最优化原则

所谓最优化，就是系统的整体联系在活动中达到最适宜的有序状态。系统论在实际中的应用，就是要对各类系统实行最优设计、最优抉择、最优匹配、最优决策、最优组织管理、最优控制。它着重于系统组织结构和目标优化。

体育有效教学最优化原则是着眼于整个体育教学系统，使各个教学要素优化组合，以求得最佳的整体效益的原则。体育教学是在一定的教学环境中，教师和学生依据教材和教学媒介，通过一定的组织形式，运用一定的教学方法和手段，共同完成教学目标和任务的复杂系统。要使体育教学取得最佳效果，无论是从静态的教学环境、人员要素、信息要素，还是从动态的教学目标、教学内容、教学方法、教学手段、教学组织形式、教学结果及评价等要素来看，都应贯彻整体优化的原则。

1.部分与整体协调优化

部分与整体协调优化是指在体育教学过程中应始终坚持从体育教学系统的整体性、全局性要求出发，及时地、灵活地调节体育教学系统各组成部分及各教学环节组合及作用的方式，使体育教学过程处于动态的良性运行状态，在部分与整体的协调运动中实现体育教学的最优化目标。要达到部分与整体协调优化，就必须做到，在体育教学目标的设置上既要体现全面性，又要追求分化性；既要重视体育教学对个体身心发展的整体作用，又要考虑到不同的教学内容与教学方法对学生体育运动能力的形成具有不同的发展价值；在体育教学过程中，应从教学过程的整体性来理解每一个教学组成部分与每一个教学环节的作用与价值，在教学活动的整体发展中实现每一个教学组成部分和教学环节的价值，使教学中各要素紧密结合；在评价与反馈中，应该加强教学评价对于整个体育教学过程的信息反馈与行为纠正功能，以促进体育教学的发展。部分与整体协调性优化，是从空间与时间二维角度来增强体育教学合理性与实效性的，保证了体育教学最优化的实现。

2.优化教学结构，提高效率和质量

教学结构的优化是在提高教学质量的目标下，体育教师根据具体的教学内容、学生的具体情况、现有的教学环境与教学手段等客观条件，选择适合特定教学情境的体育课堂教学结构，以提高教学效率的过程。在教学实践中，选择或设计特定的教学结构，按照它所规定的教学程序和时间安排进行教学，可以尽可能地释放出隐含在体育教学结构中的潜在的体育教育功能，达到体育教学的预定效果。体育教学不但要追求高效率，在尽可能短的时间内尽快地发展学生的体育能力，而且还要努力提高体育教学的质量，在特定教学条件下使学生的体育能力得到最佳的发展。要做到效率和质量相兼顾，就要在体育教学过程中，一方面加强体育教学管理的科学水平，提高体育教学系统的整体功能；另一方面要加强体育教学的有效性，使体育基本知识的获得、体育技能的发展与学生终身体育意识的养成。只有这样，才能在提高效率的同时，达至高质量的要求。

（二）主体性原则

主体性原则，一般来说就是承认、重视并坚持主体在实践和认识活动中的地位和作用的原则。从辩证唯物主义的角度来看，主体就是从自己出发的，是按自己的能力、方式、需要和尺度去理解客体、改造客体，认识世界和改造世界的。在教学中主体性原则的含义是教学中不仅教师要成为主体，同时也要使学生成为主体，教学要充分发挥教师和学生"双主体"的作用。重点是对学生主体性的培养。在新基础教育理念中，要使体育课堂成为焕发学生生命意义的场所，要求教师在发挥教的作用的同时，关注学生主体地位，调动学生的积极性，使学生有基础、有方法、有机会、有能力地主动积极学习。

1.掌控好两个主体之间的平衡

主体是具有认识和改造体育教学，并认识自我和改造自我的能动性的人，包括学生，也包括教师，学生是学习活动过程中具有能动性的主体，教师是教的过程中具有能动性的主体。体育教师既是主体，也是教学的组织者和引导者。由此可见学生和教师都是体育教学过程中的两个主体，只是反映在体育教学过程中两者的价值取向不同而已。作为教师主体来讲，主要的价值取向是如何教学和教好学，帮助学生达到教学目标。作为学生的价值取向是如何学习，使自己的综合素质得到提高。新课程标准下，就要求教师提高主体性意识，更新体育教而言，通过教学活动，积极努力完成教学目标。无论在自然界，社会中还是教育上，没有无客体的主体，也没有无主体的客体。根据不同的教学情况，教师和学生的主体地位是不断的变化，确立体育教学中学生和教师的主体地位，要有效并高质量的达到体育教学目标，体育教师对这两个主体的掌控尤为重要。

2.创设自主探究、学习教学情境，增强学生主体意识

在体育课堂教学中，教师要真正重视学生的主体地位，让学生认识到体育学习不是一种异己的外在的控制力量而是一种发自内在的精神解放运动，从而转变被动学习的状态，把体育学习过程变成学生自己主体性、能动性、独立性不断生成、张扬、发展和提升的过程，使学生养成从事终身体育学习的愿望和

能力。把学生放在主体的位置上，可以提高学生学习的主动性和积极性，关注学生的主体地位，增强学生的主体意识，每位体育教师都应认真分析和研究，理解学生的自主能力水平，精选教学内容和手段，创设适合学生自主能力展现的情境，精心组织和引导，给予学生充分的时间，让学生能够主动学习，以突显出学生在体育教学中的主体性，充分发挥学生的学习积极性和学习潜能，提高体育教学质量和学生的体育学习能力。

（三）发展性原则

所谓发展，就是指事物由小到大、由简到繁、有低级到高级、由旧质到新质的运动变化过程，也是事物内部矛盾不断产生、发展和解决的过程。人的全面发展始终是教育追求的理想，体育新课程标准在课程结构、教学过程、课程评价方面作了很大调整，强调了课程标准必须从"知识和技能""过程和方法""情感态度和价值观"三方面来厘定应该达到的目标。这样"发展"的内涵才能真正得到发掘，体现出质的变化。

体育有效教学所说的发展性原则，是指在体育教学中，教师准确把握好学生原有的基础和能力水平，着眼于学生潜能的开发和素质的全面发展，以满足学生终身体育的需要。这一原则的出发点和归宿都是为了促进学生的发展。

1.理解发展的内涵才能落实于实践

发展性原则要求确立对知识和经验不断发展的观念，不局限于一般的目标教学，而把重点放在学生认识、经验的不断改进活动上，使个体的能力和素质得到不断提高。在传统的体验教学理论中，是以掌握某一既定目标知识，运动技能，形成一定的体育能力为满足，并没有要求学生超过或突破这些标准。然而，体育的学习是一个连续的过程，不能用某种目标系统将其禁锢起来。要打破这种禁锢，就要求重新树立教学理念，把握住发展性的真正内涵，以满足学生终身体育的需要为基本，注意选取学生终身体育具有重要影响的基础知识、基本技能和活动内容，以利于学生学会学习，并具有一定的自我设计、自我锻炼、自我评价的能力。在完成教学实际规定目标的同时，还要让学生发展已有的体育能力和探求新的知识和技能，以达到体育能力的提高和深化，为学生终身体育奠定基础。

2.分析学生水平，确保每个学生都得到发展

在体育教学中，教师面对的不只是一个学生，而是要处理好和每个学生的关系。既要一视同仁不偏袒的对待所有学生，又要对有特殊需求的学生给予关照。学生在体能、运动技能、爱好、个性等方面存在很大差异这种差异既与后天的学习有关，也与先天的因素相联系，这往往是后天难以弥补的。教师要通过多种途径和方法，全面了解所教班级学生的知识技能基础，并对他们的情况进行认真的分析，在此基础上，找出他们的"最近发展区"（即符合学生身心发展成熟程度的发展的新的可能性），确定一个大多数学生可以达到的目标，选择合适的教法。对体育基础好的学生适当提高要求；对体育基础差的学生要热情帮助，鼓励他们努力提高。新课程面向的是全体学生，从教学内容的选择到教学评价的实施，使每一个学生有进步和成功的体验，从而提高每一个学生体育学习和活动的自尊心和自信心。力求每一个学生的需求得到满足，并在原有的基础上进步和发展是体育教学有效进行必不可少的一部分。

（四）健康性原则

健康是指一个人在身体、精神和社会等方面都处于良好的状态。传统的健康观是"无病即健康"，现代人的健康观是整体健康，世界卫生组织提出"健康不仅是躯体没有疾病，还要具备心理健康、社会适应良好和有道德"。

体育有效教学健康性原则，是紧扣新课程的核心理念"健康第一"，是在新的教学形势下提出的。它是指在体育教学中，教师要以"健康第一"为指导思想，创造健康有效的学习环，促进学生身心健康发展。

1.教学坚持"健康第一"的思想

体育与健康课程以促进学生身体，心理和社会适应能力整体健康水平的提供为目标，构建了技能、认知、情感、行为等领域并行推进的课程结构，融合了体育、生理、心理、卫生保健、环境、社会、安全、营养等诸多科学领域的有关知识，真正关注学生的健康意识、锻炼习惯和卫生习惯的养成，将增进学生健康贯穿于课程实施的全过程，确保"健康第一"思想落实到实处，使学生健康成长。新课程的核心理念就是"健康第一"，所以一切的教学活动都要围绕着这一理念进行。离开"健康第一"的指导，教学总目标就不能完成，就更谈不上体育教学的有效性了。

2.创造健康的体育学习环境

人的生存与发展都离不开环境，体育教学也同样离不开环境。环境对人学习与成长的影响非常重要。如墨子曾说过："染于苍则苍，染于黄则黄，所入者变，其色亦变"。环境是可以通过人们的努力进行改造和利用，为人类的生存和教育服务。在体育教学环境中，很多因素是可以控制的，教师可以通过主观努力，提高对教学场地和器材的有效利用，增进师生之间的关系，创造和谐健康的学习氛围。通过创造一个有利于师生身体健康，使学生心情愉快的体育教学环境，才能对学生的身心健康发育起到积极的促进作用。

三、新课标下体育有效教学标准

（一）标准构建的理论基础

1.人本主义

人本主义是德文 Anthropologismus 的意译。希腊文词源 antropos 和 logos，意为人和学说。人本主义可以看成是指承认人的价值和尊严，把人看作万物的尺度，或以人性、人的有限性和人的利益为主题的任何哲学。马斯洛提出，人的需要和动机是一种层级结构，高级动机的出现有赖于低级需要的满足。不论低级或高级的基本需要和动机都具有本能的或者说是类似本能的性质，即都有自发追求满足的倾向，而高级的需要和动机如友爱、认知、审美和创造的满足，即人的价值的实现或人性的自我实现。人本主义还特别注意人的个性与独特性的研究。

改革开放之初，尊重知识、尊重人才重新成为时代强音，全社会表现出学习科学技术的强烈渴望和极大热情。进入 20 世纪 90 年代以后，随着我国由计划经济向市场经济转轨，人的解放和个性发展逐渐成为社会关注的中心问题。此外，国际人文主义思潮的传入，国内人学理论发展，"以人为本"思想的确立，以及教育内部存在的严重弊端，使得教育界逐步重视对人的研究，"人本主义"便迅速崛起和蔓延开来。人本主义在教学中倡导激发生命活力，开展生命教育，重视个性交往，尊重学生权利促进学生的发展。在新课程的大背景下，也逐渐建立起了以学生为中心，重视学生的主体地位的理念，其核心是满足学生的需要和重视学生的情感体验，还特别强调学生学习主体地位的体现，以充分发挥学生的学习积极性和学习潜能，促进学生全面发展。而且关注学生的个体差异和不同的需求，确保每一个学生都能得到发展。

2.可持续发展

"可持续发展"（Sustainable development）的概念最先是在一九七二年斯德哥尔摩行的人类环境研讨会上正式讨论。1987年挪威首相布伦特兰夫人在她任主席的联合国世界环境与发展委员会的报告《我们共同的未来》中，把可持续发展定义为"既满足当代人的需要，又不对后代人满足其需要的能力构成危害的发展"，这一定义得到广泛的接受，并在1992年联合国环境与发展大会上取得共识。

在《中华人民共和国国民经济和社会发展"九五"计划和2010年远景目标纲要》中，党和政府明确提出了指导今后经济和社会发展的两大基本战略，即科教兴国战略和可持续发展战略。其中，可持续发展战略已经深入到经济、社会、文化、教育等各个领域，成为人们衡量一切发展的重要质量指标。

可持续发展的核心是发展，发展是可持续发展的前提；人是可持续发展的中心体；可持续长久的发展才是真正的发展。在体育课程改革实践中我们也遇到了一些问题，发现学生不足之处，如何解决这些问题，克服不足之处，这需要我们在体育教学中坚持走可持续发展之路随着社会需求的更新，体育教学也应加强学科间的横向联系，以开发人的潜能，塑造人的个性，注重提高学生创新能力，实现人的价值，让学生学会正确处理人与社会、人与自然的关系，提高合作、独立生活及应变能力，在增进健康的基础上真正意义上实现人的全面发展。在新课程标准下要搞好体育教学，提高教学的有效性必须要在可持续发展理论的指导下进行。

3.终身体育

上世纪60年代，法国成人教育家保罗·朗格朗提出终身教育。他认为"教育应该是每个人从生到死的继续过程。"自上世纪60年代中期以来，在联合国教科文组织及其他有关国际机构的大力提倡、推广和普及下，终身教育已经作为一个极其重要的教育概念而在全世界广泛传播。

终身体育是在现代终身教育思想的影响下形成的。终身体育是终身教育的一个组成部分。这一概念是在90年代以来体育改革和发展中提出来的。终身体育，是指人们在一生中所进行的身体锻炼和所受到的各种体育教育的总和。即从一个人的生命开始到生命的结束，都要从适应环境与个人的需要出发，进行体育锻炼，以取得生存、生活、学习与工作的物质基础和条件。

学校体育为终身体育所提供的基础之一是通过体育教学，使学生掌握熟练自动化的运动技能，为学生身体健康和长期坚持体育锻炼提供技术的保证。同时，体育教学为学生提供广泛运动项目兴趣爱好的机会，并产生几项适宜的运动项目的集中兴趣，深入学习、产生良好情感体验和身心收益，从而为终身体育的持久性提供了内在的动力基础。体育教学的有效性不仅仅局限于某节课上的有没有效，还要关注到体育教学的后效作用。教师要在优化教学的同时还要力求学生在体育学习态度、运动能力和运动习惯等方面与终身体育接轨，这样才能使"健康第一"的思想得到真正落实。

4.有效教学的多样性

有效教学的多样性指的是有效教学表现出多种形式及其在多种形式上表现出的差异性。显然，有效教学的多样性即指有效教学和有效教学教师是多样的，而非单一的、不同的，而非完全相同的。H Marsh et al 在他的研究中曾经指出，在学生看来，虽然对教学有效性的评判有稳定一致的标准，但每个有效教学的教师都有不同的教学特点，即每个教师都有自己的明显的有效教学的特色，这种特色鲜明地体现在该教师的教学活动中，学生一眼就能识别出来。

体育教学是一个复杂而且动态变化的过程，在教学过程中，教师善于对不同的教学要求进行把握，以不同的教学策略来提高教学的有效性。"一花一世界，一树一菩提。世界上没有两片完全相同的树叶。"在这个世界上，我们每个人都是对立存在的，没有谁可以替代谁，也没有哪两个人是完全相同的。对于体育教师来说，每个教师的性格特点，所擅长的技能，学习的背景，教学的经验都存在着很大的差异。有些教师可能是在运动技能上比较突出，但在言语表达上欠佳，这些教师就可以充分利用自己的优势，多练少讲，有些教师性格却比较外向，善于语言表达，与学生交流比较多，他们可以以自己最有效的教学方式达到教学目标。可见，有效教学并不是指在教学的各个方面都表现全优的教师的教学，而是在教学中不同方面的有效性表现，高质量地完成教学任务，促进学生的发展。

尽管有效教学和有效教学教师有一些基本的、突出的特征，但是并非所有教学的有效性都表现出这些特征，由于这些差异的存在，在体育教学中，只要有助于实现有效教学目标，达到预期教学效果，无论以何种教学方式，都可以称之为有效教学，即标准的建立不是单一的而是多样性的。

（二）体育有效教学标准

作为标准，最好是用刚性数据来呈现，如按照百分制规定一个分数为及格标准。但在体育教学中制订这样的标准是很难的，以至于不可能，这是由学科本身的性质决定的。于是，笔者只能退而求其次，把效益、效果、效率模糊起来，对有效教学设定一个描述性的标准，从可操作性角度追求一点教学实效。

本标准有四部分组成，包括基础性标准、一般性标准、发展性标准和学生层面三维标准。下面对各部分标准进行一下解析：

1.基础性标准

"基"是建筑物的根脚，比喻意是根本的；而"础"是础石，垫在房屋柱子底下的石头，合在一起"基础"指建筑物的根脚和柱石，比喻事物的根基，事物的根本或起点。我们不难看出"基础"是一个系统中最基本而且最重要、最具影响力的部分，是其他一切部分赖以存在、生长和发展的基点。基础性标准是新课程标准下教学有效性的出发点，它承载着一般性教学、发展性教学和学生层面的三维标准，是有效教学标准的基石。

（1）掌握学生情况

一个人能学到什么，取决于他已经知道了什么，因为学习本质上是一个主动建构的过程，是个体在于外部世界相互作用的过程中，利用已有的知识经验去建构新的认识和理解的过程。这意味着，学习不是外部知识信息简单的输入、存储的积累的过程（就像往瓶子中装东西那样），而是新旧知识经验之间的一种相互作用。体育教学也是这样，不是从外部把体育知识和技能装进学生的身体，而是把学生原有的知识经验作为起点，生长和构建出新的知识和技能。深入生活和学习中理解学生的情况，是实现体育有效教学必不可少的一部分。

（2）体育学科知识与技能

在高质量的和有序的体育教学过程中，体育教师一贯表现出杰出的运动技能和体育修养，全面的体育理论、知识，以及专业的素质、技能。体育教师不仅要熟练、正确地掌握各种运动项目、各种身体练习的基本技术和技能，还应该具备教学、教育以及指导等学校体育教学的基本能力。全面的业务工作能力是体育教师从事体育教育工作，达成体育教学有效性的重要保障。

（3）新课标的理解与执行

课程改革活跃了我们的课堂，新的理念、新的课标、新的教材、新的教法使教师充满激情，学生充满活力，课堂教学变得更精彩，但一些教师在理解新课程、新理念上还有误区，过于追求课堂改革的形式，而失去了体育课堂教学的"有效性"。这就要求体育教师科学合理的理解新课标。有效教学是动态变化、与时俱进的，课改后教学要体现其有效性，很大程度上是由新课标的执行程度所决定。

2.一般性标准

一般性标准位于基础性标准的上一层，这一层次的标准主要是探究了在大纲教学下体育教学的有效性。新经验的出现不应否定老经验，而是老经验的补充，是过去经验的进步趋向。体育课程标准要在继承中发展，同样体育教学的有效性也要在继承的基础上得到提高。一般性标准就是保留了大纲下体育教学的一些特色和继承下来的一些行之有效的传统经验。

（1）有效的教学设计

我们也意识到高效的教学需要条理性。如果表达不清楚，即使你是该学科的权威人士也没有用。要想具有条理性，首先应该做好周密的教学设计。

强化体育课堂教学的目标意识，就是要求课堂教学要根据体育新课程的课程目标，制定合理教学目标，并在体育教学中紧紧围绕教学目标进行，最大限度地减少随意性、盲目性、模糊性，提高教学的方向性、针对性、有效性。科学合理的目标制定，是教学设计有效性的前提。在体育教学资源开发利用上，要寻找贴近学生生活实际、与学生身体条件相应的教学内容，在不超越学生某个思维和身体发展阶段，又不低于现有最低水平的情况下，根据所在资源环境的不同，整合教学资源，让学生每节课都有新的收获、新的感受、新的发展。但是，整个体育教学的效益不光在于教师教多少内容，教师不能简单地在教学时限内跟着感觉走，花最少的时间教最多的内容，而是向四十五分钟要效率，要看单位时间内学生的学习结果和学习过程是否有效。

体育教学是否遵循教学规律，优化了各要素，内容、组织、方法的合理性，是否促进了学生的发展，相对于师生的教学投入，师生的进步和发展是否达到最大或理想化程度，这就要求有一个合理科学的教学评价。它既不能全部量化，也不能完全反对量化。应该科学地对待定量与定性、过程与结果的结合，操作起来简单方便。

（2）有效的教学活动

为了维护、提高体育教学的秩序和效益，协调好教学中各方面的关系，就必须有一系列科学合理的教学常规来规范。经过数十年的传承和积累，教师和学生都是在这一规范和约束中活动。新理念下教学常规在保留优秀成果的同时还要适时的调整，来适应新的教学形式。在教学中不难发现，很多优秀的教师并不是全都完美，而是或多或少的在某些方面比较差，当他们在体育教学中各有各的特色，都有属于自己的绝招，正是因为不同特色的体现，才成就了这些有效教师。

一位好的体育教师应该尽可能的展现自己的长处，避免自身不足，使全体学生尊重和爱戴，并使他们学习受益。体育课是动态的过程，课上很多不可预见的东西，教师要选择合理的教学形式组织教学，根据课堂实际情况及时调整教学，改变教学环节，引导学生注意力集中到教学活动上。

新课程教学并不是说让学生进行一些简单的游戏活动，让他们身心愉悦就可以了。而是要合理的安排运动负荷与休息的比例，科学的促进学生的健康发展。在教学内容的设置上要能让学生有些许的挫折感，不能让他们有挫败感。根据不同学生的情况，都能够让他们"跳一跳摸得着"，既要让他们体会到成功的喜悦，又要有胆量面对挫折，并有信心克服这些挫折。

（3）有效的教学反思

美国心理学家波斯纳（G.J.posner）指出，"没有反思的经验是狭隘的经验，至多只能形成肤浅的知识。如果教师仅仅满足于获得经验而不对经验进行深入的思考，那么他的发展将受到很大的限制。"体育教学反思就是要求体育教师对教育教学实践再认识、再思考，并以此来总结经验教训，进一步提高教育教学水平。教学反思就提高教师个人业务水平的一种有效手段。进行教学反思，首先就是对教学反馈信息的有效收集，这就要求教师有意识地对教学观察，捕捉学生的课堂表现，兴趣爱好以及产生促进作用的教学内容、方法手段等，还要及时记录下课堂上对教学产生消极影响的事件，从而对教学反思提供有效数据。

体育教师要想不断地改进教学，提高教学质量，就必须对这些教学信息进行反思，挖掘这些信息中的得益之处，去弊取优，对教学中出现的问题进行探究，对积累的经验进行总结，在积累中创新，在实践中成长。教学反思不仅针对教师，对学生亦如此，教会学生对有效信息的反思，体育教学过程不仅要发挥教师的主导作用，而且要强调学生的主体作用。教会学生发展有效的反馈在运动技能的形成中具有重要的作用。因此，体育教师要注意启发学生感受反馈信息，改善和修正下一步的练习，使其迅速建立正确的动力定型，只有善于利用多种信息反思，准确灵活地调控教学才能收到良好的教学效果，取得教学质量的大面积丰收。

3.发展性标准

新课程改革是当前教育领域的一场深刻变革，新课程标准的出现也推动了新的教学原则，教学手段，教学方法，教学策略等的出现。有效教学不是一个固定不变的概念和模式，它是随着课程目标和教学目标的变化而动态发展的概念。所以有效教学标准在不同的背景下也会出现差异，课改的进步和发展也会推动有效教学的发展和更新，对教学的有效性也会提出新的要求。

（1）构建学习共同体：教师和学生共同参与创造性活动

教师的使命在于构建教师与学生学习共同体，以共同的学习任务为载体，强调学习中的相互作用，通过人际沟通、交流和分享各种学习资源相互影响、相互促进，使学生全面成长，从而推进学生的学习。教学最确切的内涵在于"提供支持"。"学习共同体"旨在达成学生体育学习成就最优化，包括解决实际问题，特别是体育锻炼与健康的问题，有效促进学生社会适应能力的培养。因此，教师必须发展建构这种基本教育能力。

（2）创设学习情境：教学联系学生真正的生活经验

体育教学、课程和技能学习应以学生的个人、家庭和生活经验为基础。体育教学中学生的知识和技能背景、教育性情境是学生获得新知的基础。学习的理解意味着旧知和新知的联系。教学中增进学生体育健康知识与技能的获得需要联系学生的生活世界，包括学生个人的、家庭的和社区的基本生活经验。在体育教学过程中重视情境的创设，贴近他们的生活，我并不赞成把教学变成一种娱乐的做法。要让知识、技能及经验性的发现形象化以吸引学生，从而对他们的学习过程产生积极影响。这样学生的思维就会被激活，学习兴趣和主动性就能被激发，教学活动才能"管而不死，活而不乱"对新知识的探索会有发现，教学质量才会提高。

（3）挑战性教学：教学应具有挑战性，发展学生的认知思维

在大纲下，对教学内容都做了硬性的规定和标准，有的学生不用努力就能达标，有的就是再努力也很难达到要求，这样好多学生来说都缺乏挑战性，容易失去学习的兴趣。新课标要求关注个体差异与不同要求，确保每一个学生受益，教师要根据学生的不同情况设定标准，有效的让学生发挥自己的潜能。挑战性课程和教学必须经过认真设计，不仅在难度上让每一个学生都感觉到有挑战性，还要在教学过程中设置一些"机关"让学生自己进行探究，这样才能推动学生的学习。教师在提供真实的挑战性教学任务的同时也要给予学生必要的帮助。

4.学生层面三维标准

体育教学的有效性不光是靠教师的高效教学，还要靠学生学习有效性来体现。通过教师有效教学的提高，目的是看是否激发和调动了学生体育学习的主动性、积极性和自觉性，学生体育能力是否提高，身心是否得到了健康发展。这才是衡量体育教学有效性的核心标准。

课程目标是指特定阶段的学校课程所要到达的预期结果，是对学生身心发展的规定，它对学生素质的全面主动发展起着导向、调控和中介的作用。课程目标规定什么、学生就要向什么样的目标方向发展。我国新一轮基础教育课程改革就是想通过课程目标等其他方面的变革，来促进学生积极主动的全面发展，因而相应地提出了新的三维目标。新的课程标准对体育教学的有效性也提出了新的要求，通过体育教学活动，学生要从不懂到懂，从懂得少到懂得多，从不喜欢体育到喜欢体育。学生在体育学习中能体会活动过程中的快乐，磨炼其意志，能够熟练掌握锻炼与体育保健的方法，将所学知识运用与生活中，并能从生活处提炼出所学的知识，能够积极主动、乐观向上的面对生活。

四个层次的标准是紧密结合在一起的，缺一不可。四个层析的标准构成一个梯形结构。之所以是梯形结构，是因为体育教学的有效性受到种种因素的影

响，不可能达到百分之百完全有效，我们追求的是努力能更靠近顶尖。

笔者构建有效教学的标准不是为了作为一种评价工具对体育教师的业绩进行评价，而是用来提高体育教师的教学质量，有效地把知识技能传递给学生，让学生更有效的得到发展。该标准不是说每节课，每一项内容都要涉及，而是要根据不同情况，不同教师能力参考使用。

第五节　新课标下体育有效教学策略

一、调研实际情况，开发校本资源

我国人口众多，地域辽阔，各地经济文化发展存在差异，完全用"大一统"的课程管理和"一刀切"的要求，显然不能满足不同地区学生发展的需要。"学校在执行国家课程和地方课程的同时，应视当地社会、经济发展的具体情况，结合本校的传统和优势、学生的兴趣和需要，开发或选用适合本校的课程。

体育与健康教学资源作为体育教学实施的素材和条件，其作用在于实现体育的价值，达到促进学生的健康和发展的目的。在新课标背景下，立足于学校体育实际进行体育与健康资源开发成为体育教学的重要课题。唯有以学生熟悉的内容作为学习资源，才能有效促进学生经验的成长；唯有提供巨大的教育选择空间，才能满足学生个体的学习需要；唯有切合学生认知水平的知识呈现才能激发学生的学习热情。因此，认真调查，根据本校的实际情况，基于学生发展服务的理念，开发本校体育教学资源，为构建适合学生的学习提供支持。

二、新旧教学方法的提优整合

教学方法的选择和运用是否恰当，直接影响着教学目标的达成。在传统的教学中固然存在许多问题，课改提出的新理念切中时弊，提出了很多新的教学方法。但传统教学的一些经长期实践证明行之有效的做法，也为学生、家长和社会所认可。要对新旧教学方法进行整合，就要在传统教法和现代教法之间找一个结合点。这个结合点就是传统教学与现代教学的共同之处，即启发学生思维，激发学生学习热情，培养学生的实践能力。传统教学弊端并不是对所有情况下的体育教学都是弊端，现代教学也并不是在所有教学中都能适应。提高体育与健康教学的有效性，就是要按照本校、本班级、教师本人的不同情况，对传统与现代教学方法进行选择、加强整合。形成适合学生发展的科学教学方法。

三、"无为"的教学管理

《道德经》第三十七章中讲到："道常无为，而无不为"。无为是顺应自然，不妄为的意思。道家的无为，并非不求有所作为，只是指凡事要"顺天之时，随地之性，因人之心"，而不要违反"天时、地性、人心"，凭主观愿望和想象行事。无为，就是科学的作为，就是合理的作为，因而也是积极的作为。新课改的体育教学，既不能像以前那样"严教死管"，学生的一切活动都在教师的"摆布"之下。也不能是完全不管，强调学生个性自由发展的同时，削弱教师的主导作用，放任自由的放羊式教学。无为的教学管理要求更加科学合理化，首先就是要打磨体育与健康教学的细节精化要求和规定，即：对时间利用、运行方式、即时督查进行精细化；其次，充分相信学生，根据学生的需要、兴趣与经验，给予学生更多机会，让学生在体育活动中得到主动的发展。

四、提高教学有效知识量

教学中的有效知识，从接受信息（教学中主要指学生）而言，是指新的，学生学后有所知、有所感、有所提高的知识。从传授信息或运用信息（教学中主要指教师）而言，是指教师和学生的知识总量中那些有意义的、能随时提取、灵活运用、"自由出入"的知识，即知识的迁移。增加结构合理的知识，在知识结构合理的情况下，知识可以转化为智慧。体育教学中不仅把知识技术教给学生，还要教给学生研究体育学习规律的能力，探寻其内部的生长点，以增强知识的再生力。教学中学生获得的有效知识量和他运用的有效知识量是统一的。学生获得的有效知识量越多，他的知识总量中可以自由提取的有效知识量也就越多。最大限度地提高教学的有效知识量，是对教学有效性的提高，对学生学习有效性的提高。

五、研究学生，区别对待——分层设计教学

教师要深入研究学生，掌握学生的学习背景，身体素质。根据学生的不同情况，充分考虑各层次学生的实际，包括基础知识、学习方法、学习能力等方

面的实际情况，各层次学生的"最近发展区"出发，分层设计教学目标，提供教辅的材料和方法，分层导学，缩小全体学生对基础知识技能的掌握，分层评价。教师要根据学生的学习动态、可变的实际出发，鼓励低层次的学生向高层次发展，让全体学生通过自己的努力都能得到最佳的发展。将学生分层，要采取隐蔽性方法，注意保护学生的自尊心。在实施教学策略的过程中，要加强反馈，及时补救；要采取鼓励性评价，激励学生不断向上，使各层次的学生都能获得最佳发展。

六、大胆尝试，不断反思

只用一本教案进行一辈子教学的教师不是好教师。新课程改革给了教师更多的权利，更大的发展空间。教师要依教材特点和学生实际，寻找一条适合发展学生素质教育的教学方法，以激起学生感情上的共鸣，在新颖的体育活动中体会到学习的乐趣，提高练习兴趣性、积极性和创造性。一些新颖的教学手段也要大胆尝试，如恰当、合理地运用计算机辅助教学手段，能增加教学过程中教学信息的传递总量，图文并茂，声响并举有效地提高课堂教学效果。对于新兴的运动项目、健身方法，也应随着时代的发展大胆的引入体育教学中。

仅仅靠大胆的尝试还不行，还要对这些尝试进行反思。教师在长期的教学实践过程中，通过反思不断更新自身的教育教学理念、解决教学问题、增加科研能力，对日常教学活动保持一种质疑的心态，从而能够积极、主动地对教育教学目的、教学内容、自身教学行为、学生特点及教育教学环境和伦理背景进行深入的思考和探究，以期不断解决自身教学实践中面临的各种疑惑和问题，有意识地增强自身的观察、分析、解释和决策等方面的能力，从而促进教师专业发展，推动体育教学有效性的提高。

第九章　新课程下中学体育教师素质建构研究

第一节　新课程条件下对中学体育教师的挑战

随着新的体育与健康课程的全面实施，无论是观念上还是教学方式上的变化都给现有的中学体育教师带来了巨大的挑战，而对中学体育教师来说正确的方式是正视挑战，努力提高自己以适应新条件下的体育与健康课程教学，而这种适应的前提是对新的体育与健康课程标准的认真学习和深入理解。

一、新课程的价值观带来的挑战

课程在质的意义上是人类对教育及人的发展的"应然"状态的把握，它必然要受到一定价值观的引导，现行的中学体育与健康课程也是如此。传统课程只见"物"不见"人"，是由内向外、扩展式的，现代课程则应以人为焦点，由表及里，呈聚敛式，即把所有构成课程的资源及其所涉及的方面都有机地统一在学生发展上。现代教育哲学以为，教育不能仅仅关注"物"，它更应关注"人"，关注人的"存在"与发展。现代课程不能不对现代教育哲学的时代转向做出应答。既然如此，现代课程的价值取向研究就不能不涉及到作为人本身，以及课程得以生成的前提一文化。而"文化的内核是价值标准。"现代课程应以文化为价值取向。二十一世纪占核心地位的新的文化价值观是以人格和谐发展为核心理念的，现代课程在价值取向上要与之保持一致。体育与健康课程亦应以此为价值取向，然而任何国家的课程改革都是依托本民族的传统文化为基础的，笔者认为，课程无论怎么发展，都要体现本民族传统文化的内核，"越是民族的，越是世界的。"我国作为第三世界国家，应从我国的实际国情出发，走"特色"的发展道路。如果课程失去了本民族传统文化的支撑，就如无源之水、无本之木，谈不上发展，只能跟在别人后面亦步亦趋，最终迷失自己的方向。

中学体育与健康课应该承担起向青少年传承中国优秀传统文化的职责，中学体育与健康课程应该是培养身心健康的"中国人"。对本国、本民族文化的传承是课程的基本任务之一，中学体育与健康课程亦应如此。

中国的近代学校体育基本来自西方，而西方体育思想则表现为哲学和自然相结合的科学思维，我们在全日制义务教育体育（与健康）课程标准解读一书中也看到—体育与健康课程的理论基础是：生物科学基础；教育学、心理学基础；社会学基础。很明显，体育（与健康）课程标准构建在以西方体育思想为主的理论基础上，而东方体育的"天人合一"的哲学思想是追求人和大自然的和谐统一，人体内部的和谐统一，这种观念正好反映了体育的健身原理，可是，对此有着丰富的中华文化的内涵与底蕴表现的东方体育思想，在新课程中没有得到很好的体现。

体育与健康课程在对传统文化的传承方面有自己特有的优势，如在华夏各家的养生文化中不仅将人与社会、自然看成是一个整体，而且将自家学说及治学修身融为一体，充分体现了中华传统文化"整体观"的特色。中国传统养生功法历史悠久，种类繁多，是古人养身思想的具体体现、养生实践的经验总结。千百年来，它以其形神俱养、身心双调、修身养性、强调动作与呼吸的配合等本质特点；强身健体、防病治病、消除疲劳、延年益寿的多功能性及不受场地器材、年龄限制的广泛适应性，吸引了一代又一代人；以太极拳为代表的中华武术，以它的圆融、和谐及对武德的崇尚所蕴含的中华传统文化的魅力和特有的健身、健心效果不仅吸引着广大的青少年，而且在世界各地广为流传，甚至被看成中华传统文化的代表。进一步挖掘和整理古老而具有旺盛生命力的中国传统体育项目，使其在新时期发挥独特的健身、健心功能，从而吸引更多的中学生参与到此项锻炼中来，充分领略传统养生功法的健身功效及魅力，不仅是对传统文化的传承，也能激发学生的民族自豪感。而且与二十一世纪占核心地位的新的文化价值观"以人格和谐发展为核心"是一致的。因此，对中学体育教师的传统文化素养和优秀传统体育项目的掌握提出了很高的要求。

二、新课程学习中心转移带来的挑战

21 世纪，知识经济已露端倪。学习的概念，在这一时代将发生重大变化，学习在时间和方式方面大为拓展，把阶段性的学校学习拓展为终身学习；把课堂习学式的学习，拓展为岗位、家庭、各种场所等多种方式的学习。这种学习拓展的根本，就是要有自我学习的能力。因此，在 21 世纪，一个人的学习能力对他的生存与发展起着决定作用。由于长期受到体质教育思想和技能教育思想的影响，中学体育在对学生培养过程中较多注重体质增强和技能传授，轻视对学生自学自练能力的养成，从而制约了学生终身体育能力的发展。21 世纪社会经济的快速发展要求人们应该终身坚持锻炼、终身保持健康。学校体育必须适应这种变革和挑战，让学生学会自我获取体育知识和技能的方法，培养学生的体育学习能力，才可能使个体将体育锻炼延续终身。因此，中学体育与健康课程的学习中心将转向"学习能力"。

如何去培养中学生的体育学习能力，选择怎么样的课程内容最能使中学生体育学习能力得到持续而良好的发展，在中学体育与健康课程中，众多的运动项目如何选择，哪类项目的练习更能使学生获得体育学习能力，采用怎样的教学策略更能促使学生体育学习能力的养成，这对中学体育教师提出了更高的要求，也是一个巨大的挑战。

三、新课程领域目标重点的转移带来的挑战

领域目标是指期望学生在各学习领域达到的学习结果。课程目标通过各个领域目标的达成而得以实现。新的体育与健康课程标准将课程目标细分为：运动参与领域目标；运动技能领域目标；身体健康领域目标；心理健康领域目标；社会适应领域目标。中学阶段是青少年身心发展最迅速的阶段。如何抓住课程领域的重点，切实提高学生的健康水平，将成为学校体育工作下一阶段的重点。学校体育对提高学生的心理健康水平，发展学生心理素质有其独特的作用。但长期以来在中学体育课程的实施中往往只重视学生体质的增强和运动技能的提高，而体育课程的"健心"功能作为一项隐性课程远远没有得到应有的重视，对学生形成良好心理品质的作用也没有得到充分体现，收效不甚理想，由此对学校体育的"健身"功能亦产生了较大的负面影响。新课标对中学体育与健康

课程目标的确立（<5 个方面的目标有 4 个与心理健康密切相关）明确了中学体育与健康课程必须加强和重视对心理健康教育的实施。

正确认识心理健康教育在中学体育与健康课程中的作用，大力发掘体育与健康课程中"健心"这项隐性课程，使之逐渐向显性课程转化，将有利于进一步完善中学体育与健康课程，使之对学生健康产生更显著的良性影响，也是中学体育与健康课程发展的趋势之一。

（一）心理健康是中学时代健康的核心

20 世纪大哲学家威廉·詹姆士说：这个世纪最伟大的发现是"人类可以改变心态而改变人生"这项事实。要健身先健心，心引导现象，心是一切行动的主因和先驱。心理健康的核心是心理平衡。所有影响健康的因素中，心理平衡是第一重要的，有了心理平衡，才能生理平衡；有了生理平衡，人体的神经系统、内分泌系统、免疫功能、各器官代偿功能才能处于最佳的协调状态，一切疾病都能减少，是身体健康的必要条件。因此可以说心理健康是健康的核心。

中学生生理、心理发育还没有达到成熟，社会阅历浅，受外界影响大，行动易受情绪影响，心理承受能力差，使得心理健康成为影响身体健康的至关要素。而心理健康由于对身体健康的影响往往是渐进性的、长期的，且中学阶段的学生正处于青春期，内分泌旺盛，生长发育迅速，大部分都能拥有健康的身体。不良心理对身体健康的负面影响更难在短期体现出来，因而常常被人们所忽视。据北京市的一项调查表明，门诊病人中有 70%～80%的病人所患疾病与心理因素有关，而且 65%～90%的疾病与精神压力有关。医学专家预测，21 世纪有关精神方面的疾病将成为影响人类健康的主要病因。据调查，有三分之一的中学生有不同程度的心理障碍，而心理健康教育能促进他们形成良好的心理品质，预防和消除不健康的心理，为他们体格的健美、知识的获得、智力的开发、思想品德的形成、人格的健全提供良好的心理基础，并起到积极的推动、调节作用。

（二）实施心理健康教育是素质教育的要求

在大力推行素质教育的今天，教育的重点已由知识转向了学习，而真正的学习应当是心灵（知、情、意）与行为的改变，从而使人的部分乃至整体素质得以优化和提升，而心灵的转变是行为改变的前提。苏霍姆林斯基强调要"把自己培养成为人"，"要培养自己具有人的心灵。"素质教育是为了育人，育人重在育心。实施心理健康教育是当前社会大变革对教育工作的新要求。随着社会改革的不断深入，各种竞争日益激烈，在给人们带来新的机遇、新的挑战的同时，也出现了许多人难以适应社会的大发展、大变化的情况。学生家长和亲朋好友的各种各样的心态和行为势必会对学生产生影响。另外，由于"应试教育"的影响，过重的课业负担、沉重的升学及就业压力，也给学生的心理带来难以言传的无形高压，严重影响了学生心理健康发展。而这都需要教师对学生进行积极的心理疏导和有效的心理训练。作为以"健康第一"为指导思想的中学体育与健康课程更应该义不容辞地担负起对学生进行心理健康教育的职责。

（三）体育与健康课程有实施心理健康教育的有利条件

心理健康教育目前在中学是每门学科都有责任，而造成事实上没有哪门学科愿意负这个责任，这也是心理健康教育在广大的基层中学得不到顺利实施或流于形式的重要原因。以思维活动为主要活动方式的文化课教学，由于学生的心理和外部行为不宜表现，实施心理健康教育多以理性的说教为主，学生的主体参与水平仅处于较低的被动认同活动阶段，故难以实施有针对性、及时性的教育来增进他们的心理健康。相比之下，体育实践课由于它具有群体性、竞争性、艰苦性、娱乐性、释放性、外显性等特点，它是社会活动的缩影，或者说是社会活动模拟游戏化。在体育实践课活动中学生可感受到丰富多变的刺激，也会体验到几乎与社会活动中完全相同的精神磨难与心理冲突。所以，它更易于把培养学生的心理健康意识与心理健康行为有机地结合起来，使学生能在寓心理健康教育于课堂身体活动的过程中加强主体的参与性，并充分地体验、领悟、内化，然后付诸实践，并直接接受实践的检验。

再者，中国传统体育项目中的太极拳、气功、禅修等，对心理平衡的调节有很强的针对性，其显效性为实践所证明，并被现代科学所验证。

很明显，对中学生实施心理健康教育，中学体育与健康课程有着其他学科无法比拟的优势，更能采取有针对性的措施和方法对中学生的心理施加有效的影响，促进学生心理的健康成长。

（四）重视心理健康教育是中学学校体育自身发展的要求

在应试教育的下，由于多方面的原因，体育与健康课程受到忽视，中国中学学校体育"说起来重要，做起来次要，忙起来不要"的现状在短时间内很难得到根本改变；使"健康第一"的指导思想得不到贯彻，严重影响了学生身心的健康发展。且学校体育对学生健康的促进很难看出显著性。因此，中国中学学校体育一直处于一种不尴不尬的边缘境地，学校体育是否能够真正提升自己在学校教育中的地位，在一定程度上有赖于学校体育对"健康第一"指导思想的落实。学校体育不能老是强调影响学生健康因素的多方面性，来推卸应对学生健康影响所负的主要责任，任何时候责、权、利三者都是统一的，不愿承担责任却希望得到权（地位）和利益是不现实的，这也是学校体育得不到重视的根本原因。中学体育与健康课程要主动承担起促进学生身心健康发展的主要责任，加强中学体育与健康课程中的心理健康教育能力，通过心理健康教育这根纽带把影响学生健康因素中的生活习惯、人格特征、运动等联结起来，使中学体育与健康课程对学生健康产生更显著的良性影响。

身心健康是良好的社会适应的基础，身心健康和良好的社会适应是现代健康概念的内涵。一方面，通过体育与健康课程影响学生的行为习惯，习惯形成性格，此为学校体育的健心途径；一方面，通过体育与健康课程对学生进行技能传授和身体锻炼，以提高运动能力来实现学校体育的健身途径；另一方面，身体健康是心理健康的重要基础，心理健康是身体健康的必要条件，同时，心理健康对运动技能的学习和身体锻炼的效果产生着很大的影响。据调查，有不少学生存在着既希望自己身体健康，又"厌恶"体育课的现象。调查表明，这种"厌恶"的情绪主要不是因为对运动本身的反感，而是来自于心理障碍。从上图示可以看出，心理健康是学校体育实现健康途径的核心，要想学校体育对学生健康产生显著的良性影响，不仅要抓紧和落实学校体育的健身途径，更须重视学校体育的健心途径，有意识地促进学生心理健康。如果能采取有效的措施解决学生的心理问题，对中学体育与健康课程的顺利实施和提高学生的健康水平将有事半功倍的效果。发掘和拓展体育与健康课程的健心功能是学校体育对"健康第一"指导思想的落实的必要条件，也是学校体育提升自身地位的必由之路，同时也是中学体育与健康课程的发展方向之一。

综上述，在中学体育与健康课程中采取积极的手段，有意识地对中学生心灵施加良好的影响，促进中学生心理健康，是一个根本的要求，这要求中学体育教师不仅要有精深的心理学知识，而且必须有良好的心理素质。

四、课程资源拓展带来的挑战

新的体育与健康课程标准提出了课程资源的开发和拓展，显然，对学生身体健康、心理健康、社会适应等方面的影响仅仅依靠体育教学是远远不够的，必须将体育教学从时间上、空间上进行拓展。时间上拓展是指要将体育教学延伸至课间活动、课外体育等，以时间的维度保证课程目标的达成。空间的拓展是把体育教学从校内延伸至校外，在学生的活动空间中，社区、家庭、自然的山川、田野等都是达成课程目标的资源。

通过拓展的中学体育与健康课程相对于从前狭义的体育课程（课堂体育）无疑将对发展学生身心健康提供更多时间和空间上的保障，但基于现实的考虑，课程的实施者目前还不能把所有构成课程的资源及其所涉及的方面都有机地统一在学生发展上。这样就出现了一个课程资源的侧重问题，为此必须遵循比较价值的原理对中学体育与健康课程的资源进行分析、比较，以根据正确的衡量尺度来决定课程资源的选择。

以最简单可行的方式，把最易掌控的课程资源施加给学生，促进最多的学生身心健康是每一个体育与健康课程的实施者追求的目标。依照此标准，课外体育锻炼因为学生参与面最广、人数最多及其操控性强的特点而优势凸显出来：

课外体育锻炼是体育课的一种良好补充形式，在一定意义上可以看成是体育课的延续。从技能形成的规律看，我们教授的运动技能内容，只靠每周 2 学时的体育课教学是无法让学生真正掌握的，学生可以利用课外体育锻炼来弥补课堂学习之不足。

课外体育锻炼是学生增强体质、增进健康必不可少的途径。现代体育科学已经证明，要想通过体育锻炼增强体质、增进健康，必须要有科学的锻炼方法，其中锻炼的频度为每周至少 3 次，最好是每天锻炼 1 次。而普通中学每周 2 次体育课，这就是说，只靠体育课是无论如何也达不到增强学生体质的锻炼要求的，必须依靠课外体育锻炼方可实现科学锻炼增强体质之目的。

课外体育锻炼是学生调节身心的最佳手段之一。课外体育锻炼形式具有灵活性。学生可以凭自己的兴趣爱好去选择锻炼内容，这时的锻炼大都具有较高的自觉性和积极性，因此，课外体育锻炼对学生个性的发展、情绪的调节、大脑积极性的休息都有积极的作用。

课外体育锻炼能将体育课教学所学习的知识、技能运用于实践，在培养学生自学、自练、自评能力，提高体育意识，养成锻炼习惯等方面有着重要的作用。

课外体育锻炼丰富了学生的文化生活与生活体验，促进了学生的人际间交往，增添了学生的生活乐趣。

由此可见，学校体育的重点转向将向课外体育锻炼，对课外体育锻炼这块课程资源的开发对中学体育与健康课程目标的达成将起到关键作用。这种趋向要求体育教师加强对课外体育锻炼的管理和指导，对中学体育教师的一专多能，体育教师间的协作能力提出了更明确的要求。

五、学生体质下降带来的挑战

现代社会，人际关系日益复杂，竞争激烈，心理压力增大，精神高度紧张，研究显示，国民经济发展到一定水平，人的体质健康某些指标呈下降趋势。从发达国家的情况看，大多数国家呈现这种趋势。据新西兰媒体报道，英国和新西兰的专家近日发出警告说，西方国家的年轻一代将为历史上身材最胖、疾病最多，最缺乏活力的一代。西方青少年健康状况下滑。国家教育部于 2003 年 12 月公布了《2002 年学生体质健康监测报告》，公告发布的数据表明，体能部分指标继续呈下降趋势 2002 年与 2000 年相比，我国学生的速度、爆发力、力量等素质继续出现下降，除反映速度素质的 50 米跑成绩下降幅度较小外，其余各方面素质的下降幅度明显。反映肺功能的肺活量继续呈现下降趋势。对于学生体质健康方面存在问题的原因，《公告》重点指出了因学校运动场地不足、时间安排不足以及体育活动内容安排不尽合理而导致学生体育锻炼不足，无论是时间还是强度均达不到青少年学生的身体发育要求的问题。《公告》同时指出，社会竞争压力加大致使学生升学压力加大、课业负担过重、精神紧张，对学生健康状态造成了不可忽视的影响。也是此次体育课程改革的促因之一，试图通过体育课程的改革扭转学生体质健康某些指标下降。

2003 年 11 月，全国义务教育《体育与（健康）课程标准》修订工作研讨会召开，大会报告根据国家级实验区的调查数据认定了《体育课标》的先进性、纲领性和指导性，认为《体育课标》解决了以往体育教学中的许多问题，有利于学生身心发展和终身学习。我们不怀疑国家级实验区的调查数据，但是，作为一个教育工作者很清楚对实验区的关注和期待很容易产生教育中的罗森塔尔效应，因而对于报告中的结果和所强调的广泛性和真实性不能过分乐观。要使体育与健康课程对学生体质健康产生切实的促进作用，对每一个中学体育教师来说，任重而道远，对此许多的学校体育工作者总喜欢强调影响健康的因素有多少，影响体质的因素有多少，把问题往外抛，而很少把问题对向自己，"学生体质下降学校体育该负什么责任""怎样的体育课程最具可行性，且能对健康产生良性影响"，如果我们不对现行的体育与健康课程的核心有一个真正清醒的认识，采取一些可行的、有效的措施促进学生身心健康发展，可预见在2004年公布的《2004年学生体质健康监测报告》中发布的数据表明，体能部分指标继续呈下降趋势，那对我们的学校体育和体育课程的改革将是一个沉重的打击，以促进学生身心健康为主要目标的体育与健康课程处境将更加尴尬。这对中学体育与健康课程的实施者中学体育教师无疑提出了最严峻的挑战。

六、信息社会带来的挑战

随着信息时代的来临教育、教学面临着前所未有的挑战和机遇。通讯技术的高度发达，尤其是"信息高速公路"的铺通，使教育、教学呈现出高度信息化，学校与社会之间不再有围墙，不再壁垒森严，而是互相融合。在信息时代，教师无论作为社会人，还是作为职业角色都应该掌握信息技术，并具备一定的信息素养。而作为职业角色的教师，同时还特别要学会选择信息技术和在教学中有效整合技术。

随着我国社会经济的发展，体育文化（包括体育知识、技术、技能）的传播已由单一的学校途径转变为学校、社区、网络、媒体、家庭等多种途径。即使是小学生也可成为积极主动的学习者，他们迅速吸收新的信息，并自由地发挥创造性，从而有可能在某领域率先于长辈走向未来。在学校教育中，学生有可能较之教师更早地获取信息，掌握技术，这在体育的一些新兴项目中特别明显，使得教师必须向学生学习，新的运动项目层出不穷，老师应接不暇，学生却众口难调，即使传统教材的教学也碰了新的困难，例如，一位中学体育教师抱怨说：我们班里有几个男生整天抱着个篮球，就喜欢看NBA，篮球比我要得还好,这篮球课叫我怎么上?一系列随着信息社会的到来所带来的巨变对中学体育教师心灵的震撼无疑是根本性的,挑战也是强烈的。

综上所述,新课程改革向中学体育教师教育观念、知识结构、能力结构等方面提出了严峻挑战。广大中学体育教师应当充分认识新课程改革的重要性,明确自身与新课程改革要求的差距及在新课程改革中的责任,提高素质,迎接挑战。

第二节　中学体育教师的现状分析

体育教师的职业是崇高的,他们的工作是一种脑体结合、复杂而富有创造性的劳动,也是开发人的智慧、生理、心理、脑力和体力的艺术。体育教师是促进学生身心全面发展,增强学生体质的组织者和指导者;是精神文明、体育文化与技能的传播者;是体育人才的启蒙者和培育者;是青少年健美体魄的塑造者。因此,他们的工作是一项承前启后的社会文明奠基工程,不仅关系到我国现代化建设宏伟目标的实现,而且对国家命运和民族未来都将有重大影响。随着新课程改革的深入和"健康第一"学校教育指导思想的确立和素质教育的全面实施,对中学体育教师提出了更高的要求,教师作为新课程的实践者和探索者,在很大程度上决定着新课程实施的快与慢、成功与失败。正如瑞士著名教育家皮亚杰所说:"如果得不到足够数量的合格教师,任何最使人钦佩的改革也势必要在实践中失败。"任何有关教育现代化的思想和措施,最终只能通过教师的教育教学活动来实现,现代化的教育体系只能通过千百万教师的教育实践活动来构筑。

现在的中学体育教师能否适应新课程的变革,能否承担如此的重任,首先有待于我们对中学体育教师现状的分析。

一、存在问题

由于自身职业的特点,中学体育教师作为教师中的一个特殊群体,一直是体育界研究的对象,许多的学者对此进行了研究。经过十几年的补充和调整,我国大多数中学体育教师队伍数量的发展将不成为问题,而质量的提高将成为重点，因此近年来主要趋向对中学体育教师素质现状的研究。

学者黄晓文认为当前体育教师存在以下三个方面的问题：思想素质、心理素质不高；知识结构单一和陈旧；教学水平停滞、科研能力不强。李林等在《体育与健康课程改革面临挑战》中认为：课程标准是全新的，但课程标准的具体实施者体育教师却是经过传统体育教育培养出来的，其观念、知识、方法、能力仍然停留在过去的水平，与实施新课程标准所要求的体育教师素质相去甚远。

（一）整体文化素质较低

许多体育教师从小开始训练，时间、精力难以保障，文化课受影响，文化功底本身就不够，而且在职前的培养过程中忽视通识教育和理论的学习而重视技能的培训，工作以后又疏于加强自身对文化和理论的学习，使中学体育教师的整体文化素养较低，对实施体育产生不利影响，亦造成本身今后发展障碍。

体育作为一种人类文化现象，它的许多功能是在人与人之间的相互影响下实现的。实际上体育的文化性、知识性、教育性不仅仅只是通过身体练习体现在学生的本质之中，在更多的情况下，它应该体现在体育教师的本质之中。事实上，绝大部分的中学体育教师不理解体育的文化内涵和文化价值，也没有想到过要去了解。因此，而造成体育教师自身缺乏文化价值的具体表现，难以在教学工作和社会心理中准确地体现体育文化的内容，而使体育课程丧失了传承文化的主要功能。

（二）部分教师教育态度消极

由于计划生育造成的我国中学生源的大落差，中学面临着教育资源的整合，各中学之间竞争激烈，而这种竞争实际上就是应试能力之争、升学率之争，而体育与提高学校的升学率是没有显性关系的，在应试教育的牵引下，许多的中学着眼于自身的短期利益，体育与健康课程受到忽视的现状短时间内很难得到根本改变。

（三）部分教师自我发展能力欠缺

随着社会的进步，体育知识更新日益加速，新的运动项目层出不穷，社会对体育教师素质的要求越来越高。新的中学体育与健康课程的实施所带来的教学理念、教学内容、教学方式等一系列重大的变革，使中学体育教师感到前所没有的压力和提升自身素质的需要，但是大部分的中学体育教师在职前和职后都缺乏对自我发展能力的锻炼而在面对这种变化时处于一种茫然的被动状态。仅有 10.9% 的教师选择了自学这种方式，大部分中学体育教师不知道自己的发展方向，不知道如何选择学习内容，没有自学的意识，缺乏自学的能力，把希望寄托于学校提供的继续教育或培训，由于经费和时间的限制，大部分的基层中学提供给体育教师的这种机会是比较少的。而且，由于应试教育的需要，大部分的学校把不多的机会给予了语、数、英等所谓的重点学科。面对这种情况，中学体育教师往往无所适从，对于如何有效提升自身素质处于一种无奈的尴尬境地。

（四）教育科研能力明显不足

随着教育界对教师成为研究者呼吁的日益高涨，对教师教育科研能力的要求越来越高。但目前大多数教师不重视这项工作，缺乏教育科研的能力。江西省的一份调查表明，53% 的中学教师认为教育科研无必要；69% 的教师认为教育科研是教育研究部门的事；34% 的教师认为教育科研和推进素质教育关系不大。73% 的教师对现代教学思想不了解；有 76% 的教师对所教学科的新动态、新成果不了解；有 83% 的教师没有读过新版的本学科大学教材；有 67% 的教师在一年内没有读过教育理论杂志，有 91% 的教师没有订阅学科教学杂志。

中学体育教师由于认知方面的偏颇，重视教学能力和训练能力素质而忽视科研能力，因此，教育科研的能力明显不足。北京的一项针对中学体育教师的调查表明，中学体育教师目前最需要提高的能力是教育科研能力。北京如此，欠发达地区和不发达地区中学体育教师的教育科研能力之低下可想而知。由于科研能力的欠缺，难以对自己的教学实践和经验进行反思，无法做到教研（教学和教育研究）相长，成了自身提升素质的障碍。

二、成因分析

（一）职前教育的因素

1.师资选拔与准入制度的欠缺

相关研究表明，教师的一些素质是在大学前形成的，由于过去多方面的原因，教师的社会地位较低，使很多优秀的中学毕业生不愿报考师范院校，尤其是体育教育专业，由于高考时文化要求相对较低，专业要求相对较高而使报考高等体育教育专业的生源出现整体文化素质较低的状况；而现在的中学体育教师来源较杂，除高等体育教育专业的毕业生外，还包括高校运动训练专业、职教体育班毕业生和退役运动员，素质参差不齐；对于体育教师未来素质的发展至关重要的教育理想，目前尚没建立有效的评价体制。由于师资选拔与准入制度的不完善，使现在的部分中学体育教师存在先天不足的情况。

2.知识结构不合理

我国高等体育教育专业不仅要使学生学好各种专业知识，而且还必须掌握一定的教育理论知识，而在这个问题上师范院校历来有重学术课程，轻师范专业的倾向。在课程结构上，教育专业课程比例严重偏低，在总学时中所占比例平均只有5%～6%，与国外师范院校相比，明显偏低。如日本为15%、法国为20%、美国为20%、德国为30%。而通识教育近年来虽然在理论上受到重视，但在实际操作中，由于师资的原因，一直是个薄弱环节。这使体育教育专业的学生普遍存在着文化素养低，知识结构不均衡的弱点。

3.能力培养不足。

由于体育教育专业培养模式的限制，目前依然处于规模批量生产阶段，忽视了对学生个体可持续发展的关注。轻学生能力的培养而重知识和技能的传授，没能采取有效的手段提高学生的能力，造成了毕业生的能力欠缺。

近几年，高等体育教育专业的改革发展取得了一些成绩，但仍然存在以下几个问题：一是培养目标、培养规格过窄；二是课程设置不太合理；三是教学内容过于陈旧，教学方法过于死板；四是忽视创新精神和创造能力培养；五是地方民族特色依旧不够明显。因此，高等体育教育专业必须进行卓有成效的改革，才能有效地培养适应知识经济时代及社会主义市场经济发展和中学体育课程改革的高素质的师资。

（二）继续教育因素

教师的继续教育是有效提高自身素质的手段之一，但目前中学体育教师的继续教育情况却存在着许多的问题，影响了培训的效果。

1.培训内容不科学

师训部门缺乏对学员的了解，又缺乏与师训教师的沟通，没有很好地论证培训内容，目前体育教师继续教育多采用学历提高方面的教材。另外，盲目地购进一些价值不大的教材，加之师训教师在培训过程中多以自己的课题进行讲授。这样一来无法满足学员提升素质的需要。

2.继续教育培训模式陈旧

传统的经验式教育和传统的以学历补偿为目标的知识传授型培训模式一直是现在大部分中学体育教师接受继续教育的培训模式。这种培训模式注重的是学科知识的系统性，缺乏对教师能力提高的训练，忽视求知过程、求知方法与实践反思的训练。加之参加培训的体育教师个体的差异，采取这一模式势必不能满足不同层次教师的需要，加上部分师训教师不了解中学体育教育实际情况，使得培训效果不明显。

加强对师训教师的培训，研究教师学习的需要和特点，把一些已经逐步成熟新的培训模式，诸如案例教材模式、现场诊断模式、合作交流模式、反思性教学模式、校本位培训模式、研究一体化模式、远程培训模式等合理的应用到中学体育教师的继续教育中来，才能使教师的继续教育取得好的效果。

（三）教师自身的因素

职前教育和继续教育是影响体育教师素质的外因，而推动教师发展的核心动力源是内在的，是教师的观念、情感、态度、价值观，中学体育教师对自身素质的培养可以说都源自他们内在的需要和自觉主动的行动。目前中学体育教师整体素质较低和他们自身的因素是密切相关的。

首先，部分学生选择体育教育专业只是一种无奈（文化成绩较差），而进中学做体育教师更是一种无奈（想干其他职业干不成，无可奈何只好当中学体育教师），在一项调查中，当问及是否把教师这一职业当成终生的事业追求时，45 岁以上教师回答"是"的占 98%。而 35 岁以下教师回答"否"的竟占 32%，仅仅把从教作为一种谋生的手段，缺乏一种"把板凳坐穿"的精神，连平常的教学常规也疲于应付，当然也就不会把提升自身的教育教学能力作为自己内在的需求了。价值取向的偏差使他们无心去主动提升自己的素质。

其次，目前对中学体育教师的评价有负面导向作用，重视技能特长而忽视综合素质，重视训练能力而忽视教学创新能力、科研能力和对学生进行思想教育能力，许多基层中学招聘体育教师的要求是：个儿高，球打得好。而且，中学体育教师想要名利双收的唯一选择是带训练队。因而钻研教材教法时间偏少，教学凭经验，缺乏创新精神，激发不起自己提升自身综合素质的内在动力。

当然，造成教师素质低下的原因是复杂的，有外部的，有内部的，有客观的，也有主观的，远远不止这些。我们只有从根本上找出"病因"，才能"对症下药"，去逐步提高中学体育教师的素质。

第三节　新型中学体育教师培养方向、素质建构探讨

深入了解中学体育教师素质结构现状，在新课程条件下根据社会变革的挑战、时代发展的要求以及先进国家的教育经验定位我国中学体育教师的培养方向，构建理想中的中学体育教师素质结构体系。对于提高中学体育教师素质、促进体育教师专业发展、建设一支高质量的中学体育教师队伍，都具有重要的意义。

一、中学体育教师素质结构综述

（一）素质的涵义

关于素质的定义，迄今为止，尚无统一的说法。如《心理学大辞典》认为："素质是指有机体天生具有的某些解剖和生理的特性，主要是神经系统、脑的特性，以及感官和运动器官的特性。"顾明远主编的《教育大辞典》中认为：素质有两种释义：一指个人先天具有的解剖生理特点，它们通过遗传获得，故又称遗传素质，亦称禀赋。素质对人的能力形成和发展有重大影响。二指公民或某种专门人才的基本品质。如国民素质、干部素质、教师素质等，都是个体在后天环境、教育影响下形成的。我国学者叶澜指出："素质是以先天遗传的禀赋为基础，在后天环境和教育的作用下形成和发展起来的相对稳定的基本品质和质量水平。它指人的身心发展潜能，也指社会文化因素在人身心结构中的积沉和内化。"，这样，素质反映的不仅仅是个体的"心理品质"，而是一种综合的"概念"，反映一种"结构"，包括知识、能力和非认知因素等。

（二）教师素质结构的涵义

什么是教师素质?根据近年来的理论研究和实验研究的结果，有学者认为"教师素质"是"教师在教育教学活动中表现出来的，决定其教育教学效果、

对学生身心发展有直接而显著影响的思想和心理品质的总和"。教师素质是一个系统的结构，其内部包含复杂的成分；同时它是结构和过程的统一，也是一个不断发展和变化的概念。随着时代发展和教育改革，社会对教师素质的要求不断提高。不同时期、不同国家对教师素质的要求有所不同，但随着 21 世纪的到来和全球一体化进程的加快，对教师素质的要求也越来越趋于统

所谓结构，是指"组成事物整体的各个要素之间的稳定的联系方式。"从这个概念里，我们可以看出，结构是事物之间本身固有的。没有无结构的事物，也没有脱离事物的结构。一定的结构可以使组成事物各个要素发挥它单独不能发挥的作用。合理的结构能推动事物的发展，不合理的结构则阻碍事物的发展。事物的结构是相对稳定的，但又不是一成不变的。人们可以按照事物本身的规律改变事物的结构。

什么是教师素质结构?笔者认为教师素质结构指影响教师教学行为的各种品质（内部因素）及其之间相互作用的总和，其内部因素很多，如教师的知识水平、各种能力、思想观念、个性、行为习惯、心理素质等。从广义上可将其分为三类，即教师的知识结构、能力结构、已经内化了的非认知因素。

根据教师工作的性质及教学实践的要求，不同学科侧重有所不同，因而对教师素质结构便有了多种不同的看法。本文将讨论有关体育教师的素质结构问题，且着重对实施新课程的中学体育教师应具备的素质结构进行研究。

随着新课程的全面实施，基础教育要进一步扎实推进素质教育，在体制、机制、办学模式等方面也将推出一系列的结构性调整的举措。作为教育结构调整的实际承担者和参与者的中学体育教师，必须对自己做出整体素质的重新建构。

（三）中学体育教师素质结构研究现状与思考

国外学者对教师素质的研究主要集中在教师的个性品质、教学能力、知识结构和教育观念四方面，如哈佛大学教授派墨（Palmer）认为，教师应具备 4 种基本素质：设身处地的同情心；丰富的学识；激励学生努力求学的能力（技能）；淡泊宁静的态度。前苏联教育家提出，现代教师应具备 4 方面的素质：马列主义的科学世界观；善于做学生思想教育工作的良好个性素质；在相应的专业范围内补充现代科学知识的能力；良好的教学技能技巧。

教师素质结构是否合理，对于教师能否取得良好的教育教学效果起着决定

性的制约作用。教师素质在结构上的划分，目前国内大体存在如下几个看法：第一，三分法。有学者采用《中华人民共和国教育法》中"德、智、体等方面全面发展"的说法，把教师素质划分为"高尚的师德、良好的智能、健康的身心"三种结构，高尚的师德具体又分为教师的思想品德和教师的职业道德；良好的智能具体又分为知识和能力两方面；健康的身心又包括身体健康和心理健康。华东师大著名学者叶澜教授将教师素质分为"教师的教育理念、教师的知识结构、教师的能力结构"。她认为，"教育的理念是指教师在对教育工作本质理解基础上形成的关于教育的观念和理性信念……主要包括新的教育观、学生观和教育活动观。"教师知识结构，不再局限于"学科知识+教育学知识"的传统模式，而是强调多层复合的结构特征；教师的能力结构主要包括理解他人和与他人交往的能力、管理能力和教育研究能力。第二，四分法。目前国内学者多倾向于此种分法。如有学者将教师素质分为教师的观念结构素质、教师的知识结构素质、教师的能力结构素质、教师的身心结构素质。又如有学者认为，教师素质包括：优秀的思想道德素质，它是教师素质结构中不可或缺的部分，是素质结构中的核心，决定并制约着其他素质的存在和发展方向；T型化的知识素质，它是教师素质结构的基础，包括三大块：一是生活常识、自然科学、社会科学等知识，二是所教科目的专业知识，三是教育心理学知识；复合型的能力素质，它是教师素质结构的重要方面，包括表达能力、科学研究能力、创造性的教育能力、社会交往能力等；健康的身心素质，它是教师素质结构的必要部分，包括身体素质和心理素质。此基础上，许多专家、学者以及一线教师对中学体育教师素质结构进行了大量研究，取得了丰硕的成果。但就中学体育教师素质目标的研究成果来讲，也存在一些问题：教师素质目标高而全，过于理想化；教师素质目标"定性"有余，"定量"不足，缺乏可操作性；教师素质目标重"外砾"，轻"内省"，缺乏动态性、层次性。

人的素质是一个开放、有序、多层次的身心系统，它具有无限的丰富性和多样性，是一个完整的素质结构体系。

可以看出，现在中学体育教师自身素质的认识已从知识本位向能力本位转化，但对思想素质的重视依然不够，对自己内心的关注与反省没能提升到应有的重要程度。

有许多的学者对现有中学体育教师的素质结构进行过调查和研究，发现了其素质结构中的诸多问题，综合他们的观点和作者本身的研究，总结如下几点：一是系科知识过于专业化，相关学科如系统科学；生命科学；信息科学；认知与脑科学、心理学、行为科学；宇宙科学；地理科学；社会与人文科学类知识欠缺，无法应对新课程条件下诸多科学门类的综合化和交叉渗透；二是在多年的传统习惯的沿袭下，吸收新观念、新知识、新教育技术的能力不强，也可以说：知识再生性能力不强。教师要成为学生终身学习能力培养的指导者，自身底气不足。

中学体育教师的素质结构是长期培养他们的教育形成的，不是教师的个人行为，是"制度行为"。当然，我们埋怨过去是无济于事的，只有在反思的基础上进行内省，从而激发自我调整的动力才能逐步改变。这种内需必然被两种环境所激活：一是"教然后知不足"。教育改革的现实，每天都在教育我们要改变现状，我们的教育教学实践迫使我们去调整这种结构，否则"难以为继"。二是，我们教师本身的教育价值取向也在促使这种调整。做一名称职的、进而是一名优秀的教师，是共同的价值取向。这种取向是一种动力，是源头活水。

中学体育教师素质结构是一个复杂的、多层次的动态体系，它不是一成不变的，随着社会的变革和时代的发展而有着不同的内涵。江泽民同志曾在北京师范大学建校 100 周年庆祝大会上说过这样一段话："希望我们的教师志存高远、爱岗敬业；希望我们的教师为人师表、教书育人；希望我们的教师严谨笃学、与时俱进。"这也是当代社会对新世纪教师的期望。为了适应未来社会和未来教育的要求，我们应努力把握素质结构发展的基本取向。即中学体育教师素质结构发展的核心是与时俱进。这就要求对中学体育教师的素质结构研究要充分考虑中学体育教师作为一个主体的可持续性发展；同样，中学体育教师要以前瞻性的目光去面对现在和未来，不断地自我完善。

二、培养目标的提出

目前，我国中学体育教师教育机构培养预备教师和培训在职教师的培养目标是：培养德、智、体全面发展的中学体育教师。在这种培养目标的指引下，对中学体育教师的培养是从对教师的应然性要求出发的，大多只是一种理论上的假设。这种假设不顾实际情况，把对中学体育教师应然的期待强调了又强调，中学体育教师作为被教育的对象，被置于被教育和塑造的地位，希望把中学体育教师塑造成完美无瑕的抽象人。从理论上看，无论对中学体育教师提出什么要求都不过分，也不为高。只是由于不切实际而使培养的效果不尽如人意。

笔者认为在培养过程中缺乏对教师个体生命的人性关怀，忽视了体育教师主体的情感、意志、兴趣等的关注是一个重要的原因。这也是造成目前中学体育教师整体综合素质偏低的因素之一。如果换一种思维方式，能从实现教师个体生命意义和生存价值角度去提出教师培养目标，关注中学体育教师"主体"的可持续发展，那么，我们可能就会在培养中关照到教师发展的个体的、内在的、主动的因素。就会考虑教师内在的需求与愿望，去激发教师的内在动力，从而使教师发展成为自觉的、主动的行为。这样，中学体育教师的培养会出现一种新的局面，更有可能培养出符合新课程条件和时代要求素质的中学体育教师。

基于以上考虑，结合体育学科特点，本研究提出新的中学体育教师培养目标—自主发展型中学体育教师。

三、培养目标的定位

培养目标规范和引导着培养模式的变革方向以及具体措施。因此在理论上对培养目标的完整构建无疑有着重要的指导作用。中学新型体育教师培养模式将培养目标定位于培养自主发展型中学体育教师。

所谓自主，就是自己自觉、主动；而对于发展，美国心理学家卢文格指出："发展是由一种新结构的获得或从一种旧结构向新结构的转化组成的。"因此，笔者认为自主发展型中学体育教师应该是：源于强烈的内在需要，遵照体育教学的规律和社会发展的要求，不断自我完善和超越的中学体育教师。自主发展型中学体育教师有自己看问题的独特视角，有自己的创新精神。在教学过程中，张扬自己的个性，进而张扬学生的个性，能在原有的知识水平、能力等方面，自觉主动地学习、探索新知，挖掘更新的教学方法，发挥自己的聪明才智，不断地提高自己，完善自己，把自己原有身心发展水平提高到一个新的高度，去弥补自己的不足，提高自身的能力。以应对社会的发展、变化和中学体育课程的变革。之所以将培养目标定位于自主发展型教师有两方面的原因与基础：其一是教师的自我教育成为终身教育中一个新的领域；其二是教师成为研究者与行动者的呼吁。在教师的职业生涯中，教师必须不断地提高自身、发展自我以适应不断出现的新的教育需求。在我国目前终身教育制度尚不完善的情况下，由于教师进修、脱产学习等受到不少因素限制，因而教师的自我教育成为教育中一个热点。教师的自我教育能力与教师的素质息息相关，教师只有在实际教学中才能将所学理论与进行的实践真正结合起来，通过兼具行动者与研究者双重角色利用自身已有素质与外在条件不断地提高教学技能、教学水平，不断地完善自我。只有这样具有广泛适应性的自主发展型中学体育教师才能真正不断地推动中学体育与健康课程向前发展。

（一）自主发展型教师是反思型教师

反思型教师的提出始于二战后的西方。20世纪初兴起的元哲学、元科学、元数学、元物理学等以反思为特征的学科、批判理论、心理学、伦理学以及教学理论的进步，为人们揭示反思性教学、反思型教师提供了理论工具。如批判性思维理论、维果茨基心理学派的理论以及J.弗拉威尔创立的元认知理论等。反思性教学被认为是现阶段人们认识所能达到的合理教学之一"人们通常假定，反思，在本质上是教学和师范教育的好的和合理的方面，而教师越能反思，在某种意义上越是好的教师。"J.Calderhead说："成功的有效率的教师倾向于主动地创造性反思他们事业中的重要事情，包括他们的教育目的、课堂环境以及他们自己的职业能力。""反思被广泛地看作是教师职业发展的决定性因素。"又如美国心理学家波斯纳认为，没有反思的经验是狭隘的经验，至多只能是肤浅的知识。他提出了教师成长的公式：成长＝经验十反思。反思是人性和理性的能动性的表现，作为教师其行为也具有能动的一面，但是，有时这种能动性确实是一种无意识状态的。因此，在非反思的状态下，很多时候是受惯性行为支配的。对教师来说，自以为是经验的东西，但是经验的东西却也未必就是合理的行为。老师们如果只是信凭经验而不对经验进行反思，这也是一件非常危险的事。自主发展型教师就是经常反思自己的行为的人。他们的实践是反思性的实践。这是一种自觉的、能动的、积极的探索性的行为。有了这样的行为，教学就会是一种积极状态的和具有批判性的，这样的教学是将批判的矛头指向自己的。因此，是对学生有益也能促进教师自身发展的。那么什么是反思型教师呢?我国学者王凯对反思型教师的特征界定为：有强烈道德责任感，将"学会教学"和"学会学习"融于实际教学中，并能立足于教学实践利用自己已有素质和其他有利条件发现并创造性解决问题的能时刻进行自我调控的学者型教师。很明显反思型教师重在教学实践与理论的相互碰撞、冲突、解决过程中不断利用自身知识、技能、技巧对教学实际问题进行探讨解决问题并随时监控自我、调整自身。

（二）自主发展型教师是研究者

20世纪80年代以来，教师成为研究者已成为一个新的口号，在欧美教育界广为流传，它作为教师专业发展的同意语已成为一个蓬勃的研究领域和新的焦点。教师应成为研究者基于以下假设：教师有能力对自己的教育行动加以省思、研究和改进，提出最贴切的建议。由教师来研究和改进自己的专业工作乃是最直接最适宜的方式。外来的研究者对实际的情景的了解往往非常肤浅，因此提出来的建议往往无法切入问题的关键。作为研究者的教师通过研究（理论研究与行动研究）可以不断的完善自我，走上一条可持续发展的终身教育道路，因此，教师成为研究者有着诸多现实意义。因为长期以来从事实践的教师和进行理论研究的研究者是两种不同的形象，教师总是处于无权的地位被动的听从管理人员、课程论专家、教科书编纂者的指导，而他们的意见往往被忽略。随着社会的前进，这一现状越来越不能适应教育的发展，已有学者大声疾呼"为提高学校的教学质量，克服课程与教学的分离已成为当务之急。"我们认为把教师培养成为研究者是克服此弊端的好办法，因为教师不仅处于最佳的课程与教学的研究位置，而且还拥有最佳的研究机会"教师最主要的活动场所是课堂，从实验研究的角度看，课堂是检验教育理论的理想的实验室，教师可以通过一个科学研究过程来系统地解决课堂中遇到的问题。"

研究伴随着学习，这是研究的过程中必然发生的，教师处于教育研究状态是教师产生学习需求的最有效的方法。研究的状态使学习成为第一需要。一种学习的渴求是伴随着对自己要探求的问题的无力回答而生成的，感到自己的无知或知识的贫乏，这时学习对他来说才如久旱中遇到甘霖，是雪里送炭。在研究的过程中才有学习的需求产生，才有可能有学习的行为出现。因此，发展的必经的过程，是学习的过程，可持续的发展过程也就是终身学习的过程。

从以上阐述可以看出，自主发展型教师的核心是"反思与研究"，两者既有共同之处又有所区别，反思更多地指教师的内部自我调控，而研究多指向教师外部行为。教师的思想与行为都在反思与研究之后变得科学化、合理化。

四、培养规格——自主发展型中学体育教师素质结构

具备哪些素质的中学体育教师才能不时反思与研究自己的教学实践行为及学生的学习行为?是我们必须考虑的一个问题,因为只有解决好此问题才能在改革实践中采取相应措施以培养自主发展型中学体育教师,而且师范教育的研究也不能不注重中学教师必备的素质,不然的话犹如工厂要使产品升级换代,但对新产品不认真设计,只改进工艺技术和生产流程一样荒唐。

可以看出,中学体育教师素质结构是一个多层次、多因素的系统,各系统之间又彼此相互渗透、相互制约,构成了一个相互依赖、相互联系的统一系统。中学体育教师的素质主要由能力系统体现,知识系统是能力系统的基础,而动力系统是素质结构中的核心,决定并制约着能力系统、知识系统的存在和发展方向。

(一)动力核心

自主发展型中学体育教师的素质提升核心过程出发点是动力系统,而动力系统包括外在动力和内在动力,外在动力是指行动受外部因素或情景的支配,被外力推动。如社会需求、课程压力、岗位竞争与评价机制等。即学习结果带来什么。内在动力是指行动受内部因素的支配和推动,如职业道德、教育理想、个性修养等。且行动过程给行动者本人带来了身心愉快。内在动力是行动过程本身的动力,外在动力则来自行动过程之外,它是为了达到行动之外的其他目的,外在目的一旦达到,就不具有动力的作用。所以,内在动力更具有长远的价值。因而,笔者认为,自主发展型中学体育教师素质的核心是其的内在动力,亦即职业道德、教育理想和个性修养。

1.职业道德

职业道德是指教师在育人工作中应当遵循的道德规范和行为准则以及与之相适应的道德观念、情操和品质。《基础教育课程改革纲要》(试行)中明确指出:要加强新时期学生道德、行为、人生观、世界观、价值观及思想政治素质的培养。这实际上也是对新时期教师的道德修养尤其是职业道德提出了更高的要求。作为新时代的教师必须具备职业道德素养,我国教师的职业道德规范已初步确立,就是"严谨治学,科学育人;热爱学生,以情育人;为人师表,

教书育人；团结协作，共同育人；敬业乐教、勤业精业，职业育人"。看一个教师是否具备良好的职业道德，不在于他是否遵循这些规范，而是教师是否把这些规范内化成了自身的思想，是否主动接收而整合成了自我职业德行。道德他律，是外因，解决的是该做什么、应做什么的问题；道德自律，才是内在和根本的。解决的是主动做什么，积极做什么的问题。完成道德他律向道德自律的提升，不是对原有教师职业道德的被动适应，而是面对现实，实现自我道德践行的超越，自觉地认识、掌握、扬弃现实客体的限制和制约，把符合现代主流思想、主流精神的道德规范融会在师德中来，增加教师职业道德的含金量，能动地对教育和教育对象施加影响，是教师职业道德得以养成的理想境界。唯有这样的教师才能正确认识自己所从事职业的重要性，不可缺性，以及自己践行的职业道德的社会性、塑造性和未来性，进而产生一种神圣的责任感、历史感和光荣感，使教师因从事了太阳底下最崇高的事业而感到自豪，乐教思教，把当好一名老师作为报答社会的内在追求。这样才有了提升自身素质的源动力，为教师的自主发展提供了可能。

2.教育理想

教师的教育理想与职业道德是紧密联系的统一体。教育理想是师德的灵魂，师德是教育理想的实践。没有理想与信念的重建，师德建设就失去了灵魂。这就决定了师德建设首先要依仗教育的理想与信念的重建。师德和所有道德一样靠的是自律，只有诉诸于理想的支撑，信念的内化，才能真正形成教师的道德自觉。

当下中学体育教师职业道德状况不能令人满意正是源自理想与信念的缺失。很难设想一个对体育教学工作毫无兴趣的人，会努力完成教育教学工作。目前我国基层学校面临最严重的问题之一就是相当一部分体育教师的工作积极性不高，想改行。从某种意义上说，这个问题对我国的体育教学，体育事业发展构成很大的威胁。特别是在社会转型期，在效率优先的市场经济利益驱动下，一些教师理想淡漠了，信念动摇了，这就直接导致了师德的退化。

教师的教育理想是教师对未来职业目标的向往和追求，它可将教师追求的远大目标和平凡的职业生活联系起来，从而产生一种巨大的精神力量。笔者认为，在新课程条件下，首先应树立促进学生发展的教育理想，确立课程改革的新理念；其次要树立做创新型教师的教育理想，当课程改革的先锋。教师的职业理想，是其献身教育的根本动力。动机因素是一切行为的发动性因素，这对教师的教育教学工作来说也不例外。教师要干好教育工作，首先要有强烈的敬业精神和持久的教育动机，有很高的工作积极性，呕心沥血，全身心地投入体育教育事业，对事业充满热情，对学生的道德品质培养负责，把仁爱奉献给学生，把人类行为中最良好的品质传递给学生。

3.个性修养

个性是一个人带有倾向性的本质的稳定的心理特征的总和，决定着教师的精神风貌。高尚的道德情操、良好的意志品质、健康而丰富的审美意识和审美情趣都是教师人格力量的内涵。而北京师范大学发展心理研究所林崇德等老师为教师素质所下的定义是"教师在教育教学活动中表现出来的、决定其教育教学效果、对学生身心发展有直接而显著影响的心理品质的总和。"由此可见，教师个性修养在教师素质结构中的核心地位，由于体育教师活动的广泛性和体育活动形式的特殊性学生在体育教师身上受到的思想感情、精神面貌、道德情操、意志品质、个性心理等方面的熏陶和培养，远比其他文化课教师更形象、更直观。因此，中学体育教师养成良好的个性修养的重要性相对其他学科的教师来说有过之无不及。

教师良好的个性修养所包含的心理品质一般包括持久的注意力、敏锐的观察力，清晰的记忆力、丰富的想象力、创造性的思维能力、坚强的意志力及高尚的情感、良好的性格、愉快的心境、豁达的心胸等。

教师的个性修养不仅影响学生知识的学习、智能的发挥和他们品德的形成及人格的塑造。而且对教师自身来说，个性修养不仅是自身素质结构的核心之一，并且是教师自身发展的基础。

当前，教师的个性修养主要凸显在教师的自我评价和心理调控中。作为一个中学体育教师，要有强烈的主体意识和成就欲；在平凡教学生涯中谋求长远发展的进取心；长保对人生和教育事业的激情且能以高度的理性态度驾驭之；面对教学竞争的压力或教学挫折的打击而坚守高度的自信心和必有所成的信念。根据现代社会的发展和新一轮课程改革的要求，教师必须具有挑战意识和前瞻意识，以开放的胸怀和积极的态度去应对新的任务、新的挑战，同时还必须善于通过对自己的教育教学、自身的个性品质进行正确判断，来调整自己的心理和行为，形成良好的个性修养。要能正确地认识自己，"悦纳自己"，树立起积极进取的生活信念；具有稳定、乐观和积极的教育心理环境，能忍受一定程度的焦虑；善于化解人际关系中的负面因素给教学造成的阻力，并能娴熟地改善日常生活的氛围，调节陷于紧张和压抑中的心绪及心境等等。这样，教师无论处在怎

样的境遇中都能保护好心理的卫生和健康，都能以最美丽的沉静态度迎接发展中的荣辱毁誉。唯有这样，才能以积极的心态去主动更新自己的知识，进而提升自己的能力，以适应社会的发展和新课程的变革。

（二）能力本位

随着应试教育向素质教育的转轨，教师素质发展的战略重心已由单一的学历补偿型向能力本位型作根本性转移，"能力本位教育与培训"作为一种职业培训方式，它关注的是学员能否达到行业中具体的能力标准，而不仅仅是知识水平。能力本位思想给新时期人才素质培养赋予了新的内容，一方面强调各种素质的有机整合，另一方面又以"能力"为视角，着眼于内化发展，即认知与发展能力素质的内化，知识是形成人的能力、提高人的素质的基础，但不是学习的最终目的。其目的应该使每位受教育者具备一定的专业能力，如何发展中学体育教师的各项能力，已成为提升中学体育教师综合素质的重点，而在能力系统中，发展能力无疑是整个系统的核心，决定并制约着其他能力的发展，笔者认为，发展能力的核心是学习能力、思维能力和创新能力，而对一个中学体育教师来说，运动能力亦对发展能力有着很重要的影响，具体阐述如下。

1.学习和思维能力

时代飞速发展，知识在加速陈旧，新的知识在不断涌现，那种"一朝学成而受用终身"的观点已经过时，我们再也不能奢望十几年的学校学习能给人终身享用的知识和能力。《教育一财富蕴藏其中》指出："今天，谁都不能再希望在自己的青年时代就形成足够其一生享用的原始知识宝库……今后，整个一生都是学习的时间，而每一类知识都能影响其他知识。"因此，学习必须突破时空的限制，延续至人的一生。今天是知识经济时代，信息瞬息万变，竞争日趋激烈，如果不能不断提高素质，跟不上时代发展步伐，将会被淘汰，怎样才

能不被淘汰呢?毫无疑问,结论就是不断学习、善于学习。只有善于学习的人,才能具有高能力、高素质,才能不断获得新信息、新机遇,才能够成功。学习能力成了我们这个时代重要的生存手段。而面对爆炸的信息和知识,怎样去辨别和选择就尤为关键,思维能力也就凸显重要。孔子云:"学而不思则罔,思而不学则殆。"只学不思,不会有心得有顿悟,顶多是强记博闻;思而不学,缺少知识根据,即便思有所得也无以据守。这就是说,不能只学不思,也不能只思不学,学与思要高度和合,两种能力要同步发展。

中学体育教师面对社会的发展,时代的变化,不断学习是根本的应变之道。随着中学体育与健康课程的变革,中学体育教师面临着巨大的挑战,要更新知识,提高能力,然而,学校提供的职后教育时间有限,效果不理想,怎么办?在终身学习时代,只有培养了学习能力和思维能力,才能真正实现终身学习。中学体育教师要有较强的学习能力和思维能力,使他们能依据各自的特点和条件,根据课程改革的需要,抓住新课程的核心,根据比较价值的原理,选择合适的内容学习,以期以最短的时间获得应对新课程所需的能力。

2.创新能力

"创新是一个民族进步的灵魂,是国家兴旺发达的不竭动力。""创新能力是使教育内容符合社会的需要,适应自然科学和社会形式的变革,对国家的社会和经济发展计划做出贡献而必须具备的某种能力",创新能力是衡量当代新型体育教师的又一标准,创新能力是体育教师提高教学水平、教学效果、进行科学研究的基础。当今时代是瞬息万变的,创新是贯穿于体育教育全过程的一种经常性行为。它是体育课堂充满活力的保证,也是体育教师对外部环境应变能力的表现,体育教师如果缺乏创新能力而因循守旧、墨守成规,最终会导致体育课堂枯燥乏味,调动不了学生渴望运动的激情,势必会扼杀学生的主动性、创造性及相关的学、练能力的发挥,更谈不上实现帮助学生树立科学的健身观念,形成良好的锻炼身体习惯和提高学生体育实践能力的教学目标和任务了。作为体育教师应是创新能力较强的人,精力旺盛、勤于观察、善于思考,对于各类体育活动、竞赛有主见、创见和预见。体育教师的创新能力是体育教育沿着素质教育发展方向前进的主观动力,是体育教师自身发展的精神动力。

中学体育教师要提高自己的创新能力首先应该保持好奇心和发现欲,且不受固有观点和模式的约束，积极探索、勇于发现、敢于开拓新领域，如课程开发问题上，我们不要迷信少数专家，不要妄自菲薄。广大中学体育教师常年工作在教学第一线，熟悉当地经济社会发展状况、人文传统、民族习俗，熟悉自己的教育对象，有丰富的实践体验，只要解放思想，大胆开拓创新，就一定能够开发出高质量的地方课程和校本课程。成为在创新中生存，在开拓中发展的中学体育教师。

3.运动能力

良好的运动能力是对一个中学体育教师基本的专业要求，这就要求体育教师首先必须具有健壮的体魄、良好的身体素质。拥有健美的体魄（包括健壮的体格和优美的姿态），这是体育教师顺利进行体育活动的重要条件，没有健壮的体格，就无法胜任体育教师繁重的工作。体育教师不仅应是"人类灵魂的工程师"，而且还应是"人类健美的工程师"。体育教师健壮的体格，优美的姿态本身就是吸引学生积极参加体育锻炼的一种无形的感召力量。良好的身体素质是运动能力发展的基础，而对一个自主发展型的中学体育教师来说，协调性是最需要发展的身体素质，体育界众所周知的事实—协调性好的人较易学会新的技术动作，而在我们这个新兴体育项目层出不穷的社会，对中学体育教师来说，技术动作学习能力尤显重要，因此，在中学体育教师的培养过程中，多花些时间进行体操、舞蹈、武术类等对发展协调性有显著效果的项目练习，并提出严格要求，对他们将来运动能力的发展有事半功倍的效果。

（三）知识基础

教师的知识结构是教师在系统专业学习和教育教学实践中经过思维加工后形成的知识体系。知识结构的更新是能力提高的基础，新课程呼唤综合型的教师，要求教师具有复合型的知识结构，精通所教专业是对教师业务知识水平的基本要求。对于现代教师，仅具有专业知识已远远不能适应现代教育教学的需要，还必须具有较广的知识面，形成专与博有机结合的合理知识结构。也就是说，现代教师除应具备精深、丰富的专业知识外，还必须具备广博的文化知识，只有这样才能适应现代科学发展综合化特点的需要，加强各门学科的联系与渗透，从而更好地唤起和满足学生的求知欲，激发学生的探索精神。随着社会的发展，中学体育课程的变革，作为一个自主发展型的中学体育教师，必须完善自己的知识结构，如随着课程资源的拓展，必须掌握课外体育、野外体育、娱乐体育、家庭体育等的相关知识，对于新兴的体育项目也必须了解。作为一个反思型、研究型教师对于教育理论的深化、相关学科知识的拓宽也是必然的，正如苏霍姆林斯基所说："只有当教师的知识视野比学校教学大纲宽广得无可比拟的时候教师才能成为教育过程的真正能手、艺术家和诗人"。

国内对于中学体育教师知识结构的研究很多，学者王维群等对中学体育教师的知识结构的研究较有代表性，他们认为：中学体育教师合理的知识结构应包括普通基础知识、体育学科专业知识和体育专业教育知识等3类6个方面的60门知识构成。第一类知识是结构的基础，是形成教师教学能力和学习另两类知识的基础知识；第二类知识是结构的核心，制约体育教师教学、训练、科研、保健和社会活动等能力；第三类知识是结构的支架，对教师能力起决定的作用。此类研究对教师知识结构中的各要素分析比较详尽，但大多存在一个共同的缺陷，即忽视了一般方法论知识的重要性，而方法论知识对一个中学体育教师的自主发展中起着极其关键的作用，它是解决中学体育教师自主发展中遇到的"为何学""学什么""怎么学"等问题的知识基础，加强对方法论知识的掌握对立志自主发展的中学体育教师来说无疑具有很重要的意义；中华民族优秀传统体育文化不仅具有鲜明的民族特色，而且具有很深的科学内涵，对其进行较深入的学习和掌握不仅是传承文化的需要，是中学体育教师发展的立足之本，也能激发中学体育教师的民族自豪感。因此，改变目前中学体育师资培养中中华民族优秀传统体育文化教育的不足刻不容缓。

第十章 我国学校体育教学评价体系构建

第一节 体育教学评价体系构建的理论基础

一、评价体系的概念

现代汉语词典对"体系"的解释是指"若干有关事物或某些意识互相关联而构成一个整体。"是具有特定功能的、相互间有机联系的许多要素所构成的一个整体"。"是由整体的构成要素在相互联系和配合中构成的以系统运行和存在的和谐的整体"。体系是由两个以上的有机联系和相互作用的要素所组成，具有特定结构和功能的整体，或指为了协调与联系必需的组织结构。体育教学评价体系是指在体育教学评价中具有两个以上有机联系和相互作用的要素组成的，依据一定标准对体育教学及其有关影响因素进行评价，从而对体育教学进行监控和反馈调节，以改进决策、保证体育教学的组织、行为、决策系统。研究体育教学评价就必须对评价体系和构成评价的诸要素进行分析。

按照系统论的观点，系统是诸要素的有秩序的集合，是由多种要素相互联系、相互作用而形成的有机整体。体育教学评价不是单因素、单方面的，而是一个系统，是一个由体育教学评价目的、评价对象、评价指标体系、评价方法、评价主体、评价管理与实施等要素或子系统相互联系、相互作用而形成的复杂系统，从整体上调节、控制着体育教学活动的进行，保证着教学活动向预定目标前进并最终达到目标。

二、构建体育教学评价体系的理论基础

体育教学评价作为教育评价的组成部分，必须依据相关的评价理论，不断进行探索和实践，从实践中总结出行之有效的体育教学评价内容和方法，确立对教师的教和学生的学进行客观评价的评价系统，发挥教学评价的评价作用，

力求能够体现公正、全面、有效、可操作的特征，能够体现现代教育思想和体育教育思想，发挥教学评价的管理和教育的双重作用。

确立我国学校体育教学评价体系的主要理论依据应该是为泰勒的目标达成度模式和布鲁姆的教育目标分类理论。

（一）泰勒（行为目标模式）评价模式

泰勒的教育评价模式，简称"泰勒模式"，又称"行为目标模式"，是西方现代教育评价史上第一个较完整、影响较大的理论模式，是泰勒教育评价思想的集成。从 20 世纪 30 年代到 60 年代，泰勒的教育评价模式一直在评价的实践中雄踞指导地位，而且它也是其他各西方教育评价理论流派攻击与争论的焦点。

1. "泰勒行为目标模式"的形成

泰勒行为目标模式源于"八年研究"，有其坚实的实践基础。正是在八年研究及其评估期间，形成了泰勒模式的"评价活动原理"，为泰勒模式的形成奠定了实践基础。

30 年代美国进步主义教育联盟所发起的课程改革运动，为达成新课程的目标，急需一套与之符合的考查方法。以泰勒为首的评价委员会接受任务后，勇敢地站在新教育学理论之前，接受当时心理学的新见解，不再把教学看成单纯为了灌输知识，而是以全面发展人的才能为其主要目标。泰勒在调查后指出，当时学校实行的典型的达标考试，只是简单地测试了学生对所学教科书中内容的记忆而已。在此基础上，他提出了教师教学的目标问题，他建议把学期评价的重点放到学生的学习实质的调查上来，要通过评价，获得学生正在学什么，还没有学到哪些，他们对知识的遗忘有多快等等信息，以便实现教学目标，改进教学过程。

泰勒模式是以目标为中心的评价模式。它把教育方案、计划的目标用学生的特殊成就来表示，并把这一行为目标当作教育过程和教育评价的依据。根据这一模式，教育评价就是判断实际活动达到目标的过程。因而，泰勒模式把目标、教育过程与评价作为一个循环圈。预定的目标决定了教育过程，同时也规定了评价就是找出实际活动偏离的程度，从而通过信息反馈，促进实际工作尽可能达到目标。

泰勒提出的教育目标的概念非常广泛而具体，很多涉及具体的课程。泰勒要求教师们制订出具体的教学目标，并在教学后加以评价，以便调整教学过程，保证达到目标。

2. "泰勒行为目标模式"的基本要点

泰勒行为目标模式把教育方案的目标用学生行为化的成就来表示，并把这一行为目标作为决定教育活动和对其进行评估的依据。预定的行为化、操作化的目标决定了教育活动，同时也规定了教育评价就是找出实际活动相对于教育目标的达成水平，从而通过反馈信息，促进教育活动向教育目标迈进。概括起来，泰勒模式的基本要点体现在如下几个方面：根据学生的状况和需要、社会生活的要求、学科专家的建议，确定教育目标；经过若干筛选过程后，用学生外显和内隐的（思维、情感等）行为来定义和表述教育目标，即说明使学生养成哪些行为；构建使学生内部产生预期行为的条件和情境，这些情境要有助于学生获得信息、培养思维技能、形成社会态度及培养兴趣；选择和编制满足客观性、可靠性、有效性较高的测量方法，确定问卷、观察、交谈、作品分析等评估手段。因为人的行为是复杂的，只凭纸和笔的测验所获得的分数是不够的，要采用多种评价方法和手段；用所确定的评估方法和手段，在教育方案执行前后对学生的行为进行测量及比较，以估计学生行为变化的量，并对学生行为达到目标的程度做出判断；根据学生行为变化的长处和短处，找出产生的原因，对方案提出改进措施；修改方案，重新执行方案，重复循环过程。

泰勒模式的核心是评定目标达到的程度，把预定结果与实际结果进行比较，评价者以一定的教育目标为指导，根据教育者所希望的、学生应掌握的内容和方法，将教育目标行为化，并对学生进行测量或检查，以学生行为达到目标的程度为基础来对教学的效果做出判断。泰勒认为，教育评价就是确定实际教育活动达到预定教育目标的过程，开展评价的依据是把所要评价的内容分成具体可见的可操作的学生行为目标，同时，泰勒还强调对学习和教育结果进行测量、统计。

目标行为评价理论以目标为中心或以目标为导向，用学生的行为化成就来表示教育方案和计划的目标，并把这一行为目标作为控制教育活动、评价教育成败的主要依据。同时也规定，评价就是找出教育活动偏离预定教育目标的程度，从而通过信息的反馈，使教育活动尽可能地逼近目标。根据目标行为评价理论，评价与教学同步，起着校正教学，使之向目标的方向发展的作用。每次进入新的课程教学实施阶段时，就有必要对原有的教学进行修订，以便更好地接近课程目标，这正是评价的真正价值所在。该理论把确定目标、选择学习内容、总结学习经验和评价结果既看成是教学的全过程，也看作是评价的全过程。泰勒模式以行为目标为中心，结构紧密，具有计划性；用行为术语表示目标，具有可操作性；从目标出发指导实施，以目标为依据核检实际活动达到目标的程度，根据反馈信息修正目标，具有科学性；源于"八年研究"，深受三位哲人思想的影响，具有坚实的实践基础和思想基础。

（二）布鲁姆的教育目标分类模式

泰勒模式强调评价以目标为中心、为依据，但也有其局限性。其回避谈论价值问题，对如何选择目标、评估目标的标准是什么等，没有明确说明；重视总结性的效果评价，忽视形成性的过程评价，及时反馈功能发挥不足；注重对教育预期效果的评估，忽视对非预期效果和影响的评估；教育目标的确定多从教育管理出发制定，强调目标的规范性和统一性，较少考虑学生的需求与个性的发展等。

美国著名心理学家和课程权威、芝加哥大学教授布鲁姆在1956年提出的教育目标分类学，正是适应了评价在这方面的需要。布鲁姆完善和发展了泰勒的行为目标模式，使其更为具体和实用。布鲁姆的教育目标分类学的要旨是要使教育目标具体化、可操作化，以使在评价中能够围绕这些目标进行观测和测定。

布鲁姆的教育目标分类学是要把模糊的教育目标变为具体的、可操作的，从而也可进行评价的目标。依据这种认识，布鲁姆把整个教育目标分为认知领域、情感领域和动作技能领域。每个领域在实现最终目标的过程中，各自都设定了相应的目标系列。布卢姆根据学习的心理活动过程，认为这3个领域都可有层次地再行分解。

认知领域分类把教育目标分为递进的六个层次和十五个亚类，按照由低级到高级的难易程度形成一种递进的等级关系。六个层次分别为：知识、领会、运用、分析、综合、评价。

情感领域分类保教育目标分成五个大类十二个亚目标，其中包括结：接受、反应、价值判断、组织化、价值或价值复合体的个体化。

以布鲁姆为代表的一批专家虽然把教育目标分类为三个领域，但对动作技能却没有给予相应的重视。这一领域直到 20 世纪 70 年代由哈罗和辛普森两人分别研究才得以完成。哈罗把动作技能领域分为六大类：反射动作、基本基础动作、知觉能力、体能、技巧动作、有意沟通。辛普森把该领域分为七类：知觉、定势、指导下的反应、机制、复杂的外显反应、适应、创作。

上述三个领域各有各的要求。一般来说属于智能方面的教授科目的重点是放在认知领域；特殊专业的体育和艺术方面将重点是放在运动领域，而品德方面的重点则是放在情意领域。三大领域的要求，反应了各自的特点，但三者的相互关系是极为密切的。因此，在教育实践中要注意它们之间的联系，决不能机械地进行目标分类。但值得指出的是，情意领域接受一个国家的社会与文化等的影响特别大，各国的要求也不一样，但作为评价理论是可以借鉴的。

布鲁姆借鉴了生物学上的动植物分类学方法，建构了教育目标分类理论。将认知领域的六类目标和情感领域的五类目标（包括技能目标的分类）以及各亚类目标下的子目标都是由简单到复杂递增，后一类目标只能建立在已经达成的前一类目标的基础上，从而形成了目标的层次结构。布鲁姆的教育目标分类理论具有可测性的特征，能够指导教学结果的测量和教学评价。使得教学目标在表述上逐步实现了具体化、准确化，便于加深对教学体系的再认识，明确各阶段的具体教学要求，更使得教学评价有了一条较为明确、合理的标准，有效地实现了对教学和管理的控制，避免了教学过程中的随意性和盲目性，达到了对当时传统教学进行深化改革的目的。尽管这一分类远不如化学、生物科学的分类精确，但它已被证明极其有用，而且已在很多国家的教学中得到广泛的运用。

作为教育家，布鲁姆不仅创建了著名的教育目标分类理论，而且还提出了"掌握学习"以及教学评价等教学理论。认为教学是有意识的活动，是在力图使学生掌握传授给他的知识。测验着眼于客观地正确地把学生达到教学目标的程度加以数量化，而评价则是评估测验的结果拥有的价值，它主要突出的是价值观；测验重在客观事实的"获得"，而评价重在事实的"解释""诊断"与"价值判断"方面。从教育的观点来看，真正重要的是教学评价在整个教学中的应用价值。他把教学评价与教学目标密切地联系起来,指出评价必须首先明确教学目标,以分析目标为出发点,然后评价学生达到目标要求的程度。布鲁姆较突出地从教学目标和教学评价的关系入手,通过理论研究和改革实践的密切结合,提出了教学评价中一系列带指导性的理论问题,对教学评价理论的发展作出了贡献。目前,许多国家采用了布卢姆提出的"诊断性评价""形成性评价"与"总结性评价",尤其是他倡导的"形成性评价",已成为当代教学评价的主要内容。他认为,教学目标不仅对教师来说是教学指导的目标,对学生来说也可作为学习的目标,使他们积极发挥创造精神去自觉主动地学习,并经常对照目标进行自我评价,从而确定自己的努力方向。布鲁姆的教学评价十分注重全面地评价学生的学习,不仅评价学生的基础知识和基本技能,而且善于评价学生的智力水平,如分析力、综合力、评价力等等。其教学评价从目标的分析开始,到教学前的诊断性评价,教学过程中的形成性评价和教学结束时的总结性评价,整个过程贯穿着评价、反馈与调节,使整个教学活动十分协调。

我国目前的教学评价的指标体系实质上由此而来,教育目标的具体化和可操作化已成为我国现行教学评价的原则之一。

布鲁姆的目标分类理论与教学评价思想对我国教育评价有重要影响,现行评价模式源于科学实证的哲学观,是客观主义的认识论,即存在着一个客观的实在的教学质量,而这种客观实在的教学质量可以通过某种科学的方法予以准确地反映。因此,借鉴和研究布鲁姆的教学评价理论对构建具有可操作性的体育教学评价体系,提高我国学校体育教学评价的科学化水平和体育教学质量具有重要的意义。

（三）体育新课程倡导的评价理论与方法

基础教育课程改革提出了一系列新的理念与方法,包括课程目标、课程结构、课程内容和课程方法方面的改革,其中评价改革是重要的组成部分。《基础教育课程改革纲要（试行）》中提出的基本理念之一就是,"改变课程评价过分强调甄别与选拔的功能,发挥评价促进学生发展、教师提高和改进教学实践的功能"。在这一基本理念指导下,《全日制义务教育体育（1~6年级）、体育与健康（7~12年级）课程标准（实验稿）》和《普通高校体育课程指导纲要》的颁布实施为体育教学评价体系构建提供了重要的理论基础。

1.对学生的体育学习评价建议：

学习评价的目的：了解学生的学习情况与表现，以及达到学习目标的程度；判断学生学习中存在的不足及原因，改进教学；为学生提供展示自己能力、水平、个性的机会，并鼓励和促进学生的进步与发展；培养与提高学生自我认识、自我教育的能力。

学习评价的重点：小学阶段强调评价与教学过程较为相关的态度、行为等评价体育与健康知识的记忆；评价对体育与健康知识的理解和运用评价单个运动技术掌握的水平；评价运动技术的运用和运动参与程度，既评价最终成绩，又评价学习过程和进步幅度；仅由教师进行外部评价；学生在学习过程中的自我评价、互相评价和教师评价相结合。

学习成绩评定建议：体育与健康课程学习成绩评定是对学生的学习表现以及达到学习目标的程度进行的判断与等级评定。

学习成绩评定的内容：体能——与不同学习水平相关的体能项目。知识与技能——对体育与健康的认识，科学锻炼的方法，体育技战术知识与运用能力，有关健康知识的掌握与运用。与不同学习水平相关的运动技能水平及运用情况。学习态度——学生对待学习与练习的态度，以及在学习和锻炼活动中的行为表现情意表现与合作精神——学生在体育学习中的情绪、自信心和意志表现，对他人的理解与尊重，交往与合作精神。

学习成绩评定的标准：采用绝对性标准与相对性标准相结合的方法进行，如在体能成绩评定中可参照《学生体质健康标准》，结合每一位学生的基础及提高的幅度进行评定。运动技能成绩的评定，可采用定量评定与定性评定相结合的方法进行。

学习成绩评定方法的建议：根据学生年龄、学段的特点，体育与健康课程学习成绩评定方法应有所差异。建议 1～2 年级采用评语制，3 年级至高中三年级采用等级评定制，也可以将等级评定与评语式评定结合使用。学生体育学习成绩的评定还应重视建立学生成长记录袋，学生成长记录袋可以收录在体能和运动技能方面的发展、学生学习态度和行为的变化等方面的有关资料。学生成长记录袋既有助于促进学生的自主学习，也有利于教师、家长更好地了解和指导学生的学习。

学习成绩评定形式的建议：学生学习成绩评定不仅要有教师参与，同时也要重视学生的自我评价和相互评价。学生自我评定：学生对自己的运动技能、学习态度、情意表现与合作精神等进行的综合评定。组内互相评定——学生对组内各个成员的运动技能、学习态度、情意表现与合作精神等进行的综合评定。教师评定：依据学生的学习目标达成度、行为表现和进步幅度等，考虑学生自我评定与组内互相评定的情况，对学生的学习成绩的四个方面进行综合评定。随着学生学段的升高，应更重视学生自我评定和相互评定的作用。

2.对中学生体育学习评价建议

通过系统地收集体育课程实施过程中学生的学习成绩、体育教师的教学情况等信息，依据一定的标准和方法进行价值判断的活动。教学评价的主要目的是对课程的教与学进行诊断，并确定课程目标的达成程度，它是不断完善课程建设的重要依据和途径。

教学评价过程一般包括确定评价的目标、选择评价的内容和方法、收集评价所需要的信息、依据标准进行评价四个步骤。

对于学生学习评价的建议如下：

学习评价的目的：了解学生的学习和发展情况，以及达到学习目标的程度；判断学生学习中存在的不足和原因，以便改进教学；发现学生的潜能，为学生提供展示自己能力、水平、个性的机会，并鼓励和促进学生进步与发展；培养与提高学生自我认识、自我教育、自我发展的能力。

学习评价重点的转变：高中体育与健康课程的目标、内容与传统的体育课程相比有较大转变，因此，学习评价的重点也相应有所转变。

学习评价的建议：高中体育与健康课程学习评价是对学生的学习表现以及达到学习目标的程度进行的判断与等级评定。

学生体育学习评价的内容：以《标准》中提出的运动参与、运动技能、身体健康、心理健康和社会适应五个方面的具体目标为依据，全面评价学生的学习情况，对具体的评价内容学生应有一定的选择权；评价方法的个体差异性，学习评价应有利于高中体育与健康课程学习目标的实现，并能考虑到学生在体能、运动技能等方面的差异，以充分激发与调动每一位学生学习的积极性，挖掘每一位学生的学习潜力，促进学生进步和发展；评价主体的多元性，学习评价应注意发挥高中学生的自主性与能动性,将学生自我评价、学生相互评价与教师评价有机结合起来。

学习评价的内容:在评价学生的学习时,应选择能反映学生学习情况的一些指标进行综合评价。体能的评价:学生体能学习成绩评价的内容应有助于促进学生体能的全面发展,各校可参照《学生体质健康标准(试行方案》自行安排,具体的考核项目学生可以有一定的选择权。知识与技能的评价:学生体育与健康知识成绩评价的内容主要包括对体育与健康的认识,以及体育与健康知识和方法的掌握与运用;专项运动技能掌握与运用情况的评价应根据各校和学生选择的具体运动项目进行,具体的评价内容可以包括规定动作的展示、在教学比赛中学生所学专项运动技能的运用、学生擅长技能的展示。学习态度的评价:学生学习态度评价的内容主要包括学生在体育与健康课上的出勤与表现、学生在课外运用所学知识和技能参与体育活动和健康教育活动的行为表现。情意表现与合作精神的评价:学生情意表现评价的内容主要包括学生的情绪调控能力、自信心和意志表现;学生合作精神评价的内容主要包括学生的交往能力、合作精神和社会责任感。健康行为的评价:学生健康行为评价的内容主要包括生活习惯(如是否吸烟和酗酒、饮食习惯等)、遵守作息制度的情况、个人卫生和公共卫生等。

学习评价的方法:根据高中学生的特点,学习评价可采用多种评价方法,如观察、口头评价、测验、技能评定、展示、成长记录、量表评价等。体能的评价可采用测验、成长记录等方法;知识与技能的评价可采用观察、展示、技能评定、口头评价、测验等方法;学习态度、情意表现和合作精神的评价可采用观察、量表评价、口头评价等方法;健康行为的评价可采用观察、口头评价、量表评价等方法。

在评价时,要注意定量评价和定性评价相结合、过程性评价和终结性评价相结合、绝对性评价和相对性评价相结合。高中学生体育与健康学习成绩的评价应采用等级评定。

学习评价的形式:学生的学习评价既要有教师的评价,同时也要重视学生的自我评价和相互评价。学生自我评价——学生对自己的体能、知识与技能、学习态度、情意表现与合作精神、健康行为等进行的评价。学生相互评价——

学生对组内其他成员的体能、知识与技能、学习态度、情意表现与合作精神、健康行为等进行的评价。教师评价——教师依据学生的学习目标达成度、行为表现和进步幅度等，参照学生自我评价与相互评价的情况，对学生体能、知识与技能、学习态度、情意表现与合作精神、健康行为等五个方面的学习成绩进行的综合评价。高中学生已经具备了较为扎实的知识与技能基础以及较强的分析问题、解决问题的能力。在体育与健康课程学习评价中，体育教师应积极指导、鼓励学生进行自我评价、相互评价，并加大学生自我评价与相互评价在成绩评价中的比重。

3.普通高校学生体育教学评价的建议：

高校学生的学习评价应是对学习效果和过程的评价，主要包括体能与运动技能、认知、学习态度与行为、交往与合作精神、情意表现等，通过学生自评、互评和教师评定等方式进行。评价中应淡化甄别、选拔功能，强化激励、发展功能，把学生的进步幅度纳入其中。教师的教学评价内容主要包括教师业务素养（专业素质、教学能力、科研能力、教学工作量）和课堂教学两个方面，可通过教师自评、学生评价、同行专家评议等方式进行，评价过程中，应重视学生的学习效果和反应，重视社会有关方面的评价意见。

（1）体育教师评价的建议

体育教师评价是课程评价的重要内容。运用恰当的评价理论和方法对教师的教学活动与结果，以及教师的专业素质进行评价，是提高教学质量的重要手段。

①评价的目的

体育教师评价的目的是通过对体育教师教学工作的质量和效果。体育教师的专业素质进行客观、公正、及时的评价，为体育教师提供具体、准确的反馈信息，以促进教师改进教学工作，不断提高体育教师自身的专业素质和教学水平。

②评价的内容

体育教师评价包括体育教师专业素质评价和课堂教学评价两个方面。

体育教师专业素质评价包括对教师的职业道德、教学能力和教育科研能力三方面的考核评价。教师的职业道德主要包括：正确的职业态度、敬业精神；热爱与尊重学生、诚恳待人、团结合作的行为表现等。教学能力主要包括：对体育教学内容、教学参考资料的理解能力；学习、掌握与运用现代教育理论、体育理论、健康理论的能力；设计高中体育与健康课程教学的能力；激发学生学习主动性、积极性的能力；恰当指导学生学习和掌握体育与健康知识和技能的能力；运用多媒体教学手段辅助教学以及利用和开发体育与健康资源的能力等。教育科研能力主要包括：根据教育、体育与健康课程的发展不断充实和完善自身素质的能力；发现并提出学校体育与健康教育有关的课题，以及进行研究设计的能力；进行教学研究、撰写科学研究论文的能力等。

课堂教学评价的目的是通过发展性的评价激励体育教师不断改进体育与健康课的教学工作。高中体育与健康课堂教学评价应关注教学活动的有效性，即教学活动对达成教学目标的有效程度，应特别关注学生在体育与健康课学习中的体能、知识与技能、学习态度、情意表现与合作精神等情况，并以此作为对体育教师课堂教学评价的重点。

③评价的组织与实施

体育教师专业素质的综合评价主要由学校领导和教师本人进行，同时采用同行评价的形式，一般可每学年进行一次。体育教师课堂教学评价主要采用教师自我评价、同行评价、专家评价、学生评价和学生成绩分析等多种评价形式进行。教师的课堂教学自我评价可以采用每堂课后在教学日志或教案上作简要评述的方式进行；由学生、同行或专家进行的课堂教学评价，可采用随机的方式在每学期进行若干次；课程教学实施的阶段性或总体评价应在课堂教学评价的基础上，由学校组织至少每学年进行一次，并将评价结论和修改建议及时反馈给被评教师本人。应提倡体育教师的自我评价，以便于体育教师在对教育教学的不断反思中，提高自身的教学能力与水平。以上评价理论与国家政策为构建体育教学评价体系提供了重要的理论支持。

第二节　体育教学评价体系的构建

一、构建体育教学评价体系的基本原则

（一）客观性原则

构建现阶段体育教学评价体系，是在相应评价理论的指导下，以我国学校的现实状况为出发点，系统全面客观的分析评价中存在的诸多因素，使评价体

系的各组成要素具有客观性，真正体现能够有效促进体育教学效果的特点，特别是在进行体育教学评价过程中，要客观公正合理，能够对教师的教和学生的学作出客观的、实事求是的判定。

（二）可行性原则

评价体系中的指标要符合体育学科的特点和学生的身心发育特点，所制定的标准应该具有可行性。在制定评价目标和指标体系前，应对我国学校体育教学现状进行系统调查和分析，对体育教学评价现状进行深入了解，从中找出存在问题与不足，又要肯定存在于体育教学评价中的优势所在，在此基础上构建评价体系。所选择制定的评价指标能够反映体育教学的效果，并能够与体育教学呈正相关。

（三）科学性原则

整体评价指标体系必须完备，使评价体系能全面反映评价目标的要求。选择指标时应尊重教育规律，使指标体系内的指标相互独立，同一层次各项指标不存在包含和被包含的重叠关系，也不存在因果关系。

（四）可比性原则

体育教学评价体系中的各项指标必须反映评价对象的共同属性，应具有可测性，即指标作为具体目标，要用具体可操作的语言进行定义，通过评价方法的使用，能够观测和了解得出明确结果，评价指标设置应尽量简明，便于操作，应该具备可比性。

（五）全面性原则

体育教学评价要对评价的对象各个方面作出全面的考察和描述，应能够对被评价者进行综合评价和全面考察。对评价指标中各个指标的信息都要收集，最后进行全面的分析，作出恰当的判定。

（六）导向性原则

体育教学评价体系要能够指导体育教学工作发展方向并能促进体育教学活动开展，要充分发挥教学评价的导向功能，及时反馈信息，以便使教学得到及时改正和提高。教育评价的目的是为了提高教育质量，促进学生的全面发展。要通过评价，揭示体育教学活动中存在的合理性和不合理性，从而加以肯定和否定，为教师改进教学工作提供改进意见，为学生的体育学习提供有益的帮助。

二、对构建的体育教学评价体系的诸因素分析

体育教学评价体系因素分析是以体育教学评价体系为研究对象，采用系统分析的一系列理论、方法、技术和手段，对构建的体育教学评价体系的构成要素进行的系统分析。

体育教学评价体系是一个多因素、多层次的复杂系统，必须采用系统科学中最奏效的系统分析的理论和方法进行全面的、整体的、全方位的分析和研究，才能科学与深刻地认识它的运作规律。

（一）体育教学评价体系的构成与分析

按照系统论的观点，系统是由多种要素相互联系、相互作用而形成的有机整体。体育教育评价的多维性、多层次性决定了其结构的多面性和立体特征，它的每个纬度又包括许多要素,而各个要素往往又是一个具有一定结构的系统，这些子系统彼此互相联系、互相制约，进行着非线性的相互作用，并通过与外界交流信息形成和维持着时空有序结构。体育教学评价不是单因素、单方面的，也是一个由体育教学评价目的、评价对象、评价主体、评价指标体系、评价方法、评价过程、评价管理等要素相互联系、相互作用而形成的复杂系统。对于评价体系的诸因素进行分析有助于我们进一步明确各个因素存在的意义。

1.对评价目的分析：

评价目的是系统分析的主要依据，也是评价活动的出发点。评价目的是人们认识的反映和价值观念的体现，评价目的会随着社会的发展，随着人们认识的进步和价值观念的变化而发生变化。评价目的的选择和分析是体育教学评价系统分析的至关重要的一步。体育教学评价体系是一个多对象、多因素的复杂系统，对于不同的被评价对象有不同的评价目的。评价目的是要说明为什么进行评价，因而必须有明确具体准确的表述。由评价目的决定了评价的内容、评价指标、采取的评价方法、使用的评价工具以及处理和反馈评价信息的方法。体育教学评价的目的主要体现在以下五个方面：

（1）对教学效果作定期检查，诊断并改进教学

体育教学评价的最主要目的是诊断教学效果并改进教学；无论是处于哪个环节的教学评价，无论是对教师还是对学生的评价，评价的主要作用在于对诊断和改进教学，以提高教学质量为目的。对教学效果作定期检查，可以了解学

生的体育学习情况与表现，以及达到学习目标的程度，可以了解教师教学生设计和教学过程中存在的问题，以便寻找适宜改进教学的方法。

（2）验证教学计划的制定是否符合学生、社会和学科教学的需求

教学计划是教师实施教学活动的主要依据，进行体育教学评价可以验证体育教学计划制定是否符合学生的学习需求、社会需求和学科教学的需求，找出存在问题，为教学计划的及时调整提供依据。同时也可以为教师的教学水平做出判断。

（3）获得各个学生的评价资料，以便进行有针对性的进行有效指导

体育教学中学生的个体差异较大，通过教学评价可以了解学生逻辑认知、技术技能、情意表现、体质健康等方面的基本状况，从中发现学生的潜能，为学生提供展示自己能力、水平、个性的机会，并鼓励和促进学生的进步与发展；同时还能判断学生在体育学习中存在的不足，分析其原因，为教师教学指导的区对待和针对性指导提供参考。

（4）向学校、社会、家长及学生本人提供关于学生体育学习情况的信息。

（5）为教育和教学研究本身提供资料。

一般而言，教学评价的所有目的都可以归结于这5条之下。例如，教学评价还可能用于教师个人的提高，用于因材施教、修订课程和课程计划，但它们都没有超出以上的目的范围。确定体育教学评价的目的是很重要的，因为决定评价对象和评价者，选择评价类型和手段等，都要依赖于教学评价的目的。

2.对评价对象的分析

评价对象是指在教学过程中具体反映教育现实的一切事物。一般来说，教师和学生是教学评价中最为普遍的对象。体育教学评价评价对象的确定，会受到对教学本身规律的制约。教学评价只能选择教学活动的一个或多个方面为对象，要做到绝对"全面"的评价是很困难的，因为人们不可能穷尽教学活动所涉及的各方面，以及影响教学过程的所有因素。所谓"综合"、"全面"的评价只能是相对而言。

（1）对教师的评价

教师是教学过程的主导，教师水平的高低直接影响着体育教学的效果，影响着学生的健康成长。教师的一言一行，声音笑貌，语言讲解、动作是示范都

会对学生产生影响，最重要的条件是在长期与学生、家长、社会互动的过程中，获得广泛的高度信任。而教师的政治素质、工作态度、遵纪守法、为人师表等均会通过教学过程以教师的教学行为展示给学生，体现在体育教学的示范讲解、教学组织的教学过程中，会以自己的言传身教影响每一个学生。一个班级会因为有高素质的班主任而成为优秀的班集体，一位学生也会因为有一位优秀的体育教师而成为终身体育实践者。

（2）学生的评价

学生是学习的主体。教学评价首先要考虑的问题是从教学的基本目标和教学过程中的各种目标出发，对学生的现状以及到达目标的程度进行进行考察。因此，体育教学评价的首要任务之一是对教学主体—学生的评价。包括学习的评价、学力的评价和体育学习态度的评价等。有时评价并不仅限于人，它还包括物的评价，如课程评价、教学条件评价等。

3.对评价主体的分析

评价主体是指参与评价的人员或机构。一般由体育专家、体育教师、体育专业评价人员、教学管理人员和学生构成，同时也会吸收评价对象的自我评价参与。确认评价主体实际上是解决参与评价人员的地位问题。对于参与评价人员在素质上也应有所要求，他们应该熟悉评价内容，具有一定的评价知识和测量技巧，有较强的责任心、组织能力和正直的人格，以求相互协调构成功能较强的系统提高体育教学评价水平。

例如，在评价学生的体育学习状况时，教师就是评价人员；在评价教师的教学质量时，管理者、教师或学生则是评价人员；各级各类学校的教学督导员在评价教师的课堂教学时，也是评价人员。作为现代教学评价，不仅强调自身以外的评价者，而且还强调评价对象的自我评价。也就是说，评价者与评价对象有时可以是同一个人或同一个机构。即使是两者并不统一时，评价者也要注意倾听评价对象的意见及其自我评价的结果，以此作为进一步评价的基础。

4.对评价内容（评价指标体系）的分析

如何确立教学评价的内容，既是当前教学评价理论探讨与研究的重点问题，也是教学评价实践工作中迫切需要解决的问题。因为教学要反映时代的精神与时代的要求，所以教学评价内容的确立也离不开这个时代的要求。

评价内容是将评价对象所包含的评价要素具体化。首先将其内容划分为教师评价、学生评价二个纬度，然后，每一维度又根据体育教学评价的要求划分出不同的层面。评价内容一般具有多类型，多层次的复杂结构。经过对评价内容横向和纵向的双向分解，得出与评介内容整体性等效的多层次、多系列的内容分解体系。然后根据评价指标的选择原则进行内容组分功能性、特征性、代表性的分析，形成评价指标体系。在不同的评价阶段，由于评价的内容与要求各有不同，且各个阶段在评价内容上还要具有延续性，由易至难地层层递进，以实现评价的整体性与系统性，最终性成一个具有逻辑层次的评价指标体系。

在整个评价体系中的指标体系是一个最为复杂的子系统，主要由指标项目、权重集合二个要素构成，是确立体育教学评价系统中最复杂、内容最丰富的子系统和中心环节，是实现体育教学评价功能的主要层面，本文将确立评价指标体系作为研究的一个重点。评价指标要素集合是要解决体育教学评价评什么的问题。各要素互相联系构成统一的有序的整体，它是一个开放系统，指标应体现方向性、科学性、可测性和发展性原则，尽量以量的规定性指标代替描述性指标。评价指标的要素是进行教学评价的依据，可以减少主观因素，力求反映教学过程的本质和特点，在充分考虑教师的主导和学生的学习主体以及体育教学规律特点的基础上，使评价指标不断细化，以至分解到具体的教学行为，使之可测量、可比较，简化繁杂的形式，从而直接量化打分。

5.对评价方法分析

评价方法主要解决如何评价的问题,是指搜集和处理信息给出结论的方法，它囊括了教育评价和心理测量的各种方法，传统的以及一切可以被利用的现代科学方法。是达到评价目的的主要手段。由于评价方法具有层次性，可以从不同的角度分类，可以根据评价的具体需要进行选择。评价方法的层次分类包括：进行一般价值判断的方法，如相对评价法、绝对评价法、个体内差异评价法；收集信息的方法，如观察法、测验法、问卷法、访谈法等；整合处理评价结果的方法，有定量评价方法与定性评价方法；为了全面评价体育教学的状况与结果，体育教学评价的方法可以采用安置性评价、形成性评价、诊断性评价和终结性评价等评价方法，并采用相应的测量工具，如预备性测验、自我报告清单、教师自编的量表测验或标准参照性测验、诊断性测验、成就测验等。

随着体育教学评价改革的进行，定性评价方法与定量性结合的方法具有综合性。它是多因素、多视角的综合。它不完全依靠统计数据，因此可以发挥人的智力，考虑相关的所有因素，从更多的角度来认识评价对象，并把评价对象当作一个整体，是多种方法和多种思维的综合。

6.对评价过程的分析

评价过程是一个系统的活动过程，是实施评价的完整程序。它包括评价的准备阶段、评价的实施阶段和评价的总结阶段。评价的准备是评价的开始阶段，它包括思想准备、组织准备、方案准备、物质准备。思想准备是对所有参评人员及单位进行思想动员与发动工作，以减少评价中的各种主观因素的影响。组织准备主要是解决由谁来评的问题，它包括建立专门的评价委员会，设置一定形式的评价机构，聘请有关专家、教师、学生、家长等参加评价活动，培训有关的评价人员。方案准备的主要工作包括确定评价目标和评价对象，设计评价的表格和文件，解决为什么评和评什么两大问题，其中设计评价的指标体系和标准体系，解决怎样评的问题；选择适当的量化处理方法，解决如何分析评价结果的问题。物质准备则是准备评价工作所需的办公设施及条件等。评价的过程既包括着量化的教育测验，也包括着定性的描述判断，并在此基础上经过评价者的分析综合以后，作出某种价值判断，为改进教学工作提出指导性的建议。体育教学评价过程一般会由于评价目的不同、评价内容不同而具有不同的组织形式和实施过程。

7.对评价管理的分析

评价的管理包括与之相关的政策、条例和制度、对参与主体的评价教育和伦理教育、对评价结果的反馈与应用等。也包括对于评价人员的评价技术管理和评价思想管理，同时对于评价结果的使用也应纳入管理的有效范围。目前，我国有关教育评价、教学评价的各项法规制度建设虽然起步较晚，并已初见成效。目前，各级学校管理部门对于教学评价的管理和改进作用发挥得不够完善。对于参与评价的主体的评价教育还不够，如学生评价的意义已经被得到重视，但是缺少对学生进行客观评价的教育等，因而导致评价工作进行和评价作用发挥得不到保障。只有建立起明确、规范、有效的各项法规制度，才能有效地调动起所有评价因素的积极性，使评价工作更开放、更丰富、更易于实施和改进工作。

综上所述，构建体育教学评价体系，充分考虑了构成体育教学评价系统的这些要素或子系统。评价体系是一个有机的整体，每个要素和子系统不能单独发挥作用，缺少其中一个要素或子系统，就无法进行体育教学评价，或者不能进行有效的评价，达不到体育教学评价的基本要求。例如，没有评价指标体系，没有评价参与人员就不能开展体育教学评价活动；没有体育教学评价的管理，虽然也能进行评价活动，但难以保证体育教学评价的科学性、有效性、合理性和规范性等。另一方面，构成体育教学评价系统的要素或子系统又是相互联系、相互作用的。体育教学评价的对象不同，评价目的与要求不同，建立的评价指标体系就有所区别；评价指标体系不同，对评价的参与人员的要求也不同。体育教学评价系统中某一要素或子系统发生变化，其他要素与子系统也应作相应的调整，评价的功能与效果也随之变化。在整个评价体系中，评价指标体系的确立尤为重要。

第三节　建立体育教学评价指标体系

"指标"是对评价对象品质的衡量标准及其项目数。它反映了对评价对象的认识角度或评价内容覆盖面的大小范围，它既明确了评价对象某一特征的概念，即性质，又反映了评价对象的数量，是对评价对象行为的质的导向，具有定性认识和定量认识的双重作用。不同的评价对象，可从不同的角度或内容去评价。客观全面地对评价对象予以认识，应采取多方面多角度多指标的选择。根据评价任务与评价目标的需要，能够全面系统地反映某一特定评价对象的一系列较为完整的，相互之间存在有机联系的教学评价指标就是评价指标体系。

评价的指标体系是评价工作的操作规程，它规定了"评价什么"。一般而言，评价指标本身对教学有导向作用，即评价什么指标，教师就会重视什么指标。因此，指标的确立和选择极为重要，不仅要求反映教学的本质，选出典型的、客观的指标，而且还要注意超前的导向作用。

一、建立体育教学评价指标体系的理论分析

（一）评价指标体系是教学目标的分解

体育教学评价的指标体系不同于评价体系，评价体系是较为宏观的，涉及到体育教学评价工作的方方面面，而评价的指标体系属于评价体系中的一个环节，且是一个重要的环节。在体育教学评价中，评价指标体系是体育教学目标的具体化，能够起到指导教学的作用，也是评价目标的具体化，能指示评价主体或教师应该去评价什么，重视什么或忽略什么。评价的指标体系不存在或者不完善，会使得整个教学评价活动受到影响。

一般而言，目标总带有某种程度的原则性、抽象性和笼统性。因此，目标很难作为评估的依据。而评价指标正是对教学目标的一个方面的规定，它是具体的、可测量的、行为化和操作化的目标。具体地说，指标规定的内容是可以通过对客体的实际观察得出明确结论的。指标的这一性质是它成为评价的直接依据的重要原因，也是我们判断它能否成为一条特定指标的重要依据。与目标相比，指标往往具有更强的指挥定向作用。事实上，指标与目标的辩证关系决定："指标并不只消极地被目标所规定，同时它也积极地规定着目标能否成为实际意义上的目标"。从指标与目标的这一关系中可以看出科学地设计评价的指标体系的重要意义。所以评价指标体系是进行体育教学评价的具体化目标和进行教学评价的依据，是构成评价目标的具体因素。尽管评价指标与评价目标的关系十分密切，但两者之间还是有一定的区别，目标反应评价对象的全貌，带有一定程度的原则性、抽象性，并且比较稳定，不容易改变，而评价指标则是反映评价对象的局部，具有较高的具体性和实在性，并且可以在反映目标的前提下，根据不同时期的特点作适当的变动。

（二）"权重"确定每一项评价指标在指标体系中的重要程度

"权重"，是指每一项评价指标在评价指标体系中的主次区分和重要程度。是在对评价对象的不同品质的作用进行权衡比较时的一种量上的区分判断，是对对象在活动时间和精力分配的合理性方面作的限定和导向。在现实中，对任何事物的认识，都不会把其不同的品质作等价的判定而不分主次轻重缓急。对同一事物的认识评价，由于不同的目的导向，同一指标也可以有不同的权重。在同一目的同一对象的评价中，对诸评价指标权重的赋定准确与否，则是直接

关系到能否客观准确地把握对象，能否实现评价目的、能否给对象发展予正确的导向的大问题，因此，确立体育教学评价指标体系对于各项指标"权重"的分配予以了充分的重视。

（三）建立体育教学评价指标体系的条件与要求

指标体系确立的一般原则应满足下列条件：与目标的一致性：主要体现蕴含在系统内各条具体指标与目标的一致性；直接可测性：指标所规定的内容是可通过实际观察加以直接测量以获得明确结论的；系统内指标的相互独立性：指同级指标必须不相容；指标系统的整体完备性：指标的全面性，它与独立性一起直接关系到指标体系的科学性；可比性：指标必须反映被评价对象的共同属性以便于比较；可接受性：符合教育发展的实际水平，按指标进行评价是可行的。

确立体育教学评价指标体系，应当置于体育教学目标之下，即为了更有效地实现学校体育教育的目的，要尊重不同学段学生的生理和心理特征、还要能够体现学科教育的特点，同时也要满足社会对学校体育教学的期望。

由于教学活动的长周期、有计划，与教学评价活动本身的随机即时性的矛盾，决定了体育教学评价指标应该具备易理解、可接受、非主观、能区别、相制约的可操作性特征。教学的突出特征在于它是一种特殊的教育活动，这就使得体育教学评价指标体系的建立成为一项较为复杂的系统工程，它一方面受制于其指标的特点、参评人员的认知角度和水平，另一方面则受制于方法的应用。从科学方法的角度来看，教学评价应尽可能地揭示和反映体育教学本质、典型的特征。

（四）建立体育教学评价指标体系的原则

建立体育教学评价指标体系，既是评价工作的基础，又是评价工作的核心，指标是被评价的因素，而被评价的全部因素的集合便是评价的指标体系，一般包括评价的内容（指标）及评价的要点（标准），以及各项指标的权重系统与标准的文字描述。广义的评价指标体系还包括评价的方法、技术及其有关说明。本文的研究旨在于研究和讨论体育教学评价的内容及其权重分配，为体育教师在教学评价中灵活把握教学评价的主要内容提供可操作的参考依据。体育教学评价指标体系建立的原则如下：

1.充分体现体育评价特征的原则

体育教学评价改革是为适应课程改革的需要而进行的改革，是以促进学生发展为宗旨，注重发挥教学评价促进教师提高、改进教学的功能，而淡化甄别与选拔。体育教学评价具有注重教学过程、强调质性评价，提倡评价目标与主体多元，强调参与与互动，关注个体差异等特征，因此，在建立体育教学评价指标体系过程中必须体现体育教学评价的理念与观点，按此建立起来的评价指标体系不仅是评价者评课的依据，而且是被评价者不断转变教学思想、改进教学方法、规范教学行为的参照物，具有导向性。

2.突出重点的原则

体育教学是一个多要素组成的复杂系统，又是一个动态、多变的认识与实践过程，体育教学的学科特点和课程特性使得评价很难全部反映这个过程的诸多因素及所有情况，因此，设计评价指标体系应着眼于教学全过程，应以体育教学评价的理念，根据体育课程标准的具体要求来设计评价内容与要素，抓住主要矛盾，突出评价重点，反映教学活动的实质性倾向。

3.独立性原则

根据评价指标体系建立的科学性的要求，既从事物的某一个分类基准出发，分解要素项目，各项指标之间互不相容，每个指标都独立地提供信息，不能有重叠关系，避免冗余指标的干扰，保证评价的信度与效度。

4.可测性原则

体育教学评价是通过指标体系来判断既定教学目标的达到度，因此评价指标体系应是体育教学目标的具体化、行为化，其测定方式和表述语言要具有可操作性，评价内容和要素是可观察、可感受、可测定、可评价的，语言要简洁、准确、便于操作。

5.共性与个性相结合的原则

体育教学评价指标体系是对体育教师进行体育教学评价提出的基本要求，具有普遍意义，对体育教学活动和教学效果的评价具有相对一致的标准。但是由于学生在体育学习过程中处于不同的学习阶段，其学习目标不同，又有着不同的生理和心理特点，教学活动诸要素的多变性及活动方式的多样性，教师的个性、特长也是千差万别，从这个意义上讲，用一把固定的尺子去衡量个性不同的学生和教师或发生非预设性的教学活动状态是有困难的；教学既有共性、有规范，同时也有个性、有创新、有特色，因此，评价指标体系中既要为不同状况的学生提供评价要素，也要为教师的个性化教学、形成个体的教学风格留有空间和余地。

二、体育教学评价指标体系设计的程序

要保证评价指标体系设计过程的准确性，使指标内容符合设计要求，需要采用一定的科学程序与技术进行操作。教学评价指标体系的设计程序有如下步骤：

（一）拟订评价指标体系的初稿

指标体系的建立应遵循设计原则，即首先应将教学目标进行层层分解，分解为可以操作的具体指标，这样就可以获得一个初拟的指标体系。笔者在分解教学目标时考虑了如下问题：

体育教学指标体系是一个庞大的分类系统，必须按照一定的逻辑准则和分类标准将同质性对象归为一类。在分类时，最上一层是概括性最大、包容性最强的母概念，其次按一定标准将母概念分解成若干子概念，然后再将这若干个子概念按一定标准分解为若干亚子概念，直至分解为具有独立意义的、最小的、可操作的子概念为止。

指标体系之间具有等级层次关系，因此必须将总目标分解成三到四个层级，而每一相同层级的概念就是一个等级。一般而言，层次越高的等级，内涵越丰富，概括性越大；层级越低的等级，内涵越单纯、越具体，越便于测量与操作。层级之间的关系一是包容关系，即低层级概念包容在高层级概念中；二是等级关系，即低层级概念从属于高层级概念，并比高层级概念简单。

分解的每项指标要尽可能做到量化，有一些指标难以量化或不能量化，则要采用准确的语言进行描述，使人们能够依据语言的描述而进行评价和判断。目标分解之后，对每一个指标进行等级标准的划分，如体育学习兴趣这一指标，评价对象达到什么程度时为优秀，达到什么标准时属于良好，在什么标准下属于一般等等，要给出明确的定义。

（二）理论推导，归类合并

在初拟的指标与标准体系中，容易存在指标互相交叉重叠、相互包含矛盾，

主次不分、因果不明、本末倒置等混乱局面，有的则不能反映评价对象的本质特征。因此，拟定指标与标准体系后，采用了专家问卷的方法（特尔菲法）和逻辑分析等多种方法，对所有指标与标准作进一步的分析综合，以便取主舍次、去难存易、归类合并、筛选淘汰，达到指标"少而精""简而要"的要求，以体现指标与标准体系设计的独立性、可接受性等原则。

（三）专家评判为评价指标体系提供了权威性依据

为了保证体育教学评价指标体系建立的动态性、发展性、超前性及可持续性，聘请有关专家学者及有经验的评价人员进行访谈请教，讨论初稿中指标与标准的科学性、方向性、可操作性等诸方面的问题。并采用特尔菲法进行了专家问卷调查。在评判指标体系的同时，请专家们对每一指标的重要程度给予赋值，已确定每一指标的权重分配。最后根据专家意见进行整理汇编，统计分析，从而建立了体育教学评价指标体系的理论框架。

（四）行动研究小组进行了有效的可操作性检验

在专家评判以后，将评价指标体系选点进行可操作性检验，本文确立的体育教学评价指标体系的可操作性检验采用了"行动研究"的方式进行，边检验评价指标体系的可操作性，边调整和修改。笔者与中小学大学体育教师共同构成了研究小组，同时也吸收了一些小学校长、教务主任和音乐教师参与其中（参与者认为音乐课教学与体育教学存在着共同点较多，愿意参加行动研究小组）。首先将评价指标体系应用于评价方案的设计之中，行动研究以对于评价方案的实施展开工作。对建立的体育教学评价指标体系的内容，从评价的时段划分、评价参与的主体的形式、评价指标数据的统计方法与利用等方面进行了实践检验。从中分析了可行性的程度以及存在的问题，为进一步的修订提供实验方面的依据。

选择检验学校时考虑到了指标体系应用时所涉及的范围，包括小学、中学和大学不同类型的学校。根据行动研究的结果，对评价的指标体系的内容和可操作性作出综合的修改和调整。

三、学生体育学习评价指标体系构成与内容分析

（一）学生体育学习评价指标体系的构成

学生体育学习评价指标体系以简明的方式，比较全面地提供学生体育学习

的变化过程，是根据评价指标体系设计原则而建立起来并能反映学生体育学习状况的指标集合。评价指标所要判断或度量的问题是学生体育学习的主要方面，并通过其总体效应来评价与刻画学生体育学习的总体状况。在评价指标体系中，凡是学生体育学习中涉及到的因素都力求得到体现，并予以相应的重视程度。指标体系作为一个整体能够基本反映学生体育学习的主要方面或主要特征，能反映和体现体育教学的内涵，其评价指标数量尽可能地进行了压缩，以达到简便易于操作的目的。

（二）对学生体育学习评价指标体系内容的分析

体育教学与其他课程教学相比较，最重要的特征是从事身体练习，体育的学习是一种技能的学习，其"技艺性"是体育教学的重要特征，技能学习属于身体认知，属于区别于逻辑认知的特殊领域，是实现体育功能的重要载体，它的发展具有特殊的意义。学生体育课学习的过程，体能锻炼必须承受合理的运动负荷，体育学习过程必须遵循人体发展的自然规律，因此其"自然性"是学校体育教学的又一特征；体育学习过程不仅是一个认知过程，它对人的情感、意志、态度、价值观方面的影响更为深刻，在提高学生非智力因素方面具有特殊的功能，因此，"情意性"也是学校体育教学的又一特征；体育和其他任何学科的学习相比较，显示了环境变化多端、学生的角色扮演多样、信息渠道畅通的重要特征，为学生的交往能力和组织能力的提高更具备了条件。所以，其"人文性"又是普通学校体育实践类课程的特征之一。综上所述，作为学校体育课程和学科性质应当是技艺性，但是更加完整地表述其学科特征，应当是"技艺性"为主，"自然性""情意性""人文性"四性兼备的一门实践为主的学科。

我们可以将学校体育教学的学科特征进行分解，以确定学生体育教学评价指标的具体项目：其一，体育学习是以身体练习为主要手段；其二，体育学习必须遵循人体发展规律并承受一定的负荷；其三，体育学习在非智力因素的发展方面有其特殊的功能；其四，体育学习在提高学生适应社会的能力方面有特殊的功能。根据对以上体育课程特性的整体分析，可以概括出构建学生体育学习评价的整体思路和主要依据。经过专家的筛选排序，我们把一级指标设为四项：即技术技能、情感态度、认知水平和体质健康。

1.对情感态度评价指标的分析

情感态度指兴趣、动机、自信、意志和合作精神等影响学生学习过程和学习效果的相关因素。学生体育学习中的情感态度价值观的培养，是一个由知识与技能的学习过程承载的启发、渗透和感染的过程。教师要把情感态度价值观的培养有意识地、自觉地贯穿于教学过程之中，使其成为教学的灵魂，使学生逐步形成我们所期盼的健康情感，积极的态度和正确的价值观。

体育教学评价指标体系中的情感态度包括运动参与、学习兴趣、情绪调节合作与交往等具体内容。学生体育学习过程总是伴随着一定的情感体验，学习过程中的情感体验总是影响着学生的态度，从而产生不同的学习效果，而不同的学习效果反过来又会使学生产生不同的情感体验，进而影响学习过程。

（1）运动参与

运动参与是指学生主动参与体育活动的态度与行为表现。经常参与体育活动的学生，可以培养和发展对运动的兴趣和爱好，养成体育锻炼的习惯，使体育活动成为生活中的重要组成部分。实际上，国家为学生设置的体育课程已经为学生参加体育活动提供了基本条件。作为体育课程学习领域的运动参与，要求学生具有积极参与体育活动的态度和行为，掌握科学健身的知识与方法，养成坚持体育锻炼的习惯，为终身体育打下良好的基础。

作为评价指标的运动参与，同样要观察其行为表现，具体体现在体育课出勤情况、课外活动、课间操参与、课上身体活动负荷以及在课余时间主动自我锻炼的行为上，通过这些可观测得指标，能使教师及时了解学生的运动参与状态，为教师选择适宜的教学方法或调整教学方案提供参考。

（2）学习兴趣

兴趣是指一个人力求认识某种事物或爱好某种活动的心理倾向。它是学习动机中最现实，最活跃的成分，是推动学生学习的内部动力。所以学习兴趣可以引导学生自主地参与体育活动，激发学生学习与探索体育知识和技术，体育教学应重视对学生的兴趣和爱好培养，力求调动学生积极性、发挥其创造性。体育教学中对学生学习兴趣的评价，可以提高学生学习的参与意识。兴趣对学生体育学习的重要性是显而易见。很多成功的学生都一直对体育学习有浓厚的兴趣。与学习兴趣很相近的另一个情感因素是动机，动机是为学习者提供动力和指引方向的一系列因素，一些年龄较小的学生对体育教学学习动机的认识还比较模糊。学生体育学习的内在动机来自于学生对体育学习内容或学习任务的浓厚兴趣。外在动机则是来自于外界影响，如能够得到表扬或获得奖励。虽然外在动机也有利于体育学习，但更重要的是内在动机的作用。内在动机持续的时间较长，是体育学习取得长远成就的重要前提。体育学习的兴趣可以通过外显化的行为表现进行判断，如主动参加各种体育活动、自觉思考锻炼中的问题、积极响应教师提问和指导、努力承担学习任务、虚心接受他人建议等。

对学生体育学习兴趣的观察与评价，可以发现学生体育学习兴趣的发生和发展情况，为教学中的启发式、互动式教学方法选用提供参考依据。对学习兴趣评价的三级指标及其权重为主动参加各种体育活动、自觉思考锻炼中的问题、积极响应教师提问和指导、努力承担学习任务、虚心接受他人建议。

（3）合作与交往

合作与交往是人的社会性技能的重要组成部分，是人实现社会化的必要途径。学生的合作与交往是与周围人相互交流信息、交流情感的过程。它对人的个性、情绪情感、心理健康、认知等方面的发展具有十分重要的作用，对人成年后的事业、生活的成功有着密切的关系。合作与交往能力是一种综合能力，也是一种实际操作能力。发挥体育教学的特殊功能，培养学生的合作精神和合作能力是当前体育教学的主要任务之一。

在体育课教学中，合作与交往包括体育教学过程中教师和学生之间，学生和学生之间，为实现共同的教学目标而形成的情感、行为在内的相互支持和协作。学生的体育学习活动需要学生相互合作，而合作又能为学习者提供更多的学习机会和学习资源。学生体育学习中的合作与交往可以体现的外显行为主要包括愿意和同学共同参与锻炼、能理解和尊重同学、希望在学习中与同学互助、乐于与同学老师交换意见的情况，分析与评价学生体育学习中合作与交往的状况，为对学生进行情感教育提供依据。

人类所有对价值和成功的判断，最后总是以合作为基础的，这是人类种族最伟大的共同之点。我们对行为、理想、目标、行动和性格特征的各种要求，都是它们应该有助于人的合作与交往。

（4）情绪调节

情绪是在目标管理中发生作用的一种心理状态或过程。它常常在评价与目标有关的事件时被引发；目标实现了，情绪就是积极的；目标受阻，情绪就陷入消极状态。情绪的核心就是预备以某种方式采取行动，是实现一些目标和计划的紧迫感、优先感。情绪可能会打断正在进行的行为；也可能会提高某些社会交互作用的优先度，如促进合作或者引起冲突。情绪与人的自然性需要相联系，具有情景性、暂时性和明显的外部表现。由于这个原因，人在满足基本需要的生活活动中，那些直接或间接地与人的这些需要相联系的事物，在人的反映中都带有各种各样的情绪色彩。情绪的外显行为表现在人的喜、怒、哀、乐。和谐的情绪会给人带来高质量、高效率的学习、工作和生活。不良的情绪对人的学习及生活都存在不同程度的影响，对不良情绪的及时调节，对学生保持心理平衡十分重要。

参加体育活动对于调节人的情绪极为有益，学生体育学习中情绪的调节能力是心理健康的重要表现。无论是大学生、中学生还是小学生，在体育学习中都会经历较多的情绪体验，如学习的顺利程度，技术动作掌握的快慢、同学老师的善意的批评等。对于绝大多数学生而言，体育教学需要承受心理上的压力和身体上的不适应，在体育学习的不同阶段会需要克服不同的困难，还需要有较强的自信心和克服困难的意志。在平时的体育学习中注意培养自己的意志力，能够很好地控制自己的情绪和行为，这种培养需要每时每刻都注意完善自己的意志力，形成良好的习惯，从一点一滴做起，用理智控制自己，与不良情绪作斗争。例如通过调整自己的学习目标转移情绪，采用自我激励的方法调节情绪等。

学生体育学习中情绪调节的能力可以从以下行为表现来观察评价，勇于克服学习中的困难、对同学朋友的态度友善、能客观对待批评与表扬、严格遵守体育规则要求。对学生以上行为的观察了解，能够使教师更好的把握体育教学中的学生学习的目标设置、教学方法的选择、教学组织形式的多样化等，可以为教师调整教学设计提供依据。可以从中分析学生自我情绪调节的能力，为学生体育学习评价提供可观测的数据。

2.对技术技能评价指标的分析

《体育科学词典》把"运动技术"定义为："能充分发挥人的身体能力，

合理有效地完成动作的方法"，从概念中得知，运动技术是长期以来人们在实践中经过多次修正，并在不同阶段具有相对科学性的完成动作的方法，运动技术的另一特点是客观存在性，即它是不随人的意志为转移的，同时也不具备个人特性。

动作技能也叫操作技能或运动技能。关于动作技能，多数心理学家认为：动作技能是一种习得的能力，表现于迅速、精确、流畅和娴熟的身体运动的活动方式。由于体育学习是一门由身体的直接体验来获得基本知识、基本技术、基本技能的课程，因此在学生体育学习评价指标体系中，对动作技术技能的评价是一项必不可缺的内容，它体现了体育课的最基本的特征，也是实现其他体育学习目标的载体。

进入基础教育课程改革以来，体育课程标准在规定了课程目标之后，不再规定具体教学内容，给众多一线教师带来了一定的难度，体育课上教什么？让学生学什么和学多少运动技能才能符合课程改革的要求？如何对待运动技能教学的问题已经成为体育教学改革的焦点，由此，技术技能评价指标在学生体育学习评价指标体系构建中也成为人们所格外关注的问题，人们期待着在教学评价环节找到相应的答案。笔者试图从体育教学评价指标体系构建中，技术技能指标所占的位置与权重来说明体育技术技能在体育教学中的地位，并力求来解释技术技能为什么会具有这样的地位。

（1）技术技能应用

不同学段学生的体育学习都具有不同的学习目标，其学习的内容也会不同，因而对于技术技能的应用也有着不同的要求，小学生着重体验体育学习中的乐趣，在愉悦中学习动作技术，提高技能水平，其应用的运动技能内容简单，与生活实践和游戏联系较为紧密。中学生的运动技术的学习内容难度逐渐增加，对于运动技术技能的应用要求也越来越广泛。大学阶段学生的体育学习逐步向专项发展，选择1～2项适应的运动项目提高技术技能水平，为终身体育打下良好的基础。

学生体育学习中的技术技能应用的评价，可以通过以下指标检验：用于在自我健身锻炼中选用、与同学配合简单的技战术、在一般竞赛中灵活运用、能够指导他人进行科学锻炼、与家人一起锻炼时应用。由此，通过对学生进行运动技能的评价，促使学生将技术技能的主动应用，使更多的学生主动参与体育锻炼活动，提高运动技术技能水平，为体育习惯的养成提供基础条件。

（2）技术技能掌握质量

体育课体育教学程的性质为"是一门以身体练习为主要手段，以增进学生健康为目的的必修课程"。所谓身体练习，是指"一系列具体的体育动作或动作组合"，在目的性与规范性上都不同于日常的生产与生活中各种活动，而是具有一定规范的动作技术和技能。作为手段，这些技术技能是实现健康目标的主要载体，离开了技术技能，就失去了目标实现的基础。同时，动作技能是人类知识的一种特殊形态，离开了技术技能教学，体育教学也就失去了作为学科存在的意义。技术技能教学应在体育课程教学中处于基础性地位。

学习运动技术，掌握运动技能是体育教学的主要任务之一。体育教学中缺少了运动技术和运动技能教学这个"载体"和"途径"，要实现发展学生的运动素质和体能、实现"运动参与""身体健康""心理健康""社会适应"等课程目标就会空洞而抽象。学生通过运动技能的掌握与提高和伴随其中的成功感，能够促进学生的"运动参与"；运动技能教学过程中学生各种心理状态的变化和教育性因素，是促进学生的心理健康不可缺少的外在因素；运动技能教学中的相互交流和集体融入，能够有效地提高学生的"社会适应性"能力，具体可以体现在与教师的交往、与同学的交往之中。

因此，体育教学中的运动技术技能教学与体育课程目标的达成是一种相互依存的关系。在学生体育学习评价指标体系构建中，学生技术技能学习与掌握程度的评价指标被众多专家排在第二位，说明众多专家权威性的认识与我们一线教师的认识是相通的。

评价指标体系中的运动技术是指完成体育动作的方法，"运动技术是人在从事以运动项目为中心的身体练习过程中，在自体内部之间和自体和客体之间的相互关系中通过综合体验所获得的身体认知"。它是体育知识结构的重要组成部分。从本质上说，技术是属于认知的范畴，它是人类认知体系中一个特有的领域——身体认知，把体育技术纳入知识的体系中，正是要承认主体对自身过程中获得的体验也是一种知识，其中包含了运动技术。

运动技能通常是指在特定运动形式下的，有着确切运动技术内容和要求的个体的运动能力。运动能力的形成始于运动技术的学习，即以个体已有的习惯行为为基础，以运动技术为尺度，进行改造、规范、构建，形成新的行为方式和行为习惯。因此，运动技术的学习表现为习惯行为的改造与动作链的内化两个方面，是二者的相互渗透，彼此交融的过程，最终达到运动技能的动作自动化。另外，运动技术作为外在尺度，它是运动能力发挥与发展的有效途径。个体只有在掌握一定运动技术的基础上，才能比较顺利的进行运动实践，促使运动技能的逐次递进。因此，运动技术的学习和掌握是运动技能的基础。

体育教学评价指标体系将技术技能作为主要评价指标，反映了体育学科教学的主要特征，在体育教学过程中，学生进行体育技术技能的学习，需要通过身体练习的多次重复，身体练习是学生体育学习的载体，最终目标是要达到身心的协调发展。因此，学生在身体练习的过程中掌握运动技术是必要的，但是它不是最终目标。体育教学中我们教给学生的不仅仅是技术，而是使学生学会实现身心协调发展的方法与途径。而方法与途径是通往坦途不可忽略的重要部分，因此也应成为体育教学评价的重要指标。

由于不同学段的学生在体育学习过程中所要达到的目标不同，体育教学的技术技能又存在着非排比性的特点，因而评价的标准可依据不同的教学内容进行设定。

对技术技能掌握质量评价的三级指标及其权重为独立完成基本技术动作、技术动作结构合理：动作是由人体的规律性运动产生，人体的运动是其自身规律的产物。技术动作结构合理是指动作技术必须符合人体运动的规律。技术动作结构合理性从以下七个方面进行判断：动作围绕的人体轴、身体姿势、动作时间、动作轨迹、动作速度、动作节奏、动作力量。各项运动技术中七个要素的表现不同，都有其特定的组合形式，体现出不同技术的特点。以理论指导身体活动实践、技术动作规范正确、姿态优美娴熟。

（3）技术技能达标

技术技能达标是指学生体育学习能否达到技术技能要求的标准，例如学生体质健康标准中100米的速度要求、篮球教学中关于投篮命中率的要求、健美操学习中成套动作的完成标准等，都属于学生技术技能达标的范畴。技术是人类对世界认识的结果，是属于精神产品或说是属于文化的范畴。作为其下属概念的运动技术则是指解决某一运动课题时合理有效的完成动作的方法。对学生进行运动技术达标的评价是对学生所学的运动技术能力的检测，是学生体育学习的一个重要目的，它是检验学生体育学习的状况，并促使学生全面了解自己接受体育的效果，提供了客观的"参照物"，使学生自己能得到真实的反馈信息，以指导今后的自我锻炼。一般而言，学生只有在学习并掌握了一定运动技术的基础上，才能比较顺利的进行运动实践，促使运动技能的逐渐增强。技术技能达标评价的三级指标及其权重为：达到相应的技能标准、能完成简单组合、技术要求的各种标准运动技能是指在体育运动中有效完成专门动作的能力，包括神经系统调节下不同肌肉群间的协调工作的能力。作为学习领域的运动技能，要求学生学习、掌握和运用基本的运动知识和技能，形成一定的运动特长，为终身体育奠定良好的基础。完成基本战术动作。

3.对学生体质健康评价指标的分析

体质，是指人体的质量。它是在遗传性和获得性的基础上表现出来的人体形态结构、生理功能和心理因素的综合的、相对稳定的特征。是指人体生命的质量，健康体质是人们正常生活、学习、工作的基础。具体而言，体质是人通过先天遗传和后天获得所表现出来的在身体形态、生理机能、运动能力及适应能力等方面的相对稳定状态。健康是生命支柱，身体是工作的直接承受体，只有健康的身体才能使生命辉煌，而健康的身体来源于多种因素，体育锻炼则是诸多功能因素中最为重要的关键因素。人的体质在其形成和发展过程中，具有明显的个体差异性和阶段性。因此，在人的不同生长发育阶段，体质的状况是不断发展和变化的，既有共同的特征，又有不同年龄阶段的特殊特征。因此对体质健康进行评价时，要充分考虑被评对象自身的特点。

身体素质，它是指人在体育活动中表现的机体能力，它是衡量体质的重要指标。通常所称的身体素质有：力量、耐力、速度、灵敏和柔韧等。身体素质是体育活动中反映出的机体能力，是掌握运动技术、提高锻炼效果的基础。作为学生体育学习评价指标之一得到了专家的肯定。它既成为了确定学生体质测定标准的依据，又在体育课的任务中得到表述。

身体机能水平，包括心率、血压和肺活量。身体机能是指机体新陈代谢的功能，以及各器官系统的工作效能。通过身体机能评价，可以了解机能的状况和体质水平，并可以反映身体锻炼的效果。教学实践证明，体育教学能够对学生的身体机能产生影响。

身体形态指标，包括身高、体重、胸围、腰围，作为身体形态指标，还可以包括身体姿势、皮下脂肪、骨关节形态、身体各部分比例等，对于以上指标的筛选是考虑到各级各类学校体育教学条件和测量工具的简易性问题。在众多的形态指标中，学生在身高、体重和胸围方面的发育状况能够具有代表性。

（1）身体素质

身体素质是指人体在运动过程中所表现的力量、速度、耐力、柔韧及灵敏等机能能力的总称，是人体各器官系统的机能在肌肉工作中的综合反映。这种能力不仅与人体解剖学、生理学特点有关，而且与运动能力、营养状态密切相关。由于体育本身的特殊性，在体育学习的过程中，身体素质不仅是人体运动的基础，也是反映体质健康的重要组成部分。

身体素质评价包括的内容及排序包括：力量素质、耐力素质、灵敏素质、柔韧素质、速度素质等项指标。对于身体素质的评价，在体育教学中具有重要的意义，如了解学生身体素质发展的状况、诊断与评价学生身体素质水平、评价体育教学的效果、为改进体育教学提供科学依据等。

（2）身体机能

身体机能是指人的整体及其组成的各系统、器官所表现的生命活动。测量这些技能的目的是阐明其机能的规律、特点及其影响因素。能够反映机体新陈代谢的功能以及各器官系统的工作效能。通过身体机能评价，可以了解机能的状况和体质水平，并可以反映身体锻炼的效果。青少年学生正处于心血管系统、呼吸系统等身体机能的发育时期，应采取必要的锻炼手段，促进青少年各系统机能水平的提高。要根据他们生理、心理的特点，选择适当的体育活动，进行适当的无氧练习，以促进身体全面发展。

①心率

心率是指单位时间内心脏搏动的次数。一般指每分钟的心跳次数。正常人无论在工作或休息时，心率都有一个波动范围，由于每搏排血量的代偿调整从而维持正常的心排血量。心率可因年龄、性别及其他生理情况而不同，能够反映循环系统的功能，与能够反映人的发育水平、体质状况和运动训练的水平。

体育锻炼能够对学生的身体机能产生良好的影响，是学校体育教学的主要目标之一。学生在从事体育活动中，运动负荷主要是通过心率衡量的，运动是否会因过度而产生疲劳、体育健身锻炼是否有效，都能够通过心率表现出来。因此，对学生的身体机能做出评价时，测定学生的心率是具有点表性的指标之一。

②肺活量

肺活量主要提示呼吸机能的潜力。是指人在深吸气后，作一次最大的呼气所能呼出的气量，这代表肺一次最大的机能活动量。肺活量主要取决于胸腔壁的扩张与收缩的宽舒程度，在一定程度上，能够反映呼吸肌的力量及呼吸器官发育的状况，通常情况下健康状况愈好的人肺活量愈大。肺活量是身体机能的重要指标之一，对学生的成长及日后身体健康关系重大。体育教学中许多体育运动对提高肺活量具有帮助，如跑步、游泳等，这些项目对肺活量的提升效果明显，对于肺活量的锻炼强调的是必须有一定的运动负荷才能有效。通过体育课锻炼活动，可以有效增加呼吸肌的力量，提高肺的弹性，使呼吸的深度加大、加深，提高和改善肺呼吸的效率和机能，从而达到提高肺活量检测数值的目的。

③血压

血压是指血液在血管中流动时，对血管壁产生的侧压力，是指由心脏泵出血液到身体各部分产生的压力，它使身体得到血液循环，正常的血压是身体健康的表现。有研究表明，有规律的参加体育运动可以使心跳减慢，增加心脏泵血的效率，扩张血管，保持正常的血压。

（3）身体形态

身体形态，是指人体外部和内部的形态特征。包括器官的外形结构、体格、体型和姿势。一般通过身高、体重、胸围等指标来描述。对于青少年学生而言，其形态发育指标尽管不能完全反映体育锻炼的效果，但身体形态发育与体育锻炼还是具有一定的相关关系，体育课教学的锻炼活动能够对学生的生长发育产生积极的促进作用，对学生进行身体形态的测量与评价，所得数据也能反映出体育学习和体育锻炼的效果。

①体重

体重描述人体横向发育的指标，是反映人体骨骼、肌肉、皮下脂肪和内脏器官综合发育状况的重量整体指标，它和身高的比例，可以辅助说明营养状况。

一般讲，体重的增加，表示肌肉量、肌力的增加和营养状况的改善，体重可以说是反映人体长、围、宽厚度发育状况的重量整体指标。体育锻炼能够消耗体内多余脂肪，对保持适宜体重具有重要意义。

②腰围

腰的围度是反映脂肪总量和脂肪分布的综合指标。世界卫生组织推荐的测量方法是：被测者站立，双脚分开25至30厘米，体重均匀分配。测量位置在水平位髂前上嵴和第12肋下缘连线的中点。将测量尺紧贴软组织，但不能压迫，测量值精确到0.1厘米。根据腰围检测肥胖症，很少发生错误。

③胸围

胸围是线性的空间整体指标，它是人体宽度和厚度最有代表性的测量值。胸廓里有心脏、肺脏等重要内脏器官，胸围的大小反映了心肺功能、胸部肌肉、骨骼和脂肪的发育程度。胸围是胸廓的最大围度。它表示胸廓大小和胸部肌肉发育情况，在一定程度上能反映身体形态和呼吸器官的发育状况。因此，胸围是衡量人体生长发育水平的一个重要指标。胸围可受各种因素影响，经常参加体育锻炼，能使胸围增加。在12－15岁间，男生的胸围每年增加3－4厘米，女生每年增加2－4厘米，14岁起男生的胸围开始超过女生。

④身高

身高是人体生长发育过程中一个反映人体骨骼发育状况，身体纵向发育水平的重要指标。是指人体直立时从头顶点至地面的垂距。对于评价生长发育水平，计算体力和身体指数，评价体格的优劣及一般能力，都有应用价值和实际意义。体育锻炼可以促进骨骼生长，延迟骨化形成，对于青少年的身高有积极作用。

4.对于知识认知评价指标的分析

认知是指人们获得知识或应用知识的过程，或信息加工的过程。这是人最基本的心理过程。它包括感觉、知觉、记忆、想象、思维和语言等。人脑接受外界输入的信息，经过头脑的加工处理，转换成内在的心理活动，再进而支配人的行为，这个过程就是信息加工的过程，也就是认知过程。认知理论认为，认知过程决定着情绪和行为的产生，同时情绪和行为的改变，也可以影响认知的改变。美国著名的认知心理学家布鲁纳将认知发展分为动作式、图像式和符号式三个阶段，并指出在知识的获得过程中，一个人首先是依靠动作学习，然后依靠图像学习，最后依靠符号学习。据此布鲁纳提出教学应从具体行动体验开始，逐渐由经验的图像代替物（如图片、电影等）发展，最后学习符号，这一点对所有的学习者均适用。教学如按从直接经验、图像经验到符号经验的顺序展开，就能有效地促进学习。在现行课程编制中对目标领域与学习水平研究影响最大的是布卢姆等人的教育目标分类学。根据布卢姆的思想，完整的教育目标（课程目标）应当包括三个部分：认知领域、情感领域、动作技能领域，并且在每一个领域都进行了更为详细、由低到高的区分。体育课程改革中的课程标准的制定以及对于领域目标及水平目标的设置都或多或少地折射出布鲁姆的目标分类思想。布鲁姆的目标分类方法是将教学目标具体化，操作化的一个有效途径。

对于体育知识的定义为：体育知识是人们对于体育的现象、事实及其规律的认识，是人们在长期的实践中积累起来的经验的概括和总结。体育知识为人们提供了有关体育的信息，并为他们的体育行动奠定基础。体育教学过程中需要学生进行逻辑认知的内容非常丰富，即使是动作技能学习，也存在着逻辑认知的成分，头脑不清楚，知其然而不知其所以然的学习都会从整体上影响学生体育学习目标的达成，因此，对于认知领域的评价要求学生能够记忆和领会相应的知识群，其中包括体育理论知识、人体科学知识、心理学知识、社会学和美学知识等。随着认知水平的提高和知识的逐渐积累，对于体育知识应该有应用和分析能力，能够用抽象的原理解决体育学习中的问题等，使体育认知水平与实际应用进行有效结合。

（1）人体科学知识

人体在运动过程中或体育锻炼的影响下，在体育学习和体育运动的过程中会发生一系列变化的规律，学生有必要了解人体在运动中的活动规律，结合运动实践，保证知识、素质和能力的协调发展。其内容包括：人体生理变化的规律、体育锻炼对身体形态、机能、素质的影响、运动卫生与自我保健、机能适应性与运动处方、体育锻炼效果的测定与评价、人体解剖学结构。在人体科学知识群中，专家的排序体现在重视应用知识的倾向，学习掌握人体科学知识并能够应用于体育学习实践是我们进行理论科学知识教学的最终目标。

（2）体育理论知识

体育基础理论知识是学校体育教学的基本的内容，是完成学校体育学习目的和任务的重要部分。只有在科学的体育基础理论知识的指导下，学生才能更有效地进行体育锻炼，增强体质。体育理论知识包括如下内容：技术要领的记忆、领会和应用；身体锻炼的原则与方法；运动技能形成规律；专项竞赛的组织方法、裁判法与相应规则；体育史、体育政策、法规从以上知识群的排序中可以看出，在学生体育学习的理论层面，排在前三位的应该是学生重点了解身体锻炼的原则与方法，进而指导实践活动，其次是对技术要领的记忆、领会与应用，有助于体育技术技能的学习与掌握；懂得运动技能形成的规律能够以理论指导体育技术技能的学习。

（3）心理学知识

体育课主要是学生通过思维活动和身体练习的紧密结合，进行反复的身体练习来掌握体育知识、技能和技术，形成体育认识能力、以达到促进学生身心健康和增强体质的目的。学生在学习过程中有必要了解动作技术技能学习的过程中心理形成发展和变化的规律。目前在学校的教育中，对于学生的心理健康方面非常关注。因此对于学生在学习的过程中获得的心理学知识的评价很重要。心理学知识的掌握可以促进学生心理健康的发展，并能表现出良好的社会适应性，以应付各种问题和环境，具体内容包括：体育锻炼对心理发展的影响、运动的乐趣和成功体验、学习目标设置、心理障碍克服的方法、情绪调节与控制。

（4）社会学与美学知识

在学生体育学习中，从社会本质上把握体育的特征、功能、手段、途径，为体育知识的进一步学习打下基础，以增加学生对体育与社会关系的认识，使体育知识更加丰富更加全面；体育教学中进行美学教育的关键是在全面发展的教育层次中如何使学生体验体育的美、感知技术的美，并进行相应的审美教育，使学生能够正确理解体育美的本质，并能够在体育美学原则的指导下改造自身，形成正确的审美理想和审美观念、高尚的情操、对美的欣赏和美的创意能力。其内容包括：体育对人成长的影响、身体美的特征、体育审美意识与审美规律、体育对社会发展的作用、体育社会价值与魅力、不同项目的审美特点。对学生社会学与美学知识的教育与评价能够拓宽学生的思维、增进对相关学科的了解。

在体育教学评价的过程中，不同学段和年龄学生在知识认知水平方面存在的差异，在体育知识的教学目标设置上也有不同的标准，因而评价的内容要考虑到学生的身心特点和接受能力。

通过对初步建立的学生体育学习评价指标体系的三级指标分析，明确了学生体育学习评价中各项指标存在的重要意义。为设计体育教学评价方案提供了理论依据。

四、教师教学评价指标体系构成与内容分析

（一）评价指标体系的构成

教师教学评价指标体系应能比较全面地反映教师教学的全过程，即评价指标体系要围绕教学活动："教学设计（备课）—实施（上课）—辅导与反馈（反思）"来建立。根据此，教师的教学评价应包括分析其课前准备、教学条件、教学设计以及实施过程和课后的反思，并观测体育教学目标的达成情况。以上这些因素是教师教学评价指标体系中不可或缺的部分。依照上述思路，在参考众多专家学者研究成果，特别是"米斯评价教师授课质量指标"和"巴班斯基评价教师教学大纲和指标"的基础上，对教师教学评价指标体系进行了指标设计，开始先初步提出了七项教学评价的内容，即：教学目标设计、教学内容选择、教学组织、教学基本功、教学方法、教学效率、教学效果。之后通过与专家访谈，对 7 项指标进行了筛选、归类处理，最后将教师教学评价指标体系确定为四个一级指标：教学准备、教学过程、教学评价、教学效果。

（二）评价指标体系的内容分析

教学是一项十分复杂的工作，评价教师的教学行为和质量必须作细致、全面、系统的分析，其关注点有两个方面。一是教师主观方面：包括设计教学目标、组织教学内容、贯彻教学原则、选择教学方法、辅导学生以及教书育人等是由教师控制的，是教师教学行为和质量评价的主要方面。二是客观方面：包括学生原有的基础、学校教学设备和条件、教材质量和图像资料以及学校的管理和后勤服务等是教师无法控制的因素，应当是教学质量评价的参考方面。同时，对学生的学习质量也应作辩证分析：一方面，学生的学习质量直接反映了教师的教学质量，应当是评价教师教学工作的重要指标；另一方面，学生是学习的主体，教师的主导作用需要通过学生的内部状态才起作用，同时又受到各

种外在因素的影响，教和学之间未必有绝对的相关性，不宜作为评价教师教学质量的唯一标准。因此，评价教师的教学行为和教学质量，主要是评价教师教学过程实施状况以及在一定客观条件下学生所取得的进步。对教师教学评价指标体系三级指标分析如下：

1.教学过程指标分析

教学过程作为一种系统运行工程是师生共同参与的，通过确定目标、激发动机、理解内容、进行操作、反馈调控、评价结果等环节组成。教学实施阶段是教学过程的主体部分，它对整个体育教学过程的效果起着决定性的作用。在这一阶段中，教师根据学生的学习需要系统地提示、讲解教材内容；学生在教师的指导下全面感知、理解教师所讲授的内容，这既是教师教的活动与学生学的活动发生相互作用的阶段，又是新的体育知识同学生原有的认知结构建立实质性联系的阶段。从表面看，在这一阶段只是教师和学生两大要素发生相互作用，实际体育教学过程的其他各构成要素都对该阶段产生制约作用，即各构成要素的安排和运用合理与否直接影响到教学效果和质量。通过专家问卷也可以看出，教学过程在教师评价指标体系中占在第一位，并与其他相关指标有密切的关系，具体评价指标如下。

（1）教学方法

教学方法是师生为实现教学目标和完成教学任务在共同活动中所采用的行为或操作体系，是教师在体育教学过程中，为达成一定的教学目标而运用的一系列教学手段。在体育教学实施过程中，教学方法、教学手段的选择和运用，要受教学内容、教学条件、学生身心发展的特点和教师自身情况等因素的制约。教学方法既要针对不同的学习类型、不同的教学目的，又要考虑学生不同的性格特点，教学方法应该由此而有灵活的变化。因此，教学方法的选择应依据如下原则：体育课的目的与任务、教材内容的特点、学生实际水平、教师本身的条件和特点、各种不同方法的功能、使用范围和使用条件、教学时间和效率要求。

相对于学校教育的其他学科，体育教学是一个自由度较大的动态系统，以身体练习为基本手段的体育教学，在教学方法的选择上，通常会将学生的主动参与与教师的有效指导结合起来。此外，教学方法本身不是一成不变的，社会发展与时代要求，以及反映这些要求的教学目标、教学内容、教学对象等都是影响教学方法发展变化的因素，也是创造、丰富与完善教学方法的源泉和动力。教学方法形成之后，它的相对独立性与稳定性，对提高教学质量与教学水平又有积极的促进作用。对教师所选择的教学方法及其使用效果做出评价，会促进教师的教学方法向最优化方向发展，具体评价指标如下。

①动机激发与兴趣培养

动机是维持人活动的心理动因，是引起有机体行为活动、且使这种活动维持下去，并向一定方向引导的内向意愿，是学习过程的核心。教师在教学过程中的教学行为通过教学方法施加于学生，会对学生的学习动机产生积极的影响。兴趣是人们力求认识某种事物和从事某种活动的倾向，它表现为人们对某种事物、某种活动的选择性态度和积极的情绪反应。兴趣可以激发学生的求知欲，从而获得有关的知识和技能。因此，教师应采用灵活多样的教学方法，创设多种教学情景，培养学生体育兴趣。

在教学实践中，体育教师的教学经验、教学技巧（含应变能力）和教学艺术（语言艺术、动作艺术以及组织艺术等），都对体育教学方法的运用效果有重要的影响。所以，关注和评价教师运用体育教学方法的水平，是提高体育教学方法使用效果的首要因素。

②示范动作规范、优美、正确

示范是体育教学中最为直观的教学方法之一，对于运动技能教学来说，教师的动作示范具有重要的意义。学生通过教师的示范能够建立正确的动作表象，在头脑中形成完整的动作概念，还可以通过教师示范唤起参加运动，参加锻炼与学习的欲望。因此，教师的示范水平，示范时机、示范效果是教师教学评价的重要内容之一。

教师做好示范要注意以下环节：在运动技能形成的第一阶段（粗略地掌握运动技能阶段），教师的动作示范应当是正确的、优美的、轻松的、完整的和常速的，这是使学生形成正确的运动表象以及动作概念的要求，也是激发学生学习的动机、引起跃跃欲试的积极主动精神的需要。为了保证提高信息接收量和效率，还必须使学生做好接收信息的准备，知道看什么、怎样看、为什么看；教师要选择适当的示范位置和示范面，保证每个学生看得见、看得清楚。在运动技能形成的第二阶段（改进和提高动作阶段），体育教师要根据学生的情况和教学任务，而采用相应的动作示范方式，如做某环节的动作示范，做慢速示范，做正误对比示范，做分解示范，做完整示范等。教师的示范水平和运用示范的能力是体育教学评价指标体系的重要组成部分。

③讲解清晰明确有感染力

讲解即教师用语言向学生说明教材的名称、学习目的、动作要领、保护与帮助的方式，也是对学生进行育人教育的方式。教师在运用讲解法教学时，语言必须科学、生动形象、简练并具有启发性，同时要符合学生的接受能力和对语言的理解水平，还要注重感染力、语言的艺术性和表达能力。

④注重个体差异因材施教

选择什么样的教学方法进行教学，是每一个教师都无法回避的教学策略问题，是决定教学效率和整个教学成败的关键。体育教学过程中学生的个体差异较大，这种差异可以表现在身体素质上、可以表现在性格特征上、也可能会表现在对某些运动项目的兴趣上，教师应该能够针对学生的情况进行具体分析，在可能的情况下关注学生间的区别，在现有的条件下实施区别对待的原则，采用因材施教的方法。

⑤关注学法指导与培养

教师指导学生掌握科学的学习方法，使学生学会求知，才能终身受益。教师在"学法指导"方面可以采用如下方法：一是引导学生读书：从中寻找体育的基本理论知识和锻炼方法。二是提示和检验学生的记忆：将书中的知识在头脑中牢固的记忆，成为自觉的行动指南。三是积极参与锻炼与实践：体育学习不仅仅是在头脑中理解就能够具有实效，只有身体的实践才能使锻炼产生效果，特别是一些锻炼方法和体育技术技能，要达到真正掌握的程度必须经过身体的实践练习过程，才能产生锻炼的效果，教师对此要提出具体的要求。四是积极思考：启发学生思考问题，通过对体育知识和技能的理性思考，在学生头脑中形成概念或相应的观点，从而指导体育学习活动。五是提出问题：引导学生在体育学习和锻炼中产生问题，使学生的学习由被动成为主动的过程。

⑥纠正错误及时有效

学生在体育学习的不同阶段，会出现不同的错误动作，及时有效的纠正错误动作是体育教师所采用的教学方法之一。学生技术技能提高的过程是常常伴随着动作错误的不断出现与不断纠正的过程。体育教学中及时纠正错误动作是教师教学的重要环节，这不仅是学生掌握技术的需要，也是避免伤害事故出现的需要，与教师的即时性评价有直接关系。教师在进行错误动作纠正时，应该用简短明确的语言指出问题所在，最好能够明确指出改进的方法或肌肉用力的方式，便于学生及时改进。同时可以采用直观的方法、辅助的方法帮助学生建立正确的本体感觉，使错误动作及时得到纠正并建立正确的动力定型。

⑦采用现代化和直观教学手段

随着目前各级学校教学条件的改善，多媒体等现代的教学手段已经走进体育教学的课堂，提高教学效果。因此，教师对多媒体等教学手段的运用也应成为教师评价的主要内容。在体育教学中，采用现代化和直观教学手段教学方法很多，例如运用多媒体教学中的动画、幻灯片、电影、录像、教学图片、演示模型、设置不同的标志物、不同形状的鲜明的线条等，能够给学生提供关于运动技术结构形象信息，它们可以使学生较长时间仔细地进行观察，有助于提高运动表象的清晰度和概念形成的准确程度或是给学生指示动作的方向、幅度和目标。这一类教学方法在体育教学中起着重要的辅助作用，体育教师对以上现代化和直观教学手段的应用状况能够反映出教师对新的知识和手段的接受能力和应用水平。

（2）教学目标

教学目标是教学活动所要达到的预期结果，不仅制约着教学系统设计的方向，也决定着教学的具体步骤、方法和组织形式。所以教学目标的准确定位有利于保证教师对教学活动全过程的自觉控制，增强课堂教学有效性。体育教学目标从宏观上讲是开展体育教学活动的出发点和归宿；从微观上讲是要解决体育教学中的一个教学单元或一节课所应达到的预期结果。在体育教学过程中，不同层次、不同性质的教学目标构成一个完整的教学目标体系。从纵向看，学生任何预期学习结果，客观上都要通过达到不同层次的要求而实现；从横向看，不同的学生达到的目标在层次上是有个体差异的，教学目标的设计也需要满足多层次的要求。鉴于以上情况，在教学目标的设计上要注意以下问题：一是教学目标的整体性。教学目标是一个由教学目的决定的系统，包括课程目标、单元目标和课时目标三个层次。这个系统构成一个上下贯通、有机联系的完整体系，这样的教学目标才完整、才更系统。二是教学目标的层次性。学校体育教育是以学年、学期为单位加以组织实施的一种循序渐进的活动，并通过这种活动过程逐步达到教育的最终目标。因此，教学目标的层次设计要与学生接受教育的层次相适应，否则达不到预期的目的。三是教学目标的可操作性。教学目标应该对学生的学习行为进行具体表述，应该用教学活动的结果而不能用教学活动的过程或手段来描述；教学目标的制定，要将教学内容分解成一个个具体的目标，即首先完成每课时目标，然后完成单元目标，进而达到完成总体目标。四是教学目标的灵活性。由于学生的学习基础和学习能力存在着差异，因此体育教学目标的设计必须具有一定的灵活性。这就要求教师要认真钻研教材，区分出哪些是教学最低限要求，哪些是完整的基本内容，哪些是加深的内容，然后制定出灵活的教学目标，这种目标一般可分为三个层次：符合课程标准所提出的最低限要求，达到合格水平的目标，这是学业不良学习者应完成的目标；符合课程标准所提出的各种基本要求，达到中等以上水平的目标，这是学业中等学习者应完成，并鼓励学业不良学习者完成的目标；符合或超出课程标准所提出的最高要求，达到优秀水平的目标，这是学业优良学习者应完成，并鼓励学业中等学习者完成的目标。在这样分层教学目标设计下，不仅便于教师对学生进行分层教学，而且可以增强体育教学的有效性，具体评价指标如下：

①教学目标设计的针对性

满足学生学习的需要、考虑社会对体育教学的期望值、注重体育学科的特点，这是体育教学目标设计应考虑的三个问题。满足学生需要就是在制定课程目标时充分尊重学生的个性、体现学生的意志，考虑学生的主体地位；考虑社会对体育教学的期望值就是把当前和今后的社会发展需要作为制定课程目标依据；注重体育学科特点就是以体育学科的特点和体育课程的性质为依据、根据学生的年龄特点、学段特征和课改要求等考虑课程目标。总之，教师设计课程目标要注意以上 3 个问题，这是评价教师教学目标设计的主要部分。

②知识技能目标的可观察性

在体育知识与技能的教学中，单元教学目标是各项教材内容，按其特点，从简单到复杂，由易到难，提出了纵向发展的系统性和层次性。课时教学目标是教学目标体系中最为具体的目标，因而设计到一个教学目标分解的过程。要把单元教学目标分解成详细的操作目标，才能具备可观察性，才可使教学目标的要求落到实处。根据对学生现实状况的分析结果，确定在一次教学课中，学生必须完成哪些具体任务，要求学生完成的任务一定是教师能够观察到的学生的行为。为使制定的课时目标能够直接指导体育教学且便于检测评价，就必须确切表述教学目标。例如，同样是要发挥学生的主体地位，落实主体性体育，其主体性的表现方式都有相同和不同；其相同之处是无论哪个年级段，都要求学生积极主动地参与体育，而不同之处是小学低年级的主体性表现在形象上的展示，初中阶段可表现在技能与方法的构建，高中阶段则表现意识的形成，而大学阶段则进一步反映为个性的实现。上述区别是明显的，但表述方法却是多样的。近年来，学术界提出不仅要从传递人类文化遗产的观点，还要考虑通过学习过程去掌握学习方法、思维方法、行为方式提出教学目标，这种理论是把所有的教学目标都用可见的行为动作表示出来。具体来说，尽可能把可随意推论的动词转换成对学生的行动须作直接观察的行为动词，以明晰地表述预期结果的外显变化。有时还需要描述所期待的行为发生的重要条件，指明规定动作必须精确到什么程度。所以，体育教学目标的设计，特别是体育知识技能方面的目标设计一定要具备在可观察性，对体育教学中体育知识和动作技术的掌握必须有具体的表述，这样不仅有助于了解学生在学习过程中的行为，而且能够准确地把握其行为变化，调节体育教学过程。教学目标的分解直接关系到教学效果的优化和教学质量的提高，每位体育教师都应具备分解教学目标的能力。

③增进健康目标的可测性

"健康第一""促进学生健康成长""培养学生健康的意识和体魄"是体育课程改革提出的新理念，如何使它变成可操作、可测量的目标？怎么样分解和落实在单元教学或每一节体育课上，是对体育教师提出新的目标要求，也是评价教师水平的重要内容。因此，教师在设计体育教学目标时要充分考虑"健康目标"怎样才能具有可测量、可观察，如何体现？是在每节课进行评价、每个单元评价还是学期学年进行评价，怎样的评价能够体现体育教学的效果，教学目标的设计对以上问题要作出解答。

④情感态度目标的行为特点

情感具有为学生提供体验信息使之产生内在愉悦作用，情感更重要的功能是通过内在价值观念，影响着学生的体育行为。通过体育教学使学生建立体育观念，养成良好体育习惯，形成高尚道德品质，都属于体育教学的情感目标，这在体育教育中占有重要的地位。在教学目标的设计中，对情感领域的可观察、可测量设计比较困难，通常需要通过学生的言行表现（可以观察到的）来间接推断情感目标的达成度，因此，必须对体育教学的情感目标进行分解，将抽象的概念语言变成可观察的行为表现，例如，"提高学生对于健美操运动的兴趣"，在具体目标的设计时可以从以下几点进行观察：学生喜欢参加健美操活动，在多种活动中选择健美操运动，愿意遵守健美操运动的活动要求，乐于与他人讨论有关健美操运动的问题，鼓励同学参与健美操运动等。情感态度目标在这些突出行为表现特点的表述中，具备了可观察可测量的特性。

（3）教学组织

教学组织形式是有效地利用教学时间和空间，充分发挥教师、学生、教学内容、教学方法与手段的作用，一种定型的教学活动结构的组合形式，是指为完成特定的教学任务，教师和学生按一定的要求组合起来进行活动的结构。体育教学目标通过教学过程来完成，教学规律和教学原则只有通过一定的教学组织形式才能体现出来，体育教学方法也只有通过一定的教学组织形式才能运用。

由于体育教学具有自己本身的特点，其组织工作比较复杂，因而教学活动的组织形式直接影响着体育教学过程的展开与实施。对于全班集体教学、分组教学、个别教学等不同的教学组织形式，教学的具体目标、教学方法的选择与运用，都有着明显的差异。在体育教学的实施过程中，各种教学的组织形式都具有各自的不同功能，教师要有针对性地合理配合运用，具体评价指标如下：

①教师主导和学生主体作用发挥

以教师为主导，强调的是在学生学习接受、发展、创造、成长过程中教师的作用。具体到教学过程中，要控制课堂气氛，调动学生积极情绪，开发学生的智力，培养思维能力，引导学生从多方面思考问题，进行积极的身体活动。总之，教师的主导作用存在于教学过程的一切环节之中。

学生是学习和掌握知识技能的主体。课程改革强调的是学，倡导学生的主动学习。所以，学生就成了教学过程的主人，成了教学的主动接受和积极探索者。但是，学生的积极性、主动性，技巧方法，学习结果，发展成效等等，都需要在教师的规划、设计、指导、启迪下进行。因此，学生的学习成效会受到教师知识水准，思维方式，人格魅力，指导方法的影响和制约。

②课程结构和负荷合理

课程的组织结构是按照一定的教学目标，在教育管理思想指导或影响下，通过一定的教学组织形式，对教学活动进行安排，加以规范，对教学资源进行合理调配和使用，以保证教学活动健康有序的展开、教学计划的完成、教学质量的稳步上升和教学目的的实现。较为常见的体育课程结构有三种。一是三部分结构模式：准备部分、基本部分和结束部分，其中基本部分又可分成两个小的部分，即技术教学部分（主要完成技术教学）和身体锻炼部分（主要发展身心素质和运动能力，增加参与度）。二是六段教学结构：根据学生在课上身心活动变化的规律分为六段，即引发动机阶段、满足运动愿望阶段、适当降低强度保持活跃情绪阶段、发展运动技能阶段（掌握技术）、身心恢复调整阶段和小结布置作业阶段。三是按练习顺序安排的结构：这种结构不分阶段和部分，而是根据人体机能规律练习和休息的合理交替，使练习按一定序列连续地进行，其主要是侧重学生学习情绪与心理活动的调节，以调动学生练习的主动性。目前，随着课程改革的深入进行，需要教师根据不同情况选择了不同的组织教学形式。即不同的课程结构。

体育教学中的身体活动性质，决定了体育教学会产生一定运动负荷和心理负荷。在体育教学中，教师是否能合理安排和调节负荷，往往直接关系到一节体育课是否成功，是否达到锻炼身体的目的。因此，合理地安排和调节体育课的生理和心理负荷是对教师体育教学的一项基本要求，二者是否适宜还是评价体育教学和体育活动的锻炼效果的一项重要指标。体育教师可以通过以下环节把握和调节负荷，使之符合体育教学的需求，如运动强度、活动时间、活动项目特征、练习数量和质量、教法选择和组织措施、学生年龄特点和个体差异等。通过对课的密度的评价，可了解教师支配教学时间是否合理及单位时间利用率的高低，通过对运动量的测量与评价，可以看出课程的安排是否符合人体机能的一般规律以及动作技能形成的规律，是否有利于完成各项教学任务。这两项指标，可从一个侧面反映出教师组织教学的水平和组织能力。

③有效利用时间与空间

有效利用体育教学的时间与空间是取得体育教学最优化的条件之一。体育课程教学是在规定的时间和规定的场所进行的教学活动，合理支配体育教学时间，有效利用场地设施是教师进行教学组织的重要环节。对教学时间的有效利用主要表现在如下几个方面：对整节课时间的安排，包括课程结构的不同阶段；教师讲解与学生身体活动的时间比例；集体指导与个别指导的时间分布；队伍的调动与调整的合理性等。对体育教学的场地设施的利用可以体现在如下方面：学生队伍的合理站位；与其他上课班级的教学安排，教学设计的安全性考虑；对风向、面向的关注等。同时，教学时间与空间的有效利用还包括便于多种互动方式组织教学，便于教师对学生的观察和进行教学指导。

④课程氛围和学生情绪表现

体育教学过程的诸因素在教学活动中不是孤立的，而是相互联系、相互制约的，其中体育教学目标起着导向作用。体育教学目标的确定一方面受社会发展的制约，另一方面受学生身心发展的特点与规律的制约。形成确定后的体育教学目标，制约着体育教学活动的全过程，即体育教学的全过程都是围绕着体育教学目标的达成而进行的。体育教学目标决定着教学内容的选择，体育教学目标与内容共同决定着教学方法、教学手段、教学组织形式的选择与运用。反过来讲，体育教学活动中所采用的教学方法、教学手段、教学组织形式又是为达成体育教学目标服务的。体育教学条件也是实现体育教学目标的重要保证因素。可见，体育教学目标既是体育教学过程的出发点，又是体育教学过程的最后归宿。上述各教学因素在体育教学过程中是螺旋式向前发展的，互相协调、互相促进，呈现出体育教学过程的整体效应。教师在教学中如何把握各种因素使之发挥最有效的作用，是教师教学评价中关注的重点。

（4）教学内容选择

体育教学内容是以一定的体育知识和各种运动技术等方面的内容所组成的体系，是体育教学活动中实质性最强的因素，关系到体育教学的预期效果。在现代体育教学中，体育教学内容因素中与传统的教学内容比较，其形态内容已经发生很大的变化，教学内容的时代性、课程设计的综合性、竞技运动教材化等都为现代体育教学活动增添了新的活力，使体育教学的内容资源越来越丰富，同时也增加了体育教学内容选择的复杂性。教学内容的选择能够反映教师对于课程教学总体思想和对于课程改革的理解程度，体育教学内容选择是否符合体育课程教学的要求是进行教师教学评价的重要组成部分，具体评价指标如下：

①精选内容并具有针对性

我国基础教育体育课程，不同的学制阶段其教学内容区别不大，不能显示学制各阶段学生的年龄特征，影响了教学效果。因此，在教学内容的选择上应当对不同的学制阶段提出不同的要求。例如，小学低中年级，教材按基础运动、游戏和表现运动分类，运动项目不独立出现而隐含其中，教学单元以复合单元为主，重在打好基础；初中阶段，应当每一类运动项目学习1～2套，打好体能和技能的基础；高中或大学阶段，可以在各个运动系列中学习几个模块，以形成稳定的爱好和专长。教学内容应适应个性特征，小学和初中可以从各类教材中选择具体的项目和内容，高中则可以从各个系列中选择若干模块为主要的选项教材；教学内容选择的针对性应体现关注学生的年龄特征、身体素质和技术水平的特点方面，还要考虑到教学内容本身的科学性。

②难易度适宜重点突出

体育教学内容的难易程度，依据学生的年龄不同，身体素质与技术技能基础不同有所区别。教师对于教学内容的选择一定要符合学生的特征，在教材的使用方面既要考虑项目特点又要考虑学生的接受能力，同时还要关注教学内容的灵活性、拓展性和延伸性，注意培养学生的思维能力，拓展学生的视野。在实际教学过程中，教师根据学生的具体情况和教学的需要，突出重点合理地选择和使用教材对增强体育教学有效性起着重要作用。

③内容丰富且符合本校情况

随着我国课程改革的进行，越来越丰富的体育教学内容存在着大量并列和它们之间是可以替换的内容。体育课程属于技艺类的课程，在高中或大学阶段的运动项目之间允许学生在体育课程中以选修项目出现，这就为教师和学生选择运动项目提供了可能。鉴于以上情况，在教学内容选择上应当尽量多一些，尽量丰富一些，这样才可以为学生提供较大的选择范围，以利于学生的个性发展；在具体课程学习上，则应当让每一个学生少学一些，使其学懂、学会、学精。总体上体育课程展示得要多，具体选择后让学生学习的内容应当少。另外，选择内容还要考虑学校实际情况，使教学的内容既具备个性特征，又能够体现本学校的风貌。

④传统内容与新兴项目结合

体育教学本身就具有中华民族的传统文化和地方色彩。进行课程内容资源开发也是教学改革中对教师提出的新的要求。在选择教学内容过程中，既要执行新课标精神，也要考虑教学内容的综合性，合理引进部分民族民间传统体育项目，使学校体育课教学也成为民族文化传承的载体。同时，一些新兴项目对青少年学生的吸引力比较大，教师在选用时这方面要有前瞻性，应该学在前面，才能很好的理解其内涵和技术风格等。并注意将传统体育内容与新兴体育项目有机结合。

⑤知识与技能体现连贯性

使知识与技能体现连贯性系统性，不再出现"小学学起跑、中学学起跑、大学学起跑，毕业后不会起跑"的现象，这是新世纪体育课程改革的基本要求。作为基础教育的各个阶段和大学普通体育阶段，教学目标的要求有区别，教学内容的选择要求当然也不一样。

从小学1年级到高中毕业的12年中，均属于基础教育阶段，其体育课程应当强调基础性。但是，在高中阶段的课程目标中就提出了"形成稳定的爱好和专长"，显示了目标的差异。有了这样一个差异，就要求我们在整个12年间，正确处理好基础和专长两者的关系。小学阶段应以基础为主；初中阶段应是基础加专长，重点考虑基础；高中阶段应是基础加专长，重点考虑专长。作为选修的范围，随学年增加；作为学习的内容，逐年精选；作为教学单元，逐年扩大。

大学阶段的体育课程内容，不应当重复高中阶段的要求，在高中阶段形成爱好和专长的基础上，应当实现课程内容的进一步完善和丰富，使之向个性化的方向发展，使之和专业设置相适应，为使学生走向独立生活和职业生活做准备，为终身体育打好基础。

2.教学效果指标分析

教师教学效果评价，又称教学质量评价或教师教学水平评价，是教学评价的一个重要组成部分，它既体现在体育教学的全过程，也体现在学生体育知识与技术的掌握、健康水平的提高、锻炼习惯的养成等多个方面，还包括学生对教师教学的满意程度。

体育教学效果具体体现在如下方面：一是要满足国家教育方针的要求，使学生掌握相应的体育知识、体育技能；二是通过体育教学使学生在健康水平和情感、态度、自信心等方面有所提高，社会需求和学生个体需求得到满足；三是通过学教学培养学生体育锻炼的习惯，使终身体育成为可能。以下指标也成为对教师的评价不可或缺的指标内容，具体评价指标如下：

（1）锻炼习惯养成

培养学生对体育的兴趣、爱好，并养成体育锻炼的习惯，是学校体育教学取得成果的一个重要标志。教师在体育教学中，培养学生良好的锻炼习惯，对提高学生终身体育能力，促进学生身心健康发展有着重要的意义。因此，通过体育教学一是要使学生懂得科学地进行身体锻炼，二是使学生把体育锻炼作为日常生活的一种需要，成为一种习惯，为终身体育奠定基础，具体评价指标如下：

①学生自觉参加体育课活动

参加体育课活动的自觉性能够反映学生已经对体育锻炼产生了兴趣，是学生体育锻炼习惯养成的初始行为。教师应该因势利导，采用各种教学方法巩固学生的自觉参加体育课活动的行为表现，使其产生为强身健体而锻炼、为消遣和寻求乐趣而锻炼、为丰富社会经验和交往能力而锻炼、为审美观念而锻炼、为精神发泄而锻炼、为磨炼意志而锻炼的锻炼需求，在明确身体健康重要意义的基础上，使具有明确锻炼动机的行为不断重复与坚持。

②有自我锻炼的兴趣

自我锻炼兴趣的形成，在体育活动实践中有重要的意义，具体表现在课上能够积极主动地参与运动，在课外能够主动进行体育健身活动等。体育需要强调人亲自参加体育锻炼，能够进行自我主动锻炼，说明已经对体育产生了兴趣，体育教学目标在于提高学生对体育活动意义认识，使其逐渐对体育发生兴趣，以致形成经常从事体育锻炼的习惯，使其成为生活中不可缺少的重要组成部分，成为日常生活不可缺少的内容。因此，培养学生的体育兴趣，使学生养成主动参与体育锻炼的习惯是体育教学成果的一个重要标志。

③乐于与他人共同参与运动

体育的乐趣还在于能够与人友善的合作和沟通，一些运动项目需要共同配合才能够完成，因此学生能否乐于与他人共同参与运动也能体现对体育兴趣，同时，与他人共同参与运动，还能互相鼓励，互相促进，有助于锻炼习惯的养成。同时，现代社会既是一个竞争的社会，更是一个需要合作的社会，学生的合作能力强弱是衡量教育效果的一个重要方面。尤其是在当前的形势下，竞争日趋激烈和残酷，人们的合作意识开始淡薄，通过参与运动学会与人合作又是现代社会对人的素质的必备要求。

（2）学生健康水平的提高

在体育课教学中，学生积极参与体育活动，健康水平会得到提高，这就是体育课程教学的价值所在，具体评价指标如下：

①身体素质提高程度

身体素质是指完成动作时人体表现的各种能力。通常是指速度、力量、耐力、灵敏和柔韧而言。素质是形态、机能发育在运动能力方面的反映，素质和运动能力的发展也受形态和机能发育的制约。教师应该把握青少年学生身体素质不同的发育敏感期，不失时机地组织学生进行身体素质锻炼。学生身体素质提高的程度，能够反映体育教学对于教学内容安排、选择的科学性。

②身体形态符合年龄特征

体育锻炼可以使学生的身体形态发生良性变化，可以对学生的身心发展起到积极作用，还能够改善人体机能，提高基本的运动能力。通过体育教学活动，学生可以掌握身体形态的练习方法，了解自己的身体形态的变化，有利于养成正确的身体姿势，并形成符合年龄特征的身体形态。

③能以体育方式调节情绪

教师的教学设计和实施过程应创设良好的体育氛围，使学生在和谐、平等、友爱的运动环境中感受到集体的温暖和情感的愉悦；在经历挫折和克服困难的过程中，提高抗挫折能力和情绪调节能力，培养坚强的意志品质；在不断体验进步或成功的过程中，增强自尊心和自信心。尽管不同年龄学生在情绪调节方面的能力不同，但是教师教学中的关注点会在学生身上有所体现，因此，学生能否具备以体育的方式调节自己情绪能力，是评价教师教学效果的指标之一。

④机能水平改善程度

体育课程教学的主要内容是体育技术技能，学生技能水平提高的程度可以反映教师的教学效果。在体育教学过程中，教师通过技能传授，使学生提高技能水平的同时，达到提高健康水平的目的。学生能否在技能水平方面得到改善，与体育教师的教学水平有直接关系。

（3）学生体育知识与技术的掌握

知识与技能是体育教学的内容，也是促进学生身心健康的载体。这就要求在体育教学中要让学生学会运动的方法、掌握技术的要领、了解比赛的规则等。同时，学生对于体育知识与技能的掌握情况可以反映体育教师的教学任务完成情况，这是体现教学效果的主要因素。因此，评价教师的教学效果应该将学生获得体育知识与技能的水平作为重要指标，具体评价指标如下：

①知识与技能的主动应用

教师从体育课教学设计、教学实施和评价的各个环节，都始终把引导学生主动、全面的发展以及主动应用的放在首位，学生只有具备了主动应用体育知识与技能进行体育锻炼或参与体育活动的意识和能力，才能使体育教学中学得的知识与技能成为提高健康水平的手段。学生是否具备将体育知识与技能应用到实践中的能力，是评价教师教学效果的主要因素之一。

②记忆理解体育知识

体育课是教学活动，是教学就得有知识内涵；运动技术属于知识，体育教学与其他各科教学一样有真正的知识传承。学习体育知识与技能，就要充分理解与记忆体育知识，就要掌握与了解体育知识的内涵，这样体育锻炼才会成为学生的自觉行为。

③熟练掌握技术技能

教师进行体育知识与运动技术教学，是帮助学生健身强体、掌握技术技能的有效途径。在体育教学中既让学生有效地掌握一些有用的运动技能，又让学生在体育教学中享受到运动学习和体育锻炼之乐趣，并为终身体育打下良好的技能基础，这既是我们追求的体育教学目标，也是体育教学的较高境界和水平。对于教师在体育教学中的作为，可以从学生的学习效果中直接表现出来，这成为对教师进行评价的指标之一。

（4）学生满意程度

评价教师的教学水平，学生对教师的满意程度是重要的指标之一。因为他们体验了教师教学的全过程，具有最为真切的感受。教师的教学风格和个人魅力会对学生产生良好的影响，成为学生喜欢教师、喜欢体育课的因素之一。对体育课产生期望与教师教学有密切的关系，其中包括对教学内容感兴趣，对教师的技术技能表示钦佩，考虑到多因素的结果使学生对于体育课程的满意度有所提高，具体评价指标如下：

①对体育课产生期待

学生是否会对体育课产生期待，与体育课程的性质有关，学生可以在室外从事身体活动，这是青少年所向往的事情，但与教师的教学有直接关系。体育课的内容，教师的态度，会直接影响学生的满意程度。体育教学中，学生的直接感觉对象是教师，教师对学生的影响是全方位的。如果教师工作懈怠，准备不足，上课不认真，对学生放任自由，就会失去学生对体育课的期待。因此教师要以自己的模范作用、表率作用和文明形象感染学生、影响学生，对学生关心、爱护和体贴。通过多种教学形式使学生对体育课产生深刻的印象，特别是通过欢快的运动体验，会使学生下课后都不愿意离去，教师鼓励的语言，也会对学生产生深刻的影响。

②对教学内容感兴趣

教师根据学生的具体情况选择和安排体育教学内容，要考虑到学生的年龄特点和运动能力，要了解学生的运动愿望，通过教学内容吸引学生，使学生产生对体育课产生兴趣。

③对教师的技术技能钦佩

教师生动形象的讲解，准确、熟练、轻松、优美的动作示范，可引起学生对动作的直接兴趣，使之产生跃跃欲试之感。因此，教师较强的业务能力和优秀的心理品质，是教师树立威信、密切师生关系，提高教学质量不可缺少的重要条件。

④喜欢教师的教学风格

教学风格是教师教学风貌的整体反映，体育课教学是决定体育教师教学风格形成的主要因素；教学组织、教学语言的独特性、程式性、高效性、可变性是体育教学风格的显著特征；教师的教学风格不但影响自身的教学活动，而且会直接感染着每位学生。学生会因为喜欢教师的教学风格而愿意上体育课，愿意进行体育运动，由此会使学生逐渐对体育产生兴趣。因此。教师的是否具备深受学生欢迎的教学风格是教师评价的因素之一。

3.教学准备指标分析

教学准备主要是指教师在课堂教学前所要处理问题的行为。在体育教学中，教学准备阶段是教师教的过程起始环节，有效的教学准备能为教学成功创造条件。教师教学准备过程，就其表现形式而言，主要是一个学习研究体育课程标准，明确教学目的要求，熟悉教材内容，了解学生情况，设计教学任务，选择教学手段和方法，在此基础上制定出切实可行的教学方案的过程。这个过程既是一个教学工作的准备过程，同时也是一个教学心理准备过程。首先，在制定教学方案的过程中教师要给整个体育教学过程设计具体的教学目标。教学目标一旦确定下来就会以观念的形式存在于教师的头脑中，并成为教师教学中追求的目标。这样，在体育教学过程中要实现什么目标以及如何去实现这个目标，教师一开始就有了充分的心理准备。其次，由于教学方案要预先设计整个教学过程，所以教学中采用哪些手段和方法，如何组织和调控学生的学习活动，教师胸中有数，思想有准备。尽管教师的教学年限、业务水平和运动专长等有所不同，但要上好课，都必须认真做好课前的准备工作，这样才能保证教学目标的顺利完成。

（1）教学理念

教学理念反映的是对体育学习和体育教学的认识及观念，是人们对教学和学习活动内在规律认识的集中体现，同时也是人们对教学活动的看法、持有的基本态度和从事教学活动的信念。教学理念很重要，因为它是教师从事教学活动的指导思想和行动指南，一般而言，有什么样的教学理念就会产生什么样的教学行为，教学理念指导着全部教学活动。

目前我国体育课程标准中的体育课程理念为：一是坚持"健康第一"的指导思想，促进学生健康成长。二是激发运动兴趣，培养学生终身体育意识。三是以学生的发展为中心，重视学生的主体地位。四是关注个体差异与不同需求，确保每个学生受益，教师应以上述理念指导教学实践。

教学理念主导着教师的教学行为，在当前的课程改革下，体育教师的教学理念应从以教为本位向主体参与转变；在教学的关注重点上应从知识本位向注重学生的发展转变；在教学方法上应从单向灌输向激发动机转变；在教学目标上应从静态预设向动态生成转变。使新的体育教学理念成为体育教学工作的指南。

（2）学生水平分析

教师的教学准备要了解学生的认知发展规律性、情感智能发展特征、生理心理发展状况以及年龄特征，特别是要了解目前所教授学生的身体素质水平和技术技能水平，掌握学生体育兴趣的需求和体育特长、体育意识以及对体育的态度、参与体育锻炼时的情绪水平等，从中分析哪些因素是可以引导和调动的，哪些因素是教学设计中不可忽视和必须关注的，通过这样对学生进行水平分析有助于体育教学的设计与实施。

（3）教学文件

教师进行教学准备，教学文件是必不可少的重要内容，其中包括：学年计划、学期计划、单元教学计划、教学大纲、教案等。体育教师为了按计划、有步骤地进行教学活动，必须认真地备好课，没有准备的课是肯定不会成功的。备课，就首先要写好教案（即课时计划），它是根据教学进度和单元教学计划结合教学的实际情况，对一堂体育课设置的教学方案的简称，是体育教师进行教学工作的主要依据，具体评价指标如下：

①教学大纲设计合理

教学大纲是执行教学计划、实现人才培养目标要求的教学指导文件，是选择教材、组织教学、进行课堂教学质量评价和教学管理的主要依据。教学大纲的制订要准确地贯彻不同学段体育教学计划所体现的教育理念、课程标准的要求和培养目标；要服从课程结构特点与教学计划的整体要求；要体现课程改革精神，在课程内容更新与拓宽上有所突破。同时力求文字严谨、意义简明扼要、名词术语规范。体育教学大纲一般由三部分组成：一是大纲的说明部分：包括体育教学的目的任务，确定体育教学内容的原则，体育教学内容的分类及各年级教学内容比重和要求，体育课成绩考核，贯彻执行大纲的要求。二是大纲本文部分：包括基本部分和选用部分。三是附件：包括本年级运动能力、身体素质及运动技能考核项目，体育课成绩评分表，体育器材设施配备目录。

②单元划分合理准确

做好教学单元的划分和单元教学计划的制定，并以文件的形式予以表述，这是教学准备的一项工作。单元是课的上位概念，若干节体育课组成一个教学单元。其单元的特征如下：一是相对独立性，这是指一个单元以课为基础自成体系。二是整体性，单元是一个教学过程的有机整体，一节课虽然是教学基本单位，但不是一个完整的整体。三是连续性，一个教学单元中每节课应当是连续的，我们不排除某些作为搭配教材可以在各个单元中间不断出现，但作为主教材应出现在一个单元中，并作为课连续的排列。四是阶段性，明确教学单元的阶段性，有利于对单元的教学内容的具体组织，也有利于不断地总结与改进教学。教师在制定单元教学计划时，根据不同情况，既可以由单一运动项目为基础组成教学单元，又可以由两种教材组成复合单元。作为一个相对独立的教学过程的整体，无论体育教学单元有多少种分类，基本的分类是以教材为基础，同时考虑是否符合学生的实际和需要。

③学年学期计划明确

体育教学计划是体育教学设计的成果形式，是根据国家颁发的体育教学指导文件，参照学校所选用的体育教科书，结合学校的体育教学实际而制订的体育教学指导方案和教学过程实施方案。体育教学计划包括学段体育教学计划、学年体育教学计划、学期体育教学计划、单元体育教学计划和学时体育教学计划（教案）等。

④教案的书写工整表达清晰

教案即课时计划。教案是对课堂上预期的教学活动的设计和描述，也是对每一堂课具体深入的教学准备。教师要在钻研教学内容、了解教学对象、设计组织教学的基础上编写教案。体育课的教案是教师进行课堂教学的直接依据，完整规范的教案一般包括以下几个方面的内容：教学目标、教学内容、本节课教学重点、教学方法、运动负荷以及场地器材等，有的教案中还有课后记录等内容。

（4）条件与设施

准备好场地、器材是上好体育课的物质保证，所以教师要认真地做好场地的规划和器材的布置工作。在当前的体育教学改革中，强调尊重学生对教学内容的选择，但场地、器材等条件是客观存在的。由于每个学校的场地器材各不相同，使得一些教学设计受到条件与设施的制约不能实施，影响了教学目标的达成。所以，教学目标的设计要充分考虑学校的教学设施、设备等基本条件，因地制宜地开展教学活动。同时教师要发动学生自制器材或利用一切可以利用的地域环境，为教学活动的开展创造条件，具体评价指标如下：

①器材满足教学需要

教学准备中最外显的最直接的因素是场地器材的安排，由于现行教育体制教学条件所限，我们国家中小学授课班级还是大班制，基本上50多人一个教学班，个别地区可能达到80多人一个教学班，如果体育器材是课中必备教学工具，每一位同学都需要的器材，教师就要课前很好的解决这个矛盾，例如找替代品，自己制作小的器材，还可以发动学生自己动手等等。同时教师应该在现有条件的基础上开阔思路，使学校的体育器材发挥出最大的作用，同时，在教内容、教学方法的选择方面要立足现实情况，从教学准备开始就应体育器材其列入教学设计之中，将现有条件与各种教学因素选择进行综合考虑。

②场地安排布局合理

体育教学一般在室外进行，目前的学校体育课程经常是几个班同时在操场活动，教师的教学准备则应注意场地安排得合理布局，首先要注意安全，不要在学生活动时互相干扰，以免伤害事故的发生，其次要注意风向、阳光，不要使大多数学生迎风、面向太阳站队，同时要使学生队伍的安排便于管理和调动，能够易于观察教师的示范、听到教师的讲解，场地安排合理布局会使体育教学活动显现出活泼生动且井然有序。

③根据本校特点创新

我国各级各类学校的在场地器材、设施设备会存在着一定的差距，如一些城市学校的场地设施会比较规范，而一些农村学校相对会简陋一些。因此，教师在进行教学准备时要结合本校的特点进行具体考虑，例如可以根据学校所处地域有效利用空间，可以与社区结合利用社会资源，或是对原有旧器材进行改造使之能够为教学服务等，体育教师的创新活动能够体育教学注入新的活力。

3.教学评价指标分析

体育教学评价贯穿教学目标确定、内容选择、组织实施的各个环节，目的是及时修正体育教学目标、解决体育教学中出现的问题、实现体育教学资源的合理配置与组合，以及追求最佳效果和目标的达成。

体育教学评价的实质是从效果和影响两个方面对体育教学活动给予价值上的判定，并引导体育教学活动朝着预定的目标发展。要很好地进行判定，得出科学的结论，评价必须在一定的客观标准下，认真地进行测量，系统地收集体育教学活动各方面的资料或证据。体育教师应充分发挥教学评价的功能，通过评价调整教学方案，修正教学行为，这既是对学生体育学习能力和学习成绩作出评价的过程，也是对体育教师的教学能力和教学效果进行评价的过程。具体从如下三个方面考察教师应用教学评价的能力：课上即时评价的运用、阶段形成性评价的运用、期末终结性评价的运用，具体评价指标如下：

（1）即时评价的应用

即时评价是指在教学活动过程中，教师对学生的具体表现所作的即时的表扬或批评、成绩肯定或错误纠正，是教师在课堂教学过程中对学生的学习行为表现给予的倾向性意见。即时评价往往与教学活动过程融为一体，没有严格意义上的评价方案和评价结论，只是强调对具体行为的评价和指导。即时评价具有如下显著特征：及时性，即时性评语具有捕捉教育契机，立即进行评价的即时性特点；广阔性，即时评价的应用范围广泛，存在于体育教学的各个环节，教师可针对学生的知情意行等各方面进行评价；多样性，即时评价形式多样，教师可运用口头语言、身体语言、信号等方式传达评价信息，也可采用激励性语言、鼓励性语言、引导性语言进行评价；随机性，体育教师在教学过程的观察，能敏锐地捕捉不同学生的特点，可以利用教学的最佳点随机应变地运用即时评价。

目前，在我国各级各类学校体育教学中，体育教师普遍能够很好的利用即时评价指导学生的学习实践，这一点在实证调查统计中也得到证实。即时评价，根据其功能分为三种类型：激励评价、指导评价和互动评价，三种评价的语言组织不同、关注的重点也不同，具体评价指标如下：

①激励评价关注学生行为

在即时性评价中，激励性评价是指教师以多种手段来鼓励不同层次的学生的行为表现，促进学生知、情、意、行的协调发展和学生由知转化为行的过程发展。激励性评价主要关注学生的行为表现，要求教师根据学生课上的行为表现，不断地给予积极性的评价；激励评价应注重过程，通过评价—反馈—改进的机制，促进学生在学习行为上的变化。同时，教师的激励性语言的使用要适度，注意评价的真实性和科学性，这样才能给学生有效的激励。

②互动评价培养主体意识

在教学评价中，学生不是一系列评价的消极应付者，而应该是主动参与者。体育课程标准倡导学生参与学习评价，鼓励教师创造条件让学生开展自我评价和学生之间的互评。学习的主体是学生，教师应充分相信学生的能力，让学生参与评价，形成教师与学生之间的互动、学生与学生之间的互动，这样有利于提高学生自我反思的能力，有利于增强学生主体意识，有利于调节学生自己的学习行为，也有利于教师获得有效调控教学的信息。

③指导评价关注技术技能形成

技术技能是体育教学中的主要学习内容，技术技能的学习离不开教师的指导与评价。在教学中，学生完成身体练习后会认真倾听教师的指导，然后以积极自信的态度继续投入技术技能的学习中，在这里教师的指导评价使学生对所学内容产生浓厚的兴趣，激发了学生练习的热情，达到了事半功倍的效果。由于指导评价关注的是技术技能的掌握，教师可以观察到学生点滴的进步过程，有助于学生形成稳固的心理倾向，使学生在体验挫折、体验成功的过程中不断进步。

（2）形成性评价的应用

形成性评价是在教学过程中为改进和完善教学活动而进行的对学生学习过程及结果的评价，其主要职能是信息反馈。体育教学中的形成性评价进行的较频繁，如一个动作技术学习后的测验，一个单元活动结束时的考核等。实施形成性评价时，教师应进行较为详细的教学设计，划分出学习单元和具体课时，明确规定每个学习阶段的学习目标、评价内容和标准；形成性评价能对学生是否已经达到阶段性目标、达到的程度情况做出判断，从而肯定学生已有的发展成就，增强学生的自信心，提高学生的学习兴趣，起到强化学习行为的作用；通过形成性评价，教师和学生可以及时发现教学过程中存在的问题与困难，并通过对问题和困难的分析，寻找其产生的原因，制订解决的方案；通过形成性评价检测教学任务的完成情况，了解学生单元教学目标达成、学生体育知识理解程度、学生个体差异及其变化、学生技术技能掌握状况等，这无疑能对教学活动起到导向的作用。特别是体育教师的外部评价及学生的自我评价，能使体育教师和学生自己随时发现其在学习过程中存在的问题，并随时加以解决改进。具体评价指标如下：

（3）终结性评价的应用

终结性评价一般是在教学活动结束时进行的一次性评价，如期末的考核、考试等，目的是考察学生是否达到了相应的教学目标。终结性评价注重的是教学的结果，主要是为了判定最终的学习成果，并做出成绩评定。其评价的主要信息来源于体育教师平时的即时评价、单元教学的形成性评价、学期结束时学生的终结性评价，最后把所有结果结合起来对学生进行综合性的评分。这样的评价方式将有利于学生进行更有效的学习，能够真正满足学生的发展需要。把形成性评价与终结性评价结合起来，才能形成对学生的相对完整、全面的评价，具体评价指标如下：

①学期教学目标的达成

通过终结性评价，确定学生在体育课上的进步和达到教学目标的程度，从而对学生的学业成就作出整体的价值判断。这种判断可用于证明学生的资格和水平，推断学生在后续学习中成功的可能性并确定学生在后续学习中的起点。如我国目前采用的《学生体质健康标准》，则是终结性评价的内容之一。

②对师生教与学的激励

由于终结性评价比较概括地反映学生的体育知识、技术技能和能力的总体水平，因而在学生体育学习的终结性评价中得分高的学生，往往可预测为在该学科的后续学习中有可能是成功者，因此，终结性评价有甄别和选拔作用，能够发现体育的优秀人才。还可以通过终结性评价具体明确学生的知识、技能掌握和能力发展的水平，从而帮助教师确定后续学习的前提。

③检验教学大纲适宜性

教师通过对学生进行终结性评价，还可以检验教学大纲适宜性，为修订教学大纲提供可以参考依据。

④教学结果的诊断与反馈

终结性评价是对体育教学结果诊断与反馈，使教师和学生明确了整体的教学效果，对师生教与学将产生相应的激励作用，并对学生的学习动力产生重要影响。

因此具有甄别和选拔作用，能够发现体育的优秀人才。另外，教师还可以通过终结性评价具体明确学生的知识、技能掌握和能力发展的水平，为确定后续学习的任务和目标提供参考。

通过对以上评价指标三级的分析，进一步明确了体育教师教学评价指标体系中各项指标的存在重要意义。经过专家的判断，初步确立了教师教学评价指标体系及其权重分配，为设计体育教学评价方案提供了理论依据。

第十一章 我国学校体育教学评价的可操作性研究

第一节 可操作性体育教学评价方案设计的基本思想

一、可操作性体育教学评价方案设计的思路

可操作体育教学评价方案的设计，是在构建的体育教学评价体系的基础上，根据我国学校的分布状况和各级各类学校的实际情况，依据体育教学实践不同时段划分、体育教学目标及其分解状况和学生学习的基本要求设计的三种不同的评价方案。该方案的设计既能表现出体育教学评价的核心内容，在程序上、内容上、方法上又具有着简便易行可操的特征，是体育教学评价的范式或模式，无论是学校的领导者还是教师，都可以根据本校的具体情况选择应用此评价方案。

（一）体育教学过程的层次与阶段划分为体育教学评价方案设计奠定了基础

体育教学具有明确的教育目的、既定的教学内容和严密的组织体系，是唯一从小学到大学连续设置的课程，因而更具有教学的连续性和实践的层次性。教学过程是指支持和促进学生学习的教学事件的顺序组合。体育教学的过程是一种系统运行过程，是师生共同参与，通过确定目标、激发动机、理解内容、进行身体反复练习、反馈调控与评价等环节组成的。同时，体育教学过程是特定时空连续运行过程，并且有向前运行和阶段性与层次性，如九年义务教育，就是一个较长的体育教学过程，可分为不同的阶段和层次，如学段、学年、学期、单元和课时。体育教学评价方案则是依据教学过程的层次阶段划分并满足不同的评价要求设计的，因此，体育教学过程的阶段与层次划分是教学评价方案设计的基础。

（二）体育教学目标的分解为体育教学评价方案设计提供了依据

体育教学目标是通过体育教学活动使师生达到的预期教学结果和标准，是一个由上而下不断具体化的完整体系，是具有层次性和系统性的。这就要求在实现和达成教学目标的过程中，对每一个环节都需要进行评价。我国学校体育教育的目的由体育目标、课程教学目标、学年目标、学期目标、单元教学目标和课时教学目标组成，各个阶段教学目标完整的集合则是体育教学总目标的达成。因此，各层次目标的连续性、递阶性，特别是可分性给体育教学评价方案的设计提供了依据。

（三）体育教学评价的指标归类为体育教学评价方案设计创造了条件

根据体育教学评价指标体系的分析可以得知，学生体育学习评价指标体系具有四个一级指标，教师教学评价指标体系具有四个一级指标，即可分为独立的四个类别，体育教学评价方案可以依据指标分类确定评价指标的取舍、权重，同时又可以依据评价指标的类型特征确定不同测量标准和测量方式，使体育教学的评价方案的指标选择具有科学性和系统性，为教学评价方案的可操作性提供了支持。

1.情感态度评价目标的质性标准——行为发生率评价

根据体育教学评价指标体系，将情感态度目标以学生在体育活动中所能表现出来的运动参与、学习兴趣、合作与交往、情绪调节等各种外显的行为作为质性评价的依据，这些行为在所有的体育活动中都能或多或少地予以体现。教师可以根据这些可观察的外显行为发生率判断学生情感目标的达成度。实际上，学生在一节课或短时期内是难以达到情感态度目标要求，其情感态度也不会在短时间内产生较大的变化。故在进行教学设计和制定评价目标时，教师要适当使用相应的"目标动词"，准确地描述学生在一个课时内或一个教学单元、一个学期、一个学段等可以达到的情感目标，并采用质性的评价进行描述。体育教学评价中的情感态度的评价不是为了甄别和评定等级，而是为了促进学生的发展，而且，质性评价较量化评价能够更真实地展示学生情感态度和价值观的取向和变化，最后教师以相应的等级统一地评价学生对情感态度评价目标的达成（或具有）程度，如：总是、经常、一般、有时、偶尔、从无等。

2.技术技能评价目标的量化标准——掌握程度与表现型评价

所谓表现型评价就是让学生通过实际动作来表现知识和技能成就的评价。对技术技能教学目标的评价，可以依据学生的对技术技能的掌握数量或正确程度进行量化评价，用分数、百分比或等级表述。确定运动技术技能掌握程度的评价标准如下：独立完成基本动作的能力（是否具备了能力？）；动作规范正确、结构合理（是否掌握了方法？）；动作舒展流畅姿态优美娴熟（熟练程度或自动化？）；能否以理论指导实践活动（脑体并用）。并用这些标准去量化评价学生体育学习中运动技术技能教学目标，以学生的实际表现评价学生对各项运动技术技能的掌握程度。在技术技能评价指标体系中动作技术规范正确、结构合理具有较高的权重，应成为主要标准参照指标，然后再对应具体的教学目标，判别学生的体育学习目标的达成度。

3.体质健康评价目标的量化标准——测量参照

有关体质健康的评价的内容，包括了机能、素质和形态，均是可以测量的内容指标。对体质健康评价目标的标准可参照《学生体质健康标准》的要求进行测量，并结合每一位学生的基础及提高的幅度进行评定，也可以依据《学生体质健康标准》，对学生的各项体能发展水平作绝对的量化评价，用优、良、及或分值等来表述学生的体能发展水平，然后将学生的体质健康测量数据与《学生体质健康标准》进行比较，并依据要求进行评分或评级定等级。

4.知识认知评价目标量化标准——测验与观察

体育知识认知的内容包括体育理论知识、人体科学知识、心理学知识和社会学与美学知识等，对以上内容的认知，可以是理论课的形式，也可以将理论知识的内容渗透在体育技术技能的教学之中。体育认知的评价目标包含对体育知识的理解、记忆和应用。如理解体育的本质和作用，懂得体育锻炼的目的意义，认识体育对人生的影响和社会价值等。这是主动进行体育锻炼的重要思想条件，由此构成一种体育认知的建构能力。对体育知识评价目标的量化标准也要从如上三个层面进行评价，并通过试卷知识测验、语言表述、实际应用行为等考核和表现性评价方法进行测量，采用分数、百分比或等级来评定学生知识认知的水平。

（四）教学评价的不同类型为体育教学评价方案的设计提供了方法

根据评价理论知道，教学评价的类型很多，从不同的角度和标准可以划分出不同的评价种类。在具体运用过程中，不同类型的评价有着不同的特点、内容和用途。

1.总结性评价、形成性评价、诊断性评价及即时性评价

根据教学评价在教学过程中发挥的作用的不同，一般将教学评价分为终结性评价、形成性评价、诊断性评价和即时性评价。

（1）终结性评价：一般指在课程或一个教学阶段结束后对学生学习结果的评定。这类评价的主要目的是评定学生的学业成绩，确定学生达到教育目标的程度，证明学生掌握知识、技能的程度和能力水平，以为确定学生在后继教程中的学习起点、预测学生在后继教程中成功的可能性以及制订新的教育目标提供依据。终结性评价着眼于某门课程或某个教学阶段结束后学生学业成绩的全面评定，因而评价的概括水平一般比较高，所包括的内容范围也比较广，评价的次数不多，一般是一学期或一学年两、三次，学校中常见的期中考试、期末考试或考查以及毕业会考都属这类评价。

（2）形成性评价：主要指在教学进行过程中为改进和完善教学活动而进行的对学生学习过程及结果的测定。形成性评价类似于教师按传统习惯使用的非正式考试和单元测验，但它更注重对学习过程的测试，注重利用测量的结果来改进教学，使教学在不断的测评、反馈、修正或改进过程中趋于完善，而不是强调评定学生的成绩名次。正因为形成性评价以获取反馈、改进教学为主要目的，所以这类评价的次数比较频繁，一般在单元教学或新的技术初步教学完成后进行。形成性评价的概括范围会因教学内容而定，每次检查测验的内容范围较小，主要是单元掌握或学习进步测试。相比较而言，终结性评价侧重于对已完成的教学效果进行确定，属于"回顾式"评价；而形成性评价侧重于教学的改进和不断完善，属于"前瞻式"评价。

（3）诊断性评价：叫初始评价，指为查明学生的学习准备状况及影响学习的因素而实施的评价。在教学过程中，教师要想形成一套适合每个学生特点和需要的教学方案，就必须深入了解学生已有的知识、技能的掌握程度，了解他们的学习动机状态，发现他们学习中存在的问题及原因等。教师获取这些情况

的方法和途径是多样的，其中最常用、最有效的手段之一就是诊断性评价。诊断性评价的主要用途有三个方面：检查学生的学习准备程度；了解学生在教学开始时已具备的知识、技能程度和发展水平；确定对学生的适当分组。通过诊断评价，教师可以对学生学习上的个别差异有较深入的了解，在此基础上经过合理调整使教学更好地适应学生的多样化学习需要；辨别造成学生学习困难的原因。在教学过程中进行的诊断性评价，主要是用来确定学生学习中的困难及其成因的。

（4）即时性评价：是指在教学过程中，教师对学生学习行为所作出的一种情感和行为的反应。教师在教学过程中这些反应，包含了对学生努力的鼓励，对技术技能掌握的指导，情感觉得交流，对错误的批评等，无时不在影响着学生的学习行为的。目前，这种评价即时性评价因其所特有的反馈的即时性、评价的针对性、情感的互动性特征，被广泛应用于体育教学活动中。

2.常模参照评价与标准参照评价

（1）常模参照评价是以个体的成绩与同一团体的平均成绩或常模相互比较，从而确定其成绩的适当等级的评价方法。这种评价方法重视个体在团体内的相对位置和名次，它所衡量的是个体的相对水平，因而又将这类评价称为"相对评价"或"相对评分"。

（2）标准参照评价是以具体体现教学目标的标准作业为准，确定学生是否达到标准以及达标程度如何的一种评价方法。标准参照评价是用来衡量学生的实际水平的，它关心的是学生掌握了什么或没掌握什么，以及能做什么或不能做什么。用来评定的所谓标准就是具体的教学目标，教师编制测试题的关键之处是必须正确反映教学目标的要求，而不是这些题目的难易和鉴别力。通过标准参照评价可以具体了解学生对某单元知识、技能的掌握情况，哪些学得较好，哪些没学好需要补救。因此，标准参照测验主要用于基础知识、基本技能的测量，适用于形成性测验和诊断性测验，并利用测验提供的反馈信息，可及时调整、改进教学。

3.定性评价与定量评价

（1）定性评价：是对评价资料作"质"的分析，是运用分析与综合、比较与分类、归纳与演绎等逻辑分析的方法，对评价所获得的数据、资料进行思维加工。分析的结果有两种：一是描述性材料，数量化水平较低甚至毫无数量概念；另一种是与定量分析相结合而产生的，包含数量化但以描述性为主的材料。一般情况下定性评价不仅用于对成果或产品的检验分析，更重视对过程和要素相互关系的动态分析。

（2）定量评价：是从"量"的角度，运用统计分析、多元分析等数学方法，在复杂纷乱的评价数据中总结出规律性的结论。由于教学涉及人的因素，各种变量及其相互作用关系是比较复杂的，因此为了提示数据的特征和规律性，定量评价的方向、范围必须由定性评价来规定。可以说，定性评价和定量评价是密不可分的，两者互为补充，相得益彰，不可片面强调一方面而忽视了另一方面。

不同类型的评价方法体现了不同的评价意义，在体育教学评价方案的设计中，依据了不同类型的评价功能特点和不同的评价目的要求对评价类型进行选择与应用。

二、体育教学评价方案设计应该具备的特性

（一）目的性

教学评价活动是一种有目的的实践活动，即要说明为什么要进行评价、评价要达到什么样的结果等。本研究将评价方案设计为简单评价、一般评价和综合评价，其每一个评价方案都有明确的目的性。评价目的的明确，使得在评价内容、评价标准、评价方式、评价方法的设计上都有了针对性。

（二）可靠性

可靠性与客观性、精确性相联系。教学评价是在对评价对象客观测量的基础上的价值判断，在设计评价方案时，要有对评价信息的采集、分析和统计处理的规定，要充分注意评价工具和方法的科学性和信息的全面性。

（三）有效性

有效性主要取决于评价内容确定的是否合理，评价方法是否有效。评价内容是评价目标的具体化，任何评价活动都是通过一定评价内容项目的测量和判断实现评价目的的。同时评价方法影响有效性，对于不同的评价项目，要规定有效的获得信息的方法，如定量的或定性的、精确的或模糊的等。评价的有效性是对评价方案最主要的质量要求。

（四）规范性

评价方案作为评价活动的规定性基本文件，具有指导作用和规范性特点，其对相同的评价对象，要求评价人员严格按照方案规定的评价内容、标准、程序、范围采集信息进行判断，任何人都不能随意更改评价方案或以不同的标准来评价同一类评价对象。评价方案具有规范性，不仅能使评价的各种活动统一，而且决定了在一定范围内评价结果的可比性、公平性。

（五）可操作性

评价方案是评价活动实施的指导性文件，它必须具备可操作性，否则评价活动难以开展，也不能实现评价目的。评价方案的可操作性主要表现在：一是评价方案一定要具备具体的实施规定，具有可行性；二是所规定的评价指标、评价标准要切合实际，要简单且具有代表性；三是方案要考虑体育教师在实际工作中所需要的精力、时间及评价技术手段等情况，还要考虑目前学校体育教学的实际需求。

三、体育教学评价方案设计的具体要求

（一）以体育教学评价指标体系为核心

体育教学评价指标体系是根据评价指标体系设计原则而建立起来的并能反映体育教学状况的指标集合体，该指标体系以简明的方式，比较全面地反映了体育教学的变化过程，体现了体育教学的内涵和体育教学的主要特征，因此，评价指标体系在评价方案中处于核心的地位。指标体系中的评价指标所要判断或度量的是体育教学的主要问题，其通过其总体效应来评价与刻画其总体状况。此外，凡是体育教学中涉及到的因素都力求得到体现，并予以相应的重视程度。

（二）以学校管理者、体育教师和学生的接受程度为重点

体育教学评价的本质是对体育教学过程进行价值判断，因此，把学校管理者、体育教师和学生的价值取向体现在评价方案中，能提高评价结果的客观性、准确性和令人信服的程度。同时，重视学校管理者、体育教师和学生的意见，还可提高评价方案可操作的程度。

（三）以教学评价的规范性、可操作性为根本

体育教学评价方案是根据教学评价目的和教学活动及评价活动的一般规律，对评价的内容、范围、方法、手段、程序和组织领导等加以规范，并作出

的规定的基本文件。这个文件必须注重评价的规范性和可操作性，且具备简易、方便的特性，以保证评价工作能够顺利进行。

第二节　学生体育学习可操作性评价方案的设计

一、不同评价方案的评价目的与指标选择

（一）《简单评价方案》的评价目的与指标选择

1.评价的目的

《简单评价方案》可以以较少的人力和时间了解评价学生体育学习的情况，可以详细、全面地获取学生体育学习目标达成度的主要信息，并有针对性地提供具体的意见与建议。学生体育学习简单评价属于单项的定量评价，是针对体育教学课时或单元教学目标达成度的评价，这种达成度的评价是一种标准参照测验，主要的目的是检测学生是否达到了体育教学所预制的教学目标。另外，标准参照测验强调对学生测验目标和内容的掌握程度，而且本研究的标准实际上是外在的效度标准，因此能够很好地评价学生的绝对水平。所以体育教学目标达成度的评价，实质是对教学水平的绝对评价，同时也是对学生的进步幅度（或程度）作相对评价的基础。

2.评价的指导思想

简单评价方案的设计，以体育教学改革的总体目标和体育教学的基本规律为依据，以培养学生的体育兴趣和提高技术技能水平为出发点和落脚点，以学生在课时、单元阶段内学习目标为主要评价内容，通过简单评价检验学生每节课或每个教学单元体育学习目标的达成度情况，即了解学生在课时、单元学习中是否较好地完成了学习任务？还存在哪些问题？如何进行改进与提高？此种评价既能为学生体育学习提供明确的指示，又能检验教师的教学效果，达到改进教学，提高学习质量的目的。

3.《简单评价方案》的指标选择及权重分配

根据体育教学的阶段划分和教学目标分解以及简单评价的目的，将评价指标确定为情感态度指标和技术技能指标及其子系统。这两项指标在我们确立的学生体育学习评价指标体系中排序在第一、二的位置，是体育教学评价指标体

系中具有代表性的核心指标。在本方案的设计中，我们依据评价的目的和个性指标在整体中的不同位置确定重置了权重分配，情感态度 0.4、技术技能 0.6，通过这两项指标的评价，能够了解学生体育学习中情感态度的基本状况和学生体育技术技能的学习程度，并从效果标准角度去考察学生在体育教学中掌握体育基本知识、基本技术的数量与质量；从效率标准的角度考察学生在规定的学习时间内，体育课出勤、学习兴趣表现、情绪调节能力和合作与交往以及体育技术、技能的掌握等方面是否达到了应有的水平。在此方案中，将效果标准作为评价的核心部分。（效果标准是从工作效果的角度确定的教学评价标准；效率标准一般指根据产出与投入的比例来衡量工作成果。

从体育教学的目标设置来分析本方案的内容，新的体育课程标准设置了学生体育学习的运动参与、运动技能、身体健康、心理健康和社会适应等五大领域。如果我们认真地分析，很容易发现体育课程标准中提出的五个领域目标包含着两条主线：运动主线和健康主线。运动主线包括运动参与和运动技能；健康主线包括身体健康、心理健康和社会适应。在课程标准中，五个领域目标是并列的，但在构建具体课程和教学目标之时，就会发现之中的逻辑关系，即健康主线是灵魂，运动主线是载体。缺少了灵魂，体育课就失去了方向；缺少了载体，体育课就失去了存在的依据。在构建课程目标之时，特别是构建具体的单元教学目标之时，一定要关注灵魂和载体，使其互为前提。只有这样，才能使我们制定的目标落到实处。然而，在体育教学教学目标的达成过程中，作为灵魂的健康主线在每节课、每个单元的教学效果是不容易体现的，但作为载体的运动主线则能转化为行为目标，是能够被观测的。事实上，体育课教学如果没有运动主线则失去了体育教学的内核和学科特点，也不能满足社会、学生个体对体育教学的需求。因此，与情感目标一起，选择可观测的运动主线行为目标达成度的评价，为学生体育学习《简单评价方案》的指标。

（二）《一般评价方案》的评价目的与指标选择

1.评价的目的

《一般评价方案》的评价目的主要在于检验学生状况，从中发现存在问题，为促进学生的发展服务。教师可以通过一般评价结果引起反思，从中检验教学大纲的制定、教学内容及方法手段选择的适应性，为改进教学、促进教师的专业发展提供新的思路。

2.评价的指导思想

以"健康第一"思想为指导，以形成性评价和终结性评价主要手段，以培养学生的体育兴趣、提高技术技能和知识认知水平作为评价的主要内容，以学期或学年为评价的主要时机，目的在于检验学期或学年学生体育学习目标的达成度情况和教师教学的成效。由于一般评价较简单评价时间要长，学生体育学习的内容和成效也会更加显著，因此在评价指标上有所增加，使得评价内容更加丰富，对学生的了解更全面。

3.《一般评价方案》的指标选择及权重分配

依据学期或学年教学阶段划分和教学目标分解，根据《一般评价方案》的目的，将评价指标确定为情感态度、技术技能和知识认知三个指标及其子系统。通过这三项指标的评价，能够了解学生体育学习中情感态度基本状况和学生体育知识、技术技能的掌握程度。关于情感态度评价在前面已经讨论过，在这里不再重复。由于评价指标的增加，使得评价指标的权重比例发生了相应变化。对学生体育学习评价由原来的课时、单元评价延伸到了学期或学年评价，学生的情感态度会随着学习水平的变化产生变化，因此，重置的评价指标权重增加了情感态度指标的成分。对于知识认知的评价包括不同领域的知识群，如人体科学知识、体育理论知识、心理学知识和社会学与美学知识等，教师可以根据所教学生的水平从中选择内容并进行目标达成度的评价。以上学科知识可以通过理论传授的方式，也可以将其渗透在实践课教学中，使学生能够通过身体活动实践去理解理论知识的内涵。

评价方案中的权重具有重要的作用，首先是反映了各指标间客观存在的不平衡，揭示了指标间价值上的差异，并通过数量的规定尽可能地使这种解释和刻画精确、客观，因此确定不同评价方案中各项指标的权重是非常重要的。其次，因为权重从数量上表示了各因素的重要性，因此具有较强的指向功能。在本方案的设计中，我们依据评价的目的和个性指标在整体中的不同位置确定重置了权重分配，情感态度0.4、技术技能0.4，知识认知0.2，与《简单评价方案》相比较，突出了情感态度目标的权重值，这样的权重比例既符合指标体系中各项指标的权重比例，又与目前体育教学目标密切相关。学生通过学期或学年的体育学习，对于体育的理解与认识在逐渐加深，体育教学中贯彻的"健康第一"的思想会对学生的思维方式产生影响，因而在运动参与、体育兴趣、情绪调节、合作与交流等诸多情感方面产生可观测的行为表现，这些行为表现会对学生体育习惯养成、终身体育意识产生深刻的影响，因此，在一般评价阶段，不仅继续关注学生体育学习中的技术技能的评价，还突出了对情感态度指标的评价，增加了知识认知指标，使的评价内容越来越全面。

（三）学生体育学习《综合评价方案》的评价目的与指标选择

1.评价的目的

《综合评价方案》是根据多项指标，从多个不同侧面对学生体育学习进行全面的综合判断的过程。该方案的设计是通过采用多种评价方法，对学生体育学习的多个方面进行定性或定量的抽象综合，最终以定量形式确定综合优劣水平与次序的评价工作程序。该评价方案的目的在于全面考查学生体育学习的学业水平、学力水平和学习效果，检验体育教学目标的达成度和体育教育目标的实现程度。《综合评价方案》多用于学年评价或学段评价，与简单评价和一般评价相比较，其区别不仅在于评价对象的多或少，而在于评价指标的复杂性，即体现多元的特点。但最直观的表现是评价指标数目的多与少，其综合评价的最终途径也常常是单个指标。实际上，本文所设计的评价方案中，简单评价属于单项评价，一般评价和综合评价都是在简单评价的基础上逐步增加评价的内容，评价指标的数量同时也逐渐增加，这样评价的关注内容也越来越全面。因此，综合评价的主要目的在于全面了解体育教学的现状，既包括学生体育学习的全部内容，也包括教师的教学效果，是检验教与学的重要手段之一。

2.评价的指导思想

学生体育学习综合评价主要是根据体育课程标准的教育理念，运用科学的方法，对学生体育学习目标的达成度进行定性和定量的分析与比较。学生体育学习的综合评价是教学环节的重要组成部分，对改进体育教学、提高教学质量具有重要的意义。学生体育学评价应是在体育教学中自觉运用的一种教育和管理方式，是对体育教学本身进行自我诊断的有力手段。在运用综合评价时，要注重发挥体育学习评价对学生的激励、反馈和诊断功能；要重视对学生学习过程中各种表现的记录、分析与评价；要注重从情感态度、技术技能、知识认知和体质健康四个纬度进行评价；要定性评价与定量评价相结合，即采用百分制、等级和概括性评语相结合的方式进行记录评价信息；要采用教师评价、同学互评、家长评价和自评相结合的方式，使多主体参与评价，保证评价的相对真实性、客观性，促进学生体育学习能力和终身体育意识的提高。

3.《综合评价方案》的指标选择及权重分配

依据学年或学段教学阶段划分和教学目标分解，根据《综合评价方案》的目的和指导思想，将已经确立的学生体育学习评价指标体系中的所有指标及其子系统全部纳入综合评价的范围，并依据已经确立的评价指标体系的权重分配实施综合评价。《综合评价方案》与《简单评价方案》、《一般评价方案》相比较，体质健康评价成为衡量学生体育学习的重要指标之一。世界卫生组织把健康定义为"健康不仅仅是指没有疾病或不虚弱，而是生理、心理的健康和社会适应的完好状态"。对体质的定义在体育、教育和卫生系统，也已基本形成共识，即"体质，是指人体的质量，它是在遗传性和获得性的基础上表现出来的、相对稳定的特征"。

从健康和体质两个定义中也能够理解是对身、心两方面提出的要求。以往我国评价学生的体质时，更多地使用了学生的运动成绩作为评价的标准。随着社会的发展，人们越来越认识到形态对人体健康的重要性，因为一定的形态结构，必然表现为一定的生理功能。因此形态将作为评价的一个方面。另外，现代医学和运动生理学的研究结果表明，人体心血管系统和呼吸系统功能强弱是反映一个人健康的重要标志，因此，机能的评价也应作为学生体质健康标准的重要内容。总之，本评价方案的指标选择，坚持了健康第一的思想，并尽量保持了与《学生体质健康标准（试行方案）》一致性，力求通过对学生体质健康状况的检测，可以了解学生体育学习对身体产生的影响。

此外，《综合评价方案》将体质健康作为评价指标，还因为学生通过学年或学段的体育学习所产生的效果得以充分显现，并且能够被观察和被测量。

二、评价方案的评价方法选择与应用

在评价过程中，由于评价的学生主体不同（大学生、中学生或小学生），评价的内容不同（各学段学生的学习内容不同，且要求也不同），各项指标的权重不同（不同评价方案的侧重点不同），因此，在评价方法上也会有不同的选择。

（一）相对评价法

相对评价法是在被评价对象的集合中选取一个或若干个作为基准，然后把各个评价对象与基准进行比较，进而确定其在这个团体集合中所处的相对位置。实际上，"评价"就是人们参照一定的标准对事物的价值和优劣进行评判比较的一种认知过程。相对评价也是一种比较的过程，其特点是根据评价对象的整体状态确定的，其标准只适用于所选定的评价对象的集合，对于另外的集合未必适用。《评价方案》中学生情感态度的评价采用相对评价的方法，以学生在评价标准范围内行为发生率进行相互间的比较，这种评价方法的适应性强，应用面广，无论班级的整体状况如何，都可以进行比较，都能评出个体在集体中的相对位置有利于激发评价对象的竞争意识；同时，用建立在对学生群体测评基础之上的标准进行评价，能发现其个别差异，使教师对学生的个体予以关注，并在教学中区别对待。

（二）绝对评价法

绝对评价法是在被评价学生的集合之外确定一个标准，这种标准称为客观标准。评价时要把评价对象与客观标准进行比较，从而判断其达到目标程度的一种评价方法。《评价方案》中的技术技能的评价采用绝对评价方法，以学生完成技术技能动作的正确性和规范性，即技术技能的质量与所定目标进行对照。这种评价无论是学生处于哪种学习水平，均可以同体育技术的规范技术标准予以对照。绝对评价的标准比较客观，在准确的评价之后，每位学生可以明确自己的实际水平及与客观标准的差距，有利于创设一种积极向上的氛围。但这种方法也有缺点，客观标准的测定比较复杂，有些没有量化的指标，难于做到客观，难于照顾到个体的差异性。同时，评价结论也易受教师自身因素的影响，教师水平越高，评价越公正，反之则越失实。

（三）个体内差异评价法

个体内差异评价法是把被评价指标体系中各项评价结果的过去和现在进行比较，或者是一项指标内部的各因素的若干侧面相比较。在《评价方案》中采用的个体内差异评价法是将学生在体育学习中的过去和现在进行比较，从中发现学生的进步和成长幅度；还可以对学生在情感态度指标方面的行为表现进行前后比较，观察其发展变化的程度；对于技术技能掌握程度或达标成绩进行比较，考察其所长或所短，特别是对于学生体质健康状况的个体内差异比较，如身高、体重、心肺功能的变化方面，会使学生在锻炼的有效性上产生信心。这种评价方法照顾到个体差异，评价过程不会给评价者造成压力，个体内差异评价法与相对评价法结合使用能取得更为积极的效果。

（四）等级评价法

等级评价法是依据内容和标准确定不同的等级，按照等级标准来评价学生体育学习的情况。等级评价法可划分不同的等级，如上、中、下；优、良、中、及格、不及格等。通常等级的评价结果在统计时可以按照预先的评价设计换算为统计数据。目前在体育教学评价中，等级评价被广泛应用于情感体态度评价或技术技能评价之中，主要以外显的行为表现作为评价的内容。

（五）收集评价信息的方法

1.观察法

它是在自然条件下有目的、有计划地对自然发生的现象或行为进行考察、记录和分析的一种研究方法。即对所观察的现象或行为不加以人为的控制，使它们以本来面目客观地呈现出来。观察法分为两种，一种是广义的观察，或叫一般日常的观察，即通过研究者带有一定自发性、偶然性的亲身感受或体验来获得有关研究对象的感性材料。另一种是科学观察，即研究者按照预定的计划，对于观察对象的范围、条件和方法作明确选择，有目的地直接观察处于自然条件下的研究对象的言语、行为等外部表现，搜集事实材料并加以分析研究从而获得对问题的较深入认识。在体育教学评价中，对学生体育学习中的情感态度的外显行为进行观察，对学生技术技能学习中积极性、主动性的观察，都属于通过观察收收集学生的学习信息。

2.测量法

它是根据一定的法则，将某种物体或现象所具有的属性或特征用数字或符号表示出来的过程。体育教学评价中经常会采用测量法对学生进行效果检验，测量属于评价的前期工作，是体育教学评价中必不可少的收集评价信息的方法。

3.测验法

它是指用各种测量工具（教育、心理测验和其他量表）向被评价对象收集资料的方法。测验法常用来收集学生的认知发展、学业成绩、学习能力、体能等方面的资料。测验是评价学生认知发展的主要工具。

4.问卷法

它是调查者运用统一设计的问卷向被选取的调查对象了解情况或征询意见的调查方法。教师可以通过事先设计好的问卷问题让被学生作出回答，通过对问题答案的回收、整理、分析，获取有关信息。问卷法具有高效、统一、广泛的优点，可以使教师及时获得学生在知识、技能、情感方面和体育学习需求方面的信息，为调整教学设计、优选教学内容等提供参考。

三、学生体育学习评价的工具

（一）评价指标评价标准及权重分配

评价指标评价标准及权重分配是不同《评价方案》对评价指标内容及权重的分配，权重比例是根据本方案的评价目的和研究小组的意见设置，但不同的层次教师可以根据具体教学内容进行适当调整。在三个表格中的指标类别、权重等设置清晰、明确，体育教师能够较好的理解与应用。

（二）情感态度评价表

此表可以用于教师评价和学生自评和互评，但其在总分计算中分别赋予不同的权重，学生评价的成分可以随学生年龄增长逐渐增加。

（三）技术技能评定表

本表依据评价指标内容和标准制定，教师可以依据所教授的技术动作的类型、难度和教学的不同阶段，自行设置权重比例和评价标准。例如在评价单个技术动作的阶段，可以将重点放在技术规格要求，赋予较高的权重，而在进行技术应用阶段或应用简单战术阶段，可以将重点放在应用方面，赋予较高的权重。教师应整体把握教学的重点内容，并在同一次评定中使用统一标准。本方案中设置的权重仅供参考。教师在使用本方案前应认真理解表一至表三的内容，以便能够根据学生的具体情况应用。

（四）体育知识评价

可以通过测验、问卷等评价方法了解学生的学习状况，并根据表六中的等级划分、百分数计算或评语评价等方式对学生体育知识的记忆、理解、应用等诸方面进行评价。对体育知识认知的评价方式有口头答问、书面解题、实际操作等三种形式，重点关注学生对体育知识的了解、懂得、应用等内化状况。知识认知的评价指标能够反映学生对体育与健康知识的掌握程度，并根据知识形成的规律及体育知识的特性，将体育知识的掌握程度，由低到高按平均分布原则，设置相应的等级进行评价。教师可以根据学校教学条件、知识特征和操作简便的原则来确定。

（五）学生素质健康评价

具体评价内容与标准，可以参考新的《体育（与健康）》教材人教版，学生身体素质评价表；还可参考《学生体质健康标准》、《国家体育锻炼标准》，对《学生体质健康标准》没有的项目，可参考本地区（或本校）学生的平均体能水平。

（六）综合成绩

将情感态度评价得分（等级评分换算为分值）与技术技能评价得分进行综合统计，以计算学生的最后量化得分或等级评分。

四、评价方案的操作程序

在学期开始时由教师对学生进行初始评价（诊断性评价），内容教师自定，可以根据即将要进行教学内容进行摸底，或根据上学期已经学习的运动技术或身体素质进行检测，目的在于了解学生的基础情况。评价内容、标准由教师自行设置。

根据初始评价的结果将学生分成优、良、一般三个层次，再按照水平均等的原则分成学习小组，按照我国各级各类学校学生的班容量计算，每组人在8~10人左右，并任命或选举小组长。学习小组的设置为学习评价方案中学生互评奠定基础。在体育教学过程中，教师要充分发挥学习小组的作用，在分组练习、课外锻炼等活动中给以适当的机会。同时要关注属于一般层次的学生，使他们小组人员能够互相帮助，形成互助合作的氛围。

在情感态度评价中，教师应将评价体系中的三级指标进一步分解为学生能够理解的语言，以便学生能够很好的发表自己的意见。在这一环节，《简单评价方案》中教师评价可占80%，学生自我评价可占10%，学习小组间的互评占10%的权重。在《一般评价方案》和《综合评价方案》中学生评价的比例可以适当增加，根据研究小组的意见，最多可以增值40%，即个人自评20%，小组互评20%。评价方法采用行为发生率的观察和记录形式进行。

技术技能评价以教师评价为主，教师根据学生对于技术技能的掌握程度，与正确技术动作进行对照，采用参照评价的方式予以评分。在评分的过程中，教师对学生技术技能的掌握情况既要有统一的尺度去衡量，还要考虑学生原有水平的差异，特别是在技能达标的评价中，更应在评定学生的进步幅度上予以倾斜。

根据不同评价方案的指标设置，如《简单评价方案》仅两项，《一般评价方案》有三项，《综合评价方案》有四项，且权重值不同，将不同评价指标的评分予以不同的权重系数并相加，得出综合得分。但得分不等于评价的最后结果，教师应该根据评分结果的倾向进行分析。重点要对照本阶段教学目标的达成情况，分析学生学习中存在的问题，教师在教学环节中还不能很好地处理的问题，学生体育知识、情感态度和技术技能学习中出现的问题是属于教学方法问题还是内容选择问题或是目标设置问题，进而为教师教学设计的调整提供参考。

将评价（分数和分析）的结果及时向学生公布，使学生及时了解自己的学习状况，一方面会提高自己的自信心，另一方面为学生设置新的学习目标提供参考。

五、评价方案设计的反馈意见

有91.7%的教师对评价方案持肯定的态度，认为《评价方案》的设计较合理或者合理，比较容易操作或者容易操作；同时也有8.3%的教师认为"设计一般，教师一直都在这样做"，这也与现状调查的结果具有一致性。许多一线教师在多年的教学生涯中，一直在自觉不自觉地遵循体育教学的规律，在教学评价方面积累了丰富有效的经验，是值得发扬光大的。本文经过由理论到实践的研究过程，进一步论证了此种评价方案的科学性和可行性，也是对教学一线体育教师实践工作的肯定。教学评价方案是一个动态系统，应该不断予以完善，值得欣慰的是没有教师对《评价方案》本身提出不同意见。

通过行动研究小组的实践检验和调查分析表明，学生体育学习评价方案的设计，可以基本解决体育教学目标达成程度定量与定性的评价问题。同时，也为学生进步幅度和综合成绩的评价奠定了基础。另外，由于评价操作简便，既提高教学效率、又减轻了教师评价负担，因而能够为解决体育教学评价中"难和繁"的问题提供有益参考。

第三节　体育教师可操作性评价方案的设计

体育教师在教育过程中的主导地位，决定对其进行教学评价的重要性，一方面可以促进教师积极地履行职责，另一方面可以检验教学效果，不断提高教学质量。

一、教师评价方案设计的目的与指导思想

（一）评价的目的

教师教学评价的目的，是通过客观、公正、及时、可靠地评定体育教师教学工作的质量和效果，发现教学活动中的优点和不足，提供具体、准确的反馈信息，以帮助教师改进教学工作，促进教师自身的发展和教学水平的不断提高。通过教师评价，鉴定教学行为的有效性，帮助教师反思教学行为，使评价过程成为教师认识自我、发展自我、完善自我的过程，以达到提高体育教学质量，促进教师综合素质提高的目的。

（二）评价的指导思想：

以《基础教育课程改革纲要（试行）》为指导，以建立教师自评为主和校长、教师、学生、家长共同参与评价的制度为重点，以提高教师的教学水平为目的，通过教师教学评价，发挥评价的诊断功能、导向功能、强化功能、自我教育功能、研究功能，使其及时发现问题、不断总结经验、优化教学行为。从而引导教师按照教学规律进行体育教学活动。所以，体育教师教学评价应该是促进发展的评价，是进行激励与矫正的评价。

二、教学评价方案的评价指标体系及权重分配

评价指标是根据一定的评价目标确定的、能反映评价对象某方面本质特征的具体评价条目。指标是具体的、可测量的，是行为化和操作化的目标，是可以通过对客体的实际观察获得明确结论的。评价指标体系是系统化的、具有紧密联系的、反映评价对象整体的一群指标或具体指标的集合，是由不同级别的评价指标按照评价对象本身逻辑结构形成的有机整体。它是衡量教学评价对象发展水平或状态的量标系统，在教学评价方案中处于核心位置。评价指标只能

反映评价对象和评价目标的一个方面或某几个方面，评价指标体系则能反映评价对象和评价目标的全部。

随着体育教学改革的不断深入，体育教师的角色发生了根本性的转变，教师不仅是课程实施的组织者、执行者，也是课程的开发者、研究者，因此，教学评价所关注的重点在于教师所有的教学行为。根据已经确立的教师教学评价指标体系，体育教师的教学行为包括课前准备、教学过程和教学结果，如教育理念、教学目标设计、教学内容选择、教学方法与教学评价的应用、教学活动的组织等，都是教师教学评价的主要指标及其子系统。在教师的教学活动中各种因素都有自己的重要程度，就是权重分配问题，这正是评价方案需要解决的。由于我国各级各类学校存在着较大的差异，教师评价的目的也会有所不同，因此，权重系数可以根据本校情况进行调整。

在教学过程的评价中，众多专家认为教学对学生体育学习动机的激发与兴趣的培养、示范动作规范与正确优美、讲解清晰明确与有感染力、注重学生的个别差异与因材施教是评价教师教学的最重要指标，被排在最前面。同时，关注学习方法指导与培养、教学目标设计的针对性、教师主导与学生主体作用发挥及精选内容并具有针对性等指标，这对教师教学提出了更高的要求。因此，教师的学识内涵、教学能力、基本素质、科研水平等能否体现在教学过程中也是值得关注的问题。

同样，教学效果也受到关注，并通过四个子系统反映教学效果。因此，在评价教师教学过程的同时，也应注意到学生的学习效果。由于学生的学习状况能够基本反映出教师教学的效果，这样就把学生锻炼习惯的养成和学生健康水平的提高作为评价教师教学能力的主要指标，同时也把学生体育技术与知识掌握和学生满意度列为评价教师教学效果的重要指标。

教学准备是教师进行教学活动不可缺少的重要内容。在课前教师的备课、准备教学文件、布置教学所需的场地设施等，通过这一系列的活动，特别是通过教学的设计和准备，可以使教学中的许多细节清晰化，并对于可能出现的问题考虑好解决的办法。

对教学评价的应用能够反映教师是否很好的发挥了评价的激励和促进的功能。通过调查了解到，目前我国各级各类学校的体育教学中，教师运用即时评价能够起到激励、互动和指导的作用，使"关注每一个学生"成为了可能。形成性评价在检验单元教学目标的达成、学生技术技能的掌握、体育知识的理解和学生个体差异及变化等方面都起到重要的作用。终结性评价对师生教与学的激励、教学目标的达成、教学大纲适宜性的检验、教学状况的诊断与反馈的作用也是不可忽视的。

　　总之，教师教学评价是对教师各个教学环节的综合检验，其结果不仅对于教师今后的发展有重要的意义，也能为提高教师的综合素质提供具体的参考意见。

三、评价教师的主体

　　教学评价的评价主体一般有教学管理者、同行、教师自己、学生等。

　　领导的评价：以学校领导为主体的评价一直是教师评价的主流，这种自上而下的评价被认为是最有权威性的。这种评价一般是单向的，是学校管理的一种手段，主要是优劣的认定，缺少评价者与评价对象的交流。

　　专家的评价：由专家从教育规律的角度对教师进行评价，其意见对教师应该有较大的指导意义。但专家本身具有权威的暗示性，其意见自然也具有权威性，对专家的意见往往只能去接受或采纳。

　　学生的评价：教师与学生共处的时间最长，学生对于教师进行的教学活动感受最深，因此，目前学生"评教"活动已经成为评价教师的主流，一些高校完全以学生的评价活动结果评价教师的教学水平。学生可以采用直接打分、开座谈会、调查问卷、征求意见等方式对教师的工作态度、教学述评、教学效果等工作表现作出评价。

　　同行的评价：同行评价常以教研组、年级组为单位进行教师评价，因为这些教师相互了解，能就教师的业务能力、专业水平以及工作表现作出较为客观的评价，特别是在认定教师业务水平时同行评价的意见能够起到很重要的作用。

　　教师的自我评价：教师的自我评价是教师依据一定的标准，对照自己的工作表现来评价自己。自我评价能激发教师的自我意识，产生自我教育、自我激励的效果，是不可忽视的重要评价主体。但是评价和个人利益相联系时，教师的自我评价容易出现偏差。

　　在评价活动中，可以根据评价的目的、侧重点不同，赋予不同评价主体以不同的权重分配。

四、评价的方法及工具

评价的方法是指各个指标用何种工具和方法能够考察其状态和水平的办法，其评价方法如下：

观察法：主要由评价主体在不干扰教师教学的情况下，对教师的教学过程、教学效果、教学准备情况和教学评价等评价指标进行的检验。这是进行教师评价的主要方法。

测量法：主要用于检验学生的学习效果，如身体素质提高的程度、技术技能掌握的水平等。

测验法：主要用于检查学生体育知识的掌握程度。

问卷法，通过问卷了解学生的体育意识、对体育课的兴趣及对体育教师教学的满意程度等。

访谈法：通过与教师或学生访谈了解学生对教师的评价意见、也可以通过访谈了解教师对于教学的设计思路或创新理念。

记录法：在所有的方法应用时都应该配合使用记录法，将教师教学过程和教学行为予以记录，已备分析评价之用。

五、评价方案的操作程序

教师教学评价的操作可以分为四个步骤：

（一）了解课前准备阶段

对于一节课的观察评价，往往不能了解被评价教师的整体教学设计。因此，评价者根据评价要求在课前检查教师的教学准备状况。检查分为两个环节，一是检查所有的教学文件和场地设施的准备情况，二是请被评教师以说课的形式介绍教学的基本思路，从中了解被评教师的教学整体设计和教学策略。

（二）实际观察阶段

实际观察及随堂听课。评价小组应选择不影响主讲教师教学和学生活动的位置进行观察，且在未经主讲教师同意的情况下不得在授课地点里随意走动，以免影响主讲教师的正常发挥。

在听课的过程中，观察法是搜集评价信息主要的方法，但应做随堂做好记录。随堂记录可采用实录型（记录课堂教学的全过程），也可采用选录型（根据主讲人的优势、课堂的特色、存在的问题而记录，也可根据听课者的需要而记录）。也可以采用现代化手段进行记录，如选用摄像机录制等。但不管采用什么类型的记录，课后听课者必须将随堂记录复印或复制一份给被评教师审阅。被评教师如发现有不切合课堂教学实际的记录或有争议的内容，则应将该内容作应有的修改、或删除、或注明自己的意见。

听课过程是帮助被评教师收集信息的过程，因为教学评价强调教学过程的完整评价，主张将整个课堂教学过程的各个环节、各项活动、各种教学现象和教学结果都纳入评价的视野之中。因此，随堂记录应该记录一切有教育意义的教学现象和教学结果，其中应包括体育教学的常态因素（如教学目标、教学内容、教学组织、教学方法、教学评价、教学效果等）以及课堂教学的动态生成因素（如师生在情感交流、身体活动中的偶发因素、教师的职业素养和人文素养、学生认知的主体参与意识、学生的知识以及技能和情感的动态生成因素等等）。同时，不仅要关注被评价教师的行为表现，注意观察学生的学习情绪、身体活动的积极程度、运动负荷等情况，对照评价指标体系内容做好记录。

（三）评价阶段

课后的评价阶段实际上是一个交流的过程。

自我评价：作为被评价教师应该用一分为二的观点评价自己教学活动，以客观、求实的态度对待自我评价。被评教师应该在课前了解、熟悉评价指标体系的具体内容和评价标准（或评价项目和评价要点），以便能从多个角度设计和审视自己的体育教学。评价的内容和标准可以是提纲式的、粗线条的形式（没有权重和分数），打印成文，在上课前提交给教师，以便教师做好素材和自评的准备。细化的评价指标体体系实际上能够起到指导教学设计的作用，能够使原本不清晰的概念在教师的头脑中更加具体化。

评价者的评价：通过评价者与被评价教师的面对面的交谈对话以及交流、沟通、讨论、协商、反思，对被评教师的课堂教学进行综合分析和充分讨论，归纳出被评教师课堂教学的优势和不足，并肯定优点，找出存在问题和产生的原因，提出希望、要求和改进的建议，直到达成一致的认识。

学生的评价：通过座谈会、问卷调查等方式了解学生对教师教学的反映，也可依据评价指标体系逐一对照，对于身体素质、技术技能掌握等项指标的评价还应采取相应的测量、测验手段。

将以上评价信息进行归纳汇总。评价者要以书面的形式写出评价意见或以数据的形式呈现，经过双方认同后上交至管理部门保存。

（四）评价效果检验

评价的预期目的，一般包括选拔、鉴定、认可、诊断、改进和判定客观标准的达成度，对于教师的教学评价，最根本的评价目的是要看评价的结果是否促进了教师的发展。通过评价的诊断分析，不仅发现了教师教学中存在的问题和产生问题的原因，还要能提出解决问题的方案或措施。同时对教师发展优势的分析还能够对教师起到引导和激励作用

总之，以新确立的教师教学评价指标体系为核心，在可操作性教师评价方案的应用中，要强调体育教师对自己教学行为的诊断和反思，注重教学中学生的信息反馈，在可能的情况下听取多方的评价意见，从多种渠道获得改进教学行为的信息，这是不断提高体育教师教学水平的重要手段。

六、对教师教学评价方案设计的实践与反馈

教学评价关注到体育教师教学行为，能对教师教学设计起引导作用，因此评价内容应该全面，体现科学性，评价标准应该具有可操作性，便于评价的实施。本方案的设计基本具备了这样的特点，但还需经过实践检验。尤其是关于教师水平是否全部体现在体育教学中，是否需要有其他评价指标还需要进一步探讨。

评价方案中指标的选择与确立，使教师评价的指标更加明确，应将评价的具体内容向教师公布，成为教师教学设计的依据，发挥教师既是体育教学活动的设计者，又是教学效果的评价者的作用，有利于教师对课堂教学的调控，促使教师不断提高自身的业务水平，规范常规教学。评价指标的具体化，解除了教师在被评价时的被动感。

教学评价关注教师的发展，应该配之以具体措施，如对现有体育教师进行评价培训，使之了解评价的真正意义和评价的方法手段，既能使教师获得自我评价的能力，还有助于教师掌握对学生的评价的方法。对教师本人的发展和体育教学均有利。

教师评价方案没有确定评价实施的阶段，所进行的评价实际上属于终结性

评价，建议能以形成行评价方案指导教师的教学改进。

存在问题：教师评价方案设计由于受到多种因素的影响，还没有能够在实践中予以检验，本研究以征询意见的方式得到的反馈意见，还需要在实践中加以验证。

第四节　可操作性教学评价体系的实施条件

评价活动是由评价方案、测量（量的记述）和非测量（质的记述）、价值判断三大素组成。不同的评价方案，会有不同的测量、非测量和价值判断，也会获取不同的评价信息。不同的评价信息又会产生不同的作用，而且同一种评价信息对不同的主体也会产生不同的作用。如何使新构建的体育教学评价方案具有可操作性，实施条件是非常重要的。

一、需要得到社会的广泛支持

（一）教育管理者的认同

教学评价体系的实施，需要得到教育管理者的支持，并与新构建的评价体系之间达成理念上的共识，包括基本理念、具体方法以及有创意的操作等方面。为确保共识的达成，最重要的一点就是，教育管理者要加强与一线体育教师以及体育教育专家的沟通和交流，并允许彼此间的争论和学术争鸣。

（二）社会的认同

由于新构建的评价体系在很多方面都与原有评价体系有着观念上和操作上的不同点，这将对社会各界关心教育的人们，尤其是学生的家长，带来新的再认识和学习的任务。比如，新构建的评价体系中肯定了学生体育学习评价对情感态度的重视程度，同时也提出了体育教学应该重视知识传授等，根据教学的阶段划分提出了简单评价、一般评价和综合评价的方案，对于教师教学评价则重点关注教师的教学行为等，这些观点只有得到家长的认同和支持，新构建的评价体系的具体内容才能得以确保实施。而且在新的评价体系实施过程中，家长参与评价已经成为必不可少的重要评价方式之一。

（三）体育教师的认同

体育教学评价体系的构建反映了新的教育理念，从新的视角对体育教学进行了重新认识，可以解除近年来体育教师对于评价问题的困惑。但同时评价体系的构建和评价指标的确立以及教学评价方案的实施完全依赖于一线体育教师的认同，体育教师对此不能进行准确定位和把握，那么新构建的评价体系所蕴含的理念和思想就不能得以发挥。体育教师在评价体系实施中的表现将直接影响到整个评价体系在学校体育教学中的推进。

二、教学评价体系等实施条件

（一）建立实施教学评价的组织机构

各级教育系统都应有一定的组织来具体负责实施宏观、中观和微观的教学评价。评价人员可在大量抽样的基础上，就宏观、中观微观的教学状况，教学水准和发展趋势做出评价，并向有关部门提供咨询反馈信息。评价机构的人员可来自教学管理系统、教学系统及教育研究系统，并可专兼职。教育行政部门要赋予评价机构一定的职能，如决策咨询、检查指导、评价监督、协调服务等职能，还要为机构提供一定的经费保障。只有这样教学评价才能做到经常化、制度化，教学评价才能真正得到落实。

（二）建立教学评价制度

评价制度包括评价的指导思想、评价方法、评价结果的处理以及评价时间方面的制度规定。教学评价制度的建立，一方面可以使教学评价规范化，另一方面从制度上为把教学评价纳入日常教学管理的轨道提供了保障，这有利于评价过程的科学规范化，减少人为因素对评价工作的影响。这样教学评价才有可能真正成为改进教学和教学管理的手段。

（三）建立畅通的信息反馈渠道

所谓反馈就是将评价输出的信息，反馈给教学管理系统和教学系统。教学管理系统和教学系统接到反馈信息后，根据反馈信息对本系统做出相应的调整，这样才能使评价系统与教学管理系统和教学系统发生相互作用。如果反馈渠道不畅通，评价信息不能及时反馈给管理者和教师，就会影响教学评价功能的实现或削弱某些功能。例如教学评价的调控功能的实现就要求有畅通的反馈渠道，以能将评价信息及时顺利地反馈给教学管理者和被评价者，及时对教学活动进行控制调整。否则可能因为错过调控的有利时机，而使调整活动难以进行。

（四）建立学校教师评价系统

在各种评价系统中，学校评价系统非常重要，它既是宏观评价的基础，又是微观评价的组织者，起着中间纽带作用。学校是基本的教学管理单位、教学单位和教学评价单位，评价系统将三者有机地联系在一起。学校教师教学评价体系由领导评价、教师互评、学生评、家长评和教师自评构成。学校主管领导只有经常深入课堂听课，及时掌握教师的努力程度及教学效果，加之日常的细心观察，才能掌握较详实的评价材料，评价才有较高的可靠性、较强的针对性和指导性，才能发挥评价的指导功能和激励功能。教师之间互相开展评价要满足以下条件才能起到激励作用：教师之间必须高度信任，彼此间经常性的相互听课，及时交流信息。另外，奖金必须不是相互竞争的，如一位教师多得，别人就会少得等。学生对教师的评价是为了避免师生间某些特殊的感情因素所带来的副效应，应采取学生全员性评价措施。教师自我评价，有利于教师自身发展，也可鼓励教师付出更大的努力。

内部条件主要指教学评价系统本身是否具备发挥其功能的条件。如评价主体的评价观、评价水平、评价过程、评价方法的科学性、评价标准的科学性合理性等。总之，这是进行科学客观的教学评价，要充分发挥评价功能的保证作用。

首先要建立现代教学评价观念。现代教学评价观念的核心是全面教学价值观和教学评价价值观。教学的价值在于促进学生各种素质协调发展，使学生学会学习，具有创新精神和实践能力；使学生具有可持续发展性。教学评价的价值并不只在能进行选拔，而在于能发现符合学生主体需要的价值事实和不足，能对教师教学给予指导、激励与调控。评价本身不是目的，促进教学质量的提高才是根本目的。

其次，要研究制定出科学客观的评价方案，以保证评价标准、评价过程、评价方法的科学合理性，并以它作为教学评价功能的全面支撑。教学评价方案是否科学客观，直接关系到教学评价能否顺利实施。评价标准、评价方法及实施步骤是否科学客观合理，将直接影响到评价的信度和效度。只有当获得的评价信息是可信的和有效的，教学管理者和教师才愿意接受这些信息，这是教学评价功能实现的前提条，这样才会依据它去调整和改进教学。例如要正确发挥教学评价的调控指导功能，不仅评价内容和标准要符合党的教育方针和教学目标的要求，符合教学改革的需要实际，还要有科学合理的教学评价方法，保证教学评价获得的评价信息能真实反映教学客观实际以及评价结果公正客观。否则有可能产生误导，或因获取的信息是无效的，而不能对教学进行调控指导。

第三，要有一支素质良好的评价队伍。科学客观的教学评价，还要有较高素质的评价队伍作保障。评价人员的素质不高，易造成评价结果的偏差，或先入为主，或抓住一点丢掉其他。教学评价是一项政策性、专业性很强的工作，它要求评价人员能够坚持原则、秉公办事、尊重信任评价对象；重事实、重数据；掌握评价标准，能正确运用评价方法开展教学评价。它需要评价人员具有正确的教育观和教育价值观；具有教育学、心理学管理学、统计学等专业基础知识。这些思想和专业知识是制定科学客观的评价方案，客观全面的搜集教学价值事实，做出客观公正的价值判断，对教学做出准确诊断、给予指导的基础。

综上所述，充分发挥教学评价的功能，对实现教学目标，提高教学质量具有重要意义。但我们只有认识了教学评价的功能，并提供了教学评价系统与教学管理系统和教学系统发生相互作用的外部和内部条件，如建立教学评价制度，设立教学评价的机构，建立畅通的评价信息反馈渠道；建立现代教学评价观、研究制定科学的教学评价方案，培养一支具有良好素质的评价队伍，才能充分实现教学评价的功能。

第十二章　新课程标准下发展性体育教师评价指标体系研究

第一节　发展性教师评价理论的内涵

一、发展性教师评价理论的形成、发展的历史回顾

对于评价一词，《辞海》中是这样解释的："评论货物的价格；还价。《宋史·戚同文传》：'市物不评价，市人知而不欺。'今亦泛指衡量人物或事物的价值。"教育评价是伴随着教育的产生而产生，随着教育的发展而发展的。教育是一种有目的的活动，一切教育活动都含有评价的因素。教育评价理论萌芽于我国隋朝，源于对学生的学历检测。自隋炀帝于公元606年置进士科开始，延续了1300余年的封建科举制度，其实就是一个关于学生学历检测、评价的制度。这个制度在其初期，对于为封建王朝选贤任能起过重要作用，对欧洲教育产生过很大影响。

教师评价作为教育评价的一个重要部分并不是什么新的事物，自从人类有了教育活动，也就有了教师评价。但是，作为一种系统的教师评价，应该说是20世纪以后才有的事。20世纪20年代，在美国开始的教师评价活动与杜威倡导的、当时占主导地位的进步主义教育运动有关。当时评价的重点在于分析被评教师的教学方法与杜威或詹姆斯的教育哲学和教育心理学是否相一致，并将业绩评价结果与教师的工资和津贴相挂钩，又称为"业绩工资制"。当时主要依据校长对教师的评价及书面测验等方法，但最终因在评什么、如何进行评价等有关问题未形成统一的理念而废止。其中的关键是校长的主观评价是否带有随意性和有失公允。50年代初开始，评价的重点在于判断教师是否具有从事优秀教学所需要的人格因素。60年代以后，系统论的管理方法影响了美国的教育管理，目标评价很快取代了传统的教师评价，重点转向评价教师一般的教学行为。1976年，美国国家教育学院（National Institute of Education）提出了一个

方案，这个方案要求根据能力和表现来认定一个人的教师资格，而不仅是根据他在师范院校所受的学历教育。80年代以后，兴起了关注教师职业发展的发展性教师评价。到20世纪90年代中期，美国根据教育发展的需要，在反思传统评价弊端的基础上，逐步提出了新的教师评价理念：把教育、教学的质量保证与教师的专业发展和素质提高整合起来的发展性评价理念。认为评价不仅仅是对教师工作状况的鉴定，更重要的是为促进教师成长和提高教学水平服务，达到提高学生学习成绩的目的，即发展性教师评价理论。

在英国，全国范围内教师的系统考评活动是在80年代。当时公众对教育质量日益关注。公众认为，他们都是纳税人，应该有权力了解在专业自治背景之下的教育成本效益、教师工作状况和学生学业状况，客观上对教师评价的发展起了推动作用。1974年，英国教科部（Department of Education and Science 简称 DES）建立了一个教育成就评定机构（Assessment of Performance Unit 简称 APU）。建立这一机构的目的就在于监督学校教育的质量。1980年和1981年，英国分别通过了两个教育法案，其中第一法案规定：学校必须更多地向家长报告它的工作情况；第二个法案则进一步要求学校公布它在各种社区测验中的成绩。

1982年在英格兰与威尔士，将近三分之二的学区开展了学校评价方案的研制活动，为教师个体常规性的系统考评奠定了基础。1983年，英国教育与科学部以及威尔士事务部共同发表了《教学质量》（Teaching Quality）白皮书，对教师队伍表示担忧，强调教师素质与教育质量之间的关系，重视师资培训，开始关注教师评价制度，提出教师的评价与教师的工资、提升之间的联系问题。1984年，教师考评在全国范围内形成了一项日常的系统的工作。新旧教师评价制度的演变是源于1985年英国教育与科学部以及威尔士事务部再次共同发表了《把学校办得更好》（Better School）的白皮书。这份白皮书表示了对教育状况继续恶化的担忧，明确指出教师素质低下和某些专业教师短缺是导致教育状况日益恶化的主要根源，并强调为了保证教师履行自己的职业使命，促进教育质量的提高和学校的发展，必须在全国实施教师评价制度，它还维持1983年《教学质量》（Teaching Quality）白皮书的观点，认为教师评价与晋级、加薪、解聘是联系在一起的。这种观点在英国教师协会中引起绝大多数教师的不满。一位教师协会负责人公开指责说,这种教师评价制度剥夺了教师讨价还价的地位,要加以反对。1985 年夏天,皇家督学团发表了《学校质量:评价与评估》的报告,它明确解除了教师评价与解聘的直接联系。这一次对实施发展性教师评价起了决定性的作用。皇家督学团从 1987 年到 1989 年,在六个地方教育当局对新的教师评价制度进行了试点研究,并从 90 年代初开始真正推行新的教师评价制度,即发展性的教师评价制度。

80 年代以后在欧美,关于教师评价一直存在两种对立的观点:一种是"控制观",这种观点的典型代表就是强调教师责任制的教学效能评价;另一种是"非控制观",强调教师评价"不应看重来自上级、校长、学生、学生家长和同事的决定压力",而关注教师在教学上的进步与提高。提倡教师评价非控制观的人认为,大部分教师是胜任自己工作的,评价的目标应是帮助教师改进教学。这类评价又被称为发展性教师评价,它是一种形成性评价,即评价的目的不是为了作出奖惩决定,而是用于诊断教学中存在的问题,总结经验,以利于进一步地改进工作。实施发展性教师评价的目的,是要让教师充分了解学校对他们的期望,培养他们的主人翁精神,并根据教师的工作绩效,确定其个人的发展目标,以便进一步为他们提供培训和自我发展的机会,从而提高他们的工作胜任能力。

二、发展性教师评价的内涵

20 世纪 80 年代以来,管理学和心理学理论发展迅速,人们越来越关注个人价值,这包括个人发展、个人激励、个人自治、自我实现的价值等。作为个人,他们希望自己得到发展,能够掌握自己的前途和命运,能在目标范围之内评价自己的优劣,决定和实现自己的发展需求。发展性教师评价运用了这些研究成果,强调教师个人在学校中的价值,相信教师个人具有做出正确判断的能力,并承认教师个人的发展需要与组织的发展需求的内在关系。它是在对奖惩性、鉴定性、放任型的教师评价模式的扬弃中产生的。教师评价模式的变化过程,经历了从原来以奖惩为目的的教师评价模式转变为以教师未来发展为目的的教师评价模式,从随意的教师评价模式转变为连续的教师评价模式这样一个过程,与以往的评价制度有着本质的不同,它明确地把教师评价的发展功能置于核心地位。

发展性教师评价的理论坚持以人为本的原则，关注教师的未来发展，其内涵主要有以下几方面。

（一）评价的目的是促进教师的专业发展

传统的教师评价多以奖惩、鉴定为目的，根据教师评价的结果进行奖励，鉴别教师的好与坏，高与低。这种评价教师的制度往往与各种利益挂钩，而不是为教师的未来发展提供建议和帮助，对提高教师教学水平的促进作用是有限的。而发展性教师评价的根本目的是让教师了解自己教学的长处和不足，帮助教师制定针对性的个人发展规划，从而促进教师提高专业素质和教学技能。发展性教师评价一般不与奖惩、得失挂钩，和教师的根本利益是一致的，它能够引起教师内心的共鸣，能够调动广大教师参与教师评价的积极性，在一种轻松、和谐的氛围中不断提高个人素质和能力，提高教学水平，从而提高整个学校教学质量。对学校管理者而言，奖惩不是目的，而目的在于提高教学质量。因此，发展性教师评价既切中要旨，又顺应了学校改革与发展的潮流。

（二）评价的方向是面向未来的

传统的教师评价主要是关注教师过去一段时间内的表现，对过去所做工作的总结和鉴定，很少关注教师未来将会如何。而发展性教师评价理论不仅关注教师过去的表现，更关注的是教师将来的表现，通过评价为教师进行诊断，使教师明白自己的优点和不足，为将来如何保持长处和改进缺点提供帮助。发展性教师评价不仅注重教师个人现在的工作表现，而且更加注重教师和学校的未来发展。在实施发展性教师评价的过程中，教师能够充分了解学校对他们的期望，根据对教师工作表现的评价结果，确定教师个人的发展需求，制定教师的个人发展目标，并向他们提供一定的指导、培训或自我发展的机会，从而促进教师教学水平的提高，推动学校的发展。

（三）评价的动力是激发教师的内在动机

传统的教师评价是靠外部的行政压力来使教师的工作达到合格或胜任的水平。大部分教师是迫于这种压力而被动的进行工作，个人较少有主动性。美国心理学家艾曼贝尔证实，很多环境因素，诸如外部评价、监督、奖赏等都有害于人的创造性。教师工作极富挑战性，是一种创造性的劳动，外部的压力往往会压制他们的个性，抑制他们工作中的创造性，而激发教师内在的动机是提高教师创造性的有效途径。教师一般都受过较好的教育，他们有较强的自我激励、自我调整、自我提高的能力。学校的管理者要尊重教师、相信教师，放弃权威性的管理和评价方式，推行民主化的管理，以成就为评价的导向，通过对评价标准的探讨达成共识，积极推行多评价主体的评价方式，从多角度对教师进行评价，使评价更全面，反映教师的工作实际，从而充分调动教师工作的积极性，激励教师不断自觉进步。

（四）评价的过程以形成性评价为主

传统的教师评价是终结性评价，多是通过一次或少数几次教学活动就认定教师的教学水平，忽视了提高过程，不能用动态的、发展的眼光看待教师教学水平的提高。评价的结果多是报告给各级制定政策的管理者，以便作为他们制定政策或采取相应的行政决策的依据，是教育行政管理机构对教师监督和控制的手段，是提高教育投资的效益和教学效能的重要途径。形成性评价是内部导向性的、动态性的、教育性的评价，主要是通过诊断教师在教育教学活动中存在的问题，及时进行反馈，提高实践中正在进行的教育活动质量的评价。这种评价必须在教师对自己的教学行为有充分认识的基础上进行价值判断，促进教师的发展。发展性教师评价就是强调对教师教学过程的评价，注重动态监控，既关注原有的教学水平，也关注其提高过程，并为将来的发展提供指导和相应机会。

（五）评价的结果轻奖惩重发展

传统教师评价的结果是为管理者对教师进行奖励或者惩罚提供依据，直接与教师的聘任、加薪、晋级等挂钩。这种以奖惩为目的的教师评价，导致被评价者的功利主义倾向，被评价者的虚假行为难以禁止。而发展性教师评价主张与奖惩脱钩，它不要求对评价资料做较高程度的概括，注重对评价结论的分析，找出教师的长处和不足，并将教师的表现向学校领导报告，使学校能进一步制定对教师提供帮助的决策，促进教师发展。

第二节　建立新课程标准下高中发展性体育教师评价指标体系的必要性

一、建立新课程标准下高中发展性体育教师评价指标体系是教育评价体系自身发展的要求

　　评价泛指衡量人物或事物的价值。而教育评价则指依据一定的教育价值观或教育目标，运用可行的科学手段，通过系统地收集信息资料和分析整理，对教育活动、教育过程和教育结果进行价值判断，从而不断自我完善和为教育决策提供依据的过程。教育评价作为一门科学同其他科学一样，都有其特定的研究对象。教育评价的研究对象离不开教育，它是以教育领域中的各个要素、发展过程、系统整体的价值关系及其教育价值目标的实现程度、实现过程及其结果的解释、评估和判断为研究对象的，从而揭示教育评价活动的规律性。日本学者梶田叡一将这些对象中最重要的、按照从核心到边缘的顺序整理划分为六种水平的对象（见表 12.2.1）

表 12.2.1　梶田叡一教育评价对象划分表

第一种水平的教育评价	每个学生
第一种水平的教育评价	教育活动
第三种水平的教育评价	教学计划和教师
第四种水平的教育评价	学生集体、包括教师在内的班级、教师集体和学校的整体状况
第五种水平的教育评价	基本设施、校址及校舍和周围社会的环境
第六种水平的教育评价	教育行政体制和学校教育在整个社会中的地位和职能

　　从表 11.2.1 中我们可以看出教师是处于第三种水平的评价对象。

　　教师评价一直以来就是教育评价体系中非常重要的一项，也是教育评价体系中不可缺少的一项。教育评价作为一门科学，其体系的发展也要求教师评价体系随之发展，而体育教师作为教师队伍中重要的组成部分也需要进行评价，其评价体系的建立是教师评价体系的要求，也有助于教师评价体系的完善，更

有助于教育评价体系的完善。高中作为实施《体育与健康课程标准》的重要阶段，体育教师的评价体系是教师评价体系中重要的一部分，同时也是教育评价体系中重要的一部分，其体系的建立和完善将大大促进教育评价体系的发展和完善，因此在新课程标准下对高中体育教师评价指标体系进行建立是教育评价体系自身发展的要求。

二、建立新课程标准下高中发展性体育教师评价指标体系是体育教育自身发展的要求

教师肩负着传承文明、开发人类智慧、塑造人类灵魂的神圣使命，影响着人类的未来，只有具有高素质的教师，才能确保高质量的教育，才能培养出高质量的学生。所以教师的好坏关系到教育质量的高低，关系到教育发展的未来。而实施教师评价对提高教师素质、改进教师工作、建设高素质的教师队伍、促进教育改革和社会发展都具有十分重要的意义。所以对教师的评价受到了普遍的重视。体育教师作为教师队伍中重要的组成部分，有其特殊的使命。而体育教师素质的高低同样也关系着教育发展的未来，更关系着体育教育发展的未来，因此如何通过评价提高体育教师的素质，从而促进体育教育的发展也是教育评价研究的重要内容。

邓小平早就指出："一个学校能不能为社会主义建设培养合格人才，培养德智体全面发展、有社会主义觉悟的有文化的劳动者，关键在教师。"教育的发展靠教师，体育教育的发展同样也要靠体育教师。体育教师是体育文化的积极传播者和创造者，高中阶段是体育教育组成的重要阶段，也是青少年学习体育知识和奠定终身体育意识的重要阶段，因此在新课程标准下建立高中体育教师评价指标体系，从而促进体育教师素质的提高，进而促进体育教育的发展，是体育教育自身发展的要求。

三、建立新课程标准下高中发展性体育教师评价指标体系是《体育与健康课程标准》的要求

在"健康第一"思想指导下，根据《基础教育课程改革指导纲要（试行）》和《普通高中课程方案（实验）》的精神，《普通高中体育与健康课程标准（实验）》（以下简称《标准》）被制订出来了。在学生达到九年义务教育体育与

健康课程要求的基础上，《标准》强调课程的基础性、实践性和综合性特征，体现课程的整体健康观和育人功能，突出学生的学习主体地位，重视建立较完整的课程目标体系和发展性的评价体系，注重教学内容的可选择性和教学方法的多样性，使课程有利于培养高中学生的运动爱好和专长以及坚持锻炼身体的习惯，提高学生的健康素养，促进学生在身体、心理和社会适应能力等方面健康、和谐地发展，从而为提高国民的整体健康水平发挥重要作用。新课程体现了以下基本理念：第一，坚持"健康第一"的指导思想，培养学生健康的意识和体魄；第二，改革课程内容与教学方式，努力体现课程的时代性；第三，强调以学生发展为中心，帮助学生学会学习；第四，注重学生运动爱好和专长的形成，奠定学生终身体育的基础。新课程以全新的理念为指导，对我国原来的课程体系进行了改革。在评价方面《标准》强调建立发展性的评价体系。在体育教师评价方面，《标准》认为体育教师评价目的是通过对体育教师教学工作的质量和效果、体育教师的专业素质进行客观、公正、及时的评价，为体育教师提供具体、准确的反馈信息，以促进教师改进教学工作，不断提高体育教师自身的专业素质和教学水平。从中我们可以看出《标准》对体育教师的评价提出了明确的目标。因此，建立新课程标准下高中发展性体育教师评价指标体系是《体育与健康课程标准》的要求。

第三节　制定高中发展性体育教师评价指标体系的原则、内容、方法

一、高中发展性体育教师评价指标体系的原则

教师评价原则是人们基于对教师评价规律的认识，对教师评价活动的基本要求，或者说它是教师评价活动所依据的根本法则和准则。它既是客观规律的反映，又是人们主观上的约定，因而原则是主观和客观统一的产物。笔者认为高中发展性体育教师评价指标体系应遵循以下原则：

（一）方向性原则

方向性原则指通过评价内容和标准等的制定，评价过程的侧重、评价结果

的肯定与否定等推动教育活动贯彻国家的教育方针，进而满足社会需求，保持良性发展的方向。

方向性原则要求教育评价活动与教育评价研究要给教育活动以符合国家教育方针、政策的导向。要做到这一点，评价过程的各个环节都很重要，如评价目的的确立，评价标准和内容的选择，评价信息的收集方式，以及评价结果的呈现等。教育评价活动作为一个整体对教育活动起导向作用。实践证明教育评价内容与活动水平均有赖于教育活动开展的背景与水平，而教育评价也对教育活动发展方向起着强化作用。要贯彻方向性原则就要求评价者要有正确的评价观，评价工作体现正确的评价方向，评价内容和标准体现正确的教育方向。

（二）客观性原则

教育评价的客观性原则是指评价主体要以真实的材料为基础，对教育活动过程和结果作出客观的价值判断。

教育评价是对教育现象进行价值判断的过程，价值判断必须以客观事实为基础，要从评价对象的实际出发。追求教育评价的客观性是现代教育评价的一个基本特点，也是教育评价的一条重要原则。

教育评价的客观性原则要求评价主体在评价中克服主观随意性和感情因素的影响。要正确理解和严格执行评价标准，避免带有主观色彩去评价。教师评价是教育评价的重要组成部分，因此也要坚持客观性原则。在教师评价过程中，评价主体认识和判断的局限性，以及评价主体与被评价教师个人感情上的因素，更容易使评价偏离客观性原则。只有坚持教育评价的客观性原则才能按照评价标准对评价对象作出客观的价值判断，评价结果才有积极的意义。

（三）科学性原则

教师评价要以现代教育理论和现代教育评价理论为指导，其评价目标、评价标准、评价程序、评价方法等不仅要符合教育规律、教学原理、教师的职业特点和心理特点，也要能被全体评价者和评价对象所接受。要贯彻教育评价的科学性原则，首先，要求评价要有科学的态度。一切以事实为依据，按照客观规律办事。其次，要求评价要有科学的指标和标准，即评价标准的选取要有科学的根据。再次，要求评价要有科学的技术和方法，评价方案的设计、信息的采集、结果的合成与处理等要具有可靠性和有效性。

（四）可行性原则

高中发展性体育教师评价指标体系的制定和实施，必须立足于现实，符合实际，简单易行，具有可操作性。这就要求在选取评价指标和评价方法时要与实际情况相结合，从现有的条件出发，选择既能客观全面评价体育教师又能操作，易操作的指标和评价方法。贯彻可行性原则首先要使评价的总体要求切合实际，做到量力而行。如范围和规模的大小要合适。同时也要考虑教育现象的可变量大，可控性差，精确度量比较困难等特点，要坚持定性和定量相结合。其次，评价的指标要简明不失其关键、全面不失其重点。评价指标要少而精，简明集中，既要照顾全面，又要突出重点。再次，评价的标准要有鉴别力和可达性。评价标准要符合评价对象的发展水平，既不要高攀，又不是唾手可得，而是被评价者只要经过努力就能达到评价标准的基本要求，经过较大努力就能达到评价标准的优良水平。最后，评价方法简单易行，可操作性强。

（五）全员评价和全面评价的原则

与传统评价制度不同的是发展性教师评价制度要求全员评价和全面评价。

全员评价指的是发展性教师评价制度是面向全体教师的，不是面向少数优秀教师或少数不称职教师的，它要求全体教师都要接受评价。

全面性原则包含两层含义：第一，要求对教师的职业道德、教学能力、科研能力等进行全面的评价。第二，要求在评价过程中，保证信息渠道的畅通，全面的掌握评价信息。如果评价信息不全面，评价的结论只能建立在有限信息基础上，就会出现以点代面，以偏概全的片面性。因此，高中发展性体育教师评价指标体系要求评价者广泛地、充分地、全面地占有信息，拓宽收集信息的渠道，从而全面的评价体育教师的教学工作。

（六）民主化原则

民主化原则是师资管理民主化的具体体现。传统的教师评价制度把教师视为管理的对象，注重等级森严的组织体制。与此相反，发展性教师评价制度强调教师在师资管理中的主体地位，树立依靠教师办学的思想。因为在整个教育教学过程中，尽管存在着人力、物力、财力、学生、时间、信息等因素，但是教师是最基本和最重要的因素。没有教师的主导作用，其他因素都难以有效地发挥作用。

民主化原则要求破除评价过程中的神秘化，增加评价过程的透明度，把评价目标、评价标准、评价方法、评价程序、评价要求原原本本地告诉所有参加评价的评价者和评价对象，以便调动广大教师的参与意识，激发教师的积极性。

（七）全体参与共同进步的原则

高中发展性体育教师评价指标体系强调全体教师积极参与，共同进步。教师评价最终能否提高教师素质和教学水平，关键取决于广大教师积极参与的程度，取决于他们在评价过程中开诚布公的程度。发展性教师评价非常注重领导与教师、教师与教师、教师与学生的沟通，鼓励全体师生员工积极参与教师评价工作，强调评价双方的相互信任，评价过程的双向性和评价氛围的和谐性，评价使每一位教师都获得进步和提高。传统以奖惩为目的的教师评价不可避免地引起部分教师的冷漠和抵制，它不仅无法实现全体教师的共同进步，而且会产生某些负面效应。而发展性教师评价不仅要求改善少数教师的工作表现，而且要求改善全体教师的工作表现。其最终目的是通过全体教师的共同进步，来促进每一位教师的未来发展，促进学校的未来发展。

（八）导向性原则

发展性教师评价强调面向未来，而不是面向过去；以发展为目的，而不是以奖惩为目的。其最终目标是充分调动教师的积极性，为教师今后的工作指明努力的方向，从而实现学校的发展。因此，在确定评价目标、评价标准、评价程序、评价方法等环节上，既要符合教师工作的特点，又要充分考虑把教师的发展需求与学校的发展需求结合起来，最大限度地发挥教师评价的导向功能。

（九）激励性原则

激励性原则指教育评价应促使评价对象形成继续努力或在进一步的活动中改善不足之处，提高活动效果的动机或期望。

激励性原则是依据激励理论提出来的。激励理论认为，激励过程表现为：内外界刺激引起人们生理或心理的某种需要，需要产生动机，动机支配行为，行为指向能满足需要的目标，目标达成的评价结果反馈，又成为新的刺激产生新的需要，如此周而复始，不断推动个体的发展和社会的进步。贯彻激励性原则首先要求评价的内容要有激励性，评价内容符合实际；其次评价的方法要有激励性；最后评价的结果要有激励性，评价结果客观、公正、准确。

评价本身不是目的，教育评价的目的是激发教育主体的工作动力，促进提高教育教学质量，提高人才培养质量。

二、高中发展性体育教师评价指标体系的内容

依据《普通高中体育与健康课程标准》以及高中体育教师特点，以发展性教师评价理论为支撑，笔者认为高中发展性体育教师评价指标体系首先要确定评价的主体及各评价主体的权重，即由谁来评价体育教师，每个评价主体的评价应该占总评价体系的权重是多少。其次是评价指标及权重的确立，应从专业素质和课堂教学两方面对体育教师进行评价，并确定其权重。最后是评价方法，即用什么方法来进行评价。

（一）评价主体及权重

评价主体的确立就是确定由谁来评价体育教师的问题。谁了解体育教师，谁有资格对体育教师进行评价？通过笔者调查，主管领导、教师自己、同事、学生是最了解体育教师情况的，但每个评价主体了解的侧重点又有所不同，因此，他们评价的内容和所占的权重也有所区别。

（二）评价指标及权重

依据《普通高中体育与健康课程标准》笔者认为应从专业素质和课堂教学两方面综合对高中体育教师进行评价。

1.专业素质评价

高中体育教师专业素质的评价实际上是对体育教师发展潜力的评价。体育教师的专业素质主要包括职业道德、教学能力与教育科研能力。职业道德的评价主要包括正确的职业态度、敬业精神，热爱与尊重学生、诚恳待人；教学能力的评价主要包括对《体育与健康课程标准》、教科书、教学参考资料的理解能力，学习、掌握与运用现代教育理论、体育理论、健康理论的能力，设计高中体育与健康课程教学的能力，激发学生学习主动性、积极性的能力，恰当指导学生学习和掌握体育与健康知识和技能的能力，运用多媒体教学手段辅助教学的能力，利用和开发体育与健康资源的能力；教育科研能力的评价主要包括根据教育、体育与健康课程的发展不断充实和完善自身素质的能力，发现并提出学校体育与健康教育有关的课题，以及进行研究设计的能力，进行教学研究、撰写科学研究论文的能力。而对这些指标的评价主要由主管领导、教师自己、

教师同事来完成，因为他们最了解体育教师这些方面的情况。但他们了解的程度和侧重点又有所不同，因此，每个评价主体的评价所占的权重是有区别的。

2.课堂教学评价

课堂教学评价是对体育教师的教学过程与教学效果进行的评价，其目的不是简单地评价体育教师教学活动的结果或表现以评定教师的优劣，而是通过注重发展性的评价促进教学工作的不断改进，促进教师教学水平的不断提高。

课堂评价主要从教师的教和学生的学两个方面对高中体育教师进行评价。教师的教是从教师自身的角度进行评价，对教师课堂教学全过程进行的表现进行全面考察。学生的学是从学生角度评价教师，以学评教，从学生课堂的多方面表现来考察教师的教学。而课堂教学情况教师本人，教师同事和学生是最了解的，因此这些指标的评价主要由这三个评价主体来完成。但他们了解的程度和角度又有所不同，因此，每个评价主体的评价所占的权重也是不同的。

（三）评价方法

评价方法就是运用什么样的方式、方法来收集评价信息，从而对体育教师进行评价。收集评价信息是评价过程的重要环节，信息资料的质量直接关系到评价的质量，也直接影响到评价的结果。评价方法的选取要遵循客观、准确、简单、实用的原则，具有可操作性。运用何种评价方法要依据评价指标的要求、评价对象的具体情况与评价过程操作的可能性而定。

三、高中发展性体育教师评价指标体系的制定方法

新课程标准下高中发展性体育教师评价指标体系的制定采用了特尔斐法对评价主体及权重、一级指标、二级指标和三级指标的选取及权重和评价方法进行专家咨询。评价主体的权重和一、二级指标权重的确定是采用专家经验权重，取其平均值，再经专家权衡确定下来；二级指标的权重向三级分配是采用了专家排序法，即征得专家对指标重要程度的排列顺序，经公式计算得出各三级指标的权重。评价方法是通过第二轮和第三轮专家问卷确定的，具体方法是笔者列出多个评价方法，请专家根据客观、准确、简单、实用的原则进行筛选和补充，最后确定下来。

新课程标准下高中发展性体育教师评价指标体系操作量表的制定是在评价指标体系制定的基础上制定的。主要是将评价指标体系的三级指标进行具体化、

行为化和可操作化处理，并将三级指标的权重与标准对应起来，实行百分制的记分方法，从而可以对体育教师的评价进行实际操作，并以分数的形式反映出来。

　　将新课程标准下高中发展性体育教师评价指标体系和操作量表配合使用，不同的评价主体使用不同的评价指标和标准，分别记分，再将各评价主体的评价分相加就是被评教师的最后得分，从而显示该教师的能力水平。如果将其得分细化分析，就会了解该教师的能力和素质情况，分值低的项为相对弱项，分值高的项为相对强项，从而为教师改进工作提供依据。

第四节　评价指标体系科学性、有效性和可行性的检验与分析

一、评价指标体系区分度的检验

　　为了对本评价指标体系进行科学性、有效性和可行性的验证，从 2014 年 9 月至 2015 年 4 月应用本评价指标体系对 9 位教龄不同的高中体育教师进行评价，评价结果如下（见表 12.2.2）：

表 12.2.2　对教师评价的结果与区分度

教师	1	2	3	4	5	6	7	8	9	D
分数	93	80	65	74	95	64	62	76	93	0.32

　　从表 12.2.2 中我们可以看出所评价教师的分值在 62~95 分之间，区分度 D 值为 0.32，表明区分度较好。显然，没有区分度的评价标准是无效的，因为它不能鉴定好坏和优劣。评价标准定的太高或过低都会产生这种情况。评价标准太高，被评价对象很少有能达到的，就失去了区分度；评价标准定得过低，谁都能达到也不会有区分度。从本评价体系的区分度来看，可以认为指标和评价标准制定得比较合适。

　　从评价的得分情况来看，最低得分是 62 分，最高得分是 95 分，被评教师的得分都在 60 分以上，分值的分布和所选的评价对象有关。为了充分验证新课程标准下高中发展性体育教师评价指标体系的科学性、有效性和可行性，笔者

选取了 9 位高中体育教师，其中 3 位为工作三年以下的新教师，3 位为三年以上十年以下具有一定教学经验的中级职称教师，另外 3 位为工作十年以上教学经验丰富的高级教师。教师 3、6、7 为工作三年以下的新教师，得分在 60~70 分之间；而教师 2、4、8 为工作 3~10 年的教师，得分在 70~80 分之间；教师 1、5、9 为工作十年以上的教师，得分在都在 90 分以上。其得分基本反映了这 9 位教师的能力水平，与他们的能力相符。这同时也反映了本评价体系在评价高中体育教师时的有效性，说明新课程标准下高中发展性体育教师评价指标体系能够准确反映体育教师的实际能力。

二、从定量角度对评价指标体系有效性的检验

为了验证本评价指标体系的有效性，笔者还采用了肯德尔和谐系数法对专业素质评价和课堂教学评价进行了验证，结果如下（见表 12.2.3）

表 12.2.3　从定量角度对评价指标体系有效性的检验结果

评价主体的指标	专业素质	课堂教学
专家看法	显著一致	显著一致

从表 12.2.3 中我们可以看出，专家对于专业素质评价和课堂教学评价的看法显著一致，表明本评价指标体系的有效性好，评价有效。

任何一个评价体系，如果有效性好，那么不同专家使用同一个评价体系对同一批评价对象进行评价，其看法和所得结论应该基本上是一致的；反之，如果不同专家使用同一评价体系对同一批被评对象进行评价，其看法和所得结论有显著的差异，那么这种评价是无效的。因此，对评价体系的有效性进行验证，可以对专家看法是否一致进行显著性检验。笔者选取 5 位专家对 4 位高中教师的专业素质和课堂教学进行评价，应用肯德尔和谐系数法对专家意见进行一致性的检验，计算结果表明 5 位专家对 4 位教师的专业素质和课堂教学的评价显著一致，说明新课程标准下高中发展性体育教师评价指标体系具有较好的有效性，能够有效的对高中体育教师进行评价。

三、评价后对专家问卷的调查结果与分析

在本评价指标体系进行评价之后，对有关专家就此评价体系进行了问卷调查，主要目的是检验本评价体系的科学性、有效性和可行性（见表 12.2.4、表 12.2.5、表 12.2.6）。

表 12.2.4　专家组成员的构成

专家分布	院长及组长	教授及副教授	高级教师
人数	5	5	10
百分比	25%	25%	50%

表 12.2.5　调查问卷回收率有效率统计

专家人数	回收数	有效数	回收率	有效率
20	19	19	95%	100%

从专家对新课程标准下高中发展性体育教师评价指标体系的问卷调查结果可以看出，专家对此评价体系给予了充分的肯定，认可度很高。表明专家对本评价体系的科学性、合理性、有效性、可行性和评价标准的可操作性高度认可。

四、评价后对被评价教师问卷调查的结果与分析

从对被评价教师的问卷调查结果可以看出，他们对新课程标准下高中发展性体育教师评价指标体系整体认可度很高，对评价主体和专业素质的评价认可度也很高，相对而言对课堂教学评价的认可度偏低。通过与被评价教师的座谈了解到,造成偏低的原因是体育教师对新课程标准下好课的理解还受到传统"好课"观念的影响，没有能够完全理解新课程标准指导下好课的内涵，观念没完全转变过来，从而造成对课堂评价认可度的偏低。总体来看，本评价体系可以对新课程实施后体育教师进行较全面的评价,基本达到了预期制定的评价目的。从问卷中还可以看出，被评教师对本评价体系给予了充分的肯定。

参考文献

[1]李云飞.现行课程标准视域下中学体育教师综合素质评价体系研究[D].河南师范大学，2015.

[2]张朝磊.新课程标准背景下贵州省黔东南州民族中学体育教学现状的调查研究[D].贵州师范大学，2015.

[3]孟国正，岳晓燕.新课程背景下中学体育教师综合素质评价体系的构建[J].运动，2014，（16）：1-3.

[4]叶呈.基于《中学教师专业标准》下的江西省中学体育教师专业能力评价体系研究[D].江西师范大学，2014.

[5]罗燕妮.新课改背景下农村中学体育教师生存状态研究[D].湖南师范大学，2014.

[6]陈艳辉.新课程背景下长沙市城镇小学体育学习评价的研究[D].湖南师范大学，2014.

[7]李秋月.广州市小学体育课堂教学评价的研究[D].广州大学，2013.

[8]常爱铎.新课程改革背景下中小学体育教师课程观研究[D].福建师范大学，2013.

[9]孟凡玲.安康市中小学校体育教学现状调查研究[D].陕西师范大学，2012.

[10]王淑英.学校体育课程体系研究[D].河北师范大学，2012.

[11]汤利军.我国基础教育新体育课程实施效果研究[D].华东师范大学，2012.

[12]刘洋.《体育与健康》课程改革中我国南北两种不同思想矛盾冲突的研究[D].河南师范大学，2012.

[13]李江.体育分组教学对高中学生若干素质的影响[D].陕西师范大学，2012.

[14]李群凤.淄博市初中《体育与健康》课程标准实施现状及对策研究[D].山东师范大学，2010.

[15]茅斐璐.高中体育与健康课程模块学习评价的研究[D].华东师范大学，2010.

[16]辛宪军.基于标准的心理健康与社会适应学习评价指标体系及其评价方案的

研究[D].华东师范大学，2010.

[17]牛辉.山西省高中《体育与健康》课程实施现状与影响因素的研究[D].山西师范大学，2010.

[18]付洪莉.新课程标准下体育教师教学质量评价[J].阴山学刊（自然科学），2010，（01）：84-86.

[19]柳华飞.烟台市高中体育教师实施《体育与健康课程标准》现状的调查分析[D].辽宁师范大学，2009.

[20]刘晓迪.山东省中小学体育教师在职教育现状与发展研究[D].山东师范大学，2009.

[21]任超.陕西高中学生《体育与健康》课程学习效果评价调查研究[D].陕西师范大学，2008.

[22]武大伟，姚蕾.新课程背景对中学体育教师发展性教学评价体系的研究[A].中国体育科学学会.第八届全国体育科学大会论文摘要汇编（二）[C].中国体育科学学会：，2007：2.

[23]刘志红.学校体育教学评价体系构建与可操作性研究[D].河北师范大学，2007.

[24]武大伟.新课程背景下对中学体育教师发展性教学评价体系的研究[D].北京体育大学，2007.

[25]周洪生.新课程标准下高中体育课堂教学的有效性研究[D].东北师范大学，2007.

[26]邹利民.武汉市初中《体育与健康课程标准》实施现状与对策研究[D].武汉体育学院，2007.

[27]翁惠根，钱利安.诌议《浙江省高等学校"体育学科"公共体育教师高级职务评审指标体系及评分标准》之操行评价[J].浙江体育科学，2007，（01）：78-80.

[28]张惠珍.我国中小学体育教师专业化发展研究[D].西北师范大学，2006.

[29]胡依琴.《体育与健康》课程标准下中学体育教师心理适应的调查与分析[D].湖南师范大学，2006.

[30]张纳新.对甘肃陇南地区初中实施《体育与健康课程》标准过程中部分问题的研究[D].北京体育大学，2005.

[31]柯谷鑫.从新课程标准角度探析体育与健康课的评价体系[J].中国西部科技，2005，（18）：82-84.

[32]王淑清.长春市初中体育与健康课程实施现状调查及影响因素分析[D].东北师范大学，2005.

[33]李鹏.新课程下中学体育教师素质建构研究[D].湖南师范大学，2005.

[34]杨小帆.陕西初中《体育与健康》课程学生学习效果评价调查研究[D].陕西师范大学，2004.